LES RÊVES DE MON PÈRE

DU MÊME AUTEUR
CHEZ LE MÊME ÉDITEUR

L'Audace d'espérer

Barack Obama

LES RÊVES DE MON PÈRE

Document

Traduit de l'anglais (États-Unis)
par Danièle Darneau

PRESSES DE LA CITÉ

Titre original : *Dreams From My Father*

L'édition originale de cet ouvrage a paru chez Times Books, New York

ISBN 978-2-258-14794-2
Dépôt légal : janvier 2018

Presses de la Cité | un département **place des éditeurs**

place des éditeurs

Car nous sommes des étrangers devant Vous,
et des voyageurs, comme tous nos pères.

1 Chroniques 29,15

PRÉFACE

Près de dix ans se sont écoulés depuis la première publication de ce livre. Ainsi que je l'ai indiqué dans l'introduction à l'édition d'origine, c'est au cours de mes études de droit, après mon élection à la tête de la *Harvard Law Review*, dont j'étais devenu le premier président afro-américain, qu'on me proposa de l'écrire. La petite publicité qui entoura mon élection incita un éditeur à m'accorder une avance. Je me mis donc au travail, convaincu que l'histoire de ma famille et le récit de mes efforts pour comprendre cette histoire pouvaient illustrer la séparation raciale qui a caractérisé l'histoire américaine, ainsi que l'état fluctuant de l'identité – du fait des sauts dans le temps, du choc des cultures – qui marque la vie moderne.

Comme tout auteur d'une première œuvre, en publiant ce livre, j'étais à la fois plein d'espoir… et au désespoir : j'espérais qu'il remporterait un succès dépassant mes rêves fous de jeune homme, et je me désespérais à l'idée de n'avoir rien dit qui vaille la peine d'être dit. La réalité s'est située quelque part entre les deux. Les critiques furent relativement favorables. Et, oui, les gens se déplacèrent pour assister aux lectures organisées par mon éditeur. Les ventes, elles, furent franchement décevantes. Au bout de quelques mois, je repris mon bonhomme de chemin, convaincu que ma carrière d'auteur serait courte mais heureux de m'être sorti de l'aventure avec une dignité plus ou moins intacte.

Les dix années qui suivirent me laissèrent peu de temps pour la réflexion. Je dirigeai une campagne d'inscription sur les listes électorales au cours du cycle des élections de 1992, j'intégrai un cabinet d'avocats spécialisé dans la défense des droits civiques et commençai à enseigner le droit constitutionnel à l'université de Chicago.

Mon épouse et moi fîmes l'acquisition d'une maison, nous eûmes le bonheur d'avoir deux enfants magnifiques, deux petites filles espiègles, éclatantes de santé, et nous nous battîmes pour payer les factures. Lorsque, en 1996, un siège devint vacant à l'Assemblée de l'Etat, des amis me persuadèrent de présenter ma candidature, et je remportai les élections. On m'avait averti, avant que je prenne mes fonctions, que la politique au niveau de l'Etat était moins prestigieuse que son pendant à Washington. On travaille le plus souvent dans l'ombre, sur des problèmes très importants pour certains, mais que le commun des mortels peut ignorer tranquillement (les normes concernant les mobile homes, par exemple, ou l'incidence sur les impôts de la dépréciation du matériel agricole). Néanmoins, je trouvai des satisfactions dans cette fonction, principalement parce que la politique à l'échelle de l'Etat offre des résultats concrets dans un laps de temps raisonnable, comme l'extension de la prise en charge des soins pour les enfants pauvres, ou la réforme des lois qui envoient des innocents dans le couloir de la mort. Et également parce que, dans les locaux qui abritent le gouvernement d'un grand Etat industriel, on voit tous les jours le visage d'une nation en conversation permanente : des mères de famille issues des quartiers pauvres, des producteurs de maïs et de haricots, des travailleurs immigrés journaliers côtoyant des banquiers des quartiers résidentiels. Tous, ils se bousculent pour être entendus, tous, ils sont prêts à raconter leur histoire.

Il y a quelques mois, j'ai remporté l'investiture démocrate pour un siège au Sénat des Etats-Unis en tant que sénateur de l'Illinois. Ce fut une course difficile, au milieu d'une foule de candidats bien dotés financièrement, doués et célèbres. Sans soutien d'une quelconque organisation, sans fortune personnelle, noir et portant un nom bizarre, j'étais considéré comme un outsider. Aussi, lorsque je remportai la majorité des votes au cours des primaires du Parti démocrate, en tête dans les quartiers blancs comme dans les quartiers noirs, dans les banlieues comme à Chicago, la réaction qui suivit fit écho à celle que suscita mon élection à la tête de la *Harvard Law Review*. La plupart des commentateurs exprimèrent leur surprise et leur sincère espoir que ma victoire soit l'augure d'un changement significatif dans notre politique raciale. Au sein de la communauté noire, on éprouva de la fierté devant ma réussite, une fierté mêlée de frustration devant le fait que, cinquante ans après le *Brown v. Board of Education*[1] et quarante ans après le Voting Rights Act, la loi sur le droit de vote, nous en soyons encore à nous réjouir de la possibilité (et seulement la possibilité, car j'ai devant moi une élection générale difficile) que je sois le seul Afro-Américain – et le troisième seulement depuis la Reconstruction – élu au Sénat. Ma famille, mes amis et moi avons été légèrement déconcertés par l'attention qui m'était accordée, constamment conscients du fossé qui sépare l'éclat aveuglant des projecteurs et les dures réalités de la vie quotidienne.

De même que, il y a dix ans, le déferlement de publicité autour de ma personne éveilla l'intérêt de mon éditeur, ce regain d'attention suscita la réédition du livre. Pour la première fois depuis de nombreuses années, j'en sortis un exemplaire pour relire quelques chapitres afin de voir si ma voix avait beaucoup changé au cours du temps. Je l'avoue, j'ai fait plus d'une fois la grimace devant un terme mal choisi, une phrase boiteuse, une manifestation d'auto-apitoiement ou une certaine affectation dans l'expression d'une émotion. Le livre pourrait à mon sens être allégé d'une cinquantaine de pages environ, car j'ai aujourd'hui un goût plus prononcé pour la concision. Néanmoins, je ne peux prétendre que la voix de ce livre ne soit pas la mienne, que je raconterais l'histoire de manière très différente aujourd'hui, même si certains passages se révèlent inopportuns politiquement et prêtent le flanc aux commentaires des experts et à l'« *opposition research*[2] ».

Ce qui a changé, naturellement et de manière radicale, décisive, est le contexte dans lequel cet ouvrage pourra être lu aujourd'hui. J'ai commencé à l'écrire avec en toile de fond la Silicon Valley et l'euphorie boursière, la chute du mur de Berlin, la libération de Mandela, qui sortait de prison, à pas lents, prudents, pour gouverner un pays, la signature des accords de paix à Oslo. Chez nous, nos débats culturels – sur les armes, l'avortement, le rap – étaient

1. Brown contre Bureau de l'Education (1954) : arrêt de la Cour suprême des Etats-Unis, déclarant inconstitutionnelle la ségrégation raciale dans les écoles publiques. *(Toutes les notes sont de la traductrice.)*

2. Activité qui consiste, pour l'opposition, à rechercher et à diffuser toutes les informations de nature à desservir un candidat du camp adverse.

d'autant plus animés que la Troisième Voie de Clinton, un Etat-providence réduit, sans grande ambition mais sans points de friction, semblait décrire un large consensus sous-jacent sur les problèmes de redistribution, un consensus auquel même la première campagne de George W. Bush, avec son « conservatisme compassionnel », allait devoir donner son approbation. A l'international, les écrivains annonçaient la fin de l'Histoire, la domination du marché libre et de la démocratie libérale, le remplacement des vieilles haines et des guerres entre les nations par des communautés virtuelles et des luttes pour le partage des marchés.

Puis arriva le 11 septembre 2001, et le monde se fractura.

Je n'ai pas le talent d'écrivain nécessaire pour mettre des mots sur cette journée, et celles qui suivirent... les avions qui, tels des spectres, s'évanouissent dans l'acier et le verre, le mouvement lent des tours qui s'écroulent, l'une après l'autre, les personnages couverts de cendre qui errent dans les rues, l'angoisse et la terreur... Je ne prétends pas non plus comprendre la folie nihiliste qui guidait les terroristes ce jour-là, et qui guide toujours leurs semblables. Mes possibilités d'empathie, mes capacités de compréhension de l'autre ne me permettent pas de percer les regards vides de ceux qui tuent des innocents avec une satisfaction abstraite, sereine.

Ce que je sais, c'est que l'Histoire a refait irruption ce jour-là de plus belle ; qu'en réalité, comme nous le rappelle Faulkner, le passé n'est jamais mort et enterré – mieux, ce n'est pas le passé. Cette histoire collective, ce passé, touche directement les miens. Non seulement parce que les bombes d'Al Qaida ont marqué, avec une précision angoissante, certains paysages de ma vie, les bâtiments, les routes et les visages de Nairobi, Bali, Manhattan, non seulement parce que, depuis le 11 Septembre, mon nom est une cible toute choisie pour certains républicains zélés qui déversent leurs quolibets sur leurs sites Internet. Mais aussi parce que la lutte sous-jacente – entre des mondes d'opulence et des mondes de pauvreté, entre les anciens et les modernes, entre ceux qui acceptent notre diversité avec son foisonnement, ses heurts, ses frictions, tout en mettant en exergue l'ensemble des valeurs qui nous unissent, et ceux qui cherchent, sous une bannière, un slogan ou un texte sacré quelconques, une certitude et une simplification qui justifient la cruauté envers ceux qui ne sont pas comme nous – est la lutte qui est présentée, en miniature, dans ce livre.

Je connais, je les ai vus, le désespoir et le désordre qui sont le quotidien des laissés-pour-compte, avec leurs conséquences désastreuses sur les enfants des rues de Djakarta ou de Nairobi, comparables en bien des points à celles qui affectent les enfants du South Side de Chicago. Je sais combien est ténue pour eux la frontière entre l'humiliation et la fureur dévastatrice, je sais avec quelle facilité ils glissent dans la violence et le désespoir. Je sais que la réponse des puissants à ce désordre – qui alterne l'indifférence complaisante avec l'usage de la force aveugle, l'alourdissement constant des peines de prison et l'utilisation d'un matériel militaire plus sophistiqué dès que ledit désordre déborde des limites tolérées – est inadaptée. Je sais que le durcissement des attitudes, l'expansion du fondamentalisme et du communautarisme nous menacent tous.

Aussi, ce qui était un effort plus intérieur, plus intime de ma part, pour comprendre cette lutte et y trouver ma place a débouché sur un débat public plus large, un débat dans lequel je suis engagé professionnellement, un débat qui va influencer nos vies et celles de nos enfants pour de nombreuses années.

Les implications politiques de tout cela sont le thème d'un autre ouvrage. Je vais conclure sur une note plus personnelle. La plupart des personnages de ce livre font toujours partie de ma vie, bien qu'à des degrés divers, en fonction du travail, des enfants, de la géographie et des aléas du destin. Mais il y a une exception : ma mère, que nous avons perdue brutalement, à la suite d'un cancer, quelques mois après sa publication.

Elle avait passé les dix années précédentes à faire ce qu'elle aimait. Elle voyageait à travers le monde, travaillant dans de lointains villages d'Asie et d'Afrique, aidant les femmes à acheter une machine à coudre ou une vache à lait, à acquérir une formation qui leur permettrait de prendre pied dans l'économie mondiale. Elle avait des amis dans tous les milieux, faisait de longues promenades, contemplait la lune, farfouillait dans les marchés de Delhi ou de Marrakech à la recherche d'une babiole, d'un foulard ou d'une sculpture de pierre qui la faisaient rire ou qu'elle trouvait jolis. Elle écrivait des articles, lisait des romans, harcelait ses enfants et rêvait d'avoir des petits-enfants.

Nous nous voyions souvent, notre lien était solide. Pendant l'écriture de ce livre, elle lisait les premiers jets, rectifiait des épisodes que j'avais mal compris, en veillant soigneusement à s'abstenir de commentaires sur mes descriptions la concernant, mais en s'empressant d'expliquer ou de défendre les aspects moins flatteurs du personnage de mon père. Elle affrontait sa maladie avec dignité et sans se plaindre, en nous aidant, ma sœur et moi, à continuer à vivre normalement, malgré notre peur, nos dénis, nos accès de tristesse.

Je me dis parfois que si j'avais su qu'elle ne guérirait pas j'aurais peut-être écrit un livre différent… j'en aurais moins fait une méditation sur le parent absent, j'aurais rendu davantage hommage à celle qui était la seule constante de ma vie. Chaque jour, je la vois dans mes filles, avec sa joie de vivre, sa capacité d'émerveillement. Je ne vais pas essayer d'exprimer à quel point je pleure encore sa mort. Je sais qu'elle était l'être le plus noble, le plus généreux que j'aie jamais connu, et que c'est à elle que je dois ce que j'ai de meilleur en moi.

INTRODUCTION

A l'origine, j'envisageais d'écrire un livre bien différent. L'occasion de l'écrire s'est présentée à moi au cours de mes études de droit, quand je devins le premier président noir de la *Harvard Law Review*, une revue juridique pratiquement inconnue en dehors de la profession. Cette élection connut une certaine publicité, notamment grâce à plusieurs articles de journaux témoignant moins de ma modeste réussite que de la place particulière occupée par la Harvard Law School dans la mythologie américaine, ainsi que de l'appétit de l'Amérique pour le moindre signe d'optimisme venu du front racial. Après tout, c'était un petit signe de progrès. Quelques éditeurs m'appelèrent et moi, pensant avoir quelque chose d'original à dire sur les relations entre les races, j'acceptai de consacrer une année à mettre mes pensées sur papier après la fin de mes études.

Avec une assurance effrayante, je commençai, durant cette dernière année d'études juridiques, à préparer dans ma tête la façon dont s'organiserait le livre. Il y aurait un essai montrant les limites de la législation sur les droits civiques et son incapacité à amener l'égalité raciale, des réflexions sur le sens de la communauté et la restauration de la vie publique par l'intermédiaire d'associations locales, des méditations sur l'« action affirmative » et l'« afrocentrisme »... La liste des thèmes remplissait une page entière. J'inclurais certes des anecdotes personnelles, et j'analyserais les sources de certaines émotions récurrentes.

En y regardant de plus près, il s'agissait d'un voyage intellectuel que j'imaginais pour moi-même, complet, avec des cartes, des aires de repos et un itinéraire strict : la première partie serait terminée en mars, la seconde serait soumise en août...

Mais, lorsque vint le moment où je me mis réellement à l'écriture, le cours de mes pensées fut attiré vers des rives plus accidentées. Les premières nostalgies affleurèrent, vinrent me frôler. Des voix lointaines s'élevèrent, refluèrent, puis refirent surface. Je me rappelai les histoires que ma mère et ses parents me racontaient quand j'étais enfant, les histoires d'une famille qui essayait de s'expliquer elle-même. Je me souvins de ma première année d'organisateur de communautés[1] à Chicago et de mes premiers pas maladroits vers ma vie d'adulte. J'entendis ma grand-mère, assise sous un manguier, me décrire, tout en tressant les cheveux de ma sœur, le père que je n'avais jamais vraiment connu.

Comparées à ce flot de souvenirs, toutes mes théories bien ordonnées paraissaient vides de substance et prématurées. Il n'empêche que je résistai fermement à l'idée d'exposer mon passé dans un livre, un passé dont j'avais le sentiment qu'il me fragilisait, et dont j'avais même un peu honte. Non parce qu'il est particulièrement douloureux, ou mauvais, mais parce qu'il révèle des aspects de moi-même qui résistent aux choix conscients et qui, tout du moins en surface, sont en contradiction avec le monde où j'évolue à présent. Après tout, j'ai trente-trois ans maintenant. Je suis avocat, actif dans la vie sociale et politique de Chicago, une ville qui s'est accoutumée à ses plaies raciales et s'enorgueillit d'une certaine absence de sentimentalité. Si je ne me suis pas laissé gagner par le cynisme, je pense néanmoins posséder le sens des réalités et je veille à ne pas trop attendre du monde.

Et pourtant, ce qui me frappe le plus en songeant à l'histoire de ma famille, c'est une éternelle tendance à l'innocence, une innocence qui semble inimaginable, même mesurée à l'aune de l'enfance. Le cousin de ma femme, qui n'a que six ans, a déjà perdu, lui, cette innocence. Il se trouve que certains petits camarades du cours préparatoire ont refusé un jour de jouer avec lui parce qu'il a la peau noire, comme il l'a raconté à ses parents en rentrant de l'école. Apparemment, ses parents, nés et élevés à Chicago et à

1. Concept n'ayant pas d'équivalent en français. L'organisateur de communautés est un responsable associatif qui agit au niveau local pour aider les communautés à s'organiser pour prendre en charge la vie publique. Il est à la fois travailleur social et activiste.

Gary, ont pour leur part perdu leur innocence depuis longtemps, et s'ils ne montrent aucune amertume – ils sont tous deux aussi forts, fiers et pleins de ressources que tous les parents que je connais –, on décèle cependant une note de chagrin dans leur voix quand on les écoute se demander s'ils ont bien fait d'aller s'installer à l'extérieur de la ville, dans une banlieue principalement blanche, afin d'éviter à leur fils d'être pris dans d'éventuelles fusillades entre gangs et de fréquenter, à coup sûr, une école aux moyens insuffisants.

Ils en savent trop, nous en avons tous trop vu, pour prendre la brève union de mes parents – un homme noir et une femme blanche, un Africain et une Américaine – pour argent comptant. En conséquence, certaines personnes ont beaucoup de mal à me prendre pour argent comptant. Quand on ne me connaît pas bien, qu'on soit noir ou blanc, et qu'on découvre mes origines (et c'est généralement une découverte, car j'ai cessé de mentionner la race de ma mère à l'âge de douze ou treize ans, quand j'ai commencé à flairer que, ce faisant, je cherchais à m'attirer les bonnes grâces des Blancs), je vois la fraction de seconde d'adaptation, le regard qui cherche dans mes yeux quelque signe révélateur. Ils ne savent plus qui je suis. En secret, ils devinent mon trouble intérieur, je suppose… le sang mêlé, le cœur divisé, la tragédie du mulâtre pris entre deux mondes. Et quand je leur explique que, non, cette tragédie n'est pas la mienne, ou tout du moins pas la mienne seule, c'est la vôtre, fils et filles de Plymouth Rock et d'Ellis Island, c'est la vôtre, enfants d'Afrique, c'est la tragédie à la fois du cousin de ma femme âgé de six ans et celle de ses camarades blancs, vous n'avez donc pas à chercher ce qui me perturbe, tout le monde peut le voir au journal télévisé, le soir… et si nous pouvions au moins reconnaître cela, le cycle tragique commencerait à se rompre… quand je leur dis tout cela, eh bien, je suppose que je parais incurablement naïf, cramponné à de vains espoirs, comme ces communistes qui distribuent leurs journaux aux abords des villes universitaires. Ou, pire encore, j'ai l'air de vouloir me cacher de moi-même.

Je ne fais pas grief aux gens de leurs doutes. Car j'ai appris depuis longtemps à me méfier de mon enfance et des histoires qui l'ont façonnée. Des années plus tard seulement, après que, assis près de sa tombe, j'eus parlé à mon père à travers la terre rouge de l'Afrique, je pus me retourner et reconsidérer ces histoires. Plus exactement, c'est seulement à ce moment-là que je compris que j'avais passé la plus grande partie de ma vie à tenter de les réécrire, en bouchant les trous dans la narration, en enjolivant les détails gênants, en faisant passer pour des choix individuels le cours aveugle de l'Histoire, tout cela en espérant en extraire quelque solide bloc de vérité sur lequel mes futurs enfants pourraient se tenir fermement.

Finalement, malgré mon désir obstiné de me protéger des regards scrutateurs, malgré mon envie récurrente d'abandonner le projet tout entier, ce qui se retrouve dans ces pages est le récit d'un voyage personnel, intérieur, la quête d'un garçon à la recherche de son père et, à travers cette quête, le désir de donner un sens utile à sa vie de Noir américain. Le résultat est autobiographique, même si, ces trois dernières années, lorsqu'on me demandait quel était le sujet du livre, j'évitais généralement cette désignation. Une autobiographie, cela vous promet des exploits qui méritent de passer à la postérité, des conversations avec des gens célèbres, des événements importants dans lesquels l'auteur joue un rôle central. Il n'y a rien de tout cela ici. A tout le moins, une autobiographie implique une sorte de récapitulation, une forme de conclusion, qui ne peuvent concerner quelqu'un de mon âge, encore occupé à faire des projets pour sa vie future. Mon vécu ne me permet même pas de me prévaloir d'être représentatif du vécu des Noirs américains (« Après tout, vous ne venez pas d'un milieu défavorisé », me fit obligeamment remarquer un éditeur de Manhattan). Mais apprendre à accepter cette vérité particulière – à savoir que je peux embrasser dans ce récit mes frères et sœurs noirs, tant dans ce pays qu'en Afrique, et affirmer notre destin commun sans prétendre vouloir faire la démonstration de nos difficultés dans toute leur variété, ou parler au nom de celles-ci – est en partie le propos de ce livre.

En fin de compte, certains dangers sont inhérents à tout travail autobiographique : la tentation de donner aux événements une couleur favorable à l'auteur, la tendance à surestimer l'intérêt pour les autres de sa propre expérience, les trous de mémoire sélectifs. Ces risques sont encore amplifiés lorsque l'auteur ne possède pas la sagesse de l'âge, la distance qui peut guérir de certaines vanités. Je ne peux prétendre avoir réussi à éviter tous ces pièges, ni même une partie. Même si ce livre repose principalement sur des journaux intimes ou sur les histoires orales de ma famille, les dialogues sont forcément approximatifs. Pour éviter les longueurs, certains personnages sont des condensés de personnes que j'ai connues, et certains événements sont situés sans contexte chronologique précis. A l'exception de ma famille et de quelques personnages publics, les noms des protagonistes ont été changés par souci de respecter leur vie privée.

Quelle que soit l'étiquette attribuée à ce livre – autobiographie, mémoires, histoire familiale, ou autre chose –, ce que j'ai tenté de faire est le récit sincère d'un pan de ma vie. Lorsque je m'égarais, je pouvais compter sur mon agent, Jane Dystel, sur sa confiance et sa ténacité ; sur mon éditeur, Henry Ferris, pour ses corrections, effectuées avec douceur mais fermeté ; sur Ruth Fecych et l'équipe de Times Books, qui ont escorté le manuscrit à travers ses nombreuses étapes avec enthousiasme et attention ; sur mes amis, particulièrement Robert Fisher, pour la générosité dont ils ont fait preuve avec leurs lectures ; et sur ma merveilleuse épouse, Michelle, pour son esprit, sa disponibilité, sa franchise et sa capacité indéfectible à encourager mes meilleurs élans.

C'est à ma famille – ma mère, mes grands-parents, mes frères et sœurs éparpillés à travers les océans et les continents – que je dois la plus profonde reconnaissance, et c'est à elle que je dédie ce livre. Sans leur amour et leur soutien sans faille, sans eux tous, qui ont accepté de me laisser chanter leur chanson en tolérant une fausse note occasionnelle, je n'aurais jamais pu espérer le terminer. A défaut d'autre chose, j'espère que l'amour et le respect que je leur voue transparaissent à chaque page.

PREMIÈRE PARTIE

Les origines

1

Quelques mois après mon vingt et unième anniversaire, une inconnue m'appela pour m'apprendre la nouvelle. Je vivais à New York à l'époque, dans la 94ᵉ Rue, entre la Deuxième et la Première Avenue, à la frontière fluctuante, sans nom, qui se trouve entre East Harlem et le reste de Manhattan. C'était un quartier rébarbatif, nu, sans arbres, où s'alignaient des immeubles couleur de suie qui projetaient des ombres épaisses pendant la majeure partie de la journée. L'appartement était petit, parfois chauffé, parfois non, avec des planchers en pente, et une sonnette en bas qui ne marchait pas, ce qui obligeait les visiteurs à appeler depuis le taxiphone de la station-service du coin de la rue. Là, un doberman noir, grand comme un loup, faisait sa patrouille de nuit, les mâchoires serrées autour d'une bouteille de bière vide.

Tout cela ne me souciait pas outre mesure, car je n'avais pas beaucoup de visites. J'étais impatient à cette époque, occupé par mon travail et mes projets à réaliser, et enclin à considérer les autres comme des distractions inutiles. Ce n'était pas vraiment parce que je n'appréciais pas la compagnie. Non, j'aimais bien échanger quelques amabilités en espagnol avec mes voisins, portoricains pour la plupart. En rentrant de cours aussi, je m'arrêtais généralement pour bavarder avec les garçons qui traînaient sur le trottoir, nous parlions des Knicks et ils me racontaient qu'ils avaient entendu des coups de feu la nuit précédente.

Par beau temps, je m'installais sur les marches de l'escalier de secours avec mon colocataire. Nous fumions tout en suivant des yeux les progrès du crépuscule qui s'étendait sur la ville en la peignant de bleu nuit. Ou alors, nous observions les Blancs des quartiers plus riches qui venaient promener leurs chiens au pied de nos immeubles et leur faisaient faire leurs besoins sur nos trottoirs.

– Salauds ! Ramassez vos merdes ! gueulait mon colocataire, d'une voix impressionnante de fureur.

Et nous, nous ricanions en voyant la tête sinistre du maître qui, sans un mot d'excuse, s'accroupissait alors à côté de sa bestiole, et chacun faisait ce qu'il avait à faire.

J'aimais bien ces moments… pourvu qu'ils soient brefs. Dès lors que la conversation commençait à s'écarter du sujet, ou prenait un tour trop familier, je trouvais vite une excuse pour m'éclipser. Car je me sentais désormais trop bien dans ma solitude, l'endroit le plus sûr du monde pour moi.

Je me souviens de cet homme âgé, mon voisin d'à côté, qui semblait partager mon état d'esprit. Il vivait seul. C'était un personnage décharné, voûté, habillé d'un lourd manteau noir et d'un chapeau informe à large bord dans les rares moments où il sortait de chez lui. De temps en temps, je tombais sur lui lorsqu'il rentrait de ses courses, et je lui proposais de porter ses sacs pour gravir les interminables escaliers. Il me regardait, haussait les épaules, puis nous entamions notre ascension, en nous arrêtant à chaque palier pour qu'il puisse reprendre son souffle. Arrivé devant chez lui, je posais ses sacs par terre avec précaution et il me gratifiait d'un petit signe de tête reconnaissant, avant de rentrer chez lui d'un pas traînant et de refermer la porte. Nous n'avons jamais échangé un mot, et pas une fois il ne me remercia verbalement de mes efforts.

Le silence de ce vieil homme m'impressionnait. Je voyais en lui une sorte d'âme sœur. Et puis, un jour, mon colocataire le retrouva recroquevillé sur le palier du troisième étage, les yeux grands ouverts, les membres raides, roulé en boule comme un bébé. Bien vite, il se forma un attroupement autour de lui, des femmes se signaient, des petits enfants chuchotaient, surexcités par l'événement. Les secours arrivèrent pour emporter le corps et la police pénétra dans l'appartement du vieil homme. Il était impeccablement tenu, presque vide : une chaise, un bureau, le portrait terni d'une femme aux sourcils fournis et au doux sourire accroché au-dessus de la cheminée. Quelqu'un ouvrit le réfrigérateur et trouva près de mille dollars en petites coupures enroulées dans de vieux journaux soigneusement rangés derrière les pots de mayonnaise et de pickles.

La désolation de cette scène me toucha, et, l'espace d'un instant, je regrettai de ne pas avoir connu le nom du vieil homme. Puis, presque immédiatement, je me reprochai ce désir, et la peine qui l'accompagnait. J'eus l'impression qu'un accord avait été rompu entre nous, comme si, dans cette pièce nue, mon vieux voisin chuchotait une histoire qui n'avait jamais été racontée, me confiant des choses que j'aurais préféré ne pas entendre.

Je crois que c'est à peu près un mois plus tard, par un matin de novembre froid et morne, où le soleil se cachait derrière une brume de nuages, que l'appel arriva. J'étais occupé à me préparer un petit déjeuner, mon café chaud m'attendait sur la table et deux œufs étaient en train de cuire dans la poêle, lorsque mon colocataire me cria qu'on me demandait au téléphone.

La ligne était mauvaise.

– Barry ? Barry, c'est toi ?

– Oui... Qui est à l'appareil ?

– Oui, Barry... c'est ta tante Jane. De Nairobi. Tu m'entends ?

– Qui ? Excusez-moi... je n'ai pas bien entendu...

– Tante Jane. Ecoute, Barry, ton père est mort. Il s'est tué dans un accident de voiture... Allô ? Tu m'entends ? J'ai dit : ton père est mort. Barry, appelle ton oncle à Boston et dis-le-lui, s'il te plaît. Je ne peux pas te parler maintenant, d'accord, Barry ? J'essaierai de rappeler plus tard...

Ce fut tout. La communication s'interrompit. Je m'assis sur le canapé, tandis qu'une odeur de brûlé s'échappait de la cuisine, et, les yeux fixés sur les fissures du plâtre, je tentai de mesurer l'ampleur de ma perte.

Au moment de sa mort, mon père demeurait encore un mythe pour moi. Ce n'était pas vraiment un homme, il était à la fois beaucoup plus et bien moins. Il avait quitté Hawaii en 1963, quand je n'avais que deux ans, et pendant mon enfance je ne le connus qu'à travers les récits que me faisaient ma mère et mes grands-parents. Ils avaient chacun leur histoire préférée, toujours la même, jaunie et aplanie à force d'avoir été répétée. Je revois encore Gramps, après le dîner, bien calé au fond de son vieux fauteuil capitonné, en train de boire son whisky à petites gorgées et de se nettoyer les dents avec la cellophane de son paquet de cigarettes, racontant la fois où mon père avait failli jeter quelqu'un du haut du Pali Lookout à cause d'une pipe...

– Ton papa et ta maman avaient décidé d'emmener le copain de ton papa faire le tour de l'île. Les voilà partis vers le Lookout. Comme d'habitude, Barack a sans doute conduit du mauvais côté pendant tout le trajet...

– Ton père conduisait vraiment très, très mal, m'explique ma mère. Il finissait toujours par se retrouver à gauche, comme les Anglais, et quand on le lui faisait remarquer, il se mettait à rouspéter après le code de la route américain, qu'il trouvait idiot, bien sûr...

– Enfin, cette fois-là, ils sont arrivés entiers. Bon, ils sortent de la voiture pour aller admirer la vue. Ils se mettent derrière le garde-fou, et Barack a sa pipe à la main, celle que je lui avais offerte pour son anniversaire. Il parle et il montre le paysage à son copain en se servant du tuyau de sa pipe, comme un vieux loup de mer...

– Ton père était très fier de sa pipe, intervient encore ma mère. Il fumait toute la nuit quand il travaillait, et parfois...

– Ecoute, Ann, c'est toi qui racontes ou tu me laisses finir ?

– Excuse-moi, papa, continue.

– Bon, ce pauvre gars... c'était un étudiant africain aussi, c'est bien ça ? Il venait tout juste d'arriver. Ce pauvre petit a dû être impressionné par Barack, son baratin et sa pipe, toujours est-il qu'il lui a demandé s'il pouvait l'essayer, sa pipe. Ton papa a réfléchi une seconde, et puis il a accepté. Malheureusement, à la première bouffée, voilà le gars qui s'étouffe et qui se met à tousser comme un malade. Si bien qu'il a lâché la pipe, qu'elle est tombée par-dessus la rambarde et qu'elle a atterri trente mètres plus bas...

Gramps s'arrête pour prendre une autre gorgée de whisky, puis poursuit :

– Ensuite, ton père a eu la bonté d'attendre que son copain ait fini de tousser avant de lui demander d'enjamber le garde-fou pour aller la récupérer. Mais le copain, quand il a vu que la pente faisait quatre-vingt-dix degrés, il a préféré proposer à Barack de la lui remplacer...

– Il était pas fou ! lance Toot depuis la cuisine.

Nous appelons ma grand-mère Tutu, Toot pour les intimes, ce qui signifie « grand-parent » en hawaiien, car elle a décrété, le jour de ma naissance, qu'elle était trop jeune pour être appelée mamie.

Gramps fronce les sourcils mais ne tient pas compte de son intervention :

– … mais Barack tenait absolument à retrouver sa pipe, parce que c'était un cadeau, et qu'un cadeau, ça ne se remplace pas. Alors le gars a encore jeté un coup d'œil au précipice, il a encore fait non de la tête, et c'est là que ton papa l'a soulevé de terre et s'est mis à le secouer par-dessus la rambarde !

Gramps pousse un mugissement de joie en se frappant la cuisse. Il rit, et moi je m'imagine en train de regarder mon père : il est grand, il se découpe, sombre, contre le soleil luisant, et le coupable mouline des bras, là-haut, soulevé de terre par mon père. La justice immanente en train de frapper.

– Il ne le maintenait pas vraiment au-dessus de la rambarde, papa, rectifie ma mère avec un regard inquiet dans ma direction.

Mais Gramps prend une nouvelle gorgée de whisky et continue à creuser son sillon :

– Là, les gens ont commencé à s'arrêter pour regarder. Ta mère suppliait Barack de s'arrêter. Je suppose que le copain était plus mort que vif et faisait sa prière. Enfin, au bout de deux minutes, ton papa l'a reposé par terre et, avec un calme olympien, il lui a tapoté le dos et a proposé d'aller boire une bière. Et figure-toi que pendant tout le reste de la promenade il a fait comme si de rien n'était. Mais tu peux te douter que ta mère était toujours en pétard quand ils sont rentrés à la maison. Elle ne lui adressait plus la parole. Et lui, il n'a pas vraiment arrangé son cas, parce que, quand ta mère a voulu nous raconter ce qui s'était passé, il s'est mis à rigoler en lui disant : « Allez, détends-toi, Anna »… Tu sais, ton père avait une voix profonde de baryton, et un de ces accents british…

Ici, pour mieux jouer la scène, mon grand-père rentre son menton dans son cou.

– « Allez, détends-toi, Anna. J'ai simplement voulu donner une bonne leçon à ce garçon pour lui apprendre à faire attention aux affaires des autres ! »

Gramps se remet à rire, puis est pris d'une quinte de toux, et Toot marmonne que heureusement que Barack avait compris que ce lancer de pipe avait été un accident, parce qu'on se demande ce qui se serait passé, autrement ; et ma mère lève les yeux au ciel en me regardant, et dit qu'ils exagèrent.

– Ton père est parfois un peu dominateur, reconnaît-elle avec une ébauche de sourire. Mais c'est juste parce que c'est une personne extrêmement honnête. Ça le rend intransigeant, quelquefois.

Elle, de son côté, aimait mieux en faire un portrait plus nuancé. Elle me parlait, par exemple, de l'épisode de la remise de sa clé Phi Beta Kappa[1]. Ce jour-là, il s'était présenté dans sa tenue préférée, un jean et un vieux tricot orné d'un léopard.

– Personne ne lui avait expliqué que c'était un honneur, et quand il est entré dans la belle salle où avait lieu la cérémonie, il a vu que tout le monde était en smoking. C'est la seule fois où je l'ai vu gêné.

Et Gramps, soudain pensif, hochait la tête.

– C'est vrai, Bar, disait-il, ton papa pouvait faire face à n'importe quelle situation, et c'est pour ça que tout le monde l'aimait. Tu te souviens de la fois où il a chanté au Festival international de musique ? Il avait accepté de chanter des chants africains, mais quand il est arrivé, il s'est aperçu que c'était pas n'importe quoi. La fille qui passait juste avant lui était une chanteuse semi-professionnelle, une Hawaiienne qui avait tout un orchestre derrière elle. Un autre se serait dégonflé, aurait expliqué qu'il y avait erreur. Mais pas Barack. Il y est allé et il a chanté devant tous ces gens qui le regardaient, et ça, je te jure, il faut le faire. Il n'a pas été formidable, mais il était si sûr de lui qu'il a récolté autant d'applaudissements que les autres.

Mon grand-père secouait la tête et se levait pour aller tripoter les boutons de la télé.

– Tu vois, il y a une chose que tu peux prendre chez ton père, me disait-il. La confiance en soi. Le secret du succès.

Il en allait de même pour toutes les histoires : elles étaient denses, apocryphes, racontées à la suite au cours d'une même soirée, puis rangées pendant des mois, parfois des années, dans la mémoire de ma famille. Comme les quelques photos de mon père qui étaient restées à la maison, de vieux tirages de studio en noir et blanc sur

1. Clé en or symbole de la société honorifique universitaire « Phi Beta Kappa », qui a pris pour nom les trois premières lettres grecques de la devise « *Philosophia biou kubernetes* » (« Amour de la Sagesse, guide de la vie »).

lesquels je tombais quand je farfouillais dans les placards à la recherche de décorations de Noël ou d'un vieux tuba. A l'époque où commencent mes propres souvenirs, ma mère avait déjà fait la connaissance de l'homme qui deviendrait son deuxième mari, et je sentais instinctivement pourquoi les photos devaient être mises de côté. Mais de temps en temps, assis par terre avec ma mère, dans l'odeur de poussière et de naphtaline qui montait de l'album effrité, je regardais à quoi ressemblait mon père – son visage noir hilare, son front proéminent et les épaisses lunettes qui le faisaient paraître plus âgé qu'il n'était – et j'écoutais raconter les événements marquants de sa vie.

J'appris qu'il était africain, kényan, de la tribu des Luos, né sur les rives du lac Victoria dans une localité appelée Alego. Le village était pauvre, mais son père – mon autre grand-père, Hussein Onyango Obama – était un fermier important, un ancien de la tribu, un homme-médecine possédant des pouvoirs de guérisseur. Mon père gardait les chèvres de son père et fréquentait l'école construite par l'administration coloniale britannique, où il se révéla très doué. Il obtint une bourse pour aller étudier à Nairobi. C'est là qu'à la veille de l'indépendance du Kenya il fut sélectionné par des chefs kényans et des sponsors américains pour aller étudier dans une université américaine, rejoignant la première grande vague d'Africains envoyés à l'étranger pour y apprendre la technologie occidentale et la rapporter dans leur pays afin de forger une nouvelle Afrique moderne.

En 1959, à l'âge de vingt-trois ans, il arriva à l'université de Hawaii. C'était le premier étudiant africain accueilli dans cette institution. Il y étudia l'économétrie, en travaillant avec un acharnement exemplaire, et obtint son diplôme en trois ans, à la tête de sa classe. Il avait d'innombrables d'amis. Il participa à la création de l'International Students Association, dont il devint le premier président. A un cours de russe, il rencontra une jeune Américaine timide, modeste, âgée seulement de dix-huit ans, et ils tombèrent amoureux. Les parents de la jeune fille, d'abord circonspects, furent conquis par son charme et son intelligence. Les deux jeunes gens se marièrent et eurent un fils, auquel Barack transmit son prénom. Il obtint une nouvelle bourse, cette fois pour poursuivre son Ph.D., son doctorat, à Harvard, mais non les fonds nécessaires pour emmener sa nouvelle famille avec lui. Il y eut donc séparation, à la suite de laquelle il retourna en Afrique pour tenir sa promesse vis-à-vis du continent. Il laissa derrière lui sa femme et son enfant, mais le lien d'amour perdura malgré la distance...

C'est là que l'album se refermait, et je repartais satisfait, bien emmailloté dans un conte qui me plaçait au centre d'un vaste univers bien ordonné. Dans la version, même expurgée, que m'en donnaient ma mère et mes grands-parents, beaucoup de choses échappaient à ma compréhension. Mais je ne demandais pas souvent d'explications susceptibles de me dévoiler le sens de « Ph.D. », ou de « colonialisme », ou de me permettre de situer Alego sur une carte. Non, l'histoire de la vie de mon père occupait le même territoire que *Les Origines*, un livre que ma mère m'avait offert. C'était un recueil de contes du monde entier sur la Création, racontant la Genèse et l'Arbre de vie, Prométhée et le don du feu, et la tortue des légendes indiennes qui flottait dans l'espace, portant le poids du monde sur son dos. Plus tard, à l'âge où je commençai à préférer les sources de distractions plus terre à terre telles que la télévision et les films, les questions commencèrent à poindre dans mon esprit. Et la tortue, qu'est-ce qui la portait ? Pourquoi un Dieu omnipotent permit-il à un serpent de causer un tel malheur ? Pourquoi mon père n'était-il pas revenu ? Mais, à l'âge de cinq ou six ans, je ne cherchais pas à creuser ces lointains mystères, et je me contentais de ces histoires qui, toutes, se suffisaient à elles-mêmes, et dont les vérités étaient bonnes à emporter dans mes rêves paisibles.

Mon père ne ressemblait en rien aux gens qui m'entouraient, il était noir comme le goudron alors que ma mère était blanche comme le lait, mais cela me traversait à peine l'esprit.

De fait, je ne me souviens que d'une seule histoire traitant explicitement du problème racial. A mesure que je grandissais, on me la répétait plus souvent, comme si elle restituait l'essence du conte moral que la vie de mon père était devenue à mon usage. Cette histoire racontait qu'un soir, après avoir passé de longues heures à travailler, mon père avait rejoint mon grand-père et plusieurs autres amis dans un bar de Waikiki. L'ambiance était joyeuse, on mangeait et on buvait au son d'une guitare hawaiienne, lorsqu'un Blanc, à haute et intelligible voix, se plaignit tout à coup au propriétaire d'être obligé de boire du bon alcool « à côté d'un nègre ». Le silence s'installa dans la salle et les gens se tournèrent vers mon père, en s'attendant à une bagarre. Mais mon père se leva, se dirigea vers l'homme, lui sourit et entreprit de lui administrer un sermon sur la folie de l'intolérance, sur la promesse du rêve américain et sur la déclaration universelle des droits de l'homme.

– Quand Barack s'est tu, le gars s'est senti tellement mal à l'aise qu'il lui a filé aussi sec un billet de cent dollars, racontait Gramps. Ça nous a payé toutes nos consommations pour le reste de la soirée… et le loyer de ton père jusqu'à la fin du mois !

Plus tard, adolescent, je conçus quelques doutes sur la véracité de cette histoire et je la mis de côté avec le reste. Jusqu'au jour où, bien des années après, je reçus le coup de fil d'un Américano-Japonais qui avait été un condisciple de mon père à Hawaii et enseignait dans une université du Midwest. Il était très aimable, un peu embarrassé par l'impulsivité de sa démarche. Il m'expliqua qu'il avait lu une interview de moi dans son journal et que la vue du nom de mon père avait réveillé en lui un flot de souvenirs. Puis, durant la conversation, il me raconta la même histoire que mon grand-père, celle du Blanc qui avait essayé d'acheter le pardon de mon père.

– Je n'oublierai jamais cela, conclut mon interlocuteur.

Et dans cette voix que j'entendais au téléphone, je décelai l'intonation que j'avais si souvent décelée dans la voix de mon grand-père, tant d'années auparavant, cette note d'incrédulité – et d'espoir.

Métissage. En anglais, *miscegenation.* Ce dernier mot est bossu, affreux, il porte en lui l'annonce d'un résultat monstrueux. De même qu'*antebellum* ou *octoroon*[1], il évoque des images d'une autre époque, d'un monde lointain de fouets et de flammes, de magnolias morts et de portiques croulants. Et il fallut attendre 1967 – l'année où je fêtai mon sixième anniversaire, où Jimi Hendrix, à Monterey, mit le feu aux planches, trois ans après que Martin Luther King eut reçu le prix Nobel de la paix, une époque où l'Amérique avait déjà commencé à se lasser des exigences des Noirs pour l'égalité, le problème de la discrimination étant considéré comme résolu – pour que la Cour suprême des Etats-Unis finisse par faire savoir à l'Etat

1. *Antebellum* désigne la période précédant la guerre de Sécession dans le sud des Etats-Unis, et *octoroon* une personne ayant un huitième de sang blanc.

de Virginie que son interdiction des mariages interraciaux violait la Constitution. En 1960, l'année du mariage de mes parents, le mot *miscegenation* désignait encore un crime dans plus de la moitié des Etats de l'Union. Dans de nombreuses régions du Sud, mon père aurait pu périr pendu à un arbre simplement pour avoir osé poser les yeux sur ma mère. Dans les villes plus évoluées du Nord, les regards hostiles, les chuchotements auraient pu conduire une femme dans l'état de ma mère à avoir recours à une avorteuse, ou, à tout le moins, à aller accoucher dans quelque lointain couvent susceptible d'arranger une adoption. La simple vision de leur couple aurait été considérée comme insupportable, perverse, un contre-argument tout indiqué à opposer à la poignée de libéraux fêlés qui militaient en faveur des droits civiques.

Bien sûr… mais laisseriez-vous votre fille épouser l'un d'*eux* ?

Le fait que mes grands-parents aient répondu oui à cette question, même avec réticence, reste une énigme pour moi. Rien dans leurs origines ne laissait présager semblable réponse ; ils n'avaient pas de transcendantalistes de Nouvelle-Angleterre ou de socialistes fanatiques dans leur arbre généalogique. Certes, le Kansas s'était battu du côté de l'Union pendant la guerre de Sécession, et Gramps aimait à me rappeler que l'on comptait d'ardents abolitionnistes dans plusieurs branches de la famille. A la demande, Toot tournait la tête pour faire admirer son profil, pour montrer ce nez busqué qui, ajouté à une paire d'yeux d'un noir de jais, constituait la preuve de son ascendance cherokee.

Mais c'est une vieille photo sépia posée sur l'étagère de la bibliothèque qui était la plus éloquente, concernant leurs racines. Elle représentait les grands-parents de Toot, de souche écossaise et anglaise, plantés devant une ferme délabrée, vêtus de laine grossière, le sourire absent, clignant des yeux devant le paysage aride, écrasé de soleil, qui s'étendait devant eux. C'étaient les visages d'*American Gothic*[1], les cousins pauvres de la lignée des WASP, et dans leurs yeux on pouvait voir des vérités que je découvrirais plus tard. J'appris que le Kansas n'entra librement dans l'Union qu'après un violent prélude à la guerre de Sécession, la bataille au cours de laquelle

1. Peinture de Grant Wood représentant un homme tenant une fourche et une femme devant une maison de style gothique.

l'épée de John Brown connut le baptême du sang ; que, alors que l'un de mes arrière-arrière-grands-pères, Christopher Columbus Clark, avait été décoré comme soldat de l'Union, on disait que la mère de sa femme était une cousine au second degré de Jefferson Davis, le président de la Confédération ; qu'un autre ancêtre lointain avait été un Cherokee de pure souche. Mais ce lignage était une source de grande honte pour la mère de Toot, qui pâlissait dès qu'on abordait le sujet et avait espéré emporter ce secret dans sa tombe.

Tel était le monde dans lequel mes grands-parents avaient été élevés, au cœur même du pays, enfermé dans les terres, là où les convenances, l'endurance et l'esprit pionnier se combinaient au conformisme, à la suspicion et à un potentiel d'implacable cruauté. Ils avaient grandi à moins de trente-cinq kilomètres l'un de l'autre – ma grand-mère à Augusta, mon grand-père à El Dorado, des villes trop petites pour figurer en caractères gras sur une carte –, et les enfances qu'ils aimaient à évoquer pour moi dépeignaient une Amérique de petites villes à l'époque de la Grande Dépression, dans toute sa splendeur innocente : les parades du 4 Juillet et les films projetés sur un mur de grange, les lucioles placées dans un bocal et le goût des tomates en grappe sucrées comme des pommes, les tempêtes de poussière et celles de grêle, les salles de classe remplies de fils de fermiers cousus dans leurs sous-vêtements de laine au début de l'hiver, qui puaient comme des cochons à mesure que les mois passaient.

Tout paraissait romantique à travers le prisme des souvenirs de mes grands-parents, y compris le traumatisme des faillites bancaires et des saisies de fermes, à cette époque où la dureté des temps était partagée par tous. Il fallait donc prêter une oreille attentive pour déceler les subtiles hiérarchies et les codes tacites qui avaient policé leur prime jeunesse, les distinctions entre des gens qui n'avaient pas grand-chose et vivaient au milieu de nulle part. Cela dissimulait une notion appelée « respectabilité » – il y avait les gens respectables et les gens pas tellement respectables – et, même s'il n'était pas nécessaire d'être riche pour atteindre à la respectabilité, si vous ne l'étiez pas il vous fallait travailler deux fois plus pour y parvenir.

La famille de Toot était respectable. Son père eut un emploi stable durant toute la période de la Dépression, comme gérant d'une station-service pour la Standard Oil. Sa mère fut institutrice jusqu'à la naissance de ses enfants. La maison familiale était impeccablement tenue. La bibliothèque contenait un choix de livres classiques commandés par correspondance. La famille lisait la Bible, mais fuyait généralement les missions d'évangélisation « sous la tente », préférant une forme de méthodisme plus sérieuse qui plaçait la raison au-dessus de la passion et la tempérance au-dessus des deux.

Mon grand-père, lui, posait plus de problèmes. Personne ne savait pourquoi, car les grands-parents qui l'avaient élevé ainsi que son frère aîné, s'ils n'étaient pas riches, étaient des gens convenables, des baptistes qui craignaient Dieu et gagnaient leur vie en travaillant dans les puits de pétrole autour de Wichita. Il n'empêche que Gramps se révéla un garçon assez difficile. Certains voisins en imputaient la responsabilité au suicide de sa mère : après tout, c'était lui, Stanley, un petit garçon de huit ans seulement à l'époque, qui avait trouvé son cadavre. D'autres, moins charitables, secouaient simplement la tête : ce garçon tient de son père, s'accordaient-ils à dire, toujours à courir la gueuse et responsable de la triste disparition de sa femme.

Quelle qu'en fût la raison, la réputation de Gramps était apparemment méritée. A l'âge de quinze ans, il avait été mis à la porte du lycée pour avoir envoyé un coup de poing au proviseur. Pendant les trois années suivantes, il vécut de petits boulots, sautant dans les trains en marche vers Chicago, puis la Californie. Ensuite, il revint au pays et trempa dans des affaires louches, l'alcool, les cartes, les femmes. Comme il aimait à le raconter, il avait eu le nez fin en allant voir du côté de Wichita, où sa famille et celle de Toot s'étaient installées à l'époque, et Toot ne le contredisait pas. Assurément, les parents de cette dernière étaient au courant de ce qu'on racontait sur ce jeune homme, et ils désapprouvèrent fermement la cour qu'il faisait à leur fille. La première fois que Toot amena Gramps chez elle pour le présenter à ses parents, son père, après avoir jeté un regard aux cheveux noirs lissés en arrière de mon grand-père et à son perpétuel sourire conquérant, asséna un jugement sans équivoque :

– Il a l'air d'un rital.

Ça lui était égal, à ma grand-mère. Pour elle, qui venait d'achever ses études d'économie ménagère et qui était fatiguée de la respectabilité, mon grand-père était sans doute un personnage plein de panache. Je les imagine parfois, dans le décor propre à toutes les villes américaines des années d'avant-guerre, lui en pantalon large et maillot de corps amidonné, un chapeau à large bord rejeté en arrière, proposant une cigarette à la jeune fille au beau langage, aux lèvres trop rouges, aux cheveux décolorés et aux jambes si jolies qu'elle aurait pu présenter les modèles du rayon bonneterie au grand magasin du coin. Il lui fait miroiter les grandes villes, les interminables autoroutes, annonce qu'il va bientôt quitter ces grandes plaines désolées, parcourues de poussière, où les grands projets consistent à briguer un poste de directeur de banque et où les distractions se limitent à une limonade au sirop avec une boule de glace et une séance de cinéma le dimanche après-midi, où la peur et le manque d'imagination étouffent les rêves, de sorte que dès le jour de votre naissance vous savez où vous mourrez et qui vous enterrera. Non, il ne va pas finir comme ça, mon grand-père ; il a des rêves, il a des projets.

Il va inoculer à ma grand-mère le virus du voyage qui, tant d'années auparavant, avait poussé leurs ancêtres à tous deux à traverser l'Atlantique et la moitié d'un continent.

Ils s'enfuirent juste au moment de Pearl Harbor, et mon grand-père s'engagea. Ici, l'histoire s'emballe dans ma mémoire, comme dans un vieux film où l'on voit les pages d'un calendrier mural arrachées de plus en plus vite par des mains invisibles, où les gros titres évoquant Hitler et Churchill et Roosevelt et la Normandie défilent à toute vitesse, sur fond d'escadrilles de bombardiers, avec la voix d'Edward R. Murrow et les commentaires de la BBC. Je vois la naissance de ma mère, à la base militaire où est stationné Gramps. Ma grand-mère, c'est *Rosie la Riveteuse*[1], elle travaille sur une chaîne d'assemblage de bombardiers, pendant que mon grand-père patauge dans la boue de France avec l'armée de Patton.

Gramps rentra de la guerre sans avoir jamais vu de véritable combat, et la famille partit pour la Californie. Il entra à Berkeley grâce au GI Bill, la bourse d'études octroyée par l'Etat fédéral aux vétérans après la guerre. Mais la salle de cours se révéla impuissante à contenir ses ambitions, son besoin de mouvement, et à nouveau ce

1. Célèbre affiche représentant une femme montrant ses biceps, symbolisant l'ouvrière capable de remplacer à l'usine son homme parti au front, pour participer à la production du matériel de guerre pendant la Seconde Guerre mondiale.

fut le départ. La famille retourna d'abord dans le Kansas, puis passa par plusieurs petites villes du Texas, avant de s'arrêter à Seattle, où ils restèrent assez longtemps pour que ma mère puisse terminer ses études secondaires. Gramps travaillait comme vendeur de meubles. Ils achetèrent une maison et s'installèrent, trouvèrent des partenaires de bridge. Ils étaient contents que ma mère soit bonne élève, mais, lorsqu'on lui proposa d'intégrer avant l'âge habituel l'université de Chicago, mon grand-père lui interdit d'y aller, la trouvant trop jeune pour être indépendante.

Et c'est ici que l'histoire aurait pu se terminer : une maison, une famille, une vie respectable. Sauf qu'en mon grand-père persistait sans doute un rêve secret. Je l'imagine debout au bord du Pacifique, les cheveux prématurément grisonnants, sa longue silhouette élancée un peu plus ramassée désormais, en train d'observer l'horizon, de le regarder s'arrondir, et continuant malgré tout à sentir, tout au fond de ses narines, les tours de forage, les enveloppes de maïs et les êtres endurcis qu'il pensait avoir laissés loin derrière lui.

Aussi, lorsque le directeur de son entreprise parla d'un nouveau magasin de meubles prêt à s'ouvrir à Honolulu, en évoquant les possibilités d'affaires pratiquement sans limites dans ces îles qui étaient sur le point de devenir un Etat, il n'hésita pas. Le soir même, il rentra tout droit au domicile conjugal pour faire l'article à ma grand-mère, la convaincre de vendre la maison, de faire les bagages une fois de plus et d'embarquer pour la destination finale de leur voyage, vers l'ouest, vers le soleil couchant…

Il restera toujours ainsi, mon grand-père, toujours à la recherche d'un nouveau départ, d'un moyen de fuir la monotonie des habitudes. A l'époque où la famille arriva à Hawaii, son caractère était, je le présume, entièrement formé – avec sa générosité et son désir de plaire, son mélange maladroit de sophistication et de provincialisme, cette émotivité à fleur de peau qui pouvait l'amener à la fois à manquer de tact et à être facilement blessé. C'était un caractère américain, typique des hommes de sa génération, des hommes qui avaient embrassé les notions de liberté, d'individualisme, séduits par les possibilités illimitées qui s'ouvraient devant eux, mais sans toujours en connaître le prix, et dont l'enthousiasme pouvait aussi bien mener à la lâcheté du maccarthysme qu'à l'héroïsme de la Seconde

Guerre mondiale. C'étaient des hommes à la fois dangereux et prometteurs, précisément du fait de leur innocence fondamentale. Des hommes qui, à la fin, seraient déçus.

Mais, en 1960, mon grand-père n'avait pas encore été soumis aux épreuves. Les déceptions allaient venir plus tard, et elles arrivèrent lentement, sans la violence qui aurait pu le faire changer, pour le meilleur ou pour le pire. Au fond de lui, il en était arrivé à se considérer comme une sorte de libre-penseur, voire de bohème. Il lui arrivait de s'adonner à la poésie, il écoutait du jazz, comptait parmi ses meilleurs amis un certain nombre de Juifs qu'il avait connus dans la vente de meubles. Au cours de sa seule incursion au sein d'une religion structurée, il enrôla sa famille dans la congrégation unitarienne universaliste de la ville. Les unitariens l'avaient séduit avec leur doctrine s'inspirant de toutes les grandes religions (« C'est comme si vous aviez cinq religions en une », disait-il). Toot finit par le détourner de cette vision de la chose religieuse (« Bonté divine, Stanley, la religion, ça ne se choisit pas comme les céréales du petit déjeuner ! »), mais si ma grand-mère était plus sceptique de nature et ne suivait pas Gramps dans certaines de ses idées farfelues, son indépendance obstinée, sa détermination à penser par elle-même les amenaient généralement à aligner grosso modo leurs positions.

Tout cela les classait comme vaguement libéraux, même si leurs idées ne furent jamais arrêtées au point de constituer une idéologie affirmée. En cela aussi, ils étaient américains. Aussi, lorsque ma mère rentra un jour en leur annonçant qu'elle avait fait la connaissance, à l'université d'Hawaii, d'un étudiant africain appelé Barack, leur première impulsion fut-elle de l'inviter à dîner. Ce pauvre petit se sent sans doute seul, si loin de chez lui, a dû penser Gramps. Mieux vaut voir à quoi il ressemble, a dû se dire Toot. Quand mon père est apparu à la porte, Gramps a peut-être été immédiatement frappé par la ressemblance de cet Africain avec Nat King Cole, l'un de ses chanteurs préférés. Je l'imagine très bien demandant à mon père s'il chante bien, sans comprendre le regard mortifié que lui décoche ma mère. Gramps est sans doute trop occupé à raconter l'une de ses bonnes plaisanteries ou à se disputer avec Toot à propos de la cuisson des steaks pour remarquer que ma mère a attrapé la main lisse et nerveuse posée à côté de la sienne et la serre. Toot le voit, mais elle est suffisamment bien élevée pour se contenter de se mordre les lèvres avant de proposer le dessert ; son instinct l'avertit de ne pas faire de scène. Après la soirée, ils disent tous les deux que ce jeune homme semble très intelligent, qu'il dégage une grande dignité, avec ses gestes mesurés, sa façon élégante de poser une jambe par-dessus l'autre… sans parler de cet accent !

Mais laisseront-ils leur fille l'*épouser* ?

Nous ne le savons pas encore. L'histoire, à ce stade, ne donne pas assez d'explications.

En vérité, comme la majeure partie des Américains de l'époque, ils n'avaient jamais accordé beaucoup d'intérêt aux Noirs. Les lois de ségrégation raciale avaient été introduites dans le Nord, au Kansas, bien avant la naissance de mes grands-parents, mais, autour de Wichita au moins, elles se manifestaient sous une forme atténuée, moins officielle, sans la violence qui prévalait dans le Sud profond. Les codes tacites qui régissaient la vie des Blancs réduisaient les contacts entre les races à un minimum. Quand il arrive que des Noirs traversent le Kansas des souvenirs de mes grands-parents, les images sont fugaces : une fois de temps en temps, des Noirs viennent faire un tour sur les champs de pétrole, pour se louer ; des femmes noires viennent à domicile laver le linge des Blancs ou faire le ménage. Les Noirs sont là sans être là, comme Sam le pianiste, ou Beulah la bonne, ou Amos et Andy à la radio, présences indistinctes, silencieuses, qui ne provoquent ni passion ni peur.

La question raciale avait commencé à s'introduire dans leur vie lorsque ma famille s'installa au Texas. Au cours de sa première semaine de travail, Gramps bénéficia de quelques conseils amicaux dispensés par ses collègues vendeurs sur la façon de traiter les clients noirs et mexicains :

– Si les gens de couleur veulent voir la marchandise, il faut qu'ils viennent après la fermeture et qu'ils se débrouillent pour la livraison.

Plus tard, à la banque où elle travaillait, Toot fit la connaissance de l'agent d'entretien, un grand Noir très digne, vétéran de la Seconde Guerre mondiale, qu'elle a toujours appelé M. Reed. Un jour, alors qu'ils étaient en train de bavarder dans le couloir, une secrétaire fit irruption et apostropha Toot en lui jetant que jamais, au grand jamais, il ne fallait « appeler un nègre "Monsieur" ». Peu après, Toot retrouva M. Reed en train de pleurer silencieusement dans un coin. Lorsqu'elle lui demanda ce qui se passait, il se redressa, s'essuya les yeux, et lui répondit par une autre question :

– Qu'avons-nous donc fait pour être traités si méchamment ?

Ma grand-mère ne sut que répondre ce jour-là, mais la question continua à lui trotter dans la tête, et elle en discutait parfois avec Gramps, le soir, quand ma mère était couchée. Ils décidèrent que Toot continuerait à appeler M. Reed « Monsieur », même si elle comprenait fort bien, avec un mélange de soulagement et de tristesse, la distance prudente que celui-ci observait désormais lorsqu'il leur arrivait de se croiser dans les couloirs. Gramps, de son côté, commença à décliner les invitations de ses collègues qui lui proposaient d'aller boire une bière ensemble, au prétexte qu'il devait rentrer pour éviter de s'attirer les foudres de bobonne. Ils se replièrent sur eux-mêmes, se fermèrent, en proie à une vague appréhension, comme s'ils étaient pour toujours des étrangers dans la ville.

C'est ma mère qui souffrit le plus de cette mauvaise atmosphère. Elle avait onze ou douze ans à l'époque, elle était enfant unique et venait tout juste de se sortir d'un mauvais épisode d'asthme. La maladie, ainsi que les nombreux déménagements, en avait fait une solitaire, joyeuse et dotée d'un bon caractère, certes, mais qui aimait se réfugier dans les livres et faire de longues promenades toute seule. Et Toot s'inquiétait. Elle craignait que ce dernier déménagement n'ait encore accentué ces dispositions chez sa fille.

Ma mère se fit peu d'amies dans sa nouvelle école. On se moquait d'elle à cause de son prénom, Stanley Ann (l'une des idées les moins judicieuses de son père, qui aurait voulu un garçon). Stanley Steamer[1], ou encore Stan the Man[2], ainsi la surnommait-on. En rentrant après son travail, Toot la retrouvait généralement seule dans la cour de devant, assise au bord de la galerie, les jambes pendantes, ou couchée dans l'herbe, perdue dans quelque rêverie solitaire.

---

1. Nom d'une automobile à vapeur fabriquée par les frères Stanley au début du vingtième siècle.

2. Surnom d'un célèbre joueur de base-ball.

A une exception près. Cela se passa par une journée chaude, sans vent. Toot, en rentrant, trouva un attroupement d'enfants devant la clôture de la maison. En s'approchant, elle entendit des rires forcés, elle vit des enfants aux visages grimaçants de colère et de dégoût, et ces enfants scandaient d'une voix aiguë :

– Elle est amoureuse des nègres !

– C'est une sale Yankee !

– Elle est amoureuse des nègres !

A la vue de la mère de leur victime, ils détalèrent. Mais l'un des garçons prit le temps de lancer la pierre qu'il avait à la main par-dessus la clôture. Toot suivit des yeux la trajectoire du caillou, qui tomba au pied d'un arbre. C'est alors qu'elle aperçut la cause de cette effervescence : ma mère et une petite fille noire du même âge étaient couchées côte à côte à plat ventre dans l'herbe, les jupes relevées au-dessus des genoux, les orteils enfoncés dans le sol, les têtes posées sur les mains, plongées dans un livre. De loin, les deux petites filles semblaient parfaitement calmes, tranquilles, étendues à l'ombre de l'arbre. C'est en s'approchant que Toot s'aperçut que la petite fille noire tremblait de tous ses membres et que les yeux de ma mère étaient brillants de larmes. Paralysées de peur, les fillettes restaient immobiles. Ma grand-mère se pencha et leur posa une main apaisante sur la tête.

Puis elle leur dit :

– Si vous voulez jouer, les filles, alors rentrez, nom d'une pipe ! Allez, venez. Toutes les deux.

Elle releva ma mère et tendit la main à l'autre petite fille, mais avant de lui laisser le temps de prononcer un mot de plus celle-ci se mit debout d'un seul bond, prit ses jambes à son cou et disparut bientôt dans la rue.

Gramps fut hors de lui lorsqu'il apprit ce qui s'était passé. Il interrogea ma mère, nota des noms. Le lendemain, il prit sa matinée pour aller parler au principal du collège. Il appela personnellement les parents de certains coupables pour leur dire sa façon de penser. Et, de chaque adulte interpellé, il obtint la même réponse :

– Vous feriez mieux de dire deux mots à votre fille, monsieur Dunham. Les petites filles blanches ne jouent pas avec des filles de couleur dans cette ville.

Il est difficile de savoir quel poids donner à ces épisodes, s'ils furent déterminants, ou s'ils ressortent seulement à la lueur d'événements ultérieurs. Chaque fois qu'il abordait ce sujet, Gramps répétait avec insistance que la famille avait quitté le Texas en partie à cause de son malaise devant ce racisme. Toot était plus prudente. Un jour, alors que nous étions seuls, elle me confia qu'ils avaient quitté le Texas uniquement parce que Gramps ne réussissait pas très bien dans ses affaires, et parce qu'un ami de Seattle lui avait promis mieux sur place. Selon elle, le mot « racisme » ne faisait même pas partie de leur vocabulaire à l'époque.

– Ton grand-père et moi, nous pensions qu'il fallait traiter les gens correctement, Bar. C'est tout.

C'est une personne avisée, ma grand-mère, elle se méfie des grands sentiments ou des grandes déclarations, elle se contente du bon sens. C'est pour cela que j'ai tendance à ajouter foi à son récit des événements. Il correspond à ce que je sais de mon grand-père, à sa propension à réécrire son histoire afin de la conformer à l'image qu'il souhaite avoir de lui-même.

Et pourtant, je n'écarte pas tout à fait les souvenirs de Gramps, même enjolivés ; je ne les considère pas comme un acte de révisionnisme blanc. Je ne le peux pas, précisément parce que je sais à quel point Gramps croyait en ses fictions, combien il aurait aimé qu'elles soient réelles, même s'il ne savait pas toujours comment les rendre telles. Après le Texas, je soupçonne que les Noirs ont été intégrés dans ces fictions, dans l'histoire qui s'est introduite dans ses rêves. Dans son esprit, la situation de la race noire, ses souffrances, ses plaies se mélangeaient avec les siennes : le père absent et le parfum de scandale, la mère qui l'avait abandonné, la cruauté des autres enfants, la découverte qu'il n'était pas un garçon aux cheveux blonds, qu'il avait une tête de « rital ». Le racisme faisait partie de ce passé, son instinct le lui disait, il faisait partie de ces conventions, de cette respectabilité et de ce statut, des grimaces, des chuchotements et des commérages qui l'avaient laissé sur le seuil, à regarder à l'intérieur.

Cet instinct a son importance, je pense. Pour bien des Blancs de la génération et de l'origine de mes grands-parents, l'instinct courait en direction opposée, en direction de la révolte. Et même si les relations entre Gramps et ma mère étaient déjà tendues à l'époque de leur arrivée à Hawaii – elle ne lui pardonna jamais tout à fait son instabilité, son caractère souvent violent, et ses manières grossières, brutales, lui faisaient honte –, ce fut son désir d'effacer le passé, sa confiance dans la possibilité de recréer un monde de toutes pièces qui se révélèrent son legs le plus durable. Qu'il s'en rende compte ou non, le spectacle de sa fille avec un Noir était une fenêtre qui laissait entrevoir, à un niveau profondément enfoui et inexploré, ce qui se passait au fond de lui.

Mais cette prise de conscience de son être profond, lui eût-elle été accessible, n'en aurait pas rendu pour autant le choix de ma mère plus facile à avaler. En réalité, le mariage et le moment où il eut lieu restent un peu opaques, il demeure une somme de détails que je n'ai jamais tout à fait eu le courage d'explorer. On ne m'a jamais fait le récit d'un véritable mariage, avec le gâteau, l'alliance, la conduite de la fiancée à l'autel. Il n'y eut aucun membre de la famille pour y assister. Il n'est même pas sûr que les familles du Kansas aient été vraiment prévenues. Juste une petite cérémonie civile, un juge de paix. Tout l'ensemble paraît si fragile rétrospectivement, si improvisé. Et peut-être est-ce ce que mes grands-parents souhaitaient, une épreuve qui passerait, juste une affaire de temps, il suffirait qu'ils serrent les dents et ne provoquent pas de catastrophe.

Dans cette hypothèse, ils avaient mal évalué non seulement la tranquille détermination de ma mère, mais également l'intensité de leurs propres émotions. Pour commencer, il y eut l'arrivée du bébé, quatre kilos soixante, avec dix orteils et dix doigts, et qui réclamait son lait. Qu'auraient-ils pu faire contre cela ?

Le temps et le lieu se liguèrent alors, transformant un malheur potentiel en quelque chose de tolérable, et même en source de fierté. Autour de quelques bières partagées avec mon père, Gramps écoutait son nouveau gendre parler politique ou économie, évoquer des endroits lointains tels que Whitehall et le Kremlin, et s'imaginait voir l'avenir. Il se mit à lire les journaux plus attentivement, y trouva les premiers articles sur le nouveau credo intégrationniste de l'Amérique, et décida en esprit que le monde rétrécissait, que les sympathies changeaient, que la famille qui venait de Wichita se trouvait désormais aux avant-postes de la Nouvelle Frontière de Kennedy et du magnifique rêve du pasteur Martin Luther King. Comment l'Amérique pourrait-elle envoyer des gens dans l'espace et garder ses citoyens noirs en esclavage ?

Dans l'un de mes premiers souvenirs, je me revois assis sur les épaules de mon grand-père lorsque les astronautes de l'une des missions Apollo regagnèrent la base de Hickam après un atterrissage réussi. Je me souviens que les astronautes, en lunettes d'aviateur, étaient très loin, à peine visibles à travers la porte d'une chambre d'isolation. Mais Gramps a toujours juré que l'un d'eux m'avait fait un signe de la main, et que j'avais répondu. Cela faisait partie de l'histoire qu'il s'était racontée. Avec son gendre noir et son petit-fils café au lait, Gramps était entré dans l'ère spatiale.

Et quel meilleur port d'embarquement que Hawaii, nouveau membre de l'Union, pouvait-il y avoir pour cette nouvelle aventure ? Aujourd'hui encore, avec une population multipliée par quatre, avec Waikiki, sa succession de fast-foods jouxtant ses vidéoclubs pornographiques, ses lotissements qui investissent inexorablement le moindre repli de colline, j'arrive à retracer mes premiers pas dans cette île, à être subjugué par sa beauté. L'étendue bleue, tremblante, du Pacifique. Les falaises recouvertes de mousse et la fraîcheur des cascades de Manoa Falls, avec leurs fleurs de gingembre et la canopée des hauts arbres vibrante du chant d'invisibles oiseaux. Le tonnerre des vagues du North Shore, qui viennent s'écrouler comme au ralenti. Les ombres qui tombent des pics de Pali. L'air lourd, parfumé.

Hawaii ! Pour ma famille, arrivée en 1959, c'était sans doute comme si la terre elle-même, lasse des armées déchaînées, de la civilisation et de son cortège de cruautés, avait fait jaillir cette chaîne de rochers d'émeraude afin que des pionniers venus du monde entier puissent peupler la terre d'enfants bronzés par le soleil. L'horrible conquête du peuple d'Hawaii à coups de traités avortés et de maladies invalidantes apportées par les missionnaires, l'accaparement du riche sol volcanique par les compagnies américaines pour la culture de la canne à sucre et les plantations d'ananas, le système de contrats qui forçait les immigrants japonais, chinois et philippins à rester courbés de l'aube au coucher du soleil dans ces mêmes champs, l'internement des Américano-Japonais pendant la guerre, tout cela, c'était encore l'histoire récente. Et pourtant, à l'arrivée de ma famille, c'était effacé en quelque sorte de la mémoire collective, comme une brume matinale évaporée aux rayons du soleil. Il y avait trop de races, avec un pouvoir interne trop diffus, pour imposer le système rigide de castes du continent. Et si peu de Noirs que le plus acharné des ségrégationnistes pouvait tranquillement profiter de ses vacances, sachant que le mélange des races qui avait cours à Hawaii n'avait rien de commun avec l'ordre établi chez lui.

Par conséquent, la légende avait fait de Hawaii un véritable melting pot, une expérience d'harmonie raciale. Gramps, qui entrait en contact avec une quantité de gens par son métier, se jeta dans la défense de la cause de l'entente mutuelle. Un vieux livre de Dale Carnegie, *Comment se faire des amis et influencer les autres,* trône toujours dans sa bibliothèque. Et quand j'eus un peu grandi, je sus reconnaître le ton jovial, familier, dont il usait sans doute parce qu'il avait décrété qu'il l'aiderait à gagner des clients. Il fourrait des photos de famille sous le nez de parfaits étrangers et leur racontait l'histoire de sa vie ; il donnait de vigoureuses poignées de main au facteur ou racontait des blagues de mauvais goût aux serveuses quand nous allions au restaurant.

Ces extravagances me hérissaient, mais des gens plus indulgents qu'un petit-fils appréciaient son côté original, de sorte que, s'il n'a jamais gagné beaucoup d'influence, il se fit un large cercle d'amis. Un Américano-Japonais qui s'appelait Freddy et tenait un petit marché près de chez nous mettait de côté pour nous ses meilleurs *akus* pour le sashimi et me donnait des bonbons au riz emballés dans des papiers comestibles. Assez souvent, les Hawaiiens qui travaillaient au magasin de mon grand-père comme livreurs nous invitaient à manger le *poi* et le cochon grillé, que Gramps engloutissait de bon cœur (Toot se contentait de tirer sur ses cigarettes, attendant le moment de rentrer et de pouvoir se faire des œufs brouillés). Parfois, j'accompagnais Gramps à Ali'i Park, où il aimait jouer aux dames avec des vieux Philippins qui fumaient des cigares bon marché et crachaient le jus de noix de bétel comme si c'était du sang. Et je me souviens encore de ce petit matin où, bien avant le lever du soleil, un Portugais à qui mon grand-père avait accordé un bon prix sur un ensemble canapé vint nous prendre pour aller pêcher au harpon à Kailua Bay. A la lueur d'une lanterne à gaz accrochée à la cabine de la petite barque de pêche, je vis les hommes descendre dans une eau noire d'encre, avec leurs lampes luisantes sous la surface, puis remonter avec un gros poisson chatoyant qui frétillait au bout d'un harpon. Gramps me dit son nom en hawaiien, *humu-humu-nuku-nuku-apuaa*. Nous répétâmes ce nom à l'envi pendant tout le trajet de retour.

Dans cet environnement, mon origine raciale ne causa pas beaucoup de problèmes à mes grands-parents, et ils adoptèrent rapidement l'attitude méprisante que les habitants de l'île réservaient aux visiteurs manifestant ce genre de souci. Parfois, lorsque Gramps voyait des touristes me regarder jouer dans le sable, il s'approchait d'eux et leur chuchotait, sur le ton respectueux qui s'imposait, que j'étais l'arrière-petit-fils du roi Kamehameha, le premier monarque d'Hawaii.

– Bar, je suis sûr que tu as ta photo dans des centaines d'albums, de l'Idaho jusqu'au Maine, se plaisait-il à me dire avec un large sourire.

Cette anecdote est ambiguë, à mon avis. J'y vois une stratégie déployée pour échapper aux questions difficiles. Et pourtant, Gramps en racontait aussi volontiers une autre, celle de cette touriste qui, me voyant nager, commenta mes exploits sans savoir à qui elle s'adressait, en disant que « pour ces Hawaiiens, nager, ça doit leur venir naturellement ». A quoi il répondit que c'était difficile à savoir, ajoutant : « Il se trouve que ce garçon est mon petit-fils, sa mère est du Kansas, son père est de l'intérieur du Kenya, et l'océan est à des centaines de kilomètres de chez eux. »

Pour mon grand-père, la question de la race n'était plus un problème brûlant. Car si l'ignorance était toujours bien ancrée en certaines régions, on pouvait raisonnablement supposer que le reste du monde rattraperait bientôt son retard.

Finalement, je suppose que telle était la véritable essence de tous les récits concernant mon père. Ils parlaient moins de l'homme lui-même que des transformations qui s'étaient opérées sur les personnes qui l'entouraient, du lent processus par lequel l'attitude de mes grands-parents avait évolué vis-à-vis de la question raciale. Ils étaient la voix d'un état d'esprit qui s'était emparé de la nation au cours de la brève période située entre l'élection de Kennedy et l'adoption du Voting Rights Act ; ils proclamaient la victoire apparente de l'universalisme sur l'esprit de clocher et l'étroitesse d'esprit, et l'apparition d'un nouveau monde de lumière, où les différences entre les races et les cultures seraient un enrichissement, un attrait, peut-être même un ennoblissement. C'était une bonne fiction, une fiction qui ne me hante pas moins qu'elle n'a hanté ma famille, car elle évoque quelque paradis perdu qui s'étend au-delà de la simple enfance.

Il n'y avait qu'un seul problème : mon père était absent. Il avait quitté le paradis, et rien de ce que ma mère ou mes grands-parents me racontaient ne pouvait éliminer ce simple fait, ce fait irréfutable. Leurs histoires ne me racontaient pas pourquoi il était parti. Elles ne pouvaient me décrire à quoi les choses auraient ressemblé s'il était resté. De même que l'agent d'entretien, M. Reed, ou la fillette noire qui se sauvait dans une rue texane, soulevant la poussière dans sa course éperdue, mon père devint un personnage secondaire venant étayer le récit de quelqu'un d'autre. Un personnage séduisant – l'extraterrestre au grand cœur, le mystérieux étranger qui sauve la ville et gagne les faveurs de la fille –, mais un personnage secondaire.

Je ne blâme pas véritablement ma mère ou mes grands-parents. Mon père préférait peut-être l'image de lui qu'ils avaient créée. Peut-être même a-t-il été complice de cette création. Dans une interview donnée au *Honolulu Star-Bulletin* à l'occasion de sa remise de diplôme, il apparaît réservé et responsable, tel un étudiant modèle, ambassadeur de son continent. Il reproche sans acrimonie à l'université d'héberger les étudiants étrangers dans des résidences universitaires tout en les forçant à assister à des programmes destinés à promouvoir la compréhension culturelle, ce qui, selon lui, les empêche d'accéder à l'exercice qu'ils recherchent. Bien que n'ayant pas connu de problèmes lui-même, il décèle une autoségrégation et une discrimination manifestes dans les différents groupes ethniques, et il fait remarquer avec une ironie mordante qu'il arrive parfois à des « Causasiens » de subir des préjudices à Hawaii. Mais si son jugement est sans illusion, il prend bien soin de terminer sur une note heureuse : il est un domaine, entre autres, où Hawaii est un exemple pour les autres nations, c'est la volonté des races de travailler ensemble à un développement commun, chose que les Blancs, ailleurs, se refusent trop souvent à faire.

J'ai découvert cet article, rangé avec mon acte de naissance et de vieux certificats de vaccination, quand j'étais au lycée. C'est un texte bref, avec une photo de lui. Il n'y est pas fait mention de ma mère ou de moi-même, et je me demande si cette omission était intentionnelle de la part de mon père, en prévision de sa longue absence. Peut-être le journaliste n'a-t-il pas posé de questions personnelles, intimidé par les manières impérieuses de mon père ; ou peut-être était-ce une décision de la rédaction, qui souhaitait s'en tenir à un récit simple. Je me demande également si cette omission a provoqué une dispute entre mes parents.

Je ne l'aurais pas remarqué à l'époque, car j'étais trop jeune pour comprendre que j'étais censé avoir un père à demeure, de même que j'étais trop jeune pour savoir que j'avais besoin d'une race. Pendant une période d'une brièveté improbable, il semble que mon père s'était trouvé sous le même charme que ma mère et ses parents. Et pendant les six premières années de ma vie, même si ce charme était rompu et que les mondes qu'ils pensaient avoir délaissés les réclamaient l'un et l'autre, j'occupai la place qui avait été celle de leurs rêves.

2

La route de l'ambassade était bouchée par un enchevêtrement de voitures, motos, tricycles, bus et minibus croulant sous deux fois trop de passagers, et tout cela formait une procession de roues et de membres qui se battaient pour se faire une place dans la chaleur de l'après-midi. Nous progressâmes de quelques centimètres, puis fûmes stoppés dans notre esquisse d'élan ; il y eut une ouverture, puis nous fûmes de nouveau contraints à l'arrêt. Notre chauffeur de taxi chassa un groupe de jeunes colporteurs venus nous proposer du chewing-gum et des cigarettes, avant d'éviter de justesse un scooter occupé par une famille entière. Le père, la mère, le fils et la fille se penchaient comme un seul homme dans le virage, la bouche fermée par un mouchoir destiné à les protéger des gaz d'échappement, ce qui les faisait ressembler à une famille de bandits. Le long de la route, des femmes au teint foncé, ratatinées, vêtues de sarongs marron à la couleur passée, entassaient des montagnes de fruits mûrissants dans des paniers de paille, et un duo de mécaniciens accroupis devant leur garage à ciel ouvert démontait un moteur en chassant nonchalamment les mouches. Derrière eux, la terre brune en pente accueillait une décharge fumante dans laquelle deux bambins à la tête ronde chassaient frénétiquement une poule noire décharnée. Les petits glissèrent dans la boue, les enveloppes de maïs et les feuilles de bananiers, en poussant des cris de plaisir, avant de disparaître de l'autre côté, engloutis par le chemin de terre.

Les choses s'arrangèrent lorsque nous atteignîmes l'autoroute, et enfin le taxi nous déposa devant l'ambassade, où deux Marines vêtus d'élégants uniformes nous saluèrent d'un signe de tête. Dans les jardins, le vacarme de la rue fut remplacé par le rythme régulier des taille-haies. Le patron de ma mère était un Noir corpulent aux cheveux coupés ras, saupoudrés de gris sur les tempes. Les larges plis d'un drapeau américain retombaient de la hampe dressée derrière son bureau. Il me gratifia d'une ferme poignée de main.

– Comment vas-tu, jeune homme ?

Il sentait l'après-rasage et son col amidonné semblait lui scier le cou.

Planté devant lui, je répondis avec application à ses questions sur les progrès de mes études. L'air, dans le bureau, était frais et sec, comme au sommet des montagnes : la brise pure et grisante des privilèges.

Notre petite conversation terminée, ma mère m'installa dans la bibliothèque pendant qu'elle retournait à son travail. Je finis mes bandes dessinées et les devoirs qu'elle m'avait fait apporter, puis je me levai pour aller flâner à travers les rayons. Les livres ne présentaient pas grand intérêt pour un garçon de neuf ans : c'étaient surtout des rapports de la Banque mondiale, des relevés topographiques, des plans de développement quinquennaux. Mais, dans un coin, je découvris une collection de *Life*, tous soigneusement présentés dans des classeurs de plastique clair. Je parcourus les publicités accrocheuses – les pneus Goodyear et Dodge Fever, Zenith TV (« Pourquoi pas ce qu'il y a de mieux ? ») et les soupes Campbell (« Mmmmm, c'est bon ! »), des hommes en col montant blanc versant du Seagram sur de la glace pendant que des femmes en mini-jupe rouge les couvaient d'un regard admiratif – et me sentis vaguement rassuré. Plus loin, je tombai sur une photo qui illustrait un article, et j'essayai de deviner le sujet avant de lire la légende. Une photo de petits Français qui couraient dans des rues pavées : c'était une scène joyeuse, un jeu de cache-cache après une journée de classe et de corvées, et leurs rires évoquaient la liberté. La photo d'une Japonaise tenant délicatement une petite fille nue dans une baignoire à peine remplie : ça, c'était triste. La petite fille était malade, ses jambes étaient tordues, sa tête tombait en arrière contre la poitrine de sa mère, la figure de la mère était crispée de chagrin, peut-être se faisait-elle des reproches…

Puis j'en arrivai à la photo d'une homme âgé qui portait des lunettes noires et un imperméable. Il marchait le long d'une route déserte. Je ne parvins pas à deviner de quoi parlait cette photo ; le sujet n'avait rien d'extraordinaire. Sur la page suivante, il y en avait une autre : c'était un gros plan sur les mains du même homme. Elles montraient une étrange pâleur, une pâleur qui n'était pas naturelle, comme si la peau avait été vidée de son sang. Je retournai à la première photo, et je remarquai les cheveux crépus de l'homme, ses lèvres épaisses et larges, son nez charnu, et le tout avait cette même teinte irrégulière, spectrale.

Il est sans doute gravement malade, me dis-je. Victime d'une irradiation, peut-être, ou albinos. J'avais vu un albinos dans la rue quelques jours auparavant, et ma mère m'avait donné des explications. Mais lorsque je lus les mots qui accompagnaient la photo, je vis que ce n'était pas cela du tout. L'homme avait reçu un traitement chimique pour éclaircir sa peau, disait l'article. Il l'avait payé de ses propres deniers. Il disait regretter d'avoir essayé de se faire passer pour un Blanc, se désolait de la manière catastrophique dont l'expérience avait tourné. Mais les résultats étaient irréversibles. Il existait des milliers de gens comme lui en Amérique, des Noirs, hommes et femmes, qui s'étaient soumis au même traitement à la suite de publicités qui leur avaient promis le bonheur, une fois devenus blancs.

Je sentis la chaleur envahir mon visage et mon cou. Mon estomac se serra ; les caractères devinrent flous. Ma mère était-elle au courant ? Et son patron ? Pourquoi était-il si calme, à lire ses rapports, quelques mètres plus loin, au bout du couloir ? Je ressentis le besoin urgent de sauter à bas de mon siège, de leur montrer ce que je venais d'apprendre, de leur demander de m'expliquer, ou de me rassurer. Mais quelque chose me retint. Comme dans les rêves, j'étais privé de voix, incapable d'articuler les mots traduisant cette peur nouvelle pour moi.

Lorsque ma mère vint me chercher pour me ramener à la maison, mon visage était souriant, et les magazines avaient retrouvé leur place. La pièce, l'atmosphère étaient aussi tranquilles qu'avant.

A cette époque, nous vivions en Indonésie depuis plus de trois ans, car ma mère s'était mariée avec un Indonésien du nom de Lolo, qu'elle avait rencontré, lui aussi, à l'université de Hawaii. Son nom signifiait « fou » en hawaiien, ce qui faisait bien rire Gramps, mais cela ne lui allait pas du tout, car Lolo possédait les bonnes manières et l'aisance de son peuple. Il était petit, beau, brun de peau, avec d'épais cheveux noirs et des traits qui pouvaient parfaitement le faire passer pour un Mexicain, ou un Samoan. Il jouait bien au tennis, son sourire était étrangement immuable, et son caractère toujours égal. Pendant deux années, de mes quatre ans à mes six ans, il endura d'interminables parties d'échecs avec Gramps et de longues parties de catch avec moi. Lorsque ma mère, un beau jour, me fit asseoir pour m'apprendre que Lolo lui avait fait sa demande et qu'il voulait nous emmener avec lui dans un pays lointain, je n'en fus pas surpris et n'émis pas d'objection. Je lui demandai quand même si elle l'aimait, car j'étais au monde depuis assez longtemps pour savoir que ce genre de chose était important. Le menton de ma mère se mit à trembler, comme il continue de le faire quand elle lutte contre les larmes, et elle me prit dans ses bras pour me serrer longuement, ce qui me fit me sentir très courageux, même si je ne savais pas vraiment pourquoi.

Lolo quitta Hawaii très vite après cela, et nous passâmes de longs mois en préparatifs : passeports, visas, billets d'avion, réservations d'hôtel, et toute une série de vaccins. Pendant que de notre côté nous faisons nos bagages, mon grand-père sortit un atlas et repéra les noms de l'archipel indonésien : Java, Bornéo, Sumatra, Bali. Il me dit qu'il se rappelait certains noms parce qu'il avait lu Joseph Conrad quand il était petit. On les appelait alors les Iles-aux-Epices, nom enchanteur, enveloppé de mystère.

– Il paraît qu'il y a encore des tigres là-bas, s'émerveilla-t-il, toujours lisant. Et des orangs-outans.

Tout à coup, il me regarda, les yeux écarquillés :

– Il paraît qu'il y a même des *chasseurs de têtes* !

Toot, pour sa part, appela le Département d'Etat pour demander si le pays était stable. La personne qu'elle eut l'informa que la situation était sous contrôle. Cela ne l'empêcha pas de nous forcer à emporter plusieurs malles remplies de nourriture, contenant entre autres du Tang, du lait en poudre, des boîtes de sardines.

– On ne sait pas ce qu'ils mangent, ces gens-là, dit-elle d'un ton sans réplique.

Ma mère soupira, mais Toot rajouta plusieurs boîtes de bonbons pour me gagner à sa cause.

Enfin, nous embarquâmes dans un avion de la Pan Am pour entreprendre notre vol autour du globe terrestre. Pour l'occasion, je portais une chemise blanche à manches longues et une cravate grise agrafable. Les hôtesses me pourvurent de puzzles et d'un surplus de cacahuètes, ainsi que d'une paire d'ailes de pilote en métal que j'accrochai au-dessus de ma poche de poitrine.

Nous fîmes une escale de trois jours au Japon. Nous marchâmes sous une pluie glacée pour aller voir le grand bouddha de bronze de Kamakura. Nous dégustâmes aussi de la glace au thé vert à bord d'un ferry qui naviguait sur des lacs de haute montagne. Le soir, ma mère étudiait des fiches descriptives.

En sortant de l'avion à Djakarta, où le tarmac tremblait de chaleur sous le soleil qui chauffait comme un four, je pris sa main et la tins serrée, déterminé à la protéger contre tout et tous.

Lolo était là pour nous accueillir, avec quelques kilos de plus et une épaisse moustache qui surmontait désormais son sourire. Il embrassa ma mère, me fit sauter en l'air et nous demanda de suivre un petit homme sec qui, longeant l'importante file d'attente à la douane, porta nos bagages tout droit jusqu'à une voiture qui nous attendait. Le petit homme chargea nos affaires dans le coffre avec bonne humeur. Ma mère tenta de lui dire quelque chose, mais il se contenta de rire en hochant la tête. Les gens nous entouraient, parlant à toute vitesse dans une langue que je ne connaissais pas, dégageant une odeur inconnue. Pendant un long moment, nous observâmes Lolo, en grande discussion avec un groupe de soldats en uniforme brun. Les militaires portaient des armes à leur ceinturon, mais ils semblaient être d'humeur joviale, car ils rirent à une chose que leur dit Lolo. Quand, enfin, il vint nous rejoindre, ma mère demanda si les soldats allaient vérifier nos bagages.

– Ne t'inquiète pas… on s'est occupé de tout, répondit-il en s'installant au volant. Ce sont des amis à moi.

Il nous dit que la voiture, elle, était empruntée, mais qu'il avait acheté une moto toute neuve… une japonaise… c'était suffisant pour l'instant. La nouvelle maison était terminée ; il ne restait plus qu'à mettre la dernière touche. J'étais déjà inscrit dans une école proche, et la famille et les parents étaient impatients de faire notre connaissance.

Pendant qu'il s'entretenait avec ma mère, je passai la tête par la vitre arrière pour contempler le paysage qui défilait, uniformément brun et vert, les villages qui cédaient la place à la forêt, dans une odeur de diesel et de fumée de bois. Des hommes et des femmes arpentaient les rizières, tels des échassiers, le visage caché par leurs larges chapeaux de paille. Un petit garçon trempé comme une soupe, assis sur le dos d'un buffle d'eau à l'expression stupide, lui fouettait la croupe avec un bambou.

Les rues devinrent plus animées, bordées de petites boutiques, de petits marchés, encombrées d'hommes tirant des charrettes chargées de gravier et de bois. Les immeubles grandirent, semblables à ceux de Hawaii – Lolo nous montra l'hôtel Indonesia, très moderne, selon lui, et le nouveau centre commercial, blanc et rutilant –, mais un petit nombre seulement d'entre eux dépassaient les arbres qui, maintenant, rafraîchissaient la route. Lorsque nous passâmes devant une rangée de grandes maisons avec des haies et des postes de garde, ma mère prononça des mots que je ne saisis pas complètement, quelque chose à propos du gouvernement et d'un homme appelé Sukarno.

– Qui c'est, Sukarno ? criai-je depuis le siège arrière.

Lolo ne parut pas m'entendre. En revanche, il toucha mon bras et désigna un point devant nous.

– Regarde, dit-il en levant le doigt.

En retrait de la route, je vis s'élever un géant haut comme au moins dix étages, avec un corps d'homme et une tête de singe.

– C'est Hanuman, expliqua mon beau-père alors que nous contournions la statue. Le dieu-singe.

Je me retournai dans mon siège, hypnotisé par ce personnage solitaire, si sombre sous le soleil, qui semblait prêt à s'élever dans les airs, planté au milieu de la circulation de pauvres mortels qui tourbillonnait à ses pieds.

– C'est un grand guerrier, affirma Lolo avec conviction. Fort comme cent hommes. Quand il se bat contre les démons, il n'est jamais vaincu.

La maison se trouvait dans un quartier en construction, à la périphérie de la ville. La route traversa un pont étroit jeté sur une large rivière marron. D'en haut, je vis des villageois en train de se baigner et de laver du linge le long des rives pentues. Puis l'asphalte de la route qui serpentait au milieu de petites boutiques et de bungalows passés à la chaux fut remplacé par du gravier, et ensuite par de la terre battue. Enfin, nous nous engageâmes sur les étroits sentiers du kampong[1].

La maison était modeste, en stuc et en briques rouges, mais elle était ouverte et aérée, avec un grand manguier dans la petite cour de devant. Lorsque nous franchîmes la porte, Lolo m'annonça qu'il avait une surprise pour moi. Mais il n'eut pas le temps de donner de plus amples explications, car un hurlement assourdissant tomba du sommet de l'arbre. Ma mère et moi fîmes un bond en arrière. Une grande créature poilue dotée d'une mince tête plate et de longs bras menaçants sauta sur une branche basse.

– Un singe ! m'écriai-je.

– Un grand singe, rectifia ma mère.

Lolo sortit une cacahuète de sa poche et la tendit à l'animal, qui s'empressa de l'attraper.

– Il s'appelle Tata, dit-il. Je l'ai rapporté de très loin, de Nouvelle-Guinée, spécialement pour toi.

Je fis quelques pas en avant pour aller y voir de plus près, mais Tata me dévisageait d'un regard noir et soupçonneux, prêt, me sembla-t-il, à se jeter sur moi. Je jugeai plus prudent de ne pas bouger.

– N'aie pas peur, me rassura Lolo en tendant une nouvelle cacahuète à l'animal. Il est attaché. Viens… il y a autre chose.

Je regardai ma mère, qui m'adressa un sourire hésitant. Dans l'arrière-cour, nous nous retrouvâmes dans une sorte de zoo : je vis des poulets et des canards qui couraient en tous sens, un grand chien jaune qui émettait un son sinistre quand il aboyait, deux oiseaux de paradis, un cacatoès blanc et enfin deux bébés crocodiles, à demi immergés dans un étang clôturé, près de la limite de la propriété. Lolo me désigna les deux reptiles.

– Il y en avait trois, dit-il, mais le plus gros est sorti par un trou dans la clôture. Il s'est faufilé dans un champ de riz et il a bouffé un canard du propriétaire. Il a fallu partir à sa recherche, en pleine nuit, avec des torches…

Il ne faisait plus très clair, mais nous partîmes faire un petit tour jusqu'au village. Des groupes d'enfants nous firent des signes de la

---

1. Quartier suburbain qui a conservé son caractère rural.

main en gloussant, et quelques vieux bonshommes aux pieds nus vinrent nous serrer la main. Nous fîmes une halte sur le terrain communal, où l'un des domestiques de Lolo faisait brouter quelques chèvres. Un petit garçon tenant une libellule qui voletait au bout d'une ficelle vint se placer à mes côtés.

Quand nous rentrâmes à la maison, l'homme qui avait porté nos bagages était dans l'arrière-cour, une poule rousse coincée sous le bras et un long couteau à la main droite. Il dit quelque chose à Lolo, qui opina du chef et nous appela. Ma mère me dit de ne pas bouger et lança un regard interrogateur à son mari.

– Tu ne crois pas qu'il est un peu jeune ?

Lolo haussa les épaules et répondit, tourné vers moi :

– Il faut bien que ce garçon apprenne d'où vient ce qu'il mange. Qu'est-ce que tu en penses, Barry ?

Après avoir consulté ma mère du regard, je me retournai vers l'homme qui tenait le poulet. Lolo fit un nouveau signe de tête, l'homme posa le volatile, l'immobilisa doucement sous un genou et plaça son cou à travers une étroite gouttière. L'animal s'agita pendant quelques secondes en battant violemment des ailes, perdant quelques plumes vite emportées par le vent. Puis il ne bougea plus. D'un seul geste, le domestique passa adroitement la lame à travers son cou. Le sang gicla, formant un long ruban cramoisi. L'homme se leva en prenant soin de tenir le volatile loin de lui, puis le lança brutalement en l'air. Le volatile atterrit avec un bruit sourd, puis il se releva, la tête ballottant contre son flanc de façon grotesque, et se mit à courir en décrivant un large cercle inégal. Le cercle rétrécit, le sang qui s'égouttait s'arrêta de couler avec un ultime gargouillement, et le poulet s'écroula mort dans l'herbe.

Lolo passa une main sur ma tête et nous conseilla d'aller faire un brin de toilette avant le repas.

Nous dînâmes dans le calme, à la lueur d'une faible ampoule jaune. On nous servit... du poulet au riz, suivi d'un dessert composé de fruits à la peau velue, si sucrés au centre que je ne m'arrêtai de manger que lorsque j'eus mal à l'estomac.

Plus tard, couché seul sous le dais d'une moustiquaire, j'écoutai crisser les criquets à la lueur de la lune en repensant au dernier réflexe de vie que j'avais eu sous les yeux quelques heures auparavant.

J'osais à peine croire en ma chance.

– La première chose que tu dois faire, c'est apprendre à te protéger.

Nous étions dans l'arrière-cour, face à face. La veille, j'étais rentré à la maison avec une bosse grosse comme un œuf sur le côté de la tête. Lolo était dans la cour, occupé à laver sa moto. Répondant à sa question, je lui expliquai que je m'étais bagarré avec un garçon plus grand qui habitait au bout de la rue. Au beau milieu du jeu, il avait piqué le ballon de foot de mon copain, et il avait fichu le camp avec ! Je lui avais couru après, et il m'avait balancé un caillou.

– C'est pas du jeu, dis-je à Lolo, la voix vibrante d'indignation, c'est un tricheur !

Mon beau-père écarta mes cheveux avec ses doigts et examina la plaie en silence.

– Ça ne saigne pas, dit-il enfin, avant de retourner à l'astiquage de ses chromes.

Je pensais que l'affaire en resterait là.

Mais le lendemain, lorsqu'il revint du travail, il avait sur lui deux paires de gants de boxe qui sentaient le cuir neuf. Elles étaient accrochées à son épaule par les lacets noués ensemble. La plus grande des deux était noire, et l'autre rouge.

Il finit de serrer les lacets de mes gants et recula pour examiner le résultat. Mes mains pendaient à mes flancs comme des bulbes à l'extrémité de leurs tiges. Il secoua la tête et leva les gants de sorte qu'ils protègent mon visage.

– Voilà. Comme ça. Garde tes mains en l'air.

Il plaça correctement mes coudes, se baissa pour se mettre en position et commença à sautiller devant moi.

– Tu n'arrêtes pas de bouger, mais tu restes toujours baissé… il ne faut pas leur donner de cible. Tu y es ?

J'acquiesçai et imitai ses mouvements du mieux que je pus. Au bout de quelques instants, il s'arrêta et vint placer sa main devant mon nez.

– Bon, dit-il, vas-y, montre-moi comment tu fais pour donner un coup de poing.

Ça, je savais le faire.

Je reculai, levai le bras et frappai de toutes mes forces. Sa main bougea à peine.

– Pas mal, commenta Lolo avec un signe de tête approbateur. Pas mal du tout. Aah… mais regarde où sont tes mains ! Qu'est-ce que je t'ai dit ? Lève-les !

Je m'exécutai. Je m'entraînai sur ses mains, cherchant régulièrement son regard, et je m'aperçus alors à quel point ses traits m'étaient devenus familiers depuis ces années passées auprès de lui, aussi familiers que la terre où nous vivions maintenant.

Il m'avait fallu moins de six mois pour apprendre la langue indonésienne, les coutumes et les légendes. J'avais survécu à la varicelle, à la rougeole, et à l'aiguillon de la baguette de bambou de mon maître. Des enfants de paysans, de domestiques, d'employés de bureau étaient devenus mes meilleurs amis, et nous courions dans les rues le matin et le soir, nous rendant utiles par des petits travaux, attrapant des criquets, nous livrant des batailles de cerfs-volants munis de ficelles coupantes comme des lames de rasoir… le perdant regardait son bien disparaître avec le vent, et savait que, quelque part, d'autres enfants avaient formé une longue chaîne mouvante et attendaient, la tête levée au ciel, que leur récompense atterrisse.

Avec Lolo, j'avais appris à manger les petits piments verts crus au dîner (avec du riz à profusion), et, loin de la table familiale, je fis connaissance avec la viande de chien (coriace), la viande de serpent (encore plus coriace) et la sauterelle grillée (croquante). Comme beaucoup d'Indonésiens, mon beau-père appartenait à une branche de l'islam qui accordait une place aux réminiscences des croyances animistes et hindoues. Il affirmait qu'un homme tirait des pouvoirs de tout ce qu'il mangeait. Et il me promettait qu'un jour prochain il apporterait un morceau de viande de tigre pour que nous la mangions ensemble.

La vie était ainsi, là-bas, une longue aventure, un bonus accordé à un petit garçon. Dans mes lettres à mes grands-parents, je racontais fidèlement une grande partie de ces événements, sachant que les colis de chocolat et de beurre de cacahuète civilisateurs ne manqueraient pas de suivre. Mais mes lettres ne rapportaient pas tout. Certaines choses étaient trop dures à expliquer. Je ne parlai pas à Toot et à Gramps du visage de l'homme qui était venu à notre porte un jour, avec un trou béant à l'endroit où aurait dû se trouver son nez, ni du bruit sifflant qu'il fit en demandant à manger à ma mère. Je ne racontai pas non plus qu'un de mes camarades de classe m'avait annoncé en pleine récréation que son petit frère, un bébé, était mort la nuit précédente à cause d'un esprit maléfique apporté par le vent... dans ses yeux, l'espace d'un très bref instant, j'avais vu passer une lueur de terreur, puis il avait eu un rire étrange, m'avait donné une tape sur le bras et avait détalé à toutes jambes. Il y eut aussi les regards vides des paysans, l'année où les pluies n'arrivèrent pas, leurs épaules voûtées tandis qu'ils arpentaient, pieds nus, leurs champs vides et craquelés, en se penchant régulièrement pour émietter la terre entre leurs doigts ; et leur désespoir l'année suivante, quand les pluies durèrent plus d'un mois, grossissant la rivière et inondant les champs. L'eau qui avait envahi les rues était montée si haut qu'elle m'arrivait à la taille. Les familles s'étaient battues pour sauver leurs chèvres et leurs poules, alors même que des morceaux de leurs huttes étaient emportés.

J'apprenais que le monde était violent, imprévisible et souvent cruel. Je décidai que mes grands-parents ne savaient rien d'un tel monde, que ce n'était pas la peine de les perturber avec des questions auxquelles ils ne pouvaient pas répondre. Parfois, quand ma mère rentrait du travail, je lui racontais les choses que j'avais vues ou entendues, et elle me caressait le front, m'écoutait attentivement, et faisait de son mieux pour m'expliquer ce qu'elle pouvait. J'étais content... sa voix, le toucher de sa main représentaient la sécurité. Mais ce qu'elle connaissait des inondations, des exorcismes et des combats de coqs laissait beaucoup à désirer. Tout était aussi nouveau pour elle que pour moi, et je sortais de ces conversations en sentant que mes questions n'avaient servi qu'à lui causer des inquiétudes inutiles.

Ce fut donc vers Lolo que je me tournai pour les conseils et les renseignements. Il ne parlait pas beaucoup, mais il était de commerce agréable. Il me présentait à sa famille et à ses amis comme son fils, mais il n'était pas insistant, n'allait jamais au-delà des conseils prodigués en passant, et ne prétendait pas que nos rapports étaient autre chose que ce qu'ils étaient. Cette distance me convenait, car elle révélait implicitement une confiance virile.

Et Lolo paraissait tout savoir. Non seulement il savait changer un pneu ou ouvrir aux échecs, mais surtout il connaissait des choses plus insaisissables, comme le moyen de gérer les émotions que je ressentais, ou comment expliquer les constants mystères du destin.

Par exemple, il savait s'y prendre avec les mendiants. Ceux-ci semblaient être partout, c'était une exposition permanente de malades, hommes, femmes, enfants, en loques crasseuses, les uns sans bras, les autres sans pieds ; victimes du scorbut ou de la polio, ou de la lèpre, ils marchaient sur leurs mains ou roulaient sur les trottoirs dans des charrettes fabriquées avec des bidons, les jambes tordues derrière eux comme des contorsionnistes. Au début, je voyais ma mère donner de l'argent à qui s'arrêtait devant notre porte ou tendait la main sur notre passage. Plus tard, quand il devint évident que le flot de la misère était sans fin, elle devint plus sélective, apprit à évaluer le niveau de souffrance. Lolo trouvait ses calculs moraux touchants mais stupides, et chaque fois qu'il me surprenait à suivre son exemple avec les quelques pièces que je possédais, il haussait les sourcils. Un jour, il me prit à part.

– Tu as combien d'argent ?

Je vidai mes poches.

– Trente roupies.

– Il y a combien de mendiants dans la rue ?

J'essayai d'imaginer le nombre de ceux qui étaient venus frapper à la porte de la maison la semaine précédente.

– Tu vois ? me dit-il, quand il fut évident que j'avais perdu le fil. Tu ferais mieux de garder ton argent et de faire en sorte de ne jamais finir toi-même dans la rue.

Il agissait de même avec les domestiques. C'étaient pour la plupart de jeunes villageois fraîchement arrivés en ville, travaillant souvent chez des employeurs qui n'avaient pas beaucoup plus de revenus qu'eux-mêmes. Ils envoyaient de l'argent à leur famille restée à la campagne, ou économisaient pour monter une affaire. Quand ils avaient de l'ambition, Lolo acceptait de les aider à démarrer. Généralement, il se montrait tolérant envers leurs singularités. Ainsi, pendant plus d'un an, il employa un jeune homme au caractère agréable, qui aimait s'habiller en femme le week-end et était très bon cuisinier. En revanche, sans l'ombre d'un état d'âme, il renvoyait les domestiques s'ils étaient maladroits, distraits, ou s'ils lui coûtaient de l'argent d'une façon ou d'une autre. Et il était perplexe quand ma mère ou moi tentions de les protéger de sa sanction.

– Ta mère a bon cœur, m'avait-il dit un jour après que cette dernière eut essayé de s'accuser d'avoir fait tomber la radio du buffet. C'est bien, pour une femme. Mais toi, tu seras un homme un jour, et un homme doit avoir plus de bon sens.

Il m'avait expliqué que cela n'avait rien à voir avec le bien ou le mal, avec le fait d'aimer ou de ne pas aimer. La question était de prendre la vie telle qu'elle était.

A ce moment, je reçus un bon coup sur la mâchoire. Je regardai Lolo. Son visage était couvert de sueur.

– Fais attention ! Garde les mains levées.

Nous poursuivîmes l'entraînement pendant une demi-heure, jusqu'à ce qu'il décide qu'il était temps de se reposer. Mes bras étaient bouillants ; ma tête était parcourue d'élancements sourds, constants. Nous prîmes une cruche d'eau et nous assîmes près de l'étang aux crocodiles.

– Fatigué ? m'interrogea-t-il.

Affalé comme une chiffe molle, je hochai imperceptiblement la tête en signe d'acquiescement. Il sourit et releva une jambe de son pantalon pour se gratter le mollet. Je remarquai alors une succession de cicatrices dentelées qui partaient de sa cheville et montaient jusqu'à mi-chemin de son tibia.

– Qu'est-ce que c'est ?

– Des cicatrices de sangsues, dit-il. Ça date de quand j'étais dans l'armée, en Nouvelle-Guinée. Quand on marche dans les marais, ça entre dans les bottes. On les retrouve le soir accrochées sur les jambes, sous les chaussettes. Elles sont bourrées de sang. On les fait crever en mettant du sel dessus, mais il faut quand même creuser dans la peau avec un couteau chauffé à blanc pour les décrocher.

Je passai mon doigt sur l'un des trous ovales. La peau était douce et sans poils à l'endroit où elle avait été brûlée. Je demandai à Lolo s'il avait eu mal.

– Evidemment que j'ai eu mal ! dit-il en prenant une gorgée d'eau dans la cruche. Mais il y a des fois où on ne peut pas s'occuper de savoir si on a mal ou pas. Parfois, la seule chose qui compte, c'est de faire ce qu'on a à faire.

Nous nous tûmes, et je le regardai du coin de l'œil. Je me rendis compte que je ne l'avais jamais entendu parler de ce qu'il ressentait.

Je ne l'avais jamais vu vraiment en colère ou triste. Il semblait vivre dans un monde où les surfaces étaient dures et les idées bien arrêtées. Une pensée étrange me passa soudain par la tête.

– Est-ce que tu as déjà vu tuer un homme ? lui demandai-je.

Il me regarda, surpris par la question.

– Oui, répondit-il enfin.

– Ça a saigné ?

– Oui.

Je réfléchis un instant.

– Pourquoi il a été tué, l'homme ?

– Parce qu'il était faible.

– C'est tout ?

Lolo haussa les épaules et redescendit la jambe de son pantalon.

– Ça suffit, en général. Les gens mettent à profit la faiblesse des autres. Ils sont comme les pays. L'homme fort prend la terre de l'homme faible. Il fait travailler l'homme faible dans ses champs. Si la femme de l'homme faible est jolie, l'homme fort la prendra.

Il s'arrêta pour boire une nouvelle gorgée d'eau. Puis il poursuivit :

– Et toi, qu'est-ce que tu préférerais être, à choisir ?

Je ne répondis pas, et Lolo leva la tête vers le ciel, ce qui le fit cligner des yeux.

– Il vaut mieux être fort, dit-il enfin en se levant. Si tu ne peux pas être fort, sois intelligent et mets-toi au mieux avec quelqu'un de fort. Mais il vaut toujours mieux être fort soi-même. Toujours.

Ma mère nous observait de la maison, appuyée contre son bureau où elle notait des copies. De quoi parlent-ils ? se demandait-elle. De trucs violents, sans doute, comme d'avaler des clous, des choses marrantes, des sujets de mecs !

Elle éclata de rire, puis se reprit. Non, elle était injuste. Elle était vraiment reconnaissante à Lolo de sa sollicitude à mon égard. Il n'aurait pas traité son fils différemment. Elle était heureuse de la gentillesse fondamentale de cet homme.

Elle mit ses papiers de côté et me regarda faire des pompes. Il grandit si vite, se dit-elle. Elle essaya de se remémorer le jour de notre arrivée, elle, jeune mère de vingt-quatre ans, flanquée de son enfant, mariée à un homme dont elle connaissait à peine l'histoire et pas du tout le pays. Elle savait si peu de choses, à l'époque... elle s'en rendait compte, maintenant. Elle avait apporté son innocence avec son passeport américain. Les choses auraient pu tourner plus mal. Beaucoup plus mal.

Elle s'était attendue à ce que sa nouvelle vie soit difficile. Avant de quitter Hawaii, elle avait essayé de recueillir le plus d'informations possible sur l'Indonésie : sur la population, la cinquième au niveau mondial, avec des centaines de tribus et de dialectes ; sur l'histoire du colonialisme, d'abord hollandais pendant plus de trois siècles, puis japonais pendant la guerre, qui avait cherché à contrôler les vastes réserves de pétrole, de minerai et de bois ; sur la lutte pour l'indépendance après la guerre, et l'accession au pouvoir d'un combattant de la liberté nommé Sukarno, devenu le premier président du pays. Sukarno avait été destitué depuis peu, mais tous les journaux affirmaient que le coup d'Etat s'était fait sans effusion de sang et avec le soutien du peuple. On disait que Sukarno avait cédé à la corruption, que c'était un démagogue, un totalitaire, trop bien avec les communistes.

C'était un pays pauvre, sous-développé, complètement étranger – cela, elle le savait. Elle s'était préparée à la dysenterie et aux fièvres, aux bains froids et aux toilettes réduites à un simple trou dans le sol, aux incessantes coupures d'électricité, à la chaleur et aux moustiques omniprésents. En réalité, tout cela n'était pas bien grave, c'étaient de simples désagréments, et elle était plus forte qu'elle n'en avait l'air, plus forte qu'elle ne le savait elle-même. Sans compter que, de toute façon, cela faisait partie de ce qui l'avait attirée vers Lolo après le départ de Barack : la perspective d'accomplir quelque chose de nouveau et d'important, d'aider son mari à reconstruire un pays, dans une région riche en sensations et stimulante, hors d'atteinte pour ses parents.

En revanche, elle ne s'était pas préparée à la solitude. La solitude était constante, étouffante. Elle ne pouvait incriminer une chose bien définie. Lolo l'avait accueillie chaleureusement et avait fait son possible pour lui permettre de se sentir chez elle, lui avait procuré tout le confort qu'il lui était possible de lui offrir. Sa famille l'avait traitée avec tact et générosité, avait accepté son fils comme l'un des leurs.

Et pourtant, quelque chose s'était produit entre elle et Lolo durant leur année de séparation. A Hawaii, il était débordant de vie, plein de projets. La nuit, quand ils étaient seuls, il lui racontait son enfance pendant la guerre. Il avait vu son père et son frère aîné quitter le foyer pour aller s'engager dans l'armée révolutionnaire. Ils avaient été tués tous les deux et la famille avait tout perdu, l'armée néerlandaise avait mis le feu à leur maison, ils avaient fui vers l'intérieur, à la campagne, et sa mère avait vendu ses bijoux en or les uns après les autres pour pouvoir faire manger sa famille.

Les choses ont changé maintenant que les Hollandais ont été chassés, lui avait-il dit à l'époque. Il allait rentrer au pays et prendre un poste d'enseignant à l'université, participer à ce changement.

Il ne parlait plus ainsi maintenant. Plus exactement, il ne lui parlait presque plus ; il ne lui adressait la parole que par nécessité ou pour lui répondre, et même dans ce cas il l'entretenait seulement des choses courantes, de la réparation d'une fuite d'eau ou des préparatifs d'une visite à un cousin lointain. C'était comme s'il s'était retiré dans quelque recoin caché, hors d'atteinte, et qu'il avait emporté avec lui la partie la plus brillante de lui-même. Parfois, la nuit, elle l'entendait se relever après que tout le monde était allé se coucher, et se promener à travers la maison avec une bouteille de whisky d'importation en remâchant ses secrets. D'autres nuits, il mettait un pistolet sous son oreiller avant de se coucher. Lorsqu'elle lui demandait ce qui n'allait pas, il la rabrouait gentiment, prétextant qu'il était simplement fatigué. C'était comme s'il en était arrivé à se méfier des mots. Des mots, et des sentiments que les mots portent en eux.

Elle devinait que ces problèmes avaient un rapport avec le métier de Lolo. Quand elle l'avait rejoint, il travaillait pour l'armée. Géologue, il surveillait les routes et les tunnels. C'était un travail sclérosant pour l'esprit et pas très bien payé. Le réfrigérateur à lui seul avait coûté deux mois de salaire. Et avec une femme et un enfant à sa charge… elle s'était dit que s'il était déprimé, cela n'avait rien d'étonnant. Que, non, elle n'avait pas fait tout ce voyage pour être une charge. Elle avait décidé de porter sa charge elle-même.

Elle avait immédiatement trouvé un poste de professeur d'anglais. Elle dispensait ses cours à des hommes d'affaires indonésiens, à l'ambassade des Etats-Unis. Son poste était financé par l'aide américaine aux pays en développement. L'argent ainsi gagné les aidait, certes, mais ne comblait pas sa solitude. Les hommes d'affaires indonésiens n'avaient pas un intérêt démesuré pour les beautés de la langue anglaise, plutôt pour la sienne, et plusieurs d'entre eux lui avaient fait des avances. Les Américains, eux, étaient pour la plupart des hommes d'un certain âge, qui faisaient carrière au Département d'Etat. De temps à autre, un économiste ou un journaliste, dont la fonction à l'ambassade n'était jamais très claire, disparaissaient mystérieusement pendant des mois. Certains d'entre eux étaient des caricatures d'affreux Américains, toujours prêts à faire des plaisanteries sur les Indonésiens, jusqu'au moment où ils découvraient qu'elle était mariée à l'un d'eux. Les autres essayaient alors de rattraper la gaffe : « Il ne faut pas prendre Jim au sérieux, c'est la chaleur qui lui tape sur le ciboulot, au fait, comment va ton fils, il est très, très bien, cet enfant. »

Ces hommes connaissaient le pays, pourtant, surtout les placards où étaient enfermés les squelettes. Pendant le déjeuner, ou une conversation ordinaire, ils lui confiaient des choses qu'elle ne pouvait apprendre par les journaux. Ils lui avaient expliqué que Sukarno, avec sa rhétorique nationaliste et sa politique de non-alignement, avait fortement énervé un gouvernement américain déjà obsédé par l'avance du communisme en Indochine. Il était aussi dangereux que Lumumba ou Nasser, en pire, compte tenu de l'importance stratégique de l'Indonésie. On disait que la CIA avait joué un rôle dans le coup d'Etat, même si personne ne le savait de source sûre. Ce qui était plus certain, en revanche, était le fait qu'après le coup d'Etat l'armée avait passé la campagne au peigne fin à la recherche de sympathisants communistes supposés. On faisait des supputations sur le nombre des morts : quelques centaines de milliers, peut-être cinq cent mille. Même les petits malins, à l'Agence, avaient perdu le compte.

Des insinuations, des apartés chuchotés : c'était de cette façon qu'elle avait appris que nous étions arrivés à Djakarta moins d'un an après l'une des campagnes de répression les plus brutales et les plus rapidement menées des temps modernes. L'idée que l'histoire pût être avalée aussi complètement, aussi sûrement que les rivières de sang qui avaient un jour dévalé les rues avant d'être aspirées par la terre, lui avait fait peur, de même que la capacité des gens à vaquer à leurs affaires sous les posters géants du nouveau président comme si rien ne s'était passé, dans une nation uniquement préoccupée de son développement.

Son cercle d'amis indonésiens s'était élargi, et quelques-uns avaient accepté de lui en dire davantage. Ils lui avaient parlé de la corruption qui gangrenait les agences gouvernementales, du racket opéré par la police et les militaires, de la manière dont la famille du président et son entourage avaient fait main basse sur des industries entières. Et, à chaque nouvelle information, elle allait trouver Lolo et lui demandait :

– Est-ce que c'est vrai ?

Il ne répondait jamais franchement. A chaque nouvelle question, il se murait davantage dans un silence aimable, tout juste agrémenté de quelques paroles apaisantes :

– Pourquoi t'embêtes-tu avec ces histoires ? Tu ferais mieux d'aller t'acheter une nouvelle robe pour la fête.

Elle avait fini par se plaindre auprès d'un cousin de Lolo, un pédiatre qui s'était occupé de lui pendant la guerre.

– Tu ne comprends pas, lui avait répondu le cousin avec douceur.

– Qu'est-ce que je ne comprends pas ?

– Les circonstances du retour de Lolo. Il n'avait pas prévu de rentrer si vite de Hawaii. Pendant la purge, tous les étudiants à l'étranger ont été rappelés sans explication, et leurs passeports ont été confisqués. En sortant de l'avion, il ne savait pas quel sort lui serait réservé. Nous n'avons pas pu le voir. Les officiels de l'armée l'ont emmené et l'ont interrogé. Ils lui ont annoncé qu'il était incorporé et qu'il allait être envoyé dans la jungle de Nouvelle-Guinée pour un an. Comparé à d'autres, il a eu de la chance. Les étudiants qui faisaient leurs études dans les pays de l'Est ont connu bien pire. Il y en a beaucoup qui sont toujours en prison. Ou qui ont disparu. Tu ne devrais pas être aussi dure envers Lolo, avait répété le cousin. Il vaut mieux oublier cette période.

Ma mère avait quitté le cousin dans un état second. Dehors, le soleil était très haut, l'air rempli de poussière, mais au lieu de prendre un taxi pour rentrer elle s'était mise à marcher sans but. Elle s'était retrouvée dans un quartier aisé où vivaient les diplomates et les généraux, dans de vastes maisons, derrière de hautes grilles de fer forgé. Elle avait vu une femme aux pieds nus enveloppée dans un châle en lambeaux s'introduire par un portail ouvert et remonter l'allée où un groupe d'hommes étaient occupés à laver une flotte de Mercedes et de Land Rover. L'un d'eux avait crié à la femme de partir, mais celle-ci était restée sur place, tendant un bras osseux, le visage caché dans l'ombre. Un autre avait fini par plonger la main dans sa poche et lui avait lancé une poignée de pièces. La femme s'était précipitée pour ramasser les pièces et les enfouir contre sa poitrine, tout en scrutant la route avec méfiance.

Le pouvoir. Ce mot s'était imprégné dans la tête de ma mère comme une malédiction. En Amérique, il restait généralement caché, hors de vue, à moins de gratter la surface ; à moins d'aller visiter une réserve indienne ou d'avoir une conversation avec un Noir dont on avait gagné la confiance. Mais ici, le pouvoir n'était pas déguisé, il était brut, nu, toujours présent à l'esprit. Le pouvoir avait pris Lolo et l'avait tiré brutalement en arrière juste au moment où il pensait s'être échappé. Il lui avait fait sentir son poids, lui avait fait savoir que sa vie ne lui appartenait pas. C'était ainsi, on n'y pouvait rien changer, il fallait se contenter de vivre selon les règles, qui étaient si simples une fois qu'on les avait apprises.

Lolo s'était donc mis bien avec le pouvoir, avait appris la sagesse de l'oubli. Comme l'avait fait son beau-frère, un haut responsable de la compagnie pétrolière nationale, qui gagnait des millions. Comme avait tenté de le faire un de ses frères, mais en calculant mal son coup, et il en était maintenant réduit à voler des pièces d'argenterie quand il venait nous rendre visite, pour pouvoir les revendre plus tard afin de s'acheter des cigarettes à l'unité.

Elle se souvint de ce que lui avait dit Lolo un jour où ses incessantes questions avaient fini par l'énerver :

– La culpabilité est un luxe que seuls les étrangers peuvent se payer. Comme de dire tout ce qui vous passe par la tête.

Elle ne savait pas ce que c'était que de tout perdre, de se réveiller en sentant son ventre se désintégrer sous la faim. Elle ne savait pas à quel point le chemin qui menait à la sécurité pouvait être encombré d'embûches. Si on ne se concentrait pas de manière absolue, on pouvait facilement glisser, tomber à la renverse.

Il avait raison, bien sûr. Elle était une étrangère, de la classe moyenne, blanche et protégée par son hérédité, qu'elle le veuille ou non. Elle avait la possibilité de partir si les choses tournaient trop mal. Et cette possibilité annihilait tout ce qu'elle pouvait dire à Lolo ; là était la barrière infranchissable qui les séparait.

Elle regarda par la fenêtre et s'aperçut que nous étions partis, Lolo et moi, et que l'herbe était aplatie à l'endroit où nous étions assis auparavant. Cette vue la fit légèrement frissonner, elle se mit sur la pointe des pieds, en proie à une panique soudaine.

Le *pouvoir* était en train de prendre son fils.

Avec le recul, je ne suis pas sûr que Lolo ait jamais véritablement compris ce que ma mère vécut pendant ces années, pourquoi le confort qu'il essayait de lui procurer au prix d'un si dur labeur ne faisait que creuser l'écart entre eux. Il n'était pas homme à se poser ce genre de questions. Loin de relâcher ses efforts, il maintint le cap et, pendant la période où nous avons vécu en Indonésie, il réussit à grimper les échelons. Avec l'aide de son beau-frère, il obtint un nouveau poste au bureau des relations gouvernementales d'une compagnie pétrolière américaine.

Nous nous installâmes dans une maison située dans un meilleur quartier ; une voiture remplaça la moto ; une télévision et la hi-fi prirent la place des crocodiles et de Tata, le grand singe ; Lolo pouvait nous emmener dîner dans un club appartenant à la compagnie. Parfois, je l'entendais se disputer avec ma mère dans leur chambre, généralement parce qu'elle refusait d'assister à l'un de ces dîners, où des hommes d'affaires américains venus du Texas et de Louisiane se vantaient auprès de Lolo, à grand renfort de tapes dans le dos, de toutes les pattes qu'ils avaient graissées pour obtenir les nouveaux droits de forage, pendant que leurs épouses se plaignaient auprès de ma mère de la qualité du service de leurs domestiques indonésiens. Il lui demandait de quoi il aurait l'air en y allant tout seul, lui rappelait que ces gens étaient les gens de son peuple à elle, et ma mère, ne se contenant plus, criait :

– Ce n'est pas *mon* peuple !

Mais ces disputes étaient rares ; ma mère et Lolo conservèrent des relations cordiales jusqu'à la naissance de ma sœur, Maya, jusqu'à la séparation et jusqu'au divorce qui suivit. Je revis Lolo une dernière fois, dix ans plus tard, lorsqu'il vint à Los Angeles, avec l'aide de ma mère, pour soigner une maladie du foie qui devait l'emporter à l'âge de cinquante et un ans.

Les tensions que je remarquais étaient surtout dues au changement progressif de l'attitude de ma mère envers moi.

Elle avait toujours favorisé mon intégration rapide dans la culture indonésienne. Cela m'avait appris à devenir relativement autonome, à ne pas me montrer exigeant quand le budget était serré. J'étais extrêmement bien élevé comparé aux autres enfants américains, et grâce à son éducation je considérais avec dédain le mélange d'ignorance et d'arrogance qui caractérise trop souvent les Américains à l'étranger.

Mais entre-temps, elle avait pris conscience, comme Lolo l'avait fait, de la distance abyssale qui séparait les chances offertes en partage à un Américain et celles offertes à un Indonésien. Elle savait de quel côté du partage elle voulait que soit son enfant. Elle décida que j'étais un Américain, et que ma vraie vie était ailleurs.

Dès le début, elle avait concentré ses efforts sur mon instruction. N'ayant pas les revenus nécessaires pour m'envoyer à l'école internationale que fréquentait la majorité des enfants étrangers de Djakarta, elle s'était arrangée dès notre arrivée pour compléter ma scolarité par des cours par correspondance envoyés des Etats-Unis.

Désormais, elle redoublait d'efforts. Cinq jours par semaine, elle venait dans ma chambre à quatre heures du matin, me forçait à prendre un petit déjeuner copieux, puis me faisait travailler mon anglais pendant trois heures, avant mon départ pour l'école et le sien pour son travail. J'opposais une rude résistance à ce régime, mais à toutes mes stratégies, les moins convaincantes (« J'ai mal à l'estomac ») comme les plus véridiques (mes yeux se fermaient toutes les cinq minutes), elle exposait patiemment sa défense :

– Et moi, mon petit gars, tu crois que ça m'amuse ?

Il y avait aussi, régulièrement, ses inquiétudes concernant ma sécurité, ce qui traduisait l'influence évidente de ma grand-mère.

Un soir, rentré après la tombée de la nuit, je fus accueilli par une petite foule de voisins rassemblés dans la cour en vue d'exécuter un vaste plan de recherches. Ma mère, prise entre la colère et le soulagement, mit plusieurs minutes à remarquer la chaussette mouillée, maculée de boue marron, qui enveloppait mon bras.

– Qu'est-ce que c'est que ça ?

– Quoi ?

– Ça. Qu'est-ce que c'est que tu as autour du bras ?

– Je me suis coupé.

– Fais voir.

– Oh, c'est rien.

– Barry ! Fais-moi voir !

Je défis la chaussette, dévoilant une longue entaille qui partait de mon poignet et montait jusqu'à mon coude. La veine avait été manquée de peu, mais la coupure était très profonde, et on voyait de la chair rosâtre palpiter sous la peau.

Je m'efforçai de calmer ma mère en lui expliquant ce qui s'était passé : j'étais parti en stop avec un copain jusque chez lui, il habitait dans une ferme, il s'était mis à pleuvoir et à la ferme il y avait un endroit super glissant à cause de la boue, et il y avait une clôture en barbelé et...

– Lolo !

Ici, ma mère rit quand elle relate cette histoire, du rire d'une mère qui pardonne à son enfant ses bêtises passées. Mais son ton change légèrement quand elle se souvient que Lolo avait proposé d'attendre jusqu'au matin pour me faire recoudre, et qu'elle avait dû forcer notre unique voisin possédant une voiture à nous emmener à l'hôpital. Elle se souvient que presque toutes les lumières étaient éteintes, à notre arrivée à l'hôpital, et qu'il n'y avait pas de réceptionniste en vue ; elle se rappelle le bruit de ses pas résonnant dans le hall, sa course effrénée, au terme de laquelle elle avait trouvé deux jeunes gens en caleçon qui jouaient aux dominos dans une petite pièce, tout au fond. Lorsqu'elle leur avait demandé à voir les médecins, ils lui avaient répondu, très aimables : « Les médecins, c'est nous », et avaient tenu à finir leur partie avant d'enfiler leur pantalon et de me faire vingt points de suture qui me laissèrent une affreuse cicatrice. Et pendant toute l'opération, elle avait été torturée par l'idée que la vie de son enfant pourrait s'enfuir si elle n'y veillait pas, que tout le monde, autour d'elle, serait trop occupé à survivre pour s'en apercevoir... que, dans les moments cruciaux, elle aurait toute la sympathie qu'elle voudrait, mais personne à côté d'elle pour croire que l'on peut se battre contre le sort qui menace.

C'était sur des préoccupations de cet ordre, je m'en aperçois maintenant, moins tangibles que les livrets scolaires, les soins médicaux, qu'elle se concentrait désormais quand elle me faisait travailler.

– Si tu veux devenir un être humain, me disait-elle, il te faudra avoir certaines valeurs.

L'honnêteté : Lolo n'aurait pas dû cacher le réfrigérateur dans la remise quand les inspecteurs des impôts sont venus, même si tout le monde, les inspecteurs y compris, s'attendait à cela.

La justice : les parents des élèves plus riches ne devraient pas offrir des postes de télévision aux professeurs pendant le ramadan, et leurs enfants n'ont pas à être fiers des bonnes notes qu'ils reçoivent en remerciement.

La franchise : si la chemise que je t'ai offerte pour ton anniversaire ne t'a pas plu, tu aurais dû le dire au lieu de la garder roulée en boule au fond de ton placard.

L'indépendance de jugement : ce n'est pas parce que les autres enfants se moquent d'un pauvre garçon à cause de sa coupe de cheveux que tu dois faire la même chose.

C'était comme si, en accomplissant un périple qui lui avait fait parcourir la moitié du globe terrestre, fuyant la suffisance et l'hypocrisie qui se révélaient au quotidien, ma mère pouvait faire entendre la voix des vertus de son passé du Midwest et me les offrir sous forme distillée. Le problème était qu'elle rencontrait fort peu d'écho. Lorsqu'elle me prenait à part pour me faire ce genre de commentaire, j'opinais du chef en signe d'acquiescement, mais elle savait certainement que ses idées ne pouvaient pas réellement être mises en pratique.

Lolo, lui, s'était contenté de m'expliquer la pauvreté, la corruption, l'escalade constante dans la recherche de sécurité. Mais ce n'était pas lui qui les avait créées. Tout cela restait dans ma tête et me rendait extrêmement sceptique. La confiance de ma mère dans les vertus dispensées au compte-gouttes reposait sur une foi que je ne possédais pas, une foi qu'elle refusait de décrire comme une foi religieuse et dont, en réalité, son expérience lui disait qu'elle était sacrilège : elle croyait que des gens rationnels, profonds, pouvaient forger leur propre destin. Dans un pays où le fatalisme restait un outil nécessaire pour supporter les privations, où l'on séparait les vérités ultimes des réalités quotidiennes, elle était un témoin solitaire de l'humanisme laïque, un soldat du New Deal, du Peace Corps[1], du libéralisme engagé.

Elle n'avait qu'un seul allié en tout cela, c'était l'autorité lointaine de mon père. De plus en plus souvent, elle me rappelait son histoire, son enfance pauvre, dans un pays pauvre, dans un continent

1. Organisation américaine indépendante créée en 1961, avec pour mission de favoriser la paix et l'amitié entre les peuples, particulièrement dans les pays du tiers-monde.

pauvre ; la dureté de sa vie, aussi dure que celle qu'avait connue Lolo. Mais lui n'avait pas opté pour la facilité, ou essayé de jouer sur tous les tableaux. Il était persévérant et honnête, quoi qu'il lui en coûte. Il avait régi sa vie selon des principes qui exigeaient une autre pugnacité, des principes qui portaient en eux la promesse d'une forme de pouvoir plus élevée. J'allais suivre son exemple, ainsi en décida ma mère. Je n'avais pas le choix. C'était dans les gènes.

– C'est de moi que tu tiens tes sourcils... ton père a des petits sourcils fins qu'on ne remarque pas. Mais ton cerveau, ton caractère, c'est de lui que tu les tiens.

Son message en vint à englober tous les Noirs en général. Elle rentrait à la maison avec des livres sur le mouvement des droits civiques, des disques de Mahalia Jackson, les discours de Martin Luther King. Quand elle me parlait des enfants pauvres du Sud, qui n'avaient pour livres que ceux qui leur avaient été donnés par des écoles blanches plus riches, mais qui, en grandissant, devenaient médecins, avocats, scientifiques, j'avais un peu honte de la mauvaise volonté que je mettais à me réveiller à l'aube pour travailler. Quand je lui parlais de ma troupe de scouts indonésiens et des défilés que nous faisions au pas de l'oie devant le président, elle me répondait en évoquant une autre sorte de défilé, une marche pour la paix entreprise par des enfants qui n'étaient pas plus âgés que moi. Chaque Noir était un Thurgood Marshall ou un Sidney Poitier ; chaque Noire une Fannie Lou Hamer ou une Lena Horne[1]. Etre noir, c'était être le bénéficiaire d'un grand héritage, d'un destin à part, charge glorieuse que nous étions les seuls assez forts pour porter.

Et ces charges, nous devions les porter avec classe. Plus d'une fois, ma mère me l'a fait remarquer :

– Harry Belafonte est l'homme le plus beau de la planète.

---

1. Thurgood Marshall fut le premier Noir à siéger à la Cour suprême. Sidney Poitier fut le premier acteur noir à remporter l'Oscar du meilleur acteur (dans *Le Lys des champs*, 1963) et il tint le rôle principal dans deux films cultes de la lutte contre le racisme, *Dans la chaleur de la nuit* et *Devine qui vient dîner ce soir*, tous deux de 1967. Fannie Lou Hamer, paysanne du Mississippi, chanteuse de gospel et oratrice remarquable, se battit jusqu'à sa mort pour les droits civiques. Lena Horne, chanteuse de jazz et actrice de films musicaux, fut la première femme afro-américaine à signer un contrat de longue durée avec un studio hollywoodien, au début des années 1940.

C'est dans ce contexte que j'étais tombé sur la photo de *Life,* celle du Noir qui avait essayé de changer de peau. J'imagine d'autres enfants noirs, de l'époque et d'aujourd'hui, vivant des moments de révélation du même ordre. Cela vient sans doute plus tôt : leurs parents leur recommandent de ne pas franchir les limites du quartier, ou bien ils constatent, frustrés, que malgré les crêpages et les lissages ils n'ont pas les cheveux de Barbie ; ou, alors qu'ils sont censés dormir gentiment, ils entendent un grand-père raconter comment il a été humilié par un employeur ou un policier. Peut-être est-il plus facile pour l'enfant de recevoir les mauvaises nouvelles à petites doses, car cela lui permet de se construire un système de défense… même si je suppose que j'ai été parmi les plus gâtés par la chance, car j'ai pu vivre une partie de mon enfance sans douter de moi.

Je sais que la lecture de cet article a été violente pour moi, une attaque en forme d'embuscade.

Ma mère m'avait mis en garde contre les gens intolérants : c'étaient des ignorants, des gens sans éducation, à éviter. Même si je n'étais pas encore capable d'imaginer mon statut de mortel, Lolo m'avait aidé à comprendre que les maladies avaient la capacité de rendre les gens infirmes, les accidents de les estropier, les fortunes de fondre. Je savais identifier correctement la cupidité ou la cruauté communes chez les autres, et parfois même chez moi.

Mais cette photo-là m'avait révélé autre chose : il y avait un ennemi caché quelque part, un ennemi qui pouvait m'atteindre sans que personne le sache, pas même moi.

En rentrant chez moi, je me rendis dans la salle de bains et me plantai devant la glace. Tout était là, en place, intact, j'étais le même que d'habitude. Est-ce que j'avais quelque chose d'anormal ? Mais si j'étais normal, l'autre possibilité ne me faisait pas moins peur, la perspective que les adultes qui m'entouraient vivaient dans un monde de fous.

Mon accès d'anxiété passa, ma dernière année en Indonésie se déroula plus ou moins comme avant. Je gardai une grande confiance en moi, pas toujours justifiée, et un don irrépressible pour les bêtises. Mais mon regard sur le monde avait été modifié, et ce, de manière définitive. Dans les émissions de télévision étrangère qui passaient maintenant le soir, je remarquais que Cosby ne faisait jamais la conquête de la fille dans *I Spy*, que le Noir de *Mission impossible* passait tout son temps sous terre. Qu'il n'y avait personne comme moi dans le catalogue de Noël de Sears Roebuck que Toot et Gramps nous avaient envoyé, et que le père Noël était un Blanc.

Je gardai ces observations pour moi, en décrétant que soit ma mère ne le voyait pas, soit elle essayait de me protéger, et que je ne devais pas lui montrer que ses efforts avaient échoué. J'avais toujours confiance en ma mère et en son amour… mais, désormais, il m'apparaissait que sa présentation du monde, et de la place de mon père dans ce monde, n'était pas tout à fait complète.

3

Je mis un certain temps à les reconnaître au milieu de tout ce monde. Quand les portes coulissantes s'écartèrent, je ne distinguai guère que le flou des visages souriants et anxieux penchés au-dessus de la rambarde. Enfin, j'aperçus, tout au fond, un monsieur de grande taille, aux cheveux gris, et une femme petite, l'air d'une chouette avec ses lunettes, à peine visible à ses côtés. Ils se mirent tous deux à me faire des signes, mais je n'eus pas le temps de répondre, car ils disparurent derrière une vitre opacifiée.

Je regardai ce qui se passait devant. Une famille chinoise semblait avoir quelques problèmes avec les douaniers. Ils avaient mis pas mal d'animation dans l'avion à partir de Hong Kong : le père avait enlevé ses chaussures et arpenté les travées, les enfants avaient escaladé les sièges, la mère et la grand-mère, après avoir accumulé les oreillers et les couvertures, avaient passé leur temps à bavarder comme des pies. Mais à présent, changés en statues de sel, ils tentaient tous de se rendre invisibles, non sans suivre silencieusement des yeux les mains qui se repassaient leurs passeports et furetaient dans leurs bagages. Le père me rappelait Lolo, ce qui me fit loucher vers le masque de bois que je tenais à la main. C'était un cadeau du copilote indonésien, un ami de ma mère, celui qui m'avait emmené quand je l'avais quittée en la laissant derrière la porte avec Lolo et ma nouvelle petite sœur, Maya. Je fermai les yeux et appuyai le masque contre mon visage. Le bois dégageait une odeur de noix, de cannelle, et je me sentis partir en marche arrière à travers les océans, flotter au-dessus des nuages dans l'horizon violet, et retourner à l'endroit d'où je venais…

J'entendis crier mon nom. Le masque retomba sur mon flanc, entraînant avec lui mes rêves, et je revis mes grands-parents, de l'autre côté, qui agitaient frénétiquement les bras. Cette fois, je répondis, et, spontanément, je remis le masque sur mon visage en faisant danser comiquement ma tête. Mes grands-parents rirent, me montrèrent du doigt et continuèrent encore un peu à agiter les bras. Puis le douanier me tapa sur l'épaule en me demandant si j'étais américain. Je confirmai d'un mouvement de tête en lui tendant mon passeport.

– Vas-y, me dit-il, avant d'intimer à la famille chinoise de se mettre sur le côté.

Les portes coulissantes se refermèrent derrière moi. Toot me serra contre elle et me passa un collier de bonbons et de chewing-gums autour du cou. Gramps jeta un bras autour de mes épaules et me dit que j'étais beaucoup plus beau avec ce masque.

Ils me conduisirent à leur nouvelle voiture et Gramps me montra comment régler l'air conditionné. Nous prîmes l'autoroute, longeant des fast-foods, des motels bon marché et des parkings d'exposition de voitures d'occasion décorés de fanions. Je leur racontai mon voyage et leur donnai les dernières nouvelles de Djakarta. Gramps me dit ce qu'ils avaient prévu comme dîner pour fêter mon retour. Toot fit remarquer qu'il faudrait m'acheter des vêtements neufs pour l'école.

Tout à coup, la conversation s'arrêta. Je compris que j'allais devoir vivre avec des étrangers.

Ces nouvelles dispositions ne m'avaient pas semblé une si mauvaise solution quand ma mère m'en avait fait part. Il était temps pour moi de fréquenter une école américaine, selon elle. J'avais fini tout le programme de mes cours par correspondance. Elle avait promis qu'elle viendrait me rejoindre très bientôt à Hawaii avec Maya – dans un an, au maximum – et qu'elle essaierait de venir pour Noël. Elle m'avait rappelé combien je m'étais régalé chez Gramps et Toot, l'été précédent, avec les glaces, les dessins animés, les journées à la plage.

– Et tu n'auras pas à te lever à quatre heures du matin, avait-elle dit.

C'était cette perspective qui m'avait semblé la plus alléchante.

Mais pendant ma période d'adaptation à ce séjour d'une durée indéterminée, en observant mes grands-parents et leur rythme de vie, je me rendis compte à quel point ils avaient changé.

Après notre départ pour Djakarta, ils avaient vendu la grande maison près de l'université, pleine de coins et de recoins, et louaient désormais un petit appartement de trois pièces dans une tour de Beretania Street. Gramps avait quitté la vente de meubles pour devenir agent d'assurances vie, mais, comme il était incapable de se convaincre lui-même que les gens avaient besoin de ce qu'il vendait et qu'il n'aimait pas les rebuffades, ses affaires ne marchaient pas bien. Tous les dimanches soir, je le voyais devenir de plus en plus irritable, attraper son porte-documents et poser un plateau-télé devant son fauteuil, prêt à se laisser distraire par n'importe quoi, jusqu'à ce qu'il finisse par nous chasser du salon pour essayer de prendre rendez-vous avec des clients potentiels par téléphone. Parfois, en allant me chercher un soda sur la pointe des pieds dans la cuisine, j'entendais le désespoir percer dans sa voix, le silence qui suivait quand la personne à l'autre bout du fil lui expliquait pourquoi ce n'était pas possible jeudi, et mardi non plus, et ensuite, le grand soupir de Gramps quand il avait raccroché, ses mains qui farfouillaient dans les dossiers posés sur ses genoux, pareilles à celles d'un joueur de cartes qui touche le fond.

Finalement, quelques personnes cédaient, son calvaire cessait, et Gramps venait dans ma chambre me raconter des histoires de sa jeunesse ou la dernière blague qu'il avait lue dans le *Reader's Digest*. Quand ses coups de fil avaient particulièrement bien marché, il discutait avec moi de quelques projets qu'il nourrissait toujours – le livre de poèmes qu'il avait commencé à écrire, l'esquisse qui allait bientôt se transformer en tableau, les plans de la maison idéale, complète, avec commandes électriques et jardin paysager en terrasse. Je voyais les plans devenir de plus en plus hardis à mesure qu'ils s'éloignaient de leurs possibilités de réalisation, mais je décelais en eux un peu de son ancien enthousiasme, et je réfléchissais aux questions qui seraient susceptibles d'entretenir sa bonne humeur. Puis, au milieu de sa présentation, nous remarquions la présence de Toot dans le couloir, devant ma chambre, qui écoutait, la tête penchée, l'air accusateur.

– Qu'est-ce que tu veux, Madelyn ?

– Tu as fini de passer tes coups de fil, chéri ?

– *Oui, Madelyn.* J'ai fini de passer mes coups de fil. Il est dix heures du soir !

– Tu n'as pas besoin de brailler, Stanley. Je voulais simplement savoir si je pouvais aller à la cuisine…

– Je ne braille pas ! Bon Dieu, je ne comprends pas pourquoi…

Mais, déjà, Toot disparaissait dans leur chambre sans le laisser finir, et Gramps sortait de la mienne avec un regard de frustration rageuse.

Je commençais à avoir l'habitude de ce genre de dialogues entre mes grands-parents, car leurs disputes suivaient un schéma bien rodé, un schéma qui trouvait sa source dans le fait, rarement évoqué, que Toot gagnait plus que Gramps. En effet, première femme vice-présidente d'une banque de la région, ma grand-mère était une sorte de pionnière, et même si Gramps répétait volontiers qu'il l'avait toujours soutenue au cours de sa carrière, son travail était devenu un sujet sensible, une source d'amertume, car les commissions qu'il touchait contribuaient de moins en moins à faire bouillir la marmite familiale.

Pourtant, Toot n'avait pas anticipé sa réussite. N'ayant pas fait d'études supérieures, elle avait commencé à travailler comme secrétaire pour participer aux frais de ma naissance inattendue. Mais elle avait l'esprit vif et du bon sens, et c'était une travailleuse. Elle avait lentement grimpé les échelons, jusqu'à atteindre le seuil où la compétence ne suffisait plus. Elle y resta bloquée pendant vingt ans, prenant peu de vacances, assistant à l'ascension de ses homologues masculins, qui prenaient par-dessus la jambe des informations échangées sur le terrain de golf, entre le neuvième trou et le club-house, tout en amassant de confortables revenus.

Plus d'une fois, ma mère s'indigna du sexisme évident de cette banque et pressa Toot de faire quelque chose. Ma grand-mère balayait ses remarques d'un revers de main, en répondant que tout le monde avait toujours une bonne raison de se plaindre. Elle ne se plaignait pas, elle. Tous les matins, elle se réveillait à cinq heures et remplaçait les *muu-muu* fripés qu'elle portait à la maison par un tailleur et des hauts talons. Le visage poudré, une ceinture passée autour des hanches, les cheveux crêpés pour leur redonner un peu du volume qu'ils avaient perdu, elle montait dans le bus de six heures et demie pour arriver avant tout le monde à son bureau. De temps en temps, à son corps défendant, elle s'avouait fière de son travail et prenait plaisir à nous raconter la cuisine interne qui se cachait derrière les nouvelles financières régionales. Mais quand je fus plus grand, elle me confia qu'elle n'avait jamais cessé de rêver à une vie simple, à une maison entourée d'une clôture blanche, à des journées passées à faire de la pâtisserie, à jouer au bridge, ou à travailler bénévolement à la bibliothèque du coin. Je fus surpris de cet aveu, car Toot exprimait rarement quelque espoir ou quelque regret. Je ne sais si c'était vrai ou non, si elle aurait réellement préféré l'autre vie qu'elle avait imaginée, mais cela me fit comprendre que sa carrière s'était déroulée à une époque où, pour une épouse, le travail à l'extérieur n'était pas un motif de vantardise, que cela ne l'était ni pour elle ni pour Gramps – que cela représentait seulement des années perdues, des promesses rompues. Toot pensait que ce qui lui permettait de garder le cap, c'étaient les besoins de ses petits-enfants et le stoïcisme de ses ancêtres.

– La seule chose qui compte vraiment, Bar, me dit-elle plus d'une fois, c'est que vous, les petits, vous alliez bien.

C'est donc ainsi que vivaient désormais mes grands-parents. Ils continuaient à préparer le sashimi pour les invités devenus moins nombreux. Gramps portait toujours des chemises hawaiiennes au bureau, et Toot tenait toujours à être appelée Toot. Sinon, les ambitions qui les avaient amenés à Hawaii s'étaient lentement taries, et la régularité – de leurs horaires, de leurs passe-temps et du beau temps – devint leur principale source de réconfort. Il leur arrivait de temps à autre de ronchonner après les Japonais qui avaient investi l'île, après les Chinois qui contrôlaient les finances. Pendant l'affaire du Watergate, ma mère leur avait extorqué la confidence qu'ils avaient voté pour Nixon, le candidat de l'ordre public, en 1968.

Nous n'allions plus ensemble à la plage ou en randonnée. Le soir, Gramps regardait la télévision pendant que Toot, dans sa chambre, lisait des polars. Des rideaux neufs, un congélateur indépendant, tels étaient désormais leurs principaux motifs d'excitation. C'était comme s'ils avaient court-circuité les satisfactions offertes par les années de la cinquantaine, la convergence de la maturité et du temps disponible, de l'énergie et des moyens, le sentiment d'accomplissement libérateur. A un moment donné, pendant mon absence, ils avaient décidé d'arrêter les frais et de se poser. Ils ne voyaient plus vers quelle destination ils pourraient diriger leurs espoirs.

Lorsque l'été s'achemina vers sa fin, je commençai à attendre l'école avec une impatience grandissante. Mon principal souci était de trouver des copains de mon âge. Mais pour mes grands-parents l'enjeu était d'un autre ordre : mon admission à la Punahou Academy marquait le début de quelque chose de grand, d'une élévation du statut de la famille dont ils prirent grand soin d'informer tout un chacun. Fondé par des missionnaires en 1841, Punahou était devenu un prestigieux lycée privé, un vivier pour les élites de l'île. C'était sa réputation qui avait décidé ma mère à me renvoyer aux Etats-Unis. Selon mes grands-parents, il n'avait pas été facile de m'y faire admettre. La liste d'attente était longue, et si j'avais été accepté, c'était grâce à l'intervention du patron de Gramps, qui était un ancien élève (j'ai bénéficié pour la première fois d'une mesure antidiscriminatoire, mais cela n'avait, semble-t-il, pas grand-chose à voir avec la question raciale).

L'été précédent, j'avais eu plusieurs entretiens avec la responsable des admissions de Punahou. C'était une femme énergique, à l'air efficace. J'étais assis en face d'elle, les pieds atteignant à peine le sol, mais ce détail ne l'empêcha nullement de m'interroger avec le plus grand sérieux sur mes objectifs de carrière. Après l'entretien, elle m'envoya faire le tour du campus avec Gramps. C'était un complexe étendu sur plusieurs hectares de gazon épais, parcouru d'arbres qui dispensaient une ombre bienfaitrice, comprenant des bâtiments anciens et des structures modernes de verre et d'acier. Il y avait des courts de tennis, des piscines et des studios de photographie. A un moment donné, nous nous retrouvâmes derrière notre guide, et Gramps m'attrapa par le bras.

– Dis donc, Bar, chuchota-t-il, ce n'est pas une école, ça, c'est le paradis ! Qu'est-ce que j'aimerais bien retourner à l'école avec toi ! Tu m'emmènes ?

Avec mon avis d'admission, nous reçûmes un épais paquet d'informations que Toot mit de côté pour les étudier, le samedi après-midi suivant.

« Bienvenue dans la famille de Punahou », annonçait la lettre. Elle me précisait qu'un casier m'avait été octroyé, que j'étais inscrit aux repas sauf décision contraire de notre part. Une liste de fournitures à acheter y était jointe : une tenue pour l'éducation physique, des ciseaux, une règle, des crayons numéro deux, une calculatrice (facultative).

Gramps passa la soirée à lire entièrement le catalogue de l'école, un gros document qui passait en revue les étapes de la progression attendue pendant les sept prochaines années, avec les cours préparatoires à l'université, les activités extrascolaires, le tout dans la plus pure tradition des écoles d'excellence. L'agitation de Gramps montait d'un cran à chaque nouvelle rubrique. Il se leva à plusieurs reprises, posant le pouce sur l'endroit concerné pour éviter de le perdre en cours de route, et fonçait vers la chambre où Toot était en train de lire, la voix chargée d'incrédulité :

– Madelyn, écoute-moi ça !

Ce fut donc en proie à une grande excitation que Gramps m'accompagna à l'école le premier jour. Il avait tenu à ce que nous arrivions de bonne heure, et Castle Hall, qui accueillait les élèves de septième et de sixième, n'était pas encore ouvert. Quelques enfants étaient déjà là, en train de se raconter leurs vacances. Nous étions assis à côté d'un Chinois, un garçon très mince affligé d'un gros appareil dentaire fixé autour de son cou.

– Salut, toi, lui dit Gramps. Lui, c'est Barry. Moi, je suis le grand-père de Barry. Tu peux m'appeler Gramps.

Il serra la main de l'enfant, qui s'appelait Frederick.

– Barry est nouveau, précisa-t-il.

– Moi aussi, répondit Frederick.

Aussitôt, ils se lancèrent dans une conversation animée. Moi, gêné, je restais là sans rien dire. Enfin, les portes s'ouvrirent et nous gravîmes les escaliers pour rejoindre notre classe. Sur le seuil, Gramps nous gratifia tous deux d'une tape dans le dos.

– Surtout, soyez sages, ne faites pas comme moi ! nous recommanda-t-il en souriant de toutes ses dents.

– Il est drôle, ton grand-père, commenta Frederick pendant que Gramps allait se présenter à Mlle Hefty, notre professeur principal.

– Ouais, c'est vrai.

Nous occupions une table de quatre, et Mlle Hefty, une femme d'âge mûr aux cheveux gris coupés court, fit l'appel. Lorsqu'elle lut mon nom complet, j'entendis des gloussements dans la salle. Frederick se pencha vers moi :

– Je croyais que tu t'appelais Barry…

– Tu préfères que nous t'appelions Barry ? proposa Mlle Hefty. C'est un très beau nom, Barack. Ton grand-père m'a dit que ton père était kényan. J'ai vécu au Kenya, tu sais. J'étais professeur, j'avais des élèves de votre âge. C'est un pays magnifique. Tu sais à quelle tribu appartient ton père ?

Sa question provoqua un surcroît de gloussements, et je restai sans voix pendant quelques secondes. Finalement, je répondis :

– Luo.

Derrière moi, un garçon aux cheveux blond-roux répéta le mot en imitant le cri du singe. La classe ne put se retenir plus longtemps, et Mlle Hefty dut déployer toute son autorité pour ramener le calme et continuer l'appel.

Je passai le reste de la journée dans le brouillard. Une élève rousse me demanda la permission de toucher mes cheveux et se vexa visiblement de mon refus. Un garçon rougeaud me demanda si mon père mangeait les gens.

Quand je rentrai, Gramps était en train de préparer le repas.

– Alors, ça s'est bien passé ? C'est extraordinaire, tu ne trouves pas, que Mlle Hefty ait vécu au Kenya ! Je suis sûr que ça t'a facilité les choses pour cette première journée.

Je gagnai ma chambre et fermai la porte.

L'attrait de la nouveauté que constituait ma présence dans la classe passa rapidement, mais mon sentiment de ne pas être à ma place ne fit que croître. Les vêtements que j'avais choisis avec Gramps étaient démodés ; les sandales indonésiennes dans lesquelles je me sentais si bien à Djakarta manquaient d'élégance. La plupart de mes camarades de classe se connaissaient depuis le jardin d'enfants ; ils habitaient dans le même quartier, dans des maisons à étage avec piscine ; leurs pères entraînaient les mêmes équipes de la Petite Ligue de base-ball ; leurs mères parrainaient les ventes de charité. Personne ne jouait au foot, au badminton ou aux échecs, et moi, je ne savais pas lancer un ballon ovale en spirale ou me tenir en équilibre sur une planche à roulettes.

Le cauchemar pour un enfant de dix ans. Mais, pendant ce premier mois pénible, je n'étais pas plus mal loti que les autres élèves relégués dans la catégorie des marginaux : les filles trop grandes ou trop timides, le garçon légèrement hyperactif, les enfants dispensés d'éducation physique pour cause d'asthme...

Toutefois, il y avait dans ma classe une autre élève qui me ramenait à un tourment d'une autre sorte. Elle s'appelait Coretta. Avant mon arrivée, c'était la seule Noire de notre âge. Elle était potelée, sa peau était très noire, et elle ne semblait pas avoir beaucoup de copains. Dès le premier jour, nous prîmes soin de nous éviter, tout en nous observant de loin, comme si le contact direct risquait de nous rappeler notre isolement avec plus d'acuité encore.

Mais un beau jour, par une journée chaude et sans nuages, nous nous retrouvâmes dans le même coin du terrain de jeu pendant la récréation. Je ne sais plus ce que nous nous sommes dit, mais je me souviens que soudain nous avons commencé à jouer et qu'elle s'est mise à me courir après entre les balançoires et les cages à poules. Elle riait aux éclats, et moi, je m'esquivais, je feintais pour lui échapper, mais elle finit par m'attraper et nous nous écroulâmes par terre, hors d'haleine. Quand je relevai la tête, je constatai que nous étions observés par un petit groupe d'élèves au visage flouté par l'implacable clarté.

Nos camarades de classe nous montrèrent du doigt en criant :

– Coretta a un amoureux ! Coretta a un amoureux !

Le cercle s'agrandit autour de nous, les braillements augmentèrent.

– Ce n'est pas m-mon amoureuse ! protestai-je en bafouillant.

Du regard, je suppliai Coretta de venir à ma rescousse, mais elle se contenta de rester plantée sur place en baissant les yeux.

– Coretta a un amoureux ! Allez, embrasse-la, vas-y !

– Je ne suis pas son amoureux ! hurlai-je.

Je me précipitai sur elle et la bousculai légèrement. Elle chancela et me regarda, mais toujours sans rien dire.

– Laissez-moi tranquille ! criai-je.

Soudain, Coretta prit ses jambes à son cou et courut, courut dans une fuite éperdue. Bientôt, elle fut hors de vue. Des rires moqueurs s'élevèrent autour de moi. Puis la cloche retentit, et les professeurs apparurent pour nous faire rentrer en classe.

Pendant le restant de l'après-midi, je fus hanté par le regard que m'avait jeté Coretta juste avant de se mettre à courir : un regard déçu, plein de reproche. Je mourais d'envie de lui expliquer que ce n'était pas dirigé contre elle ; que c'était simplement que je n'avais jamais eu d'amoureuse avant et que je n'en éprouvais pas le besoin. Mais je ne savais même pas si c'était la vérité. Tout ce que je savais, c'était qu'il était trop tard pour m'expliquer, que j'avais subi une sorte de test et que je ne l'avais pas réussi. Et chaque fois que je risquais un coup d'œil vers son pupitre, je la trouvais la tête penchée sur son travail, comme si rien ne s'était passé, retirée en elle-même et ne demandant aucune faveur.

Grâce à mon acte de trahison, les autres enfants me laissèrent en paix, et, de même que Coretta, on me laissait tranquille la plupart du temps. Je me fis quelques copains, appris à devenir moins bavard en classe et à lancer un ballon de football américain. Mais depuis ce jour une partie de moi-même se sentait foulée aux pieds, écrasée, et je cherchai refuge auprès de mes grands-parents et de leur style de vie.

Après la classe, je regagnais à pied l'appartement, à cinq pâtés de maisons de là. Quand j'avais un peu de monnaie dans ma poche, je m'arrêtais au kiosque à journaux tenu par un aveugle qui m'informait des nouveautés en matière de bandes dessinées. Gramps m'ouvrait la porte et, dès qu'il était parti s'allonger pour faire sa sieste, je regardais les dessins animés et les sitcoms à la télévision. A quatre heures et demie, je réveillais Gramps et nous allions en ville chercher Toot en voiture. Je faisais mes devoirs avant le dîner, que nous prenions devant la télévision. C'était là que je passais le reste de la soirée avec Gramps, après quelques négociations concernant les programmes, et nous partagions les derniers amuse-gueule qu'il avait dénichés au supermarché. A dix heures, j'allais me coucher (c'était l'heure de Johnny Carson, et il n'y avait aucune négociation possible), et je m'endormais au son de la musique du Top 40 à la radio.

Niché dans le giron moelleux, déculpabilisant, de la culture de consommation américaine, je me sentais en sécurité. C'était comme si j'étais plongé dans une longue hibernation. Je me demande parfois combien de temps j'y serais resté s'il n'y avait pas eu le télégramme que Toot trouva un jour dans la boîte à lettres.

– Ton père va venir te voir, m'annonça-t-elle. Le mois prochain. Il arrive quinze jours après ta mère. Ils vont rester tous les deux pour le Nouvel An.

Elle plia soigneusement le papier et le posa dans un tiroir de la cuisine. Elle se tut, et Gramps aussi. J'imagine que c'est ainsi que réagissent les gens quand le médecin leur annonce une maladie grave mais guérissable. Pendant quelques instants, le temps s'arrêta et nous restâmes en suspension, seuls avec nos pensées.

– Bon, finit par dire Toot, je pense qu'il va falloir nous occuper de lui trouver un logement.

Gramps enleva ses lunettes et se frotta les yeux.

– Ça sera un Noël du feu de Dieu.

A la cantine, j'expliquai à des copains que mon père était un prince.

– Mon grand-père, vous savez, c'est un chef. C'est un peu comme le roi de la tribu, vous comprenez... comme chez les Indiens. Donc, mon père, c'est un prince. C'est lui qui prendra la suite quand mon grand-père mourra.

– Et après, qu'est-ce qui se passera ? s'enquit l'un des garçons. Tu retourneras là-bas et tu seras un prince ?

– Ben... si je voulais, je pourrais. C'est assez compliqué, quoi, parce que la tribu est pleine de guerriers. Obama, d'ailleurs... ça veut dire « lance flamboyante ». Les hommes de notre tribu veulent tous devenir chefs, alors il faut que mon père règle d'abord ces querelles avant que je puisse venir...

Les mots jaillissaient de mes lèvres.

Quand nous nous mîmes en rang à grand renfort de bousculades, je sentis que mes copains me regardaient d'un œil neuf et me témoignaient plus d'intérêt. Je commençai plus ou moins à croire réellement à cette histoire. Mais j'avais conscience malgré tout que ce que je leur racontais était un mensonge, une histoire que j'avais construite à partir de bribes d'informations recueillies auprès de ma mère.

Après une semaine passée à matérialiser mon père, je décrétai que je préférais son image plus lointaine, une image que je pouvais changer au gré de mes caprices... ou ignorer quand cela m'arrangeait. Si mon père ne m'avait pas vraiment déçu, il n'en restait pas moins pour moi quelque chose d'inconnu, de volatil et de vaguement menaçant.

Ma mère avait senti mon appréhension pendant les jours précédant son arrivée – je suppose qu'elle reflétait la sienne –, aussi, tout en préparant l'appartement que nous avions sous-loué pour lui, essayait-elle de me convaincre que la réunion se passerait bien. Elle m'expliqua qu'elle avait continué à correspondre avec lui pendant les années passées en Indonésie, et qu'il savait tout de moi. Comme elle, il s'était remarié, et j'avais cinq frères et une sœur qui vivaient au Kenya. Il avait subi un grave accident de voiture, et ce voyage faisait partie de sa convalescence après un long séjour à l'hôpital.

– Vous allez devenir de grands amis, tous les deux, affirma-t-elle.

Non contente de me donner des nouvelles de mon père, elle me bourra d'informations sur le Kenya et son histoire. C'était dans un livre sur Jomo Kenyatta, le premier président du Kenya, que j'avais pêché le nom de Lance Flamboyante. Mais rien de ce que me disait ma mère ne pouvait apaiser mes doutes, et je ne retins pas grand-chose de ce qu'elle m'apprenait. Une seule fois, cependant, elle parvint à éveiller mon intérêt quand elle me raconta que la tribu de mon père, la tribu luo, était un peuple nilote qui avait migré jusqu'au Kenya depuis son lieu d'origine, situé sur les rives de la plus grande rivière du monde. Ça, c'était intéressant. Gramps avait toujours un tableau qu'il avait peint un jour, représentant des Egyptiens en bronze dans un chariot d'or tiré par des destriers d'albâtre. J'imaginais l'Egypte ancienne, le grand royaume dont j'avais lu l'histoire, avec les pyramides et les pharaons, Néfertiti et Cléopâtre.

Un samedi, je me rendis à la bibliothèque publique proche de chez nous et, avec l'aide d'un vieux bibliothécaire à la voix rauque charmé par mon sérieux, je dénichai un livre sur l'Afrique de l'Est. Sauf qu'on n'y faisait aucune allusion aux pyramides. En réalité, les Luos n'avaient droit qu'à un court paragraphe. Je découvris que le terme « nilote » décrivait un certain nombre de tribus nomades originaires du Soudan et établies le long du Nil Blanc, très loin au sud de l'empire égyptien. Les Luos élevaient du bétail et vivaient dans des huttes de boue, mangeaient du maïs, des ignames et quelque chose appelé millet. Leur costume traditionnel était un pagne de cuir.

J'abandonnai le livre ouvert sur une table et sortis sans remercier le bibliothécaire.

Le grand jour arriva enfin, et Mlle Hefty me laissa sortir plus tôt en me souhaitant bonne chance. Je quittai le bâtiment gai comme un homme fraîchement condamné. Mes jambes étaient lourdes, et à chaque pas qui me rapprochait de la maison je sentais mon cœur battre plus fort dans ma poitrine. Je montai dans l'ascenseur, n'appuyai pas sur le bouton. La porte se ferma, puis se rouvrit, et un Philippin d'un certain âge qui habitait au quatrième entra.

– Ton grand-père m'a dit que ton père venait te voir aujourd'hui, dit-il d'un ton enjoué. Tu dois être très content.

Quand, après être resté sur le palier à regarder par la fenêtre un bateau sur la ligne d'horizon par-delà les tours d'Honolulu, puis à suivre le vol des moineaux dans le ciel, je ne vis plus d'échappatoire, je sonnai. Ce fut Toot qui m'ouvrit la porte.

– Le voilà ! Viens, Bar... viens voir ton père.

Et là, dans le couloir plongé dans l'obscurité, je le vis, je vis une haute silhouette sombre qui avançait en boitant légèrement. Il se baissa et me prit dans ses bras, mais je laissai les miens pendre le long de mes flancs. Ma mère se tenait derrière lui, le menton tremblant comme d'habitude.

– Eh bien, Barry, dit mon père. C'est bon de te voir après tant de temps. C'est vraiment bon.

Il me prit par la main pour m'emmener au salon, et nous nous assîmes.

– Alors, Barry, ta grand-mère m'a dit que tu travaillais très bien à l'école.

Je haussai les épaules.

– Il est un peu intimidé, je pense, dit Toot.

Elle me frotta la tête en souriant.

– Tu n'as aucune raison d'être intimidé parce que tu travailles bien, dit mon père. Est-ce que je t'ai dit que tes frères et sœurs ont d'excellentes notes à l'école, eux aussi ? C'est dans le sang, je pense, dit-il avec un rire.

Je l'observai attentivement pendant que les adultes parlaient entre eux. Il était beaucoup plus mince que je ne m'y étais attendu. Les os de ses genoux pointaient sous son pantalon. Je ne pouvais l'imaginer en train de soulever qui que ce soit. Il portait un blazer bleu, une chemise blanche et un nœud papillon écarlate. Ses lunettes à monture d'écaille reflétaient la lumière de la lampe, m'empêchant de bien voir ses yeux, mais lorsqu'il enleva ses lunettes pour se frotter le haut du nez, je vis qu'ils étaient légèrement jaunes, comme quelqu'un qui a eu plus d'un accès de paludisme. Je trouvais qu'il avait l'air d'avoir une ossature un peu fragile, cela se voyait à ses gestes prudents quand il allumait une cigarette ou tendait la main pour prendre son verre de bière.

Au bout d'une heure environ, ma mère fit remarquer qu'il avait l'air fatigué et lui proposa d'aller s'étendre un peu pour faire une petite sieste, et il accepta. Il ramassa son sac de voyage, mais s'arrêta à mi-chemin de la porte pour farfouiller à l'intérieur. Il en sortit trois figurines en bois – un lion, un éléphant et un homme, noir comme l'ébène, en tenue traditionnelle, qui jouait du tambour – et me les tendit.

– Dis merci, Bar, m'encouragea ma mère.

– Merci, murmurai-je.

J'examinai les sculptures inertes dans mes mains, sous l'œil de mon père.

– Ce ne sont que des petites choses, dit-il doucement.

Puis il fit un signe de tête à Gramps, et ils ramassèrent tous deux ses bagages avant de descendre.

Un mois. Nous avons vécu un mois ensemble, tous les cinq. Les soirées se déroulaient généralement dans le salon de mes grands-parents, et nous passions les journées à nous promener dans l'île, en voiture, ou à pied, jusqu'aux différents points de repère qui avaient jalonné la vie de la famille : l'emplacement où se trouvait autrefois l'appartement de mon père ; l'hôpital où j'étais né, rénové depuis ; la première maison de mes grands-parents à Hawaii, avant celle de l'avenue de l'Université, une maison que je n'avais jamais connue. Nous avions tant de choses à nous raconter pendant cet unique mois, tant d'explications à donner. Et pourtant, quand je fouille dans ma mémoire à la recherche des mots prononcés par mon père, de petites choses que nous aurions faites ensemble ou de conversations que nous aurions pu avoir, il semble que tout soit irrémédiablement perdu. Peut-être est-ce enfoui trop profondément, aussi impénétrable désormais que le dessin de mes gènes, de sorte que sa voix constitue le germe de toutes sortes de conflits imbriqués que j'ai avec moi-même, que tout ce que j'arrive à en percevoir n'en est plus que la coquille usée. Ma femme a une explication plus simple : les garçons et leurs pères n'ont pas toujours grand-chose à se dire, sauf s'ils se font confiance. Et peut-être touche-t-elle là la vérité, car j'étais souvent muet devant lui, et il ne m'a jamais poussé à parler. Il ne me reste de lui que des images qui surgissent et meurent dans ma tête : je suis en train d'accrocher les décorations de Noël avec ma mère, et lui, il rit en rejetant la tête en arrière à une blague de Gramps ; il m'empoigne par l'épaule quand il me présente à l'un de ses anciens copains d'université ; il a une manière de rétrécir les yeux, de caresser son maigre bouc, quand il lit ses livres importants.

Des images, et son impact sur les autres. Car dès qu'il parlait – une jambe passée par-dessus l'autre, ses grandes mains tendues pour diriger ou dévier l'attention, sa voix profonde et sûre, son ton enjôleur et ses rires – je voyais un changement soudain s'opérer dans la famille. Gramps retrouvait un surcroît d'énergie, réfléchissait davantage, ma mère devenait moins sûre d'elle ; et même Toot, chassée de son terrier, sa chambre, se livrait avec lui à des joutes oratoires sur la politique ou la finance, fouettant l'air de ses mains veinées de bleu pour souligner une idée. C'était comme si sa présence avait convoqué l'esprit des temps anciens et permis à chacun d'eux de reprendre son rôle antérieur, comme si Martin Luther King n'avait jamais été assassiné, que les Kennedy continuaient à subjuguer la nation, que les guerres, les insurrections et les famines n'étaient rien de plus que des revers passagers, et qu'il n'y avait aucun motif d'avoir peur, sinon de la peur elle-même.

Il me fascinait, cet étrange pouvoir, et pour la première fois mon père, dans mes pensées, devenait réel, d'une proximité immédiate, peut-être permanente. Au bout de quelques semaines, pourtant, je sentis une tension se former autour de moi. Gramps se plaignait parce que mon père s'asseyait dans son fauteuil. Toot, en faisant la vaisselle, marmonnait qu'elle n'était pas la bonne. Ma mère pinçait les lèvres, en évitant de croiser le regard de ses parents, pendant le dîner. Lorsque, un soir, j'allumai la télévision pour regarder un dessin animé – *Comment le Grinch vola Noël* –, les murmures se transformèrent en cris.

— Barry, tu as assez regardé la télé pour ce soir, dit mon père. Va dans ta chambre et fais tes devoirs, laisse parler les adultes.

Toot se leva et éteignit la télé.

– Tu peux aller regarder l'émission dans la chambre, Bar, me suggéra-t-elle.

– Non, Madelyn, répliqua mon père, ce n'est pas ce que je veux dire. Il a passé son temps à regarder cet appareil, et maintenant il est temps qu'il aille faire ses devoirs.

Ma mère tenta de lui expliquer que les vacances de Noël étaient proches, que l'émission était un dessin animé de Noël très populaire et que je me réjouissais de le regarder depuis une semaine.

– Ce ne sera pas long...

– Anna, ce n'est pas sérieux. Si ce garçon a fait ses devoirs pour demain, il peut commencer ses devoirs pour après-demain. Ou ceux qui sont pour après les vacances.

Il se tourna vers moi.

– Barry, je trouve que tu ne travailles pas autant que tu devrais. Allez, va, avant que je me fâche.

Je me rendis dans ma chambre et je claquai la porte. Dehors, le ton monta, Gramps fit remarquer qu'il était chez lui, Toot dit que mon père n'avait pas le droit de venir tyranniser tout le monde, y compris moi, après être resté parti pendant tout ce temps. J'entendis mon père répondre qu'ils me gâtaient trop, que j'avais besoin d'une main ferme, et ma mère dire à ses parents qu'ils n'avaient pas changé. Tous, les uns et les autres, nous étions mis en accusation. Et quand, après le départ de mon père, Toot vint me dire que je pouvais regarder les cinq dernières minutes de mon émission, j'eus le sentiment qu'une boîte de Pandore s'était ouverte, que des petites créatures malfaisantes jaillissaient du repaire où elles avaient été jusque-là hermétiquement enfermées.

En regardant le Grinch vert s'agiter sur l'écran, tout à son œuvre de saboter Noël, avant d'être transformé par la foi des créatures aux yeux de biche qui peuplaient Whoville, je le vis tel qu'il était : un mensonge. Et je me mis à compter les jours qui nous séparaient du départ de mon père, et du moment où tout redeviendrait normal.

Le lendemain, Toot me fit descendre à l'appartement où logeait mon père pour demander s'il avait du linge à laver. Je frappai, et mon père ouvrit la porte, torse nu. A l'intérieur, je vis ma mère en train de repasser ses vêtements. Elle s'était fait une queue de cheval, et ses yeux étaient doux et sombres, comme si elle avait pleuré.

Mon père m'invita à m'asseoir à côté de lui sur le lit, mais je lui dis que Toot avait besoin que je l'aide, et je partis après avoir transmis mon message. De retour en haut, j'entrepris de ranger ma chambre. Je venais de commencer lorsque ma mère entra.

– Tu ne devrais pas être fâché contre ton père, Bar. Il t'aime beaucoup. Il est juste un peu entêté, parfois.

– D'accord, répondis-je sans la regarder.

Je sentais ses yeux me suivre à travers la pièce. Puis elle poussa un léger soupir et se dirigea vers la porte.

– Je sais que tout ça c'est très perturbant pour toi, dit-elle. Pour moi aussi. Essaie simplement de te rappeler ce que je t'ai dit, d'accord ?

Elle posa la main sur la poignée de porte.

– Tu veux que je ferme la porte ?

Je fis un signe affirmatif. Mais à peine était-elle sortie qu'elle repassa la tête.

– Au fait, j'ai oublié de te dire que Mlle Hefty a invité ton père à venir à l'école jeudi. Elle voudrait qu'il s'adresse à la classe.

Je ne pouvais imaginer pire catastrophe. Je passai la soirée et toute la journée du lendemain à tenter de chasser la pensée de l'inévitable : les têtes de mes camarades de classe quand ils entendraient parler des huttes de boue, tous mes mensonges dévoilés, les plaisanteries cruelles ensuite. Chaque fois que j'y pensais, je me tordais comme si on me titillait les nerfs.

J'étais encore en train d'essayer de trouver une solution pour me tirer d'affaire lorsque mon père entra dans la classe. Mlle Hefty l'accueillit avec empressement. En m'asseyant, j'entendis les élèves se demander mutuellement ce qui se passait. Mon désespoir grandit lorsque notre professeur de mathématiques, un grand Hawaiien peu enclin à la plaisanterie nommé M. Eldredge, entra dans la pièce, suivi par une classe de trente élèves interloqués.

– Nous vous avons réservé une bonne surprise, annonça Mlle Hefty. Le père de Barry Obama est là. Il est venu de très loin, du Kenya, en Afrique, pour nous parler de son pays.

Tous les regards de mes camarades se tournèrent vers moi. Moi, je me tenais raide, la tête droite, en tentant de garder les yeux fixés sur un point du tableau, derrière lui. Il me fallut un certain temps pour réintégrer le moment présent.

Appuyé contre le massif bureau de chêne de Mlle Hefty, mon père était en train de parler de la profonde fracture terrestre qui avait formé ce continent où l'homme était apparu pour la première fois. Il décrivit les animaux sauvages qui parcouraient encore les plaines de nos jours, les tribus qui continuaient à exiger qu'un jeune garçon tue un lion pour prouver sa virilité. Il raconta les coutumes des Luos, selon lesquelles les anciens étaient éminemment respectés et, assis sous des arbres aux troncs énormes, édictaient les lois que tous devaient suivre. Et il nous parla de la lutte menée par le Kenya pour se libérer des Britanniques qui voulaient rester et gouverner le peuple injustement, comme ils l'avaient fait en Amérique ; de l'esclavage auquel beaucoup avaient été réduits uniquement à cause de la couleur de leur peau, comme ils l'avaient été en Amérique. Et il ajouta que les Kényans, comme nous tous dans la pièce, aspiraient à la liberté et voulaient se développer, au prix d'un travail acharné et de sacrifices consentis.

Quand il eut fini, Mlle Hefty le regarda avec un visage rayonnant de fierté. Tous mes camarades de classe applaudirent chaleureusement, et quelques-uns trouvèrent le courage de poser des questions, auxquelles mon père parut réfléchir soigneusement avant de répondre. La cloche du déjeuner sonna, et M. Eldredge vint me trouver.

– Tu as un père très impressionnant.

Le garçon au visage rougeaud qui m'avait posé la question du cannibalisme me dit :

– Il est génial, ton père.

Et, de l'autre côté, je vis Coretta qui regardait mon père en train de dire au revoir à quelques élèves. Elle paraissait trop concentrée pour sourire ; l'expression de son visage révélait simplement la satisfaction.

Quinze jours plus tard, il était parti.

Avant cela, nous nous plantons devant le sapin de Noël pour faire des photos, les seules que je possède de nous deux ensemble, moi tenant le ballon de basket orange qu'il m'a offert, et lui montrant la cravate que je lui ai achetée (« Ah, les gens vont comprendre que je suis un personnage très important, avec cette cravate »). A un concert de Dave Brubeck, je lutte pour me tenir tranquille à côté de lui dans l'auditorium plongé dans le noir, incapable de suivre les sons discordants émis par le musicien, mais attentif à applaudir dès que mon père le fait. Dans la journée, je me couche brièvement à côté de lui, pendant que nous sommes seuls dans l'appartement sous-loué à une retraitée dont j'ai oublié le nom, envahi de couvertures en patchwork, de napperons et de couvre-sièges, et je lis mon livre pendant qu'il lit le sien. Il reste opaque pour moi, c'est une masse présente ; quand j'imite ses gestes ou ses tournures de phrase, je ne sais ni d'où ils viennent ni pourquoi il les utilise, je ne sais pas comment ils vivent dans le temps. Mais je m'accoutume peu à peu à sa compagnie.

Le jour de son départ, alors que je l'aidais à faire ses bagages avec ma mère, il déterra deux disques, des quarante-cinq tours, enfermés dans des pochettes marron passé.

– Barry ! Regarde… j'ai oublié que je t'avais apporté ça. La musique de ton continent.

Il mit un certain temps à trouver comment marchait le vieil appareil stéréo de mes grands-parents, mais, finalement, le disque se mit à tourner, et il plaça précautionneusement l'aiguille sur le sillon. La musique s'ouvrait sur un léger air de guitare, puis ce fut le son aigu des trompettes, ensuite un battement de tambour, puis à nouveau la guitare, et, enfin, des voix, claires et joyeuses, qui suivaient l'accompagnement et nous pressaient de nous joindre à elles.

– Viens, Barry, dit mon père, viens, le maître va t'apprendre.

Et soudain, il se mit à danser, en se balançant d'avant en arrière au son voluptueux qui enflait, en jetant les bras en avant comme s'il lançait un filet invisible, en faisant bouger ses pieds en rythme, sa jambe blessée toujours raide, mais il levait bien haut sa croupe, la tête rejetée en arrière, et faisait tourner ses hanches. Le rythme s'accéléra, les trompettes résonnèrent de plus belle, il ferma les yeux pour savourer son plaisir, et il en ouvrit un pour me regarder, et un sourire béat apparut sur son visage grave, et ma mère sourit aussi, et mes grands-parents vinrent voir ce que c'était que tout ce vacarme. Je fis mes premiers pas en hésitant, les yeux fermés, et je me baissai, me relevai tout en balançant les bras, au son des voix qui montaient. Et je l'entends encore : alors qu'avec mon père je me jette dans la musique, il pousse un cri bref, clair et haut, un cri qui s'élève et veut monter encore plus haut, un cri qui réclame les rires.

4

– Ah non, mec, c'est fini, je mets plus les pieds à ces conneries de soirées Punahou.

– Ouais, c'est ce que t'as déjà dit la dernière fois.

Installés à une table, nous déballions nos hamburgers. Ray avait deux ans de plus que moi. Il était arrivé de Los Angeles l'année précédente dans les bagages de son père, un militaire muté à Hawaii. Malgré la différence d'âge, nous nous étions tout de suite liés d'amitié, en grande partie parce que nous représentions à nous deux près de la moitié de la population noire du lycée de Punahou. Je l'aimais bien ; il possédait une chaleur et un humour bravache qui compensaient ses références constantes à sa vie à Los Angeles – la cohorte de femmes qui l'appelaient prétendument tous les soirs de là-bas, ses exploits passés au football américain, les célébrités qu'il connaissait. J'avais tendance à douter de ce qu'il me racontait, mais pas de tout. Ainsi, il était vraiment l'un des sprinters les plus rapides de l'archipel, il avait le niveau olympique, disaient certains, et ce malgré un ventre invraisemblable qui quand il courait tremblotait sous son maillot trempé de sueur, laissant les entraîneurs et l'équipe adverse pantois d'incrédulité.

Grâce à Ray, j'étais au courant des fêtes entre Noirs, à l'université ou sur les bases militaires, et je comptais sur lui pour me faciliter l'entrée en terrain inconnu. En échange, il trouvait en moi une oreille attentive et un cobaye dont il testait les réactions.

– Si, cette fois, c'est vrai, me dit-il. Ces filles sont des racistes pures et dures. Toutes. Les Blanches. Les Asiatiques – non, les Asiatiques, elles sont encore pires que les Blanches. Elles croient qu'on a une maladie, ou un truc de ce genre.

– Peut-être que c'est tout simplement à cause de ton gros cul. Dis donc, mec, je croyais que t'allais à l'entraînement.

– Enlève tes pattes de mes frites. T'es pas ma nana, négro… t'as qu'à t'en acheter, des frites, bordel ! Bon, qu'est-ce que je te disais ?

– Ce que je te dis, moi, c'est que c'est pas parce qu'une fille ne veut pas sortir avec toi qu'elle est raciste.

– Fais pas celui qui veut pas comprendre, d'accord ? Je te parle pas que d'une fois. Tiens, prends Monica. Je lui demande de sortir avec moi, elle dit non. Je dis : OK… de toute façon, t'es pas vraiment bandante.

Ray s'arrêta pour voir ma réaction, puis sourit :

– Bon, d'accord, peut-être que j'ai pas vraiment dit ça. Je lui ai juste dit : OK, Monica, on reste potes. Le problème, c'est qu'après je la vois avec Steve « Sans cou » Yamaguchi, et ils se tiennent par la main et tout, des vrais tourtereaux. Bon, ben je me dis OK, y a de quoi faire ailleurs. Je demande à Pamela. Elle me raconte qu'elle va pas à la boum. Je dis : OK, pas de problème. Je vais à la boum, et tu devineras pas qui est là, collée contre Rick Cook ! « Salut, Ray ! » qu'elle me fait, comme si de rien n'était. Rick Cook ! Tu sais que ce mec est un nase. Putain, qu'est-ce qu'il a de plus que moi, ce nase, hein ? Rien.

Il enfourna une poignée de frites.

– Et y a pas que moi, je te signale. J'ai pas l'impression que ça marche mieux pour toi, côté nanas.

C'est parce que je suis timide, lui répondis-je en pensée. Mais je me gardai bien de lui avouer une chose pareille. Ray poussa encore son avantage :

– Qu'est-ce qui se passe quand on va à une boum avec des nanas, hein ? Qu'est-ce qui se passe ? Je vais te le dire : le bide. Elles te font bien comprendre que tu peux aller te brosser. Les nanas du lycée, les nanas de la fac, toutes pareilles. Tout sucre et tout miel. « Oui, bien sûr, je vais te le donner, mon numéro »… C'est ça, ouais !

– Ben…

– Ben quoi ? Dis, tu peux me dire pourquoi t'es pas sélectionné plus souvent dans l'équipe de basket, hein ? T'as au moins deux mecs qui te passent devant et qui valent pas un clou, et tu le sais, et eux aussi. Je t'ai vu, tu les as rétamés sur le terrain, à l'aise. Et moi, tu peux me dire pourquoi j'ai pas été sélectionné cette saison en football américain, même si l'autre mec rate toutes les passes ? Ne me dis pas que ça serait comme ça si on était blancs ! Ou japonais. Ou hawaiiens. Ou esquimaux, putain !

– Non, c'est pas ce que je dis.

– Bon, qu'est-ce que tu dis, alors ?

– Tu veux que je te le dise ? OK. Ouais, c'est plus dur de sortir avec des filles parce qu'il n'y a pas beaucoup de Noires dans le secteur. Mais ça ne veut pas dire que toutes les filles d'ici sont racistes. Peut-être que c'est simplement parce qu'elles veulent un mec qui ressemble à leur papa, ou à leurs frères, ou à je sais pas qui, et nous, on n'est pas comme ça. Ouais, on me sélectionne peut-être pas dans l'équipe aussi souvent que les autres, mais ils jouent comme des Blancs, et c'est ça qu'il veut, l'entraîneur, et c'est comme ça qu'ils gagnent. Moi, je joue pas comme eux.

Je lui piquai sa dernière frite et ajoutai :

– Toi, avec ta bouche pleine de gras, voilà ce que je te dis : peut-être que les entraîneurs, ils t'aiment pas parce que tu es noir et que t'arrêtes pas de la ramener, mais ça irait peut-être mieux si t'arrêtais de bouffer toutes ces frites, on dirait que t'es enceint de six mois. Voilà ce que je dis.

– Je sais pas pourquoi tu leur cherches toutes ces excuses, à ces mecs-là.

Il se leva.

– Allez viens, on se casse, dit-il tout en roulant les emballages en boule. Ça devient trop compliqué pour moi, toutes tes conneries.

Ray avait raison, les choses devenaient compliquées. Cinq ans avaient passé depuis la visite de mon père, et en surface au moins ce fut une période sans histoire, marquée par les rites et rituels que l'Amérique attend de ses enfants : quelques rares rappels à l'ordre et convocations dans le bureau du proviseur, des boulots à temps partiel dans une chaîne de fast-foods, de l'acné, le permis de conduire et des désirs bouillonnants. Je m'étais fait des amis à l'école, et malgré ma gaucherie j'étais sorti de temps en temps avec une fille. Je m'interrogeais parfois sur les fluctuations de la cote de popularité parmi mes camarades de classe, les unes montant, les autres tombant suivant les caprices de leurs corps ou la marque de leurs voitures, mais l'idée que ma propre position avait progressé de façon constante était réconfortante.

Je rencontrais rarement des enfants issus de familles plus modestes que la mienne, ce qui aurait pu me rappeler combien j'avais de la chance. Ma mère, elle, faisait de son mieux pour m'empêcher de l'oublier. Elle s'était séparée de Lolo et était revenue à Hawaii pour passer une maîtrise d'anthropologie peu après ma propre arrivée. Pendant trois ans, je vécus avec elle et Maya dans un petit appartement, à un pâté de maisons de Punahou. C'était avec sa bourse d'étudiante qu'elle subvenait à nos besoins à tous trois. Parfois, quand j'amenais des copains à la maison après la classe, ma mère les entendait faire des remarques sur le vide qui régnait dans le réfrigérateur ou le manque de soin dans le ménage. Elle me prenait alors à part pour me rappeler qu'elle était une mère qui avait repris ses études et qui élevait seule deux enfants, qu'elle était contente de la bonne éducation que je recevais à Punahou, mais qu'elle n'avait pas l'intention de subir les remarques de petits prétentieux, moi ou n'importe qui d'autre, compris ?

Oui, compris. Malgré mes fréquentes – et parfois désagréables – proclamations d'indépendance, nous restions proches, et je faisais mon possible pour l'aider comme je pouvais, faisant les courses, la lessive, surveillant la petite fille intelligente aux yeux noirs qu'était devenue ma sœur. Mais quand ma mère fut prête à retourner en Indonésie pour aller travailler sur le terrain et me proposa de retourner là-bas avec elle et Maya, en fréquentant l'école internationale, je répondis immédiatement non. Je doutais de ce que l'Indonésie pouvait m'offrir désormais et je n'avais nulle envie d'être une fois de plus le nouveau.

J'en étais arrivé à un pacte tacite avec mes grands-parents : je pourrais vivre chez eux et ils me laisseraient tranquille tant que je garderais mes problèmes pour moi.

Cet arrangement allait dans le sens de mon but, un but que je n'arrivais pas à définir pour moi-même, et encore moins pour eux. Loin de ma mère, éloigné de mes grands-parents, j'étais engagé dans une lutte intérieure animée. J'essayais de m'élever pour devenir un homme noir en Amérique, et, au-delà du fait acquis de mon apparence, personne autour de moi ne semblait exactement savoir ce que cela signifiait.

Les lettres de mon père me fournissaient peu d'indices. Elles arrivaient sporadiquement, sur une seule feuille bleue à rabats collés qui ne permettaient pas d'écrire dans la marge. Il m'écrivait que tout le monde allait bien, me félicitait de mes progrès en classe et répétait avec insistance que ma mère, Maya et moi étions les bienvenus pour prendre la place qui nous revenait à ses côtés si nous le souhaitions. De temps en temps, il incluait des conseils, généralement sous forme d'aphorismes que je ne comprenais pas tout à fait (« Comme l'eau qui trouve son niveau, tu accéderas à une carrière qui te conviendra »). Je répondais rapidement sur une feuille à interlignes larges et rangeais ses lettres dans le placard, à côté des photos de lui que conservait ma mère.

Gramps avait un certain nombre d'amis noirs, des partenaires de poker et de bridge pour la plupart, et jusqu'à l'âge où je ne me souciai plus de ménager sa susceptibilité je le laissai me traîner à quelques parties. C'étaient de vieux messieurs à la mise impeccable, à la voix rauque et aux vêtements qui sentaient le cigare, le genre d'hommes pour qui tout a sa place et qui pensent qu'ils en ont assez vu, et qu'ils ne vont pas perdre du temps à en parler. Ils m'accueillaient en me donnant une tape joviale dans le dos et me demandaient des nouvelles de ma mère ; mais, quand arrivait le moment de jouer, ils n'ouvraient plus la bouche, sauf pour se plaindre d'une annonce à leurs partenaires.

Il y avait une exception, un poète du nom de Frank qui vivait dans une maison délabrée située dans un quartier vétuste de Waikiki. Contemporain de Richard Wright et de Langston Hughes, il avait joui d'une modeste notoriété autrefois, pendant les années où il vécut à Chicago. Gramps me montra un jour des morceaux choisis de son œuvre dans une anthologie de poésie noire. A l'époque où je fis la connaissance de Frank, il devait avoir atteint les quatre-vingts ans ; il avait un gros visage à bajoues et une chevelure afro grise mal peignée qui lui donnait l'air d'un vieux lion à la crinière en broussaille. Il nous lisait ses poèmes quand nous venions le voir et buvait avec Gramps un whisky contenu dans un ancien pot de confiture. Quand la soirée était déjà bien avancée, ils sollicitaient mon aide pour composer des vers de cinq lignes à l'humour grivois. La conversation finissait ensuite par en arriver au chapitre des femmes, et se transformait aussitôt en lamentations.

– Elles vous poussent à boire, mon garçon, me disait Frank d'un ton sérieux. Et si on les laissait faire, elles vous pousseraient dans la tombe.

J'étais intrigué par ce vieux Frank, avec ses livres, son haleine chargée de whisky et l'expérience chèrement acquise qui se devinait dans ses yeux aux paupières tombantes. Pourtant, je me sentais vaguement mal à l'aise pendant ces visites, comme si j'étais témoin de quelque tacite transaction entre les deux hommes, une transaction que je ne pouvais comprendre. C'était le même sentiment que lorsque Gramps m'emmenait en ville dans l'un de ses bars favoris, dans le quartier chaud de Honolulu.

– Ne dis rien à ta grand-mère, me recommandait-il avec un clin d'œil quand nous passions devant des prostituées au visage dur et aux formes rondes, avant d'entrer dans un petit bar sombre où se trouvaient un juke-box et deux tables de billard américain.

Gramps était le seul Blanc, mais cela ne semblait déranger personne, pas plus que le fait qu'il fût accompagné d'un enfant de onze ou douze ans. Quelques hommes accoudés au bar nous saluaient d'un signe, et la serveuse, une grande femme à la peau claire, aux bras nus et charnus, apportait un scotch pour lui et un Coca pour moi. Quand personne ne jouait au billard, Gramps me donnait quelques billes et m'apprenait à jouer, mais je restais généralement assis au bar, les jambes pendant le long de mon haut tabouret, et je faisais des bulles dans ma boisson tout en regardant les dessins pornographiques qui ornaient les murs : des femmes phosphorescentes allongées sur des peaux d'animaux, des personnages de Disney dans des positions compromettantes. Quand il était là, un homme du nom de Rodney portant un chapeau à larges bords ne manquait pas de nous dire bonjour.

– Alors, chef, comment ça marche, l'école ?

– Très bien.

– Tu as des 20, hein ?

– Oui, quelques-uns.

– C'est bien. Sally, un autre Coca pour mon pote ! disait Rodney en extrayant un billet de vingt dollars d'une épaisse liasse qu'il avait sortie de sa poche, avant de se refondre dans l'ombre.

Je me souviens encore de l'excitation que je ressentais pendant ces virées du soir, l'attrait du noir et le clic de la bille, le juke-box qui envoyait ses lumières rouges et vertes, les rires fatigués qui parcouraient la salle. Dès cette époque, malgré mon jeune âge, j'avais déjà senti que la plupart des gens de ce bar n'étaient pas là par choix, que ce que mon grand-père cherchait là était la compagnie de gens qui pourraient l'aider à oublier ses problèmes, des gens dont il croyait qu'ils ne le jugeraient pas. Peut-être ce bar l'aidait-il vraiment à oublier, mais je savais, avec l'instinct infaillible des enfants, que malgré ce qu'il s'imaginait il était jugé. Notre présence ne paraissait pas naturelle. A l'âge où j'entrai au collège, j'avais appris à refuser les invitations de Gramps, sachant que ce que je cherchais, ce dont j'avais besoin, ne pourrait venir que d'ailleurs.

La télévision, les films, la radio, c'était par là qu'il fallait commencer. Après tout, les codes de la culture pop étaient déterminés par les gens de couleur, et dans cette galerie d'images on pouvait piquer une démarche, une manière de parler, un pas, un style. Je n'avais pas la voix de crooner de Marvin Gaye, mais je pouvais apprendre à danser sur *Soul Train*. Je ne pouvais pas tenir un flingue comme Shaft ou Superfly, mais j'étais tout à fait capable de jurer comme Richard Pryor.

Et je pouvais jouer au basket, avec une passion dévorante qui dépasserait toujours les limites de mon talent. Le cadeau de Noël de mon père était arrivé à une époque où l'équipe de basket de l'université de Hawaii avait accédé au classement national grâce à un cinq de départ constitué exclusivement de Noirs que l'école avait fait venir du continent. Ce même printemps, Gramps m'avait emmené voir un match, et j'avais observé les joueurs pendant l'échauffement. C'étaient encore de jeunes garçons, mais pour moi c'étaient des guerriers pleins d'aisance et d'assurance, qui riaient et plaisantaient entre eux, adressaient des signes aux filles assises sur les côtés sans prêter la moindre attention à leurs serviles supporteurs, enchaînaient les tirs longue distance et les pénétrations en double pas pour aller déposer nonchalamment le ballon dans sa niche, jusqu'au moment de débuter le match, après quoi les centres sautaient et une furieuse bataille commençait.

Je décidai de faire partie de ce monde et me mis à m'entraîner sur un terrain de jeu proche de l'immeuble de mes grands-parents, après la classe. De la fenêtre de sa chambre, dix étages plus haut, Toot me regardait jouer tard le soir, après la nuit tombée. Au début, je lançais le ballon à deux mains, puis je travaillai un tir en suspension longtemps maladroit et le dribble croisé. J'y passais des heures, en solitaire, absorbé dans les mêmes mouvements, inlassablement répétés.

Quand j'entrai au lycée, je jouai dans l'équipe de Punahou, et je pus m'entraîner sur les terrains de l'université, où une poignée de Noirs, pour la plupart des accros à la salle de gym et des anciens sportifs, m'enseignèrent par leur exemple quelques règles qui ne se limitaient pas au sport. A inspirer le respect par ce que vous faisiez et non par ce qu'était votre papa. A provoquer un adversaire pour le déstabiliser, mais aussi à fermer votre gueule si vous n'aviez pas les moyens d'assurer derrière. A ne laisser personne s'approcher de vous en traître, au risque de lui permettre de voir des émotions – comme la peine ou la peur – que vous ne voudriez pas qu'il voie.

Et je faisais l'expérience d'une autre chose, aussi, une chose dont personne ne parlait : la cohésion, quand le match était serré et que la sueur commençait à couler et que les meilleurs joueurs cessaient de s'occuper de leurs lignes de stats et que les moins bons étaient pris dans le mouvement, et que le score n'était important désormais que parce que c'était ainsi qu'on maintenait la transe. Au milieu de quoi vous faisiez un mouvement ou une passe qui vous surprenait vous-même, de sorte que même le gars qui vous marquait souriait, comme pour dire « Putain, bravo »...

Ici, ma femme va lever les yeux au ciel. Elle a été élevée avec une star du basket, son frère, et quand elle veut nous provoquer, elle soutient qu'elle préférerait voir son fils jouer du violoncelle. Elle a raison, bien sûr. Pourtant, en notre époque où les garçons ne sont pas censés vouloir mettre leurs pas dans les pas fatigués de leur père, où les impératifs de la récolte ou le travail à l'usine ne sont pas censés dicter l'identité, de sorte que l'on choisit sa manière de vivre dans les rayons des magasins ou dans les magazines, la principale différence entre moi et la plupart des enfants-hommes qui m'entouraient – les surfeurs, les joueurs de football américain, ceux qui rêvaient d'être guitaristes de rock – résidait dans le choix limité mis à ma disposition. Chacun d'entre nous choisissait un costume, une armure contre l'incertitude. Sur le terrain de basket, au moins, je pouvais trouver un semblant de communauté avec une vie interne propre. C'est là que je me suis fait mes amis blancs les plus proches, sur un terrain où le fait d'être noir ne pouvait être un désavantage. Et c'est là que je rencontrai Ray et les autres Noirs de mon âge qui avaient commencé à arriver progressivement dans l'archipel, des adolescents dont la désorientation et la colère contribueraient à forger les miennes.

– Voilà ce qu'ils te feront, « les Blancs », disait l'un d'eux quand nous étions entre nous.

Tout le monde riait et secouait la tête, et mon esprit passait en revue une série de vexations : le premier garçon, en cinquième, qui me traita de nègre ; ses larmes de surprise – « Qu'est-ce qui te prend ? » – quand je lui envoyai mon poing dans la figure ; le joueur de tennis pro qui me dit pendant un tournoi de ne pas toucher le programme des matches fixé sur le tableau d'affichage parce que ma couleur risquait de déteindre ; son sourire pincé, le fard qu'il avait piqué – « T'es pas capable de comprendre la plaisanterie ? » –, quand je le menaçai de signaler ses paroles ; la femme d'un certain âge dans l'immeuble de mes grands-parents qui se mit à s'agiter nerveusement quand je montai dans l'ascenseur derrière elle et courut chez le gardien pour lui dire que je la suivais, puis son refus de présenter des excuses quand il lui dit que j'habitais l'immeuble ; notre assistant-entraîneur de basket, un jeune homme sec venant de New York et portant un très joli sweat-shirt, qui, après un match contre des Noirs très volubiles, avait bougonné assez fort pour que je l'entende que ce n'était pas normal que nous ayons perdu face à une bande de nègres, et qui, quand je lui demandai – sur un ton furieux qui me surprit moi-même – de la boucler, avait calmement énoncé, comme une évidence : « Il y a les Noirs, et il y a les nègres. Ces mecs-là, c'étaient des nègres. »

« Voilà ce qu'ils te feront, les Blancs... » Ce n'était pas seulement la cruauté que cela impliquait. Car j'étais en train d'apprendre que les Noirs pouvaient être méchants, et pas qu'un peu. Non, c'était cette forme particulière d'arrogance, cette manière qu'avaient des gens intelligents par ailleurs d'être obtus, qui suscitait notre rire amer. C'était comme si les Blancs ne savaient pas qu'ils étaient cruels. Ou, en tout cas, estimaient que nous méritions leur dédain.

« Les Blancs ». Le terme lui-même avait quelque chose de gênant dans ma bouche. J'avais l'impression de parler dans une langue qui n'était pas ma langue maternelle, et de buter sur une phrase difficile. Parfois, je me surprenais à parler avec Ray des « Blancs » ceci, des « Blancs » cela, et je me rappelais soudain le sourire de ma mère, et les mots que je prononçais me semblaient maladroits et faux. Ou alors, j'étais en train d'aider Gramps à essuyer la vaisselle après le repas et Toot entrait pour dire qu'elle allait se coucher, et ces mêmes mots – « les Blancs » – s'allumaient dans ma tête comme une enseigne au néon, et je me taisais soudain, comme pour garder quelque secret.

Plus tard, une fois seul, j'essayais de démêler ces pensées difficiles. Il était évident que certains Blancs pouvaient être extraits de la catégorie générale de notre méfiance : Ray n'arrêtait pas de me dire que mes grands-parents étaient super. Je décidai que le terme « les Blancs » n'était qu'une simple formule pour lui, une étiquette pour ceux que ma mère appelait des intolérants. Et même si je reconnaissais les risques inhérents à sa terminologie – il était facile de tomber dans le même raisonnement approximatif que celui de mon entraîneur (« Il y a les Blancs, et il y a les cons ignorants comme vous », lui avais-je finalement rétorqué avant de sortir du terrain) – Ray m'affirma que nous n'aurions jamais parlé de Blancs en tant que Blancs devant des Blancs sans savoir exactement ce que nous étions en train de faire. Sans savoir qu'il y aurait un prix à payer.

Mais était-ce vrai ? Y avait-il toujours un prix à payer ? Là était la partie compliquée, la chose sur laquelle Ray et moi n'avons jamais pu nous mettre d'accord. Parfois, je l'écoutais décrire à une fille blonde ce qui se passait dans les rues dangereuses de Los Angeles, ou je l'entendais expliquer les cicatrices du racisme à un jeune professeur zélé, et j'étais persuadé que sous son expression grave Ray me faisait un clin d'œil pour me faire entrer dans le jeu. Notre fureur contre le monde blanc n'avait pas besoin d'objet, semblait-il me dire, pas besoin d'être confirmée par un événement quelconque. Elle pouvait être déclenchée et arrêtée à notre bon plaisir. Parfois, après l'une de ses prestations, je me posais des questions sur son discernement, sinon sur sa sincérité. Je lui rappelais que nous ne vivions pas dans le Sud de Jim Crow. Nous n'étions pas enfermés dans une cité sans chauffage de Harlem ou du Bronx. Nous étions à Hawaii, bordel ! Nous disions ce que nous avions envie de dire, nous mangions ce que nous avions envie de manger. Nous étions à l'avant du fameux bus. Nos copains blancs, des mecs comme Jeff ou

Scott de l'équipe de basket, nous traitaient exactement comme ils se traitaient entre eux. Ils nous aimaient bien, et nous les aimions bien aussi.

– T'as qu'à voir, merde, on a même l'impression qu'il y en a la moitié qui regrettent de ne pas être noirs – ou au moins Doctor J[1] !

– Oui, c'est vrai, reconnaissait Ray.

– On pourrait peut-être arrêter notre numéro de nègres purs et durs et le sortir seulement quand on en aura vraiment besoin…

Et Ray secouait la tête.

– Notre numéro ? ! Parle pour toi !

Et je savais que Ray avait sorti là son joker, une carte qu'il ne jouait pas souvent, il fallait l'avouer. Moi, j'étais différent, après tout, potentiellement suspect ; je ne savais pas qui j'étais vraiment. Comme je ne voulais pas prendre le risque de m'exposer, je m'empressais alors de battre en retraite sur un terrain plus sûr.

Peut-être que si nous avions vécu à New York ou Los Angeles, j'aurais adopté plus rapidement les règles du jeu risqué auquel nous jouions. Mais ainsi, j'appris à zigzaguer entre mes mondes, le noir et le blanc, car j'avais compris que chacun d'eux possédait son propre langage, ses propres coutumes et ses propres structures, et m'étais convaincu qu'avec un minimum de traduction de ma part les deux mondes finiraient par devenir cohérents.

Pourtant, je ne pouvais me débarrasser du sentiment que quelque chose ne tournait pas tout à fait rond. Car un signal se déclenchait dès lors qu'une fille blanche me révélait au beau milieu d'une conversation à quel point elle aimait Stevie Wonder, quand une femme, au supermarché, me demandait si je jouais au basket, quand le proviseur, au lycée, me disait que j'étais cool. Moi aussi, j'aimais Stevie Wonder, j'aimais le basket et je faisais toujours de mon mieux pour être quelqu'un de cool. Pourquoi, alors, ce genre de commentaire m'énervait-il immanquablement ? Il y avait un piège quelque part, mais ce que c'était, qui piégeait et qui était piégé, ça, ça m'échappait.

Un jour, en début de printemps, je retrouvai Ray après la classe. Sur le campus de Punahou, nous nous dirigeâmes vers le banc de

1. Julius Winfield Erwing II, célèbre basketteur noir américain, légende de la NBA.

pierre qui faisait le tour d'un grand banian. On l'appelait le Banc des Seniors, mais il servait principalement de lieu de rassemblement aux élèves populaires du lycée, aux athlètes, aux pom-pom girls et aux fêtards, avec leurs bouffons, leur suite et leurs dames d'honneur qui se bousculaient pour les places en haut et en bas des marches circulaires. L'un des seniors, un solide défenseur nommé Kurt, était là, et il nous héla d'une voix tonitruante en nous apercevant :

– Eh, Ray, mec ! Ouais, mon pote ! Alors ça baigne ?

Ray se dirigea vers lui et tapa dans sa paume ouverte. Mais lorsque Kurt voulut répéter le geste avec moi, je refusai d'un signe bref.

– C'est quoi le problème ? entendis-je Kurt demander à Ray alors que je m'éloignais.

Quelques instants plus tard, Ray vint me rejoindre et me demanda ce qui m'avait pris.

– Mais tu vois pas que ces mecs se foutent de notre gueule ? dis-je.

– De quoi tu parles ? !

– Toutes ces conneries, « *Yo, baby, give me five* »...

– Tiens, qui c'est qui est susceptible, maintenant ? Kurt, il voyait pas le mal.

– Bon, c'est toi que ça regarde, hein...

Un éclair de colère traversa les yeux de Ray.

– Ecoute, dit-il, je m'entends bien avec lui, c'est tout, d'accord ? C'est comme toi, quand tu te mets bien avec les profs quand tu as besoin qu'ils t'aient à la bonne. Toutes tes simagrées « Oui, mademoiselle Qui-s'la-pète, je trouve ce roman tellement intéressant, si vous m'accordez un jour de plus pour remettre ma disserte, je baiserai votre cul si blanc »... C'est leur monde, d'accord ? Il leur appartient, et nous, on est dedans. Alors dégage, putain, et fous-moi la paix !

Le lendemain, notre dispute était oubliée, et Ray proposa que j'invite nos copains Jeff et Scott à une fête qu'il organisait chez lui le week-end suivant. J'hésitai un peu – nous n'avions jamais amené d'amis blancs à une fête entre Noirs – mais Ray insista, et je ne trouvai aucune raison valable à avancer pour refuser. Jeff ou Scott non plus. Ils acceptèrent tous les deux, à condition que je conduise.

Nous nous entassâmes donc le samedi suivant dans la vieille Ford Granada brinquebalante de Gramps et nous mîmes le cap sur Schofield Barracks, à une cinquantaine de kilomètres de la ville.

A notre arrivée, la fête battait déjà son plein, et nous nous dirigeâmes vers les rafraîchissements. La présence de Jeff et de Scott ne parut pas faire de vagues. Ray les présenta à tout le monde, ils bavardèrent avec les uns et les autres, invitèrent deux filles à danser. Mais je voyais bien que le décor avait pris mes amis blancs par surprise. Ils n'arrêtaient pas de sourire, retirés dans un coin. Ils hochaient timidement la tête au rythme de la musique et disaient des « Excuse-moi » toutes les deux minutes. Au bout d'une heure environ, ils me demandèrent si j'accepterais de les reconduire chez eux.

– Qu'est-ce qui se passe ? me demanda Ray, en hurlant pour couvrir le bruit de la musique, quand j'allai lui annoncer que nous partions. Ça vient juste de commencer à chauffer...

– Ça leur plaît pas, je suppose.

Nos yeux se rencontrèrent et pendant un très long moment nous restâmes face à face, au milieu du bruit et des rires. Il n'y avait nulle trace de satisfaction dans les yeux de Ray, aucune pointe de déception ; c'était juste un regard fixe, immobile, un regard de serpent. Finalement, il tendit la main et je la pris, sans que nous nous lâchions des yeux.

– Salut, dit-il en dégageant sa main.

Je le regardai fendre la foule et demander à la cantonade où était la fille avec laquelle il était en train de parler juste avant.

Dehors, l'air s'était rafraîchi. La rue était absolument vide, calme, hormis le tremblement de la stéréo de Ray qui s'éloignait à chacun de nos pas ; les lumières bleues se reflétaient dans les bungalows qui bordaient l'allée bien entretenue, les arbres étendaient leurs ombres sur un terrain de base-ball. Dans la voiture, Jeff posa un bras sur mon épaule, l'air à la fois contrit et soulagé.

– Tu sais, me dit-il, ça m'a appris quelque chose. Je me rends compte à quel point ça peut être dur parfois pour toi et pour Ray, aux fêtes de l'école... d'être les seuls Noirs et tout...

– Ouais. C'est vrai, grognai-je.

Je fis la sourde oreille à cette voix intérieure qui me pressait de lui mettre mon poing dans la figure.

Je démarrai et, dans le silence de l'habitacle, je m'abandonnai à mes pensées. Je songeai aux paroles de Ray le jour de l'épisode avec Kurt, à toutes les discussions que nous avions eues avant, aux événements de la soirée. Une nouvelle carte du monde se dessina dans ma tête, un monde effrayant dans sa simplicité, un monde qui signifiait l'asphyxie. Oui, ainsi que me l'avait dit Ray, nous jouions toujours sur le terrain de sport de l'homme blanc, en suivant les règles de l'homme blanc. Si le proviseur, ou l'entraîneur, ou un professeur, ou Kurt, avait envie de nous cracher à la figure, il le pouvait, parce que c'était lui qui avait le pouvoir, et pas nous. S'il décidait que non, s'il nous traitait comme des hommes ou prenait notre défense, c'était parce qu'il savait que les mots que nous prononcions, les vêtements que nous portions, les livres que nous lisions, nos ambitions et nos désirs étaient déjà les siens. Quoi qu'il décide, c'était à lui de prendre la décision, pas à nous. Et à cause de ce pouvoir fondamental qu'il avait sur nous, ce pouvoir qui précédait ses motivations et ses goûts personnels, et qui perdurait dans le temps, la distinction entre les bons et les mauvais Blancs n'avait qu'une importance négligeable. De fait, il n'était même pas certain que tout ce que nous pensions être une expression libre et sans entraves de notre identité noire – l'humour, les chants, la passe dans le dos – ait été librement choisi par nous. Au mieux, tout cela était un refuge ; au pire, un piège. Suivant cette logique exaspérante, la seule chose que nous pouvions choisir par nous-mêmes était de nous retirer dans une spirale de rage de plus en plus étroite, jusqu'à ce que le fait d'être noir ne signifie plus que la conscience de notre propre impuissance, de notre propre défaite. Et l'ironie finale : quand nous refusions cette défaite en nous déchaînant contre nos ravisseurs, ils avaient aussi des noms pour cela, des noms qui avaient le pouvoir de nous mettre pareillement en cage. Paranoïaque. Militant. Violent. Nègre.

Pendant les mois suivants, je cherchai à corroborer cette vision cauchemardesque. J'empruntai des livres à la bibliothèque : Baldwin, Ellison, Hughes, Wright, DuBois. Le soir, je m'enfermais dans ma chambre en racontant à mes grands-parents que j'avais du travail, et je me débattais avec les mots, enfermé dans un conflit soudainement désespéré, tentant de réconcilier le monde que j'avais découvert avec les termes de ma naissance. Mais il n'y avait aucune échappatoire possible. Dans chaque page de chaque livre, dans Bigger Thomas et dans les hommes invisibles, je trouvais sans cesse la même angoisse, le même doute ; un mépris de soi dont ni l'ironie ni l'intellect ne semblaient pouvoir dévier le cours. Même l'enseignement de DuBois, l'amour de Baldwin et l'humour de Langston finissaient par succomber à sa force corrosive ; chacun était finalement forcé de douter du pouvoir rédempteur de l'art, chacun était finalement forcé de battre en retraite, l'un en Afrique, l'autre en Europe, le troisième encore plus loin, dans les entrailles de Harlem, mais tous avaient pareillement fui, las, épuisés, amers, avec le diable à leurs trousses.

Seule l'autobiographie de Malcolm X proposait autre chose. Ses actes répétés d'autocréation éveillaient un écho en moi ; la poésie brute de ses mots, sa manière directe d'exiger le respect faisaient apparaître un ordre nouveau et sans compromis, à la discipline martiale, forgé par la simple force de la volonté. Je décidai que tout le reste, les discours sur les diables aux yeux bleus et l'apocalypse, était secondaire dans ce programme, c'était un bagage religieux que Malcolm lui-même semblait avoir abandonné sans problème vers la fin de sa vie. Et pourtant, même si je me voyais suivre, peut-être, l'appel de Malcolm, une ligne du livre me retenait. Il parlait d'un vœu qu'il avait formulé un jour, le vœu que le sang blanc qui coulait en lui, qui était là à la suite d'un acte de violence, soit expurgé. Je savais que pour Malcolm ce vœu ne passerait jamais au second plan. Mais, en ce qui me concernait, je savais que dans mon cheminement vers le respect de moi-même, jamais je ne pourrais réduire mon propre sang blanc au rang de pure abstraction. Car que supprimerais-je en moi par la même occasion, si je devais laisser ma mère et mes grands-parents à la frontière d'un territoire inexploré ?

Je me disais également que si la découverte faite par Malcolm vers la fin de sa vie, à savoir que certains Blancs pouvaient vivre à ses côtés comme ses frères dans l'islam, semblait offrir quelque espoir de réconciliation, cet espoir n'apparaissait que dans un avenir lointain, dans un pays éloigné. En attendant, je cherchais donc à voir d'où viendraient les gens qui seraient disposés à travailler à cet avenir et à peupler ce nouveau monde.

Un jour, après une partie de basket dans la salle de sport de l'université en compagnie de Ray, j'eus une conversation avec un garçon grand et maigre appelé Malik, qui jouait avec nous de temps à autre. Malik disait qu'il était adepte de la Nation de l'Islam mais que, depuis la mort de Malcolm et son arrivée à Hawaii, il n'allait plus à la mosquée ou dans les meetings, même s'il trouvait toujours du réconfort dans la prière solitaire. L'un des joueurs assis près de nous avait sans doute écouté, car il se pencha vers nous, l'air entendu.

– Vous parlez de Malcolm, hein ? Malcolm, il dit la vérité, y a pas de doute.

– Ouais, intervint un autre, mais moi, y a pas de risque que je me casse dans la jungle en Afrique. Ni quelque part dans le désert, pour me retrouver le cul sur un tapis avec des Arabes, ça non. Non merci. Et y a pas de risque que j'arrête les travers de porc !

– Ouais, c'est clair, pas les travers.

– Et les nanas. Il a pas dit pas de nanas, Malcolm ? Alors là, c'est sûr que ça pourra jamais marcher.

Ray, à côté de moi, riait. Je lui jetai un regard sévère.

– Qu'est-ce qui te fait rire ? Tu n'as jamais lu Malcolm. Tu ne sais même pas ce qu'il dit.

Ray m'arracha le ballon des mains et se dirigea vers l'anneau d'en face.

– J'ai pas besoin de livres pour me dire comment il faut être noir ! me cria-t-il.

Je m'apprêtai à répondre, puis me tournai vers Malik, espérant qu'il me soutiendrait. Mais le musulman ne dit rien, il resta silencieux, un sourire lointain aux lèvres.

Après cela, je résolus de garder mes intentions pour moi et j'appris à cacher la fièvre qui m'agitait. Mais, quelques semaines plus tard, je fus réveillé par le bruit d'une dispute dans la cuisine – la voix de ma grand-mère, à peine audible, suivie du grondement profond de celle de mon grand-père. J'ouvris la porte et aperçus Toot qui entrait dans leur chambre pour aller s'habiller. Je lui demandai ce qui se passait.

– Rien. C'est juste que ton grand-père ne veut pas me conduire au travail ce matin, c'est tout.

Dans la cuisine, je trouvai Gramps en train de maugréer. Pendant qu'il se servait une tasse de café, je lui dis que je voulais bien conduire Toot moi-même s'il était fatigué. C'était une proposition généreuse, car je n'aimais pas me réveiller de bonne heure. Il se renfrogna devant cette proposition.

— Ce n'est pas la question. Elle a envie de me culpabiliser, c'est tout.

— Je suis sûr que c'est pas ça, Gramps.

— Bien sûr que si ! jeta-t-il avant de prendre une gorgée de café. Elle prend le bus depuis qu'elle travaille à la banque. Elle a toujours dit que c'était plus pratique. Mais maintenant, juste parce qu'on l'embête un peu, elle veut tout chambouler.

La petite silhouette de Toot se dessina dans le couloir, et bientôt elle apparut, nous regardant derrière ses lunettes à double foyer.

— Ce n'est pas vrai, Stanley.

Je l'entraînai dans la pièce voisine et lui demandai ce qui s'était passé.

— Il y a un type qui m'a demandé de l'argent hier, pendant que j'attendais le bus.

— C'est tout ?

Elle eut une moue d'irritation.

— Il était très agressif, Barry. Très agressif. Je lui ai donné un dollar, mais il a continué. Si le bus n'était pas arrivé, je crois qu'il m'aurait fichu un coup sur la tête.

Je retournai à la cuisine. Gramps, en train de rincer sa tasse, me tournait le dos.

— Ecoute, lui dis-je, laisse-moi la conduire. Elle n'a vraiment pas l'air tranquille.

— A cause d'un mendiant ? !

— Ouais, je sais... mais elle a sans doute eu peur en voyant un grand bonhomme l'empêcher de passer. Allez, c'est pas grand-chose.

Il se retourna, et je vis qu'il était ébranlé.

— Si, pour moi, si. Ce n'est pas la première fois qu'on l'embête. Tu sais pourquoi elle a si peur cette fois ? Je vais te le dire : avant que tu arrives, elle m'a dit que le mec était *noir*...

Il avait prononcé le mot en chuchotant.

— C'est ça, la vraie raison. C'est ça qui l'embête, et moi, je trouve que c'est pas bien.

Ses mots me firent l'effet d'un coup de poing dans l'estomac, et je luttai pour reprendre contenance. De ma voix la plus calme, je lui répondis que ça m'ennuyait moi aussi qu'elle ait une attitude pareille, mais que j'étais sûr que la peur de Toot passerait et que nous ferions bien de la conduire en attendant. Gramps s'effondra dans un fauteuil du salon, en disant qu'il regrettait de me l'avoir dit. Il se ratatina sous mes yeux, parut vieux et très triste. Je posai ma main sur son épaule en lui disant qu'il n'y avait pas de problème, que je comprenais.

Nous restâmes ainsi pendant quelques instants, enfermés dans un silence douloureux. Puis il insista pour emmener Toot lui-même, finalement, et s'extirpa de son fauteuil pour aller s'habiller.

Après leur départ, je m'assis sur le bord de mon lit et réfléchis à mes grands-parents. Ils avaient fait tant de sacrifices pour moi ! Ils avaient mis tous leurs espoirs dans ma réussite. Jamais ils ne m'avaient donné la moindre raison de douter de leur amour ; et je doutais qu'ils le fassent jamais. Et cependant, je savais que des hommes qui auraient facilement pu être mes frères étaient susceptibles malgré tout de leur inspirer leurs pires frayeurs.

Ce soir-là, longeant les hôtels brillamment éclairés, je me rendis à Waikiki, dans le quartier de l'Ala-Wai Canal. Il me fallut un certain temps pour reconnaître la maison, avec sa galerie branlante et son toit penché. A l'intérieur, la lumière était allumée et je vis Frank assis dans son fauteuil capitonné, un livre de poésie sur les genoux, ses lunettes de lecture glissées au bas de son nez. Je restai dans la voiture à l'observer un moment, puis sortis et allai frapper à la porte. Le vieil homme vint m'ouvrir, en levant à peine les yeux. Il y avait bien trois ans que je ne l'avais pas revu.

– Tu veux boire quelque chose ? s'enquit-il.

Je fis un signe de tête affirmatif et le regardai sortir une bouteille de whisky et deux tasses en plastique du placard de la cuisine. Il n'avait pas changé, sa moustache était un peu plus blanche, pendante comme du lierre mort par-dessus sa grosse lèvre supérieure, son jean coupé avait un peu plus de trous et était attaché au niveau de la ceinture par une ficelle.

– Comment va ton grand-père ?

– Il va bien.

– Qu'est-ce qui t'amène ?

Je ne le savais pas exactement. Je lui racontai à peu près ce qui s'était passé. Il opina du chef et nous servit une rasade de whisky.

– Drôle d'oiseau, ton grand-père, commenta-t-il. Tu sais qu'on a grandi à environ soixante-dix kilomètres de distance ?

Je fis non de la tête.

– C'est vrai. On habitait tous les deux près de Wichita. On se connaissait pas, bien sûr. J'étais déjà parti depuis longtemps quand il a eu l'âge de se souvenir. Mais j'ai peut-être vu des gens de sa famille. Peut-être que je les ai croisés dans la rue. Si je l'ai fait, j'ai sans doute été obligé de descendre du trottoir pour leur laisser la place. Il t'a déjà parlé de tout ça, ton grand-père ?

J'avalai une gorgée de whisky et fis non, de nouveau.

– Ouais, reprit Frank, je m'en doutais bien. Stan n'aime pas beaucoup parler de cet aspect-là du Kansas. Ça le gêne. Il m'a parlé un jour d'une Noire qu'ils avaient engagée pour aider ta mère. Une fille de prêcheur, je crois. Il m'a dit qu'elle avait fini par faire partie de la famille. C'est comme ça qu'il se rappelle la chose, tu comprends… cette fille qui vient pour s'occuper des enfants des autres, sa mère qui vient pour faire la lessive des autres. Elle faisait partie de la famille.

Je pris la bouteille et m'en versai une rasade tout seul. Frank ne me regardait pas ; il avait fermé les yeux à présent, sa tête était appuyée contre le dossier de son fauteuil, et sa grande figure ridée ressemblait à une sculpture de pierre.

– On ne peut pas reprocher à Stan ce qu'il est, dit-il d'un ton calme. C'est un homme bon. Mais il ne me *connaît* pas. Il ne connaissait pas mieux cette fille qui s'occupait de ta mère. Il ne *peut* pas me connaître, pas comme je le connais. Peut-être que certains Hawaiiens le peuvent, ou les Indiens des réserves. Mais ton grand-père ne saura jamais ce qu'on peut ressentir. C'est pour ça qu'il peut venir ici et boire mon whisky et s'endormir dans le fauteuil dans lequel tu es assis. Dormir comme un bébé. Tu vois, ça, je ne peux jamais le faire chez lui. *Jamais.* Même quand je suis très fatigué, je dois toujours rester sur mes gardes. Il faut que je sois vigilant, c'est une question de survie.

Frank ouvrit les yeux.

– Ce que j'essaie de te dire, c'est que ta grand-mère a raison d'avoir peur. Elle a au moins autant raison que Stanley. Elle comprend que les Noirs ont une raison d'avoir la haine. C'est comme ça. Dans ton intérêt, j'aimerais bien que ce soit différent. Mais c'est comme ça. Alors il vaut mieux que tu t'habitues.

Frank referma les yeux. Sa respiration ralentit, il s'endormit. Je songeai à le réveiller, puis j'y renonçai et regagnai la voiture. La terre tremblait sous mes pieds, prête à s'ouvrir à tout moment. Je m'arrêtai pour essayer de me calmer, et je sus pour la première fois que j'étais absolument seul.

5

Trois heures du matin. Les rues vides, baignées de lune, le grondement d'une voiture qui accélère dans une rue lointaine. Les fêtards sont couchés maintenant, par couples ou seuls, endormis d'un sommeil lourd de bière, Hasan chez sa nouvelle petite amie – « Ne veille pas trop tard », m'avait-il dit avec un clin d'œil. Et maintenant, nous sommes tous les deux à attendre le lever du soleil, Billie Holiday et moi, avec sa voix envoûtante qui traverse la pièce plongée dans le noir, m'appelant comme celle d'une amante.

I'm a fool… to want you
Such a fool… to want you

Je me servis à boire et laissai mes yeux vagabonder à travers la pièce : des bols remplis de miettes de bretzels, des cendriers débordants, des bouteilles vides alignées comme une rangée de tours se détachant contre le mur. Super, la fête. Ils l'avaient tous dit : Barry et Hasan, on peut compter sur eux pour vous mettre l'ambiance. Tous, sauf Regina. Regina ne s'était pas amusée. Qu'est-ce qu'elle avait dit avant de partir ? « Tu ramènes tout à toi. » Et après, ce cirque à propos de sa grand-mère. Comme si j'étais responsable quelque part du sort de la race noire tout entière. Comme si c'était moi qui avais maintenu sa grand-mère à genoux pendant toute sa vie. Qu'elle aille se faire voir, Regina ! Avec ses grands airs, ses manières de petite sainte, de tu-m'as-laissée-tomber. Elle ne me connaissait pas. Elle ne comprenait pas d'où je venais.

Je m'allongeai sur le canapé et allumai une cigarette en regardant l'allumette brûler jusqu'à ce que la flamme effleure la pointe de mes doigts, me brûlant légèrement au moment où je la pinçai pour l'éteindre. *C'est quoi, l'astuce* ? demande l'homme. *L'astuce, c'est de ne pas faire attention quand ça fait mal.* J'essayai de me rappeler où j'avais entendu ces mots, mais ils étaient perdus maintenant, lointains comme un visage oublié. Pas grave. Billie la connaissait, cette astuce ; elle était dans sa voix déchirée, cette voix qui tremblait. Et moi aussi, je l'avais apprise ; c'est ce à quoi j'avais consacré mes deux dernières années de lycée, après que Ray l'eut quitté pour entrer à l'université quelque part, et que j'eus mis les livres de côté ; après que j'eus cessé d'écrire à mon père et qu'il en eut fait de même. J'étais fatigué d'essayer de démêler les fils d'une situation inextricable qui n'était pas de mon fait.

J'avais appris à ne pas faire attention.

Je fis quelques ronds de fumée, plongé dans le souvenir de ces années. L'herbe m'avait aidé, et l'alcool ; parfois une petite ligne de coke, quand on pouvait se la payer. Mais pas d'héro – Micky, mon initiateur potentiel, avait été un peu trop pressé de me voir sauter le pas. Il disait qu'il pouvait le faire les yeux fermés, mais il tremblait comme une feuille en me le disant. C'était peut-être seulement parce qu'il avait froid. Nous étions dans un congélateur à viande, dans l'arrière-boutique du traiteur qui l'employait, et il devait faire environ moins trente là-dedans. Mais il n'avait pas l'air de trembler de froid. Il avait plutôt l'air de transpirer, avec son visage brillant et crispé. Il avait sorti l'aiguille et la seringue, et quand je le regardai, planté au milieu de gros salamis et de rosbifs, une image me traversa l'esprit, celle d'une bulle d'air, brillante et ronde comme une perle, qui roulait tranquillement à travers une veine et arrêtait mon cœur…

Junkie. Drogué. Voilà vers quoi je me dirigeais : le rôle final, fatal, du jeune qui aimerait être noir. Sauf que le but de la défonce n'était pas celui-là, prouver que j'étais un frère dans la déprime. Pas à l'époque, de toute façon. Je me défonçais exactement pour l'effet inverse, pour trouver un moyen de faire sortir de ma tête la question de savoir qui j'étais, aplanir le relief de mon paysage intérieur, brouiller les aspérités de ma mémoire. J'avais découvert qu'on pouvait fumer des joints dans le nouveau van rutilant d'un copain de classe blanc, ou dans le dortoir d'un frère qu'on avait rencontré sur le terrain de sport, ou sur la plage, avec des jeunes de Hawaii qui avaient abandonné leurs études et passaient le plus clair de leur temps à se trouver des motifs de se castagner : cela n'avait pas d'importance. Personne ne vous demandait si votre père était un mec plein de tunes qui trompait sa femme ou un mec au chômage qui vous battait quand il lui arrivait de rentrer à la maison. Vous pouviez simplement vous emmerder, ou vous sentir seul. Tout le monde était le bienvenu dans le club des frustrés. Et si la défonce ne résolvait pas ce qui vous enfonçait, elle pouvait au moins vous aider à rire de la folie du monde et à voir clair dans toute l'hypocrisie, la connerie et le moralisme de pacotille.

Tel était mon raisonnement d'alors.

Il avait fallu deux ans pour que les destins commencent à se dessiner, pour mettre au jour la disparité des chances, selon la couleur et l'argent, en matière de survie, et d'atterrissage quand on finissait par tomber. Bien sûr, dans tous les cas, il fallait un peu de chance. C'était ce qui avait manqué à Pablo, qui n'avait pas son permis sur lui ce jour-là, ce qui avait amené un flic à fourrer le nez dans le coffre de sa voiture. Ou à Bruce, qui avait fini à l'asile parce qu'il n'arrivait plus à émerger de ses trop nombreux voyages à l'acide. Ou à Duke, qui n'était pas sorti vivant de l'épave de sa voiture…

J'essayai un jour d'exposer ma théorie sur le rôle de la chance dans le monde, la rotation de la roue, à ma mère, rentrée à Hawaii après avoir fini son travail de recherche sur le terrain. Cela se passait au début de ma dernière année de lycée. Elle était venue me trouver dans ma chambre après l'arrestation de Pablo et m'avait demandé quelques détails complémentaires. Je lui avais adressé un sourire rassurant, lui avais tapoté la main en lui recommandant de ne pas s'inquiéter car je n'étais pas du genre à faire des bêtises. C'était d'ordinaire une tactique efficace, l'un des trucs que j'avais appris : les gens étaient contents dès lors que vous étiez courtois, souriant, et que vous évitiez les gestes brusques. Ils étaient plus que contents, ils étaient soulagés : quelle bonne surprise, un jeune Noir bien éduqué qui n'avait pas l'air tout le temps en colère !

Sauf que ma mère n'avait pas l'air contente. Elle resta assise, les yeux plantés dans les miens, une vraie porte de prison.

– Tu ne trouves pas que tu prends ton avenir un peu trop à la légère ? me demanda-t-elle.

– Pourquoi tu me dis ça ?

— Tu sais très bien pourquoi je te dis ça. Tu as un copain qui vient d'être arrêté en possession de drogue. Tes notes dégringolent. Tu n'as même pas commencé ton dossier de candidature pour la fac. Dès que j'aborde le sujet avec toi, on a l'impression que je te casse les pieds.

Elle n'avait pas à me parler sur ce ton ! Ce n'était pas comme si j'allais tout plaquer ! Je me lançai dans un grand développement, lui exposant que je n'envisageais pas de partir ailleurs pour faire mes études, mais que je comptais rester à Hawaii, suivre quelques cours et travailler à temps partiel. Elle m'arrêta avant de me laisser le temps de finir, protestant que je pourrais entrer dans n'importe quelle université du pays, pour peu que je me décide à y mettre un peu du mien. A faire un effort.

— Tu te rappelles ce que c'est, un effort ? ! Nom d'une pipe, Bar, tu ne peux pas rester là à rien faire, comme Alexandre le Bienheureux, à attendre ta chance.

— Alexandre qui ?

— Le Bienheureux. Un fainéant.

Elle était là, si ferme, si sérieuse, si certaine du destin de son fils. L'idée que ma survie puisse dépendre de la chance était une hérésie pour elle. A ses yeux, j'avais des responsabilités – envers elle, envers Gramps et Toot, envers moi-même. Je ressentis soudain le besoin d'ébranler ses certitudes, de lui montrer que ses tentatives avec moi avaient échoué. Au lieu de crier, je ris :

— Alexandre le Bienheureux ? Et alors, pourquoi pas ? Peut-être que c'est comme ça que je veux vivre. Regarde Gramps : il n'a même pas fait d'études supérieures !

Cette comparaison prit ma mère par surprise. Son visage se relâcha, son regard vacilla. J'en eus soudain la révélation : c'était ce qu'elle craignait le plus au monde.

— C'est ça qui t'inquiète ? Que je finisse comme Gramps ? lui demandai-je.

Elle s'empressa de secouer la tête.

— Tu es déjà allé beaucoup plus loin dans tes études que ton grand-père, répondit-elle.

Mais dans sa voix il n'y avait plus aucune trace de certitude.

Au lieu de pousser mon avantage, je me levai et sortis.

Billie avait cessé de chanter. Le silence était oppressant, et je me sentis soudain tout à fait dégrisé. Je me levai pour aller retourner le disque, finis mon fond de verre, m'en servis un autre. Au-dessus, j'entendis quelqu'un actionner une chasse d'eau, traverser une pièce. Encore un insomniaque, sans doute, qui écoutait le tic-tac de sa vie qui foutait le camp. C'était bien ça le problème avec l'alcool et la drogue, non ? A un certain moment, ça ne pouvait plus l'arrêter, ce tic-tac, ce son du vide. Et c'était cela, je suppose, que j'avais essayé de dire à ma mère ce jour-là : que sa foi en la justice et la rationalité était une erreur, que nous ne pouvions pas en sortir vainqueurs, que toute l'éducation, toutes les bonnes intentions du monde ne pouvaient réussir à combler les trous de l'univers ou nous donner le pouvoir de changer son cours aveugle et machinal.

Il n'empêche que je m'étais senti mal à l'aise après cet épisode : c'était le truc que ma mère sortait toujours de sa manche, cette manière de me culpabiliser. Elle n'en faisait pas non plus mystère.

– Il n'y a rien à faire, me dit-elle un jour, tu as sucé ça avec le lait. Mais ne t'inquiète pas, ajouta-t-elle en souriant comme le Chat du Cheshire. Une petite dose de culpabilité n'a jamais fait de mal à personne. C'est là-dessus qu'est bâtie la civilisation, sur la culpabilité. C'est une émotion sous-estimée.

Nous pouvions en plaisanter, maintenant, car ses pires craintes ne s'étaient pas réalisées. J'avais passé mon diplôme sans problème, avais été accepté dans plusieurs établissements respectables, et avais choisi l'Occidental College de Los Angeles surtout parce que j'avais rencontré une fille de Brentwood qui était venue passer ses vacances à Hawaii. Mais je me contentais toujours de suivre le mouvement, avec autant d'indifférence vis-à-vis des études que vis-à-vis de tout le reste. Frank lui-même trouvait que j'avais une mauvaise attitude, bien que n'étant pas très clair sur les changements à opérer.

Comment Frank les avait-il appelées, les études supérieures ? « Un diplôme supérieur en compromis. » Je songeai à ma dernière visite au vieux poète, quelques jours avant mon départ de Hawaii. Nous avions bavardé à bâtons rompus pendant quelque temps ; il se plaignit de ses pieds, des cors et des becs-de-perroquet dont il affirmait qu'ils étaient la conséquence directe d'une grave erreur, celle de forcer des pieds africains à chausser des chaussures européennes. Finalement, il me demanda ce que j'attendais des études. Je lui dis que je n'en savais rien. Il secoua sa grosse tête chenue.

– Oui, dit-il, c'est ça le problème, hein ? Tu ne *sais pas*. Tu es exactement comme tous les autres gamins. Tout ce que tu sais, c'est que ce qu'on attend de toi, c'est que tu fasses des études. Et les gens qui sont assez vieux pour savoir, qui se sont battus pendant toutes ces années pour que tu aies le droit d'aller à l'université, ils sont tellement contents de t'y voir qu'ils ne vont pas te dire la vérité. Le prix réel de ton admission.

– Et qu'est-ce que c'est ?

– Laisser ta race à la porte, répondit-il. Abandonner ton peuple.

Il me scruta par-dessus le bord de ses lunettes.

– Comprends bien une chose, mon garçon. Tu ne vas pas à l'université pour y recevoir un enseignement. Tu y vas pour être *dressé*. Ils vont te *dresser* à vouloir ce dont tu n'as pas besoin, ils vont te dresser à manipuler les mots de manière à ce qu'ils n'aient plus aucune signification. Ils vont te dresser à oublier ce que tu sais déjà. Ils vont si bien te dresser que tu vas croire qu'ils te parlent de l'égalité des chances et du style américain et toutes ces conneries. Ils vont te donner un bureau réservé aux cadres et t'inviter à des dîners mondains, et te dire que tu fais honneur à ta race. Jusqu'à ce que tu veuilles vraiment commencer à diriger les choses, et là, ils tireront sur ta chaîne et te feront savoir que tu es peut-être un nègre bien dressé, bien payé, mais que cela n'empêche pas que tu sois un nègre.

– Alors qu'est-ce que vous êtes en train de me dire ? Que je devrais pas entrer à l'université ?

Les épaules de Frank s'affaissèrent et il se laissa tomber en arrière dans son fauteuil.

– Non. Ce n'est pas ce que je dis. Il *faut* que tu y ailles. Je te dis simplement de garder les yeux ouverts. Ne t'endors pas.

Le souvenir de Frank, avec son état d'esprit Black Power et dashiki, me fit sourire. D'une certaine façon, il était aussi incurable que ma mère, aussi ferme dans ses convictions, et lui comme elle vivaient dans les années 1960, dans ce temps suspendu créé par Hawaii. Garde les yeux ouverts, m'avait-il prévenu. Ce n'était pas aussi facile que cela le paraissait. Pas sous le soleil de Los Angeles.

Pas quand on se baladait dans le campus d'Occidental, à quelques kilomètres de Pasadena, avec ses arbres et son style espagnol. Les étudiants étaient sympas, les enseignants vous encourageaient. A l'automne 1979, Carter, la queue aux stations-service et la culpabilité se dirigeaient vers la sortie. Reagan, lui, s'apprêtait à prendre le relais, « *morning in America*[1] ». Quand on sortait du campus, on prenait l'autoroute et on se retrouvait à Venice Beach ou à Westwood, par East Los Angeles ou South Central, sans même s'en apercevoir ; les palmiers qui dépassaient tels des pissenlits des hauts murs de béton étaient simplement plus nombreux. Los Angeles n'était pas tellement différente de Hawaii, ou du moins ce que nous en voyions. C'était juste plus grand, et il était plus facile de trouver un coiffeur qui savait couper les cheveux.

En tout cas, les étudiants noirs d'Oxy ne semblaient généralement pas se préoccuper beaucoup de compromis. Nous étions assez nombreux sur le campus pour former une tribu, et quand il s'agissait de sortir, nous choisissions pour la plupart de fonctionner en tribu, en restant groupés, en nous déplaçant en bande. Pendant mon premier cycle, quand j'habitais encore en résidence universitaire, c'étaient les mêmes discussions qu'avec Ray et les autres Noirs à Hawaii, les mêmes récriminations et les mêmes doléances. Autrement, nos préoccupations ne se distinguaient pas de celles des étudiants blancs qui nous entouraient. Survivre aux cours. Trouver un job bien payé après les études. Essayer de coucher. J'étais tombé sur l'un des secrets les mieux gardés sur les Noirs : la plupart d'entre nous n'étaient pas intéressés par la révolte ; la plupart d'entre nous étaient fatigués de penser tout le temps au problème racial ; si nous préférions rester entre nous, c'était surtout parce que c'était le meilleur moyen d'arrêter d'y penser, que c'était plus facile que de passer notre temps en colère ou à essayer de deviner ce que les Blancs pensaient de nous.

Alors, pourquoi n'arrivais-je pas à laisser tomber ?

Je ne sais pas. Je suppose que je ne disposais pas du luxe, de la certitude de la tribu. Quand on grandit à Compton, la survie devient un acte révolutionnaire. Quand on entre à l'université, on a

1. « C'est le matin en Amérique », nom donné à la campagne télévisée de Reagan en 1984.

la famille derrière soi, qui vous encourage. Vos proches sont contents de vous voir vous échapper, il n'est pas question de trahison. Mais moi, je n'avais pas grandi à Compton, ou à Watts. Je n'avais à m'échapper de nulle part, hormis de mon doute intérieur. J'étais plutôt comme les étudiants noirs qui avaient grandi dans les banlieues, ceux dont les parents s'étaient déjà échappés en payant le prix. On les décelait immédiatement à leur manière de parler, aux gens avec qui ils allaient à la cafétéria. Quand on les poussait dans leurs retranchements, ils expliquaient en bafouillant qu'ils refusaient d'être placés dans une catégorie. Ils vous disaient qu'ils n'étaient pas définis par la couleur de leur peau. Qu'ils étaient des individus.

C'était ce que disait Joyce. Elle était jolie, Joyce, avec ses yeux verts, sa peau de miel et sa moue boudeuse. Nous habitions dans la même résidence, la première année, et tous les frères lui couraient après. Un jour, je lui demandai si elle allait à la réunion de l'Association des étudiants noirs. Elle me lança un drôle de regard, puis elle secoua la tête comme un bébé qui refuse le contenu de la cuillère qu'on lui présente.

– Je ne suis pas noire, me répondit-elle. Je suis *multiraciale.*

Elle me parla alors de son père ; *il se trouvait* qu'il était italien et que c'était l'homme le plus gentil de la terre ; *il se trouvait aussi* que sa mère était en partie africaine, en partie française, en partie amérindienne et en partie autre chose encore.

– Pourquoi voudrais-tu que je choisisse entre eux ? me demanda-t-elle.

Sa voix se brisa, et je craignis qu'elle ne se mette à pleurer.

– Ce ne sont pas les Blancs qui veulent me faire choisir. Peut-être que c'était comme ça avant, mais maintenant ils me traitent comme une personne. Non, ce sont les *Noirs* qui sont tout le temps en train de parler de race. *Ce sont eux* qui veulent me faire choisir. *Ce sont eux* qui me disent que je ne peux pas être celle que je suis.

Eux, eux, eux. Là était le problème avec les gens comme Joyce. Ils parlaient de la richesse de leur héritage multiculturel et cela paraissait vraiment bien, jusqu'à ce que vous remarquiez qu'ils évitaient les Noirs. C'était un choix conscient, nécessairement, une question d'attraction gravitationnelle ; c'était ainsi que fonctionnait toujours l'intégration, c'était une rue à sens unique. La minorité s'assimilait dans la culture dominante, ce n'était pas l'inverse. Seule la culture blanche pouvait être neutre et objective. Seule la culture blanche pouvait être non raciale, prête à adopter l'exotique occasionnel dans ses rangs. Seule la culture blanche était formée d'individus. Et nous, les sang-mêlé diplômés de l'université, nous faisons une enquête de situation et nous nous disons : pourquoi devrions-nous être mis dans le même sac que les perdants si nous n'y sommes pas obligés ? Nous ne sommes alors que trop contents de pouvoir nous perdre dans la foule, dans le joyeux monde sans visage du marché américain. Et nous ne sommes jamais autant offensés que lorsqu'un chauffeur de taxi passe devant nous sans s'arrêter ou qu'une femme dans un ascenseur serre son sac contre elle, pas tellement parce que nous sommes préoccupés par le fait que ces humiliations sont le lot subi jour après jour par les gens de couleur moins chanceux – même si c'est ce que nous nous racontons à nous-mêmes –, mais parce que nous portons un costume Brooks Brothers, que nous parlons un anglais impeccable, et que tout cela n'a pas empêché qu'on nous confonde avec un nègre ordinaire.

Mais enfin, vous ne savez pas qui je suis ? Je suis un *individu* !

Je m'assis, allumai une autre cigarette et vidai la bouteille dans mon verre. Je savais que j'étais trop dur envers cette pauvre Joyce. A la vérité, je les comprenais, elle et tous les autres jeunes Noirs qui ressentaient la même chose qu'elle. Dans leur maniérisme, leur discours, leur trouble intérieur, je ne cessais de me reconnaître en partie. Et c'était exactement ce qui me faisait peur. Leur trouble m'obligeait à me reposer la question de ma propre identité raciale, et le joker de Ray était toujours tapi au fond de ma tête. Il me fallait mettre de la distance entre eux et moi-même, me convaincre que je n'étais pas compromis… que je ne m'étais pas endormi.

Pour éviter d'être soupçonné d'avoir retourné ma veste, je choisissais soigneusement mes amis. Les étudiants noirs les plus actifs politiquement. Les étudiants étrangers. Les Chicanos. Les professeurs marxistes, les féministes structurelles et les poètes de la scène punk-rock. Nous tirions sur nos cigarettes et portions des vestes de cuir. Le soir, dans la résidence, nous discutions néocolonialisme, Franz Fanon, eurocentrisme et patriarcat. Quand nous écrasions nos cigarettes sur le tapis du couloir, quand nous poussions nos stéréos à fond, au point que les murs se mettaient à trembler, nous faisions acte de résistance contre les contraintes étouffantes de la société bourgeoise. Nous n'étions ni indifférents, ni négligents, ni anxieux. Nous étions aliénés.

Mais cette stratégie à elle seule ne pouvait mettre la distance que je souhaitais entre moi et Joyce, ou mon passé. Après tout, il y avait des milliers de radicaux sur les campus, la plupart blancs, professeurs titulaires et joyeusement tolérés. Non, il était toujours aussi nécessaire de prouver de quel côté on était, de montrer sa loyauté envers les masses noires, d'attaquer et de désigner les choses par leurs noms.

Je me rappelai le soir où, à la résidence, nous nous étions retrouvés à trois dans la chambre de Reggie – Reggie, Marcus et moi. Dehors, la pluie tapait sur les carreaux. Autour d'une bière, Marcus nous racontait comment il avait été arrêté par la police.

– Ils n'avaient aucune raison de m'arrêter, avait-il dit. Sauf que je marchais dans un quartier blanc. Ils m'ont fait mettre contre la voiture, les bras en croix. Il y en a un qui a sorti son pétard. Mais je me suis pas laissé impressionner. C'est ça qui les excite, ces mecs, c'est de voir leur trouille, aux Noirs...

Tout en l'écoutant, j'observais Marcus, mince et noir de peau, le dos bien droit, ses longues jambes écartées, à l'aise dans un tee-shirt blanc et une salopette en jean. Marcus était le plus réfléchi des frères. Il pouvait nous parler de son grand-père le garveyiste, de sa mère, qui avait élevé ses enfants seule à Saint Louis tout en travaillant comme infirmière, de sa sœur, qui avait été membre fondateur de la section locale des Black Panthers, de ses amis en taule. Son lignage était pur, sa loyauté sans faille, et pour ces raisons je ne pouvais me défaire de l'impression de ne pas être à la hauteur, comme un petit frère qui, quoi qu'il fasse, restera toujours un pas en arrière. Et c'était exactement ce que je ressentais à ce moment, face à Marcus qui racontait son authentique expérience de Noir, lorsque Tim était entré dans la pièce.

– Salut, les mecs, avait dit Tim en levant joyeusement la main.

Il s'était tourné vers moi.

– Dis donc, Barry, tu l'as, le boulot pour l'éco ?

Tim n'était pas un frère engagé. Il portait des sweat-shirts Burlington, des jeans repassés et parlait comme Beaver Cleaver, le gentil petit garçon du feuilleton télé des années 50. Il prévoyait d'entrer dans les affaires. Sa petite amie blanche l'attendait sans doute dans sa chambre en écoutant de la country. Il était heureux comme un poisson dans l'eau, et moi, je n'avais eu alors qu'une envie, c'était qu'il fiche le camp. Je m'étais levé, je l'avais emmené dans ma chambre et je lui avais donné ce qu'il me demandait.

De retour chez Reggie, je m'étais cru obligé de donner des explications :

– Tim, il est limite, vous trouvez pas ? dis-je en secouant la tête. Il devrait changer de nom et s'appeler Tom, pas Tim.

Reggie avait éclaté de rire, mais pas Marcus.

– Pourquoi tu dis ça, mec ? m'avait-il demandé.

Sa question m'avait pris par surprise.

– J'sais pas. Il est un peu con, c'est tout.

Marcus avait bu une gorgée de bière et m'avait regardé droit dans les yeux.

– Moi, je trouve qu'il est bien, Tim, avait-il répliqué. Il fait ce qu'il a à faire, il emmerde personne. Moi, je trouve qu'on ferait mieux de balayer devant notre porte au lieu d'émettre des jugements sur comment les autres mecs sont censés agir.

Un an plus tard, le souvenir de la colère et du ressentiment que j'avais éprouvés en cet instant envers Marcus pour m'avoir ainsi remis à ma place devant Reggie était toujours cuisant. Et pourtant, il avait eu raison de le faire, n'est-ce pas ? Il m'avait pris en flagrant délit de mensonge. De deux mensonges, en réalité : le mensonge que j'avais raconté sur Tim et celui que j'avais raconté sur moi. D'ailleurs, toute la première année n'avait été qu'un long mensonge, car je l'avais passée à mettre toute mon énergie à tourner en rond pour essayer de recouvrir mes traces.

Sauf avec Regina. Regina avait une façon d'être qui me dispensait de l'obligation de mentir, et sans doute était-ce cela qui m'avait poussé vers elle. Dès le jour de notre rencontre, ce jour où elle était entrée au café alors que je m'y trouvais avec Marcus, en train d'essuyer les reproches de celui-ci à propos de mes lectures. Marcus lui avait signe de venir nous rejoindre à notre table et avait attiré une chaise.

– Sœur Regina, avait-il dit, tu connais Barack, non ? Je suis en train de parler au frère Barack de ce tract raciste qu'il est en train de lire…

Il lui avait montré un exemplaire d'*Au cœur des ténèbres* en le tenant en l'air, comme une preuve à présenter au tribunal.

– Eh, mec, arrête d'agiter ça dans tous les sens ! protestai-je.

– Tu vois, avait dit Marcus, ça te gêne, hein, qu'on te voie avec un bouquin pareil. Je te le dis, mec, ces conneries, ça va t'empoisonner le cerveau !

Il avait regardé sa montre.

– Merde, je vais être en retard en cours.

Il s'était penché et avait déposé un baiser sur la joue de Regina.

– Dis-lui deux mots, à ce frère, d'accord ? Je crois qu'on peut encore le sauver.

Regina avait souri et secoué la tête en le suivant des yeux pendant qu'il se dirigeait vers la sortie.

– Je vois que Marcus est encore d'humeur sermonneuse…

J'avais enfoui le livre dans mon sac à dos.

– En fait, il a raison, avais-je dit. C'est un livre raciste. Pour Conrad, l'Afrique est le cloaque du monde, les Noirs sont des sauvages et dès qu'on entre en contact avec eux on attrape des infections.

Regina avait soufflé sur son café.

– Pourquoi tu le lis, alors ?

– Parce que c'est au programme.

Je m'étais arrêté, ne sachant si je devais continuer.

– Et parce que…

– Parce que… ?

– Et parce que ce bouquin m'apprend des choses, avais-je poursuivi. Sur les Blancs. Tu vois, c'est pas vraiment un livre sur l'Afrique. Ou sur les Noirs. Ça parle de celui qui l'a écrit. De l'Européen. De l'Américain. C'est une manière particulière de voir le monde. Quand on arrive à garder la distance, tout est là, dans ce qui est dit et dans le non-dit. Donc, je lis ce livre pour m'aider à comprendre pourquoi les Blancs ont tellement peur. Leurs démons. Comment on détourne les idées. Ça m'aide à comprendre comment les gens apprennent à haïr.

– Et c'est important pour toi ?

C'est toute ma vie qui en dépend, avais-je pensé. Me gardant bien de le dire à Regina, je m'étais contenté de sourire en répondant :

– C'est le seul moyen de guérir une maladie, non ? Poser le diagnostic.

Elle m'avait rendu mon sourire et avait bu son café à petites gorgées.

Je l'avais déjà vue avant, généralement à la bibliothèque, un livre à la main. C'était une grande fille à la peau foncée portant des bas et des robes qui semblaient de fabrication maison, ainsi que des lunettes teintées surdimensionnées et un foulard qui couvrait éternellement sa tête. Je savais qu'elle était en premier cycle, qu'elle participait à l'organisation des rencontres entre étudiants noirs, qu'elle ne sortait pas beaucoup.

Elle avait siroté paresseusement son café, puis m'avait demandé :

– Comment il t'a appelé, Marcus ? C'est un nom africain, non ?

– Barack.

– Je croyais que tu t'appelais Barry…

– Barack, c'est mon nom officiel. Celui de mon père. Il était kényan.

– Il a une signification ?

– Il veut dire « Béni ». En arabe. Mon grand-père était musulman.

Regina avait répété le nom pour en entendre le son.

– Barack. C'est beau. Tout le monde t'appelle Barry, pourquoi ?

– Par habitude, je suppose. C'est comme ça que mon père s'est fait appeler en arrivant aux Etats-Unis. Je ne sais pas si c'était son idée ou celle de quelqu'un d'autre. Il l'a sans doute choisi parce que c'était plus facile à prononcer. Ça l'a aidé à s'intégrer. Ensuite, il me l'a transmis. Comme ça, j'ai pu m'intégrer, moi aussi.

– Ça t'embête si je t'appelle Barack ?

J'avais souri.

– Non, du moment que tu le prononces bien.

Elle avait secoué la tête avec impatience, jouant les offensées, les yeux pleins de rire. Finalement, nous nous étions retrouvés à passer l'après-midi ensemble, à bavarder et boire du café. Elle m'avait raconté son enfance à Chicago, entre un père absent et une mère qui se débattait seule avec les problèmes, dans un appartement du South Side qui n'arrivait pas à se réchauffer l'hiver et où il faisait si chaud l'été que les gens allaient dormir près du lac. Elle avait évoqué les voisins de son quartier, les cafés et les salles de billard américain devant lesquels elle passait le dimanche en allant à l'office religieux. Elle m'avait décrit les soirées dans la cuisine avec les oncles, les cousins et les grands-parents, dans un tohu-bohu de voix et de rires. Elle m'avait peint une vie de Noir dans tous ses aspects, ses possibilités, me brossant un tableau qui avait déclenché en moi une langueur, un désir inaccessible, celui d'avoir ma place quelque part et une histoire fixe et définitive. Quand nous nous étions levés pour partir, j'avais dit à Regina que je l'enviais.

– De quoi ?

– Je ne sais pas. J'envie tes souvenirs, je pense.

Regina m'avait regardé et s'était mise à rire, d'un rire rond et plein qui venait du fond du cœur.

– Qu'est-ce qu'il y a de drôle ?

– Oh, Barack, m'avait-elle dit en reprenant haleine, comme c'est drôle, la vie ! Quand je pense que moi, pendant tout ce temps, je t'enviais d'avoir grandi à Hawaii !

Etrange, comme une simple conversation peut vous changer... A moins que ce ne soit le recul qui donne cet éclairage. Un an passe, et vous savez que vous vous sentez différent, mais vous n'arrivez pas à dire ce qui a changé, ou pourquoi, ou comment, aussi votre esprit fouille-t-il le passé à la recherche d'un détail susceptible d'avoir pu provoquer ce changement : un regard, un toucher. Je sais qu'après ce qui sembla une longue absence j'avais senti ma voix me revenir après cet après-midi passé en compagnie de Regina. Elle resta tremblante ensuite, sujette à la déformation. Mais, en entrant en deuxième année, je la sentis devenir plus forte, plus solide, cette part de moi-même constante, honnête, ce pont entre mon avenir et mon passé.

C'est environ à cette époque que je m'investis dans la campagne de dessaisissement. Elle avait commencé comme une sorte de jeu, je pense, qui faisait partie de la posture radicale que mes amis et moi-même cherchions à garder, dans une manœuvre inconsciente pour contourner des sujets qui nous touchaient de plus près. Les mois passant, je me trouvai chargé d'un rôle plus important – contacter les représentants du Congrès national africain, l'ANC, pour leur demander de venir prendre la parole sur le campus, écrire à la faculté, imprimer des tracts, discuter stratégie – et je remarquai que les gens commençaient à prêter l'oreille à mes opinions. Ce fut une découverte qui me donna l'appétit des mots. Non pas des mots derrière lesquels je me cacherais, mais des mots qui pouvaient porter un message, soutenir une idée. Quand, lors de la préparation du meeting qui devait avoir lieu pendant la réunion de l'administration, quelqu'un suggéra que je me charge de l'ouverture, j'acceptai immédiatement. Je me disais que j'étais prêt et que je pourrais atteindre les gens qui comptaient. Je pensais que ma voix ne me lâcherait pas.

Voyons. A quoi avais-je réfléchi avant le meeting ? Le programme avait été soigneusement préparé. J'étais seulement censé prononcer quelques mots pour l'ouverture ; au beau milieu, deux étudiants blancs monteraient sur scène vêtus de leurs uniformes paramilitaires et me feraient descendre manu militari. Un peu de théâtre de rue, une manière de mettre en scène la situation des activistes en Afrique du Sud. Je connaissais le scénario, j'avais participé à son écriture. Seulement, lorsque je m'étais installé pour préparer un peu mon discours, les choses avaient pris une autre tournure. Dans ma tête, leur signification était devenue plus importante qu'un simple lancement de deux minutes, une manière de prouver mon orthodoxie politique. La visite de mon père dans la classe de Mlle Hefty m'était revenue à l'esprit. J'avais revu l'expression de Coretta, le pouvoir de transformation qu'avaient eu les mots de mon père. Il suffirait que je trouve les mots justes, m'étais-je dit. Avec les mots justes, tout pouvait changer – l'Afrique du Sud, la vie des jeunes des ghettos à quelques kilomètres du campus, ma propre place précaire dans le monde.

Je me trouvais encore dans cet état proche de la transe lorsque je montai sur l'estrade. Pendant une durée dont je ne me souviens plus, je restai debout sans parler, avec le soleil dans les yeux, entouré d'une foule de quelques centaines d'étudiants, dans l'effervescence de l'après-déjeuner. Deux d'entre eux jouaient au frisbee sur la pelouse ; d'autres s'étaient placés sur le côté de la scène, prêts à partir pour la bibliothèque à tout moment. Sans attendre de signal, je m'avançai vers le micro.

– Il y a une lutte qui se passe en ce moment ! dis-je.

Ma voix n'allait pas au-delà des premiers rangs. Quelques spectateurs levèrent la tête, et j'attendis que le silence se fasse.

– Je dis qu'il y a une lutte qui se passe en ce moment !

Les joueurs de frisbee s'arrêtèrent.

– Cela se passe de l'autre côté de l'océan. Mais c'est une lutte qui touche chacun de nous, que nous soyons au courant ou non. Que nous le voulions ou non. Une lutte qui exige que nous choisissions notre camp. Non pas entre les Blancs et les Noirs. Non pas entre les riches et les pauvres. Non… c'est un choix plus difficile que ça. C'est un choix entre la dignité et la servitude, entre la justice et l'injustice. Entre l'engagement et l'indifférence. Un choix entre le bien et le mal.

Je m'arrêtai. Les spectateurs, silencieux maintenant, me regardaient. Quelqu'un se mit à applaudir.

– Allez, continue, Barack ! lança un autre. Vas-y, dis les choses !

Puis les autres enchaînèrent, applaudissant, acclamant, et je sus que je les avais de mon côté, que la connexion avait été faite. Je tenais fermement le micro, prêt à aller plus loin, lorsque je sentis des mains m'attraper par-derrière. C'était ce que nous avions mis au point, Andy et Jonathan, le visage mauvais derrière leurs lunettes noires. Ils me tirèrent en arrière, et mon rôle prévoyait que j'essaie de leur échapper, mais une part de moi-même ne jouait pas la comédie, j'avais vraiment envie de rester sur la scène, d'entendre ma voix rebondir sur la foule et me revenir avec les applaudissements. J'avais tellement d'autres choses à dire.

Mais mon rôle était terminé. Je me mis sur le côté et Marcus prit le micro, en tee-shirt blanc et en denim comme toujours, mince, noir, droit et vertueux. Il expliqua aux spectateurs la scène dont ils venaient d'être témoins, leur dit que le verbiage de l'administration à propos du problème sud-africain était inacceptable. Puis Regina se leva et témoigna, dit combien sa famille était fière de la savoir à l'université et combien elle avait honte maintenant, sachant qu'elle faisait partie d'une institution qui payait ses privilèges avec les profits de l'oppression.

J'aurais dû être fier de chacun d'eux : ils étaient éloquents, les spectateurs étaient touchés. Mais je n'écoutais plus vraiment. J'étais de nouveau à l'extérieur, regardant, jugeant, sceptique. Je nous vis soudain tels que nous étions, des amateurs à l'aise et bien nourris, avec nos brassards noirs et nos pancartes peintes à la main, et nos jeunes visages graves. Les joueurs de frisbee avaient repris leur partie. Quand les administrateurs arrivèrent pour leur réunion, quelques-uns s'arrêtèrent derrière les murs de verre du bâtiment administratif pour nous observer, et je vis que les vieux messieurs blancs gloussaient ; l'un d'eux, rigolard, nous fit même un signe de la main. Tout ça, ça n'est qu'une farce, me dis-je, le meeting, les calicots et tout le tintouin. Un agréable divertissement, un spectacle scolaire sans les parents. Et moi avec mon discours d'une minute... c'était la plus grosse farce de toutes.

A la fête, le soir, Regina vint me trouver et me félicita. Je lui demandai de quoi.

– Du magnifique discours que tu as fait.

J'ouvris une bière avant de répliquer :

– Ouais, il était court.

Regina ne tint pas compte de mon ironie.

– C'est pour ça qu'il a été si efficace, répondit-elle. Ce que tu as dit, ça venait du cœur, Barack. Les gens avaient envie que tu continues. Quand ils t'ont entraîné en bas, c'était comme si...

– Ecoute, Regina, l'interrompis-je, tu es très mignonne. Et je suis content que ma petite prestation d'aujourd'hui t'ait plu. Mais c'est la dernière fois que vous m'entendez faire un speech. Je vais te laisser le soin de porter la bonne parole. A toi et à Marcus. Moi, j'ai décidé que ce n'était pas mon affaire de parler au nom des Noirs.

– Et pourquoi ça ?

Je pris une gorgée de bière en laissant mon regard errer sur les danseurs.

– Parce que je n'ai rien à dire, Regina. Je ne crois pas que ce que nous avons fait aujourd'hui change quoi que ce soit. Je ne crois pas que le sort d'un enfant de Soweto intéresse beaucoup les gens auxquels nous nous adressons. Les grands mots ne changent rien. Alors pourquoi est-ce que je fais semblant du contraire ? Je vais te le dire : c'est parce que ça me donne de l'importance à mes yeux. Parce que j'aime les applaudissements. Ça me fait gentiment vibrer pour pas cher. Voilà.

– Non, ce n'est pas vraiment ce que tu penses.

– Si.

Elle me dévisagea, troublée, cherchant à deviner si je la menais en bateau.

– Bon, peut-être que tu m'as eue, finit-elle par dire en essayant d'adopter le même ton que moi. J'avais cru entendre parler quelqu'un qui croyait en quelque chose. Un Noir qui s'intéressait aux autres. Mais bon, je suis peut-être stupide.

Je pris une nouvelle gorgée de bière et fis un signe à quelqu'un qui apparaissait à la porte.

– Pas stupide, Regina, naïve.

Elle recula d'un pas et mit les mains sur ses hanches.

– Naïve ? C'est toi qui me traites de naïve ? Oh non ! Si quelqu'un est naïf, c'est toi. C'est toi qui sembles croire que tu peux t'échapper de toi-même. C'est toi qui crois que tu peux ignorer ce que tu ressens.

Elle me posa un doigt sur la poitrine.

– Tu veux savoir ce que c'est, ton vrai problème ? Tu ramènes tout à toi. Tu es exactement comme Reggie, et Marcus, et Steve, et tous les frères qui sont ici. Le meeting, il est pour toi. Le discours, il est pour toi. La blessure, c'est toujours ta blessure. Eh bien, je vais te dire une bonne chose, monsieur Obama : non, il n'y a pas que toi. Il y a des gens qui ont besoin de ton aide, des enfants qui dépendent de toi. Ton ironie, ou tes raisonnements sophistiqués, ou tes bleus à l'ego, tout ça, ça ne les intéresse pas. Et moi non plus.

Au moment où elle terminait, Reggie sortit de la cuisine, plus saoul que moi. Il vint vers moi et me mit un bras autour des épaules.

– Obama ! Super, cette fête, mec !

Il adressa un sourire d'ivrogne à Regina.

– Ah, tu sais, Regina, ça nous rappelle des souvenirs, avec Obama. T'aurais vu ces bringues, l'année dernière, à la résidence... Tu te souviens, mec, quand on dormait pas de tout le week-end ? Quarante heures sans fermer l'œil. On s'y mettait le samedi matin et ça durait jusqu'au lundi matin.

Je tentai de changer de sujet, mais Reggie était lancé :

– C'était quelque chose, je te dis pas, Regina. Quand les femmes de ménage rappliquaient le lundi matin, on était encore affalés dans le couloir, des vraies zombies. Y avait des bouteilles partout, des mégots, des journaux... Et le dégueulis, aussi, quand Jimmy a gerbé...

Reggie se tourna vers moi et se mit à rigoler en renversant encore un peu plus de bière sur le tapis.

– Tu te rappelles, hein ? C'était le bordel partout, c'était tellement monstrueux qu'elles se sont mises à chialer, les petites vieilles, c'étaient des Mexicaines. Y en a une qui faisait « *Dios mio !* » et l'autre qui lui tapotait le dos… Oh, merde, on était jetés…

Je souris faiblement, sentant le regard méprisant de Regina, qui me toisait comme le nul que j'étais. Puis elle s'adressa à moi comme si Reggie n'était pas là :

– Tu trouves ça drôle, hein ? me dit-elle d'une voix tremblante, à peine un murmure. C'est ça, la réalité, pour toi, Barack ? Tout dégueulasser pour que d'autres se tapent le nettoyage ? Ç'aurait parfaitement pu être ma grand-mère, tu sais. Elle a passé la majeure partie de sa vie à nettoyer la merde des autres. Je parie que ceux pour qui elle travaillait trouvaient ça drôle, eux aussi.

Elle prit son sac sur la table du salon et se dirigea vers la porte. Je songeai à la rattraper, mais on me regardait et je n'avais pas envie d'une scène. Reggie m'avait attrapé le bras, l'air peiné et désorienté, pareil à un enfant perdu.

– C'est quoi, son problème ? demanda-t-il.

– Rien, répondis-je.

Je pris la bière des mains de Reggie et la posai au sommet de la bibliothèque.

– Elle croit juste en des choses qui n'existent pas vraiment.

Je me levai pour aller ouvrir la porte d'entrée, et je sortis dans le sillage de la fumée en suspension qui semblait m'entraîner comme l'eût fait un fantôme. Tout là-haut, la lune s'était cachée, on ne voyait plus que son éclat à la lisière des nuages. Le ciel commençait déjà à s'éclaircir ; l'air avait un goût de rosée.

Regarde-toi d'abord avant de juger. Ne demande pas aux autres de nettoyer derrière toi. Ne ramène pas tout à toi.

C'étaient des choses très simples, des sermons que j'avais déjà entendus mille fois, dans toutes les variantes, dans des sitcoms à la télé, dans les livres de philo, ou rabâchés par mes grands-parents et par ma mère. J'avais arrêté de les écouter à un certain moment, je m'en apercevais maintenant, trop drapé dans mes propres blessures, trop désireux d'échapper aux pièges posés devant moi par l'autorité blanche. Par opposition à ce monde blanc, j'avais voulu oublier les valeurs de mon enfance, comme si ces valeurs avaient été irrémédiablement souillées par les mensonges sans fin que les Blancs racontaient sur les Noirs.

Sauf que, maintenant, j'entendais les mêmes choses dites par des Noirs que je respectais, des gens qui avaient plus de raisons que moi d'être amers. Qui t'a dit que l'honnêteté était une valeur blanche ? me demandaient-ils. Qui t'a vendu cette combine qui te fait croire que ta situation te dispense d'être attentionné, ou persévérant, ou gentil, ou que la moralité a une couleur ? Tu as perdu le nord, mon frère. Tes idées sur toi-même – sur la personne que tu es et celle que tu vas devenir – sont devenues rabougries, étroites et mesquines.

Je m'assis sur les marches du perron et frottai le nœud que j'avais dans la nuque. Comment était-ce arrivé ? Je n'avais pas fini de formuler ma question dans ma tête que déjà la réponse s'était imposée. La peur. Cette même peur qui m'avait incité à repousser Coretta à l'école. Cette même peur qui m'avait incité à ridiculiser Tim devant Marcus et Reggie. Cette peur constante et rampante de n'être chez moi nulle part, qui me faisait croire que, à moins d'esquiver, de dissimuler, de faire semblant d'être celui que je n'étais pas, je resterais pour toujours à l'extérieur, toujours soumis au jugement du reste du monde, noir et blanc.

Donc, Regina avait raison. J'avais toujours tout ramené à moi. A ma peur. A mes besoins. Et maintenant ? J'imaginais la grand-mère de Regina, le dos courbé, la peau des bras tremblotante, frottant un interminable sol. Lentement, la vieille femme levait la tête pour me regarder droit dans les yeux et, dans son visage affaissé, je voyais que ce qui nous liait allait au-delà de la colère, du désespoir ou de la pitié.

Qu'est-ce qu'elle attendait de moi, alors ? La détermination, surtout. La détermination à repousser le pouvoir, quel qu'il soit, qui la maintenait courbée et l'empêchait de se tenir droite. La détermination à résister à la facilité ou à l'opportunisme. Tu es peut-être enfermé dans un monde que tu n'as pas créé, me disaient ses yeux, mais il te reste un droit sur la façon de le modeler. Il te reste des responsabilités.

Le visage de la vieille femme disparut, remplacé par une série d'autres visages. Le visage cuivré de la femme de ménage mexicaine qui sortait les poubelles, grimaçant sous l'effort. Le visage de la mère de Lolo déformé par le chagrin à la vue de sa maison incendiée par les Hollandais. Les lèvres serrées et le visage blanc de fatigue de Toot quand elle montait dans le bus de six heures et demie du matin pour aller travailler. Seul un manque d'imagination, de courage, m'avait fait croire que j'avais à choisir entre elles. Elles attendaient toutes la même chose de moi, ces grand-mères qui étaient les miennes.

Mon identité commençait peut-être avec le fait établi de ma race, mais elle ne se terminait pas là, elle ne pouvait pas se terminer là.

En tout cas, voilà ce que je choisirais de croire.

Je restai encore quelques minutes assis sur mon perron, à regarder le soleil se mettre en place, à penser au coup de fil que je passerais à Regina dans la journée. Derrière moi, Billie chantait sa dernière chanson. Je fredonnai quelques mesures avec elle. Sa voix me paraissait différente, à présent. Sous les strates de douleur, sous le rire rauque, j'entendis la volonté de tenir bon. Tenir bon... et faire une musique qui n'avait jamais été là avant.

6

Je passai ma première nuit à Manhattan par terre, roulé en boule dans une ruelle bordée d'immeubles. Ce n'était pas ce qui avait été prévu au départ. A Los Angeles, j'avais entendu dire qu'une copine de copain libérerait son appartement à Spanish Harlem, près de Columbia, et que, compte tenu de la situation du marché du logement à New York, j'avais tout intérêt à me précipiter dessus. Nous nous mîmes d'accord. Je communiquai ma date d'arrivée en août. Ce jour-là, après avoir traîné mes bagages à travers l'aéroport, le métro, Times Square et la 109e, de Broadway à Amsterdam, j'arrivai enfin à destination, peu après dix heures et demie du soir.

Je sonnai plusieurs fois à la porte, mais il n'y eut pas de réponse. La rue était vide. Les immeubles qui s'élevaient de part et d'autre formaient une masse d'ombres rectangulaires. Une jeune Portoricaine sortit finalement de l'immeuble. Elle me décocha un regard inquiet, puis se hâta dans la rue. Vite, je me précipitai par l'entrebâillement de la porte en train de se refermer et m'engouffrai à l'intérieur. En charriant mes bagages derrière moi, je gravis les escaliers pour aller frapper à la porte de l'appartement, calmement tout d'abord, puis bientôt à grands coups de poing. En vain. Pas de réponse, juste un bruit en bas, dans le hall, celui d'un verrou qu'on fermait.

New York. Exactement comme je me le représentais. Je vérifiai le contenu de mon portefeuille : pas assez d'argent pour me payer un motel. Je connaissais une seule personne à New York, un gars nommé Sadik, que j'avais rencontré à Los Angeles, mais il m'avait dit qu'il travaillait toute la nuit dans un bar. Il ne me restait plus qu'à attendre. Je redescendis donc mes bagages et m'assis sur le perron. Au bout d'un moment, je sortis de ma poche arrière la lettre que je transportais sur moi depuis mon départ de Los Angeles.

Mon cher fils,

Quelle bonne surprise d'avoir de tes nouvelles après tout ce temps. Je vais bien et je fais toutes les choses qu'on attend de moi dans ce pays, comme tu le sais. Je reviens de Londres, où je me suis occupé des affaires du gouvernement, en menant des négociations financières, etc. En réalité, si je t'écris rarement, c'est parce que je voyage trop. En tout état de cause, je pense que je vais mieux faire dorénavant.

Tu vas être content d'apprendre que tous tes frères et ta sœur vont bien et te transmettent le bonjour. Comme moi, ils approuvent ta décision de venir dans ton pays après la fin de tes études. Quand tu viendras, nous déciderons ensemble de la durée de ton séjour. Barry, même si ce n'est que pour quelques jours, la chose importante est de connaître ton peuple et aussi de savoir où est ta place.

Fais bien attention à toi, et dis bonjour à ta maman, à Tutu et à Stanley. J'espère avoir bientôt de tes nouvelles.

Avec toute mon affection,

Papa

Je refermai la lettre en la pliant sur les bords et la fourrai dans ma poche. J'avais éprouvé quelque difficulté à lui écrire. Au cours des quatre dernières années, notre correspondance avait tari. J'avais donc dû faire plusieurs brouillons, barrant des lignes, cherchant le ton approprié, en résistant à l'impulsion de donner trop d'explications. « Cher père »... « Cher papa »... « Cher monsieur Obama »... Et voilà, il m'avait répondu, d'un ton léger et calme. Sache où est ta place, m'avait-il conseillé. Sous sa plume, cela paraissait simple, aussi simple que d'appeler les renseignements téléphoniques.

« Ici les renseignements. Quelle ville, dites-vous ?

– Euh... Je ne sais pas vraiment. J'espérais que vous pourriez me le dire. Mon nom est Obama. Elle est où, ma place ? »

Peut-être était-ce vraiment aussi simple que cela pour lui. J'imaginais mon père assis à son bureau de Nairobi. C'était un membre important du gouvernement, avec des subalternes et des secrétaires qui lui apportaient des papiers à signer, un ministre qui l'appelait pour lui demander conseil, une femme aimante et des enfants qui l'attendaient à la maison, et le village de son père à seulement une journée de voiture.

Ce tableau me mit vaguement en colère, et j'essayai de la repousser en me concentrant sur le son d'une salsa qui sortait d'un appartement, quelque part. Et pourtant, les mêmes pensées revenaient sans cesse me visiter, aussi persistantes que les battements de mon cœur.

Où était ma place ? Ma conversation avec Regina le soir du meeting avait opéré un changement en moi, m'avait fait prendre de bonnes résolutions. Mais j'étais comme un ivrogne sortant d'une longue et douloureuse beuverie, et, en l'absence d'objectif ou de direction, je ne tardai pas à sentir mes bonnes intentions m'échapper. A deux ans de mon diplôme, je n'avais pas la moindre idée de ce que j'allais faire de ma vie, ni de l'endroit où j'allais vivre. Hawaii était derrière moi comme un rêve d'enfant ; je ne me voyais plus m'y installer. Quoi qu'en dise mon père, je savais qu'il était trop tard pour prétendre me réclamer de l'Afrique. Et si j'avais fini par me considérer comme un Noir américain, et si j'étais regardé comme tel, je n'avais encore jeté l'ancre nulle part. Je compris que ce qu'il me fallait était une communauté, une communauté qui irait plus loin que le désespoir partagé avec quelques amis noirs à la lecture des dernières statistiques de la criminalité, plus loin que la tape dans la main échangée sur un terrain de basket. Un endroit où je pourrais me poser et tester mon engagement.

Aussi, quand j'appris qu'Occidental avait organisé un programme de transfert avec l'université de Columbia, je me dépêchai de poser ma candidature. Je me disais que, même s'il n'y avait pas plus d'étudiants noirs à Columbia qu'à Oxy, je serais là au cœur d'une vraie ville, avec des quartiers noirs à proximité. D'ailleurs, il n'y avait pas grand-chose pour me retenir à Los Angeles. La plupart de mes copains avaient terminé leurs études cette année-là : Hasan était parti travailler dans sa famille à Londres, et Regina était en route vers l'Andalousie, pour un travail sur les Gitans d'Espagne.

Et Marcus ? Je ne savais pas exactement ce qui était arrivé à Marcus. Il en aurait eu pour un an encore, mais il lui était arrivé quelque chose à mi-chemin de son premier cycle, une chose que je reconnaissais, même si je ne pouvais y mettre un nom.

Je repensai à ce soir-là, à la bibliothèque. C'était avant qu'il décide d'abandonner les études. Un étudiant iranien, plus âgé que nous, à la calvitie naissante et affligé d'un œil de verre, était assis en face de nous. Il avait remarqué que Marcus était en train de lire un livre sur l'économie esclavagiste. Son œil fixe lui donnait un air menaçant, mais c'était en réalité un homme aimable et curieux. Il finit par se pencher vers Marcus et lui demander :

– Dis-moi, comment une chose comme l'esclavage a-t-elle pu durer pendant tant d'années, à ton avis ?

– C'est parce que les Blancs ne nous considèrent pas comme des êtres humains, répondit Marcus. C'est aussi simple que ça. D'ailleurs, la plupart d'entre eux continuent toujours.

– Oui, je comprends. Mais ce que je me demande, c'est pourquoi les Noirs ne se sont pas battus.

– Si, ils se sont battus. Nat Turner, Denmark Vescey...

– Des révoltes d'esclaves, l'interrompit l'Iranien, oui, j'ai lu des choses là-dessus. Ceux-là, ils étaient courageux. Mais ils étaient tellement peu nombreux... Si moi, j'avais été un esclave, si j'avais vu ce que ces gens faisaient à ma femme, à mes enfants... j'aurais préféré la mort. C'est ce que je ne comprends pas... pourquoi ils ont été si peu nombreux à se battre... jusqu'à la mort... Tu comprends ?

Je regardai Marcus et attendis sa réponse. Mais il ne manifesta aucune colère. Muet, rentré en lui-même, il ne dit rien, les yeux fixés sur un coin de la table. Son silence me troubla. Au bout de quelques instants, je relevai le gant. Je demandai à l'Iranien s'il connaissait les noms des milliers d'anonymes qui avaient sauté dans les eaux infestées de requins pendant le transport dans les bateaux-prisons avant qu'ils atteignent les ports d'Amérique ; je lui demandai si, après l'arrivée, il aurait toujours préféré la mort, sachant que la révolte ne ferait qu'accroître les souffrances pour les femmes et les enfants. La collaboration de certains esclaves était-elle pire que le silence de certains Iraniens, qui restaient là sans rien faire quand les nervis de la Savak tuaient et torturaient les opposants au shah ? Comment pouvait-on juger les gens quand on n'avait jamais été à leur place ?

Cette dernière remarque parut prendre mon interlocuteur au dépourvu. Marcus finit par se joindre à la conversation en répétant l'un des vieux adages de Malcolm X concernant la différence entre le nègre domestique et le nègre des champs. Mais il parla comme s'il n'était pas convaincu de ses propres paroles, et au bout de quelques minutes il se leva brusquement et sortit.

Nous ne revînmes jamais sur cette conversation, Marcus et moi. Peut-être cela n'explique-t-il rien. Il y avait de multiples raisons pour que quelqu'un comme Marcus se sente fiévreux dans un endroit tel qu'Occidental. Je sais que dans les mois qui suivirent je remarquai un changement chez lui, comme s'il était hanté par des spectres qui se seraient introduits par les fissures de notre monde sûr et ensoleillé.

Pour commencer, il manifesta plus ostensiblement sa fierté raciale : il se mit à porter en cours des vêtements en tissu africain et à faire du lobbying auprès de l'administration pour que celle-ci installe une résidence réservée aux Noirs. Plus tard, il devint impossible de communiquer avec lui. Il se mit à sécher les cours et à forcer sur l'herbe. Il se laissa pousser la barbe, adopta les dreadlocks.

Enfin, il m'annonça qu'il allait abandonner les études pendant quelque temps.

– J'ai besoin d'oublier un peu toute cette merde, me dit-il.

Nous étions en train de nous promener dans un parc à Compton, où avait lieu un festival qui durait toute la journée. Il faisait beau, tout le monde était en short, les enfants couraient sur l'herbe en poussant des cris perçants, mais Marcus semblait ailleurs et parlait à peine. Il ne parut retrouver sa vivacité que lorsque nous croisâmes un groupe de joueurs de bongo. Nous nous assîmes à côté d'eux sous un arbre. Transportés par le son, nous suivions des yeux les mains noires qui tapaient sur le cuir en dansant. Au bout d'un moment, je me lassai. Je m'éloignai un peu et liai conversation avec une jolie jeune femme qui vendait des tourtes à la viande. Quand je retournai auprès des musiciens, je retrouvai Marcus installé parmi eux, ses longues jambes croisées, un bongo sur les genoux, en train de taper dessus comme un forcené. Entouré d'un nuage de fumée, son visage était inexpressif ; ses yeux étaient rétrécis comme s'il essayait de barrer la route au soleil. Pendant près d'une heure, je le regardai jouer sans rythme ni nuances, taper furieusement sur ces tambours comme pour refouler des souvenirs inexprimés. Et c'est à ce moment que je compris que Marcus avait besoin de mon aide autant que j'avais besoin de la sienne, que je n'étais pas le seul à chercher des réponses.

J'examinai la rue de New York abandonnée. Marcus savait-il où était sa place ? L'un d'entre nous le savait-il seulement ? Où étaient les pères, oncles et grands-pères qui pouvaient nous aider à comprendre d'où venait cette blessure qui nous déchirait le cœur ? Où étaient les guérisseurs qui pouvaient nous aider à tirer un enseignement de la défaite ? Ils avaient disparu, partis, avalés par le temps. Il ne restait d'eux que des souvenirs flous, et leurs lettres annuelles, pleines de conseils à deux sous…

Minuit avait sonné depuis longtemps lorsque je me glissai par le trou d'une clôture pour accéder à une ruelle où je trouvai un endroit sec. Là, je me couchai sur mes bagages et m'endormis en rêvant de tambours qui résonnaient doucement.

A mon réveil, je découvris une poule blanche en train de picorer des détritus à mes pieds. De l'autre côté de la rue, un sans-abri était en train de se laver à une prise d'eau. Je m'avançai pour l'imiter, et il me laissa faire sans me repousser. Il n'y avait toujours personne à l'appartement, mais Sadik répondit au téléphone et me dit de venir le retrouver chez lui, à Upper East Side, en taxi.

Il m'attendait dans la rue. C'était un Pakistanais de petite taille, bien bâti, qui avait quitté Londres pour New York deux ans auparavant. Son esprit caustique et sa course effrénée après l'argent s'accordaient parfaitement avec l'état d'esprit de la ville. Son visa touristique étant périmé, il gagnait sa vie en gravitant dans le milieu en perpétuel mouvement des travailleurs immigrés clandestins de New York. En entrant dans l'appartement, je vis une femme en petite tenue assise dans la cuisine, une glace et une lame de rasoir posées près d'elle, sur un côté de la table.

– Sophie, dit Sadik, je te présente Barry…

– Barack, rectifiai-je en posant mes sacs par terre.

La femme me fit un vague signe de la main, puis prévint Sadik qu'elle serait partie quand il rentrerait.

Nous redescendîmes et Sadik m'emmena dans un café grec, en face de chez lui. Je renouvelai mes excuses pour l'avoir dérangé de si bonne heure.

– Pas de problème, répondit Sadik. Elle avait l'air beaucoup plus mignonne hier soir.

Il étudia le menu, puis le posa de côté.

– Bon, raconte, Bar... excuse-moi... Barack. Qu'est-ce qui t'amène en notre bonne ville ?

J'essayai de lui expliquer. Je lui dis que j'avais passé l'été à ruminer sur ma jeunesse et la façon dont je la gaspillais... sur l'état du monde, et l'état de mon âme.

– Je veux m'amender, dis-je. Je veux me rendre un peu utile.

Sadik rompit un jaune d'œuf avec sa fourchette.

– Ouais, *amigo*... c'est bien beau de vouloir sauver le monde, mais je te préviens que dans cette ville tu risques de pas les garder longtemps, tes beaux sentiments. Regarde autour de toi.

Il désigna du geste la foule qui se pressait sur la Première Avenue.

– Ils veulent tous tirer le gros lot. Mais ici, c'est la loi du plus fort. Ici, on se bat, bec et ongles. Ça joue des coudes, ôte-toi de là que je m'y mette. C'est ça, New York, mon pote. Mais...

Il haussa les épaules et épongea son jaune d'œuf avec des miettes de toast.

– Qui sait ? Peut-être que tu seras l'exception qui confirme la règle, et là, je te tirerai mon chapeau.

D'un geste ironique, Sadik leva sa tasse de café comme pour boire à ma santé, non sans me dévisager pour déceler en moi un quelconque signe de déstabilisation.

Durant les mois suivants, il continua ainsi à m'observer, comme il l'eût fait d'un gros rat de laboratoire, pendant que je partais à la découverte des chemins tortueux de Manhattan. Il s'efforça de ne pas sourire, la fois où un jeune gars baraqué piqua le siège que j'avais proposé à une dame âgée. Chez Bloomingdale, après m'avoir piloté au milieu des mannequins humains qui vaporisaient des parfums à la ronde, il s'amusa à observer ma réaction quand je lus les prix exorbitants affichés sur les étiquettes accrochées aux manteaux d'hiver. Il m'offrit à nouveau l'hospitalité lorsque je rendis mon appartement trop mal chauffé de la 109e Rue et m'accompagna au tribunal quand il apparut que ceux qui m'avaient sous-loué mon deuxième appartement n'avaient pas payé le loyer et étaient partis avec mon dépôt de garantie.

– Bec et ongles, Barack. Arrête de te faire du souci pour tous ces connards et essaie de te démerder pour te faire un peu de thunes avec ce diplôme à la noix que tu es en train de passer.

Quand Sadik perdit son emploi, nous emménageâmes ensemble. Et au bout de ces quelques mois d'observation attentive, il s'aperçut que la ville avait effectivement un effet sur moi, mais pas celui qu'il attendait. J'arrêtai les joints. Je me mis à courir, à raison de cinq kilomètres chaque jour, et à jeûner le dimanche. Pour la première fois depuis des années, je m'investis dans mes études et tins un journal où je consignais mes réflexions et de très mauvais poèmes. Quand Sadik tentait de m'entraîner dans un bar, je refusais sous un prétexte fallacieux : j'avais trop de travail ou j'étais fauché. Un jour, avant de sortir pour aller rejoindre des gens de meilleure compagnie, il m'asséna son jugement le plus cinglant :

– Tu deviens chiant comme la pluie !

Je savais qu'il avait raison, mais sans comprendre exactement ce qui s'était passé. D'une certaine façon, j'étais du même avis que Sadik sur les attraits de la ville et, en conséquence, sur son pouvoir de corruption. Avec le boom de Wall Street, Manhattan bourdonnait, les nouvelles entreprises poussaient comme des champignons, des hommes et des femmes ayant à peine dépassé la vingtaine avaient déjà amassé des fortunes absurdes, talonnés par les marchands de mode. La beauté, la crasse, le bruit et l'excès en tout genre, tout cela m'étourdissait. Il semblait n'y avoir aucune limite à l'innovation en matière de style de vie ou de fabrique de désirs : un restaurant encore plus cher, des vêtements encore plus élégants, un night-club encore plus privé, une femme encore plus belle, une drogue encore plus puissante. Pour ma part, je n'étais pas sûr de savoir raison garder et je craignais de retomber dans mes vieilles habitudes. J'adoptai donc la démarche, sinon les convictions, du prédicateur préparé à voir la tentation partout et à dompter une volonté qu'il sait fragile.

Pourtant, ma réaction n'était pas simplement due à mon souci de freiner un appétit excessif ou de modérer une surexcitation sensorielle. Sous le bourdonnement, le mouvement, je voyais s'opérer la progression régulière de la fracture entre les mondes. J'avais vu la pire des pauvretés en Indonésie et j'avais eu un aperçu de la violence des jeunes à Los Angeles. Partout, j'étais habitué à la suspicion entre les races. Mais du fait de la densité de New York, de sa taille aussi, je saisissais à présent avec quelle précision quasi mathématique les problèmes raciaux et les problèmes de classe de l'Amérique se rejoignaient ; l'intensité, la férocité des guerres tribales qui en étaient le résultat ; la bile qui coulait non seulement dans les rues, mais aussi dans les toilettes de Columbia, où, quels que soient les efforts de l'administration et leur fréquence pour les repeindre, les murs étaient en permanence recouverts par les graffitis de la correspondance entre « nègres » et « youpins ».

C'était comme si toute la base de la classe moyenne s'était totalement effondrée. Et il semblait que nulle part cet effondrement ne fût plus apparent que dans cette communauté noire que j'avais tant caressée dans mes rêves et où j'avais espéré trouver refuge.

J'en voulais pour exemple le jour où j'étais allé retrouver un ami noir dans son cabinet d'avocats en ville, avant d'aller déjeuner avec lui au MoMA. Du haut de son bureau, au sommet d'une tour, j'avais jeté un coup d'œil au loin, vers l'East River, en brossant en imagination le tableau de ma belle vie future : une vocation, une famille, un foyer. Ensuite, seulement, j'avais remarqué que les autres Noirs du bureau étaient des coursiers ou des employés, et, au musée, que les seuls Noirs employés étaient les agents de sécurité en veste bleue, qui comptaient les heures avant de pouvoir aller attraper la rame qui les ramènerait chez eux, à Brooklyn ou à Queens.

Parfois, je me promenais dans Harlem – pour jouer sur des terrains de sport cités dans mes lectures antérieures ou pour écouter Jesse Jackson faire un discours sur la 125e Rue. Ou, exceptionnellement, le dimanche matin, je m'asseyais au fond d'une église baptiste abyssinienne, où je me laissais emporter par le chant doux et mélancolique d'un chœur de gospel, et j'avais alors un aperçu fugitif de ce que je cherchais.

Mais je n'avais pas de guide pour me montrer comment rejoindre ce monde agité. Et quand j'essayai de trouver un appartement là-bas, je dus me rendre à l'évidence : les élégants immeubles de pierre brune de Sugar Hill étaient tous occupés et hors d'atteinte, et il y avait une liste d'attente de dix ans pour la poignée d'appartements à louer dans les immeubles corrects. Il ne restait que les interminables rangées d'immeubles insalubres, inhabitables, devant lesquels des jeunes comptaient leurs gros billets et des poivrots se traînaient, titubant, trébuchant et pleurant silencieusement.

Je prenais tout cela pour un affront personnel, voyant mes modestes ambitions tournées en dérision... même si, quand j'abordais le sujet avec des gens qui vivaient à New York depuis un certain temps, on me répondait que mes remarques n'avaient rien de nouveau. La ville est hors de contrôle, me disait-on, le clivage entre les mondes est un phénomène naturel, comme la mousson ou la dérive des continents.

Les discussions politiques, du genre de celles qui, à Occidental, étaient autrefois si intenses et si déterminées, furent remplacées par les conférences socialistes auxquelles j'assistais parfois à Cooper Union, ou par les fêtes africaines qui avaient lieu à Harlem et à Brooklyn pendant l'été. C'étaient quelques-uns des nombreux divertissements qu'offrait New York, comme aller voir un film étranger ou faire du patin à glace au Rockefeller Center. Avec peu d'argent, j'étais libre de vivre comme la plupart des Noirs de la classe moyenne à Manhattan, libre de choisir un thème autour duquel je pouvais organiser ma vie, libre de juxtaposer comme dans un collage les styles, les amis, les bars, les tendances politiques. Mais je sentais qu'arrivé à un certain stade – peut-être quand on avait des enfants et qu'il devenait évident qu'on ne pouvait rester dans cette ville qu'en leur payant une école privée, ou quand on commençait à prendre le taxi le soir pour éviter de prendre le métro, ou quand on décidait qu'on avait besoin d'un portier dans son immeuble – le choix devenait irrévocable, la séparation était consommée, et on se retrouvait de l'autre côté de la ligne, là où on n'avait jamais eu l'intention d'aller.

Ne voulant pas être confronté à ce choix, je passai un an à vagabonder d'un coin de Manhattan à l'autre. Comme un touriste, je regardais la variété des options humaines exposées en essayant de déchiffrer mon avenir dans les vies des gens autour de moi, cherchant une ouverture par laquelle je pourrais me glisser.

C'est dans ces dispositions marquées par un manque d'humour certain que me trouvèrent ma mère et ma sœur, quand elles vinrent me rendre visite au cours de mon premier été à New York.

– Qu'est-ce qu'il est maigre ! dit Maya à ma mère.

– Il n'a que deux serviettes ! s'exclama ma mère en inspectant la salle de bains. Et trois assiettes !

Elles se mirent à glousser.

Elles dormirent quelques nuits dans le logement que je partageais avec Sadik, puis s'installèrent dans le grand appartement de Park Avenue qu'une amie de ma mère lui avait prêté en son absence. Cet été-là, j'avais trouvé un job sur un chantier de construction de l'Upper West Side, aussi ma mère et ma sœur passèrent-elles la majeure partie de leurs journées à explorer la ville ensemble. Quand nous nous retrouvions pour le dîner, elles me faisaient un rapport détaillé de leurs aventures : elles avaient mangé des fraises à la crème au Plaza, pris le ferry pour aller voir la statue de la Liberté, visité l'exposition Cézanne au Met. Moi, je mangeais en silence jusqu'à ce qu'elles aient fini, puis je me lançais dans un long discours sur les problèmes de la ville et sa politique des laissés-pour-compte. Je réprimandai Maya, qui avait passé une soirée à regarder la télé au lieu de lire les romans que je lui avais achetés. Je fis la leçon à ma mère en lui expliquant que les donateurs étrangers et les organisations internationales de développement comme celle pour laquelle elle travaillait provoquaient la dépendance dans le tiers-monde. Ensuite, j'entendis Maya se plaindre à ma mère dans la cuisine :

– Il va bien, Barry, hein ? J'espère qu'il va pas devenir comme les marginaux qu'on voit traîner par ici…

Un soir, en feuilletant le *Village Voice*, ma mère tomba sur une publicité pour le film *Orpheo Negro* qui passait en ville. Elle insista pour y aller, car c'était le premier film étranger qu'elle avait eu l'occasion de voir.

– Je n'avais que seize ans à l'époque, me dit-elle dans l'ascenseur. J'avais été admise à l'université de Chicago – Gramps ne m'avait pas encore dit qu'il ne me laisserait pas y aller – et j'y avais passé l'été comme fille au pair. C'était la première fois que j'étais complètement indépendante. Ah, je me sentais vraiment adulte. Et quand j'ai vu ce film, pour moi, c'était ce que j'avais vu de plus beau.

Nous nous rendîmes au cinéma en taxi. Le film, avec ses acteurs principalement noirs brésiliens, constituait une sorte de film d'avant-garde tourné dans les années 1950. Le scénario était simple : le mythe d'Orphée et Eurydice, les amants au destin tragique, transposé dans les favelas de Rio pendant le carnaval. Dans un pittoresque décor de collines vert technicolor, des Brésiliens noirs et café au lait chantaient, dansaient et grattaient leurs guitares comme d'insouciants oiseaux au plumage multicolore. A peu près au milieu du film, je décrétai que j'en avais assez vu et je me tournai vers ma mère pour lui proposer de partir. Mais, à la lueur bleutée de l'écran, son visage avait revêtu une expression nostalgique, me dévoilant, comme à travers une fenêtre ouverte, ce qu'elle avait ressenti autrefois dans son cœur impulsif de jeune fille. Je compris alors que lorsqu'elle était arrivée à Hawaii, des années auparavant, c'était en portant en elle l'image de ces Noirs infantiles que je voyais sur l'écran, l'inverse des sauvages noirs de Conrad. Et cette image était le reflet des fantasmes simples interdits à une fille blanche de la classe moyenne du Kansas, la promesse d'une autre vie, sensuelle, exotique, différente.

Je me détournai, gêné pour elle, irrité par les gens qui m'entouraient. Assis dans le noir, je me rappelai une conversation que j'avais eue quelques années auparavant avec un ami de ma mère, un Anglais qui travaillait pour une organisation d'aide internationale en Afrique et en Asie. Il m'avait dit que parmi tous les peuples qu'il avait rencontrés au cours de ses voyages les Diks du Soudan étaient les plus étranges.

« D'habitude, au bout d'un mois ou deux, on arrive à avoir des contacts, m'avait-il confié. Même quand on ne parle pas la langue, il y a un sourire ou une plaisanterie... un semblant de complicité. Eh bien, au bout d'un an, les Diks m'étaient restés totalement étrangers. Ils riaient à propos de choses qui me désespéraient, et moi, ce que je trouvais drôle les laissait de marbre. »

Je lui avais épargné l'information que les Diks étaient des Nilotes, de lointains cousins à moi. J'avais essayé d'imaginer ce pâle Anglais au milieu d'un désert aride, parmi des hommes noirs et nus assis en cercle, et leur tournant le dos dans une amère solitude, les yeux levés vers un ciel vide. Et il me vint la même pensée quand je sortis du cinéma avec ma mère et ma sœur : l'émotion entre les races ne pouvait jamais être pure ; l'amour lui-même était terni par le désir de trouver en l'autre un élément qui nous manquait à nous-même. Quelle que fût notre recherche, celle de nos démons ou de notre salut, l'autre race resterait toujours ainsi : menaçante, étrangère, différente.

– C'était vraiment de la guimauve, pas vrai ? dit Maya pendant que ma mère était à la salle de bains.

– Quoi ?

– Le film. C'était plutôt de la guimauve. Tout à fait le style de maman.

Pendant les jours suivants, j'essayai d'éviter les situations où nous serions obligés de parler, ma mère et moi. Puis, quelques jours avant leur départ, je passai en coup de vent pendant que Maya faisait une sieste. Ma mère remarqua que je tenais une lettre adressée à mon père. Je lui demandai si par hasard elle avait un timbre pour l'étranger.

– Vous préparez une visite, tous les deux ? m'interrogea-t-elle.

Je lui racontai brièvement mes projets. Au fond de son sac, elle dénicha deux timbres, collés ensemble par la chaleur de l'été. Elle m'adressa un sourire penaud et alla mettre de l'eau à bouillir pour pouvoir les séparer.

– Eh bien, je trouve que ce sera formidable pour vous deux de faire enfin connaissance, dit-elle depuis la cuisine. Il était peut-être un peu dur à comprendre pour un garçon de dix ans, mais maintenant que tu as grandi…

Je haussai les épaules.

– Qui sait ?

Elle passa la tête par la cuisine.

– J'espère que tu ne lui en veux pas.

– De quoi ?

– Je ne sais pas.

Elle revint dans le salon et nous restâmes ainsi un moment, à écouter le bruit de la circulation qui montait jusqu'à nous. La théière siffla, je collai le timbre sur l'enveloppe. Puis, sans y avoir été incitée, ma mère se mit à parler, à donner une nouvelle version de cette vieille histoire, en la racontant d'une voix lointaine, comme pour elle-même :

– Si ton père est parti, ce n'était pas de sa faute, tu sais. C'est moi qui ai voulu divorcer. Quand nous nous sommes mariés, tes grands-parents n'ont pas vraiment sauté de joie. Mais ils ont dit oui – de toute façon, ils n'auraient pas pu nous en empêcher, et ils ont fini par comprendre que c'était la meilleure chose à faire. Puis le père de Barack, ton grand-père Hussein, a écrit à Gramps une longue lettre horrible en lui disant qu'il n'approuvait pas ce mariage. Il disait qu'il ne voulait pas que le sang des Obama soit souillé par une femme blanche. Tu peux imaginer la réaction de Gramps quand il a lu ça. Et il y avait aussi un problème avec la première femme de ton père… il m'avait dit qu'ils étaient séparés, mais ils avaient été mariés dans leur village, et il n'y avait pas de document officiel qui prouvait le divorce.

Son menton s'était mis à trembler, et elle se mordit la lèvre pour se ressaisir. Elle poursuivit :

– Ton père a répondu au sien en disant qu'il ne renoncerait pas. Ensuite, tu es né, et nous étions d'accord pour aller nous installer au Kenya, tous les trois, après la fin de ses études. Mais ton grand-père Hussein a continué à écrire à son fils en le menaçant de lui faire retirer son visa d'étudiant. Cette fois, Toot est devenue hystérique. Elle avait lu des choses sur la révolte des Mau-Mau quelques années auparavant, et les événements avaient été vraiment montés en épingle par la presse occidentale. Donc, elle était persuadée qu'on me couperait la tête et qu'on t'enlèverait… Mais cela aurait pu marcher tout de même. Quand ton père a décroché son diplôme à l'université de Hawaii, on lui a fait deux propositions de bourse. L'une venait de la New School, ici, à New York. L'autre venait de Harvard. La New School prenait tous les frais à sa charge : le logement, un job sur le campus, assez pour subvenir à nos besoins à tous les trois. Harvard n'acceptait de payer que l'enseignement. Mais Barack a été têtu comme un âne, il voulait absolument aller à Harvard. « Comment veux-tu que je refuse la meilleure formation ? » me disait-il. C'était la seule chose qui l'intéressait, prouver qu'il était le meilleur…

Elle soupira, se passa la main dans les cheveux.

– Nous étions tellement jeunes, tu sais. J'étais plus jeune que toi maintenant. Lui, il n'avait que quelques années de plus. Quand il est revenu nous voir à Hawaii, ensuite, il voulait nous emmener vivre avec lui. Mais j'étais encore mariée avec Lolo, et sa troisième femme venait de le quitter, et pour moi il n'en était plus question…

Elle se tut et eut un petit rire.

– Est-ce que je t'ai raconté qu'il était en retard à notre premier rendez-vous ? Il m'a demandé de l'attendre devant la bibliothèque de l'université à une heure. Quand je suis arrivée, il n'était pas là, mais je me suis dit que je pouvais bien lui accorder quelques minutes. Il faisait beau, alors je me suis couchée sur un banc et, à peine couchée, je me suis endormie. Et au bout d'une heure – une heure ! – il est arrivé avec deux copains. Quand je me suis réveillée, je les ai vus tous les trois debout au-dessus de moi, et j'ai entendu ton père déclarer, sérieux comme il sait l'être : « Vous voyez, messieurs. Je vous avais dit que c'était une fille bien, et qu'elle m'attendrait. »

Ma mère rit à nouveau, et à nouveau je vis l'enfant qu'elle avait été. Mais cette fois je vis encore autre chose. Dans son visage souriant, légèrement troublé, je vis ce que tous les enfants doivent voir à un moment ou un autre s'ils veulent grandir : la révélation que leurs parents ont eu une vie avant eux, une vie séparée et différente, dont le fil se déroule très loin, jusqu'à des grands-parents, des arrière-grands-parents, dans un nombre infini de rencontres de hasard, de malentendus, d'espoirs, de circonstances, de limites. Ma mère était cette jeune fille rêvant des magnifiques Noirs qu'elle avait vus dans un film, flattée par l'attention de mon père, désorientée et seule, et soucieuse de se défaire de l'emprise de ses parents. L'innocence qu'elle portait en elle ce jour où elle attendait mon père était teintée d'idées fausses qui correspondaient à ses propres besoins. Mais c'était un besoin candide, un besoin ingénu, et peut-être est-ce ainsi que commence l'amour, par des impulsions et des images floues qui nous permettent de traverser notre solitude, qui sont ensuite transformées et prennent corps. Ce que ma mère exprima ce jour-là en parlant de mon père, je soupçonne que la majeure partie des Américains ne l'entendront jamais tomber des lèvres d'une personne d'une autre race, et qu'ils ignoreront toujours que la chose puisse exister entre Blancs et Noirs : c'est l'amour de quelqu'un qui vous accepte tel que vous êtes, un amour qui survit à la déception. Elle voyait mon père de la manière dont chacun espère être vu par au moins une autre personne dans sa vie. Elle avait essayé d'aider l'enfant qui ne l'avait jamais connu à le voir de la même façon.

Et c'est le regard qu'elle avait eu ce jour-là que je me rappelai, quelques mois plus tard, quand je l'appelai pour lui annoncer la mort de mon père et que j'entendis son cri par-delà la distance.

Après avoir eu ma mère au téléphone, j'appelai le frère de mon père à Boston et nous eûmes une brève conversation embarrassée. Je ne me rendis pas à l'enterrement, et j'écrivis donc une lettre de condoléances à la famille de mon père à Nairobi. Je leur demandais de me répondre, de me donner des nouvelles. Mais je ne ressentais aucune tristesse, simplement la vague sensation d'avoir perdu une occasion, et je ne voyais aucune raison de faire semblant. Mes projets de voyage au Kenya furent reportés à une date indéterminée.

Il se passa un an avant que je le rencontre, une nuit, dans une cellule froide, au cours d'un rêve. J'étais passager d'un bus avec des amis dont j'ai oublié les noms, des hommes et des femmes qui partaient pour des voyages différents. Nous traversions un paysage de vallées recouvertes de prairies et de collines, qui se détachaient sur un ciel orange.

Un vieux Blanc corpulent était assis à côté de moi. Dans le livre qu'il avait en main, je lus que la façon dont nous traitions les vieilles personnes révélait ce que nous étions. Il me raconta qu'il était syndicaliste et qu'il allait voir sa fille.

Nous nous arrêtâmes dans un vieil hôtel, une grande bâtisse éclairée par des chandeliers. Il y avait un piano dans le hall et un salon garni de coussins en satin ; je pris un coussin pour le placer sur le tabouret du piano, et le vieux Blanc devenu à présent débile mental, ou sénile, s'y assit ; puis, quand je levai les yeux, il s'était transformé en une petite jeune fille noire dont les pieds atteignaient à peine les pédales. La petite pianiste noire sourit et se mit à jouer, lorsqu'une serveuse entra, une jeune Hispanique, qui fronça les sourcils en nous regardant, mais, sous la grimace, il y avait un rire ; et elle posa un doigt sur ses lèvres comme si nous partagions un secret.

Nous poursuivîmes notre voyage et je somnolai la plupart du temps. Quand je me réveillai, tout le monde avait disparu. Le bus s'arrêta, je sortis et m'assis sur le bord du trottoir. A l'intérieur d'un bâtiment en pierre brute, un avocat s'entretenait avec un juge. Le juge dit que mon père avait peut-être passé assez de temps dans sa prison et qu'il était temps de le relâcher. Mais l'avocat protestait vigoureusement, citant toutes sortes de textes de loi et insistant sur la nécessité de maintenir l'ordre. Le juge haussa les épaules et se leva.

Je me retrouvai devant la cellule. J'ouvris le cadenas et le posai avec précaution sur le rebord d'une fenêtre. Mon père apparut devant moi, vêtu d'un simple bout de tissu autour de la taille. Il me parut très mince, avec sa grande tête et son ossature frêle, ses bras et sa poitrine glabres. Il était pâle, ses yeux noirs brillaient dans son visage de cendre, mais il sourit et eut un geste pour demander au gardien qui était là, grand et muet, de bien vouloir se pousser de côté.

– Eh bien ! dit-il. Que tu es grand… et mince. Et tu as même des cheveux gris !

Et je vis que c'était vrai. Je m'avançai alors vers lui, et nous nous étreignîmes. Je me mis à pleurer, ce qui me fit honte, mais j'étais incapable de m'arrêter.

– Barack, j'ai toujours voulu te dire à quel point je t'aimais, dit-il.

Il semblait petit dans mes bras à présent, on aurait dit un petit garçon.

Il s'assit au bord de sa couchette et enfouit sa tête dans ses mains en détournant les yeux vers le mur. Une insondable tristesse envahit ses traits. J'essayai de plaisanter avec lui ; je lui dis que si j'étais mince c'était parce que je tenais de lui. Mais je ne réussis pas à le faire bouger, et quand je lui suggérai en chuchotant de partir avec moi, il secoua la tête en me disant qu'il valait mieux que je m'en aille.

Je me réveillai en pleurs, et c'étaient les premières vraies larmes que je versais sur lui – et sur moi, son geôlier, son juge, son fils. J'allumai la lumière et sortis ses lettres. Je me rappelai son unique visite – le ballon de basket qu'il m'avait offert et la leçon de danse qu'il m'avait donnée. Et je compris, peut-être pour la première fois, que même en son absence son image forte m'avait procuré un rempart contre lequel je pouvais m'appuyer pour grandir, un modèle à égaler, ou à décevoir.

Je m'avançai jusqu'à la fenêtre et je regardai la vie à l'extérieur, et j'écoutai les premiers bruits du matin – le grondement du ramassage des ordures, les pas dans l'appartement voisin. Je me dis qu'il fallait que je parte à sa recherche, et que je reparle avec lui.

DEUXIÈME PARTIE

Chicago

7

En 1983, je décidai de devenir organisateur de communautés.

Il n'existait pas beaucoup d'informations concrètes sur ce concept ; personne de ma connaissance n'exerçait ce métier. Quand mes amis, à l'université, me demandaient quel était le rôle d'un organisateur de communautés, je n'étais pas capable de leur répondre directement : je discourais sur la nécessité du changement. Du changement à la Maison Blanche, où Reagan et ses sous-fifres se livraient à leur sale besogne. Du changement au Congrès, qui était complaisant et corrompu. Du changement dans l'état d'esprit du pays, obsessionnel et centré sur lui-même. Le changement ne viendra pas d'en haut, disais-je. Le changement ne viendra que de la base, c'est pourquoi il faut la mobiliser.

Voilà ce que je vais faire. Je vais travailler à organiser les Noirs. La base. Pour le changement.

Et mes amis, blancs et noirs, me félicitaient chaudement de mon idéal, avant de mettre le cap sur le bureau de poste pour envoyer leurs demandes d'admission dans les grandes écoles.

Je ne leur en voulais pas trop de leur scepticisme. Aujourd'hui, avec le recul, je suis en mesure de trouver une certaine logique dans ma décision, de montrer que cette décision faisait partie d'une histoire plus vaste qui commençait avec mon père et son père avant lui, ma mère et ses parents, mes souvenirs d'Indonésie avec ses mendiants et ses paysans et l'allégeance de Lolo au pouvoir, en passant par Ray et Frank, Marcus et Regina, mon départ pour New York, la mort de mon père. Je vois que mes choix n'ont jamais été uniquement les miens et que c'est dans l'ordre des choses, et affirmer le contraire, c'est courir après une liberté d'une bien triste sorte.

Mais c'est seulement plus tard que je pus reconnaître tout cela. A l'époque où je finissais mes études, j'agissais surtout par impulsions, comme le saumon qui nage aveuglément à contre-courant vers le lieu de sa conception. Dans les cours et les séminaires, j'habillais ces impulsions des slogans et théories que j'avais découverts dans les livres, en pensant – à tort – que les slogans étaient importants, qu'ils rendaient ce que je ressentais plus recevable. Mais le soir, dans mon lit, les slogans s'évanouissaient, remplacés par des images, des images romantiques d'un passé que je n'avais jamais connu.

C'étaient principalement celles du mouvement pour les droits civiques, les séquences en noir et blanc qui apparaissent chaque année en février pendant le Black History Month, le « Mois de l'histoire noire », les images que ma mère me montrait quand j'étais enfant. Deux étudiants aux cheveux courts, sûrs d'eux, marchant d'un pas déterminé pour aller passer commande au comptoir d'un restaurant au bord de l'émeute. Des membres du Student Nonviolent Coordinating Committee (SNCC), le Comité de coordination des étudiants non violents, discutant avec une famille de métayers sur la galerie de leur maison, dans un village isolé du Mississippi, pour la convaincre d'aller s'inscrire sur les listes électorales. Une prison de comté envahie par des enfants qui chantent des chants pour la liberté en se tenant par la main.

Ces images étaient devenues pour moi une forme de prière, elles me donnaient du courage, elles canalisaient mes émotions comme les mots n'avaient jamais pu le faire. Elles me disaient (même si je ne l'ai compris que plus tard, même si c'est aussi une construction contenant ses propres inexactitudes) que je n'étais pas seul avec mes luttes particulières, et que les communautés n'étaient jamais venues toutes seules dans ce pays, en tout cas pas pour les Noirs. Les communautés devaient être créées, on devait se battre pour elles, on devait les entretenir comme des jardins. Elles grandissaient ou rétrécissaient en fonction du rêve des hommes – et dans le mouvement pour les droits civiques, ce rêve avait été grand. A travers les sit-in, les marches, les chants dans les prisons, je voyais la communauté afro-américaine s'élargir, acquérir une signification qui ne désignait pas simplement le lieu où l'on était né ou la maison où l'on avait passé son enfance. C'était par l'organisation, par le sacrifice partagé, que se gagnait le statut de membre. Et parce que le statut de membre se gagnait – parce que cette communauté que j'imaginais était toujours en formation, basée sur la promesse que la communauté américaine élargie, noire, blanche et métisse, pourrait se redéfinir – je croyais qu'avec le temps elle pourrait accepter le caractère unique de ma propre vie.

Telle était mon idée du travail d'organisateur. C'était une promesse de rédemption.

Et ainsi, dans les mois précédant mon diplôme de fin d'études, j'écrivis à toutes les organisations de défense des droits civiques qui me venaient à l'esprit, à toutes les personnalités noires élues à travers le pays sur la base d'un programme progressiste, à des conseils de quartier et des groupes de défense des droits des locataires. Je ne reçus aucune réponse, mais je ne me décourageai pas. Je décidai de trouver un travail plus conventionnel pour un an afin de payer mes prêts d'étudiant et peut-être même mettre un peu d'argent de côté. Je me dis que j'aurais besoin de cet argent plus tard, puisque les organisateurs de communautés ne gagnaient rien : leur pauvreté était la preuve de leur intégrité.

Finalement, une société de conseil financier pour multinationales accepta de m'embaucher comme assistant de recherche. J'arrivais tous les jours dans mon bureau au cœur de Manhattan et, tel un espion tapi derrière les lignes ennemies, je m'asseyais devant mon ordinateur, en guettant l'écran de Reuters sur lequel clignotaient des messages couleur émeraude venus de l'autre côté du globe terrestre. Pour autant que j'en étais informé, j'étais le seul homme noir de la société, ce qui était pour moi une source de honte mais une grande source de fierté pour l'équipe des secrétaires. Ces dames noires me traitaient comme un fils ; elles me disaient qu'elles espéraient me voir un jour diriger la société. Parfois, pendant le déjeuner, je leur parlais des magnifiques projets que je nourrissais pour le jour où je deviendrais organisateur de communautés, et elles souriaient en me disant : « C'est bien, Barack », mais leur regard trahissait leur déception secrète. Ike, l'agent de sécurité noir bourru qui officiait dans le hall, n'y alla pas par quatre chemins et me dit tout net que je commettais une erreur.

– Organisateur ? C'est un genre de politique, c'est ça ? Pourquoi vous voulez faire un truc comme ça ?

J'essayai de lui expliquer mes idées politiques, combien il était important de mobiliser les pauvres et de redistribuer les richesses à la communauté. Ike secoua la tête.

– Monsieur Barack, me dit-il, j'espère que vous le prendrez pas mal si je vous donne un petit conseil. Vous êtes pas obligé de l'écouter, mais je vous le donne quand même. Oubliez ces histoires d'organisation et faites quelque chose qui pourra vous rapporter du blé. Sans devenir obsédé par l'argent, vous comprenez, mais assez. Je vous dis ça parce que je vois que vous êtes quelqu'un de capable. Un jeune comme vous, avec une belle voix... bon sang, vous pourriez faire animateur télé... ou bosser dans la vente... Moi, j'ai un neveu d'à peu près votre âge, il se fait vraiment beaucoup de fric dans la vente. C'est de ça qu'on a besoin, vous voyez. Y a assez de faiseurs de rimes et de gratte-cordes en circulation. Vous pouvez rien faire pour les gens qui font rien pour s'en sortir, et eux, ils vous diront pas merci si vous essayez. Les gens qui veulent s'en sortir, ils trouveront toujours un moyen pour y arriver tout seuls. Vous avez quel âge ?

– Vingt-deux ans.

– Ecoutez, perdez pas votre jeunesse, monsieur Barack. Un matin, vous vous réveillerez, et vous serez plus qu'un vieux bonhomme comme moi, et vous serez fatigué, et qu'est-ce que vous aurez gagné pour le prix de votre fatigue ? Rien.

Je ne prêtai pas grande attention aux conseils d'Ike ; il me faisait trop penser à mes grands-parents. Néanmoins, à mesure que les mois passaient, l'idée de devenir organisateur de communautés s'éloigna. La société me promut au poste de rédacteur financier. J'avais mon propre bureau, ma propre secrétaire, de l'argent à la banque. Parfois, en sortant d'un entretien avec des financiers japonais ou des investisseurs allemands, je voyais mon reflet dans les portes de l'ascenseur – en costume-cravate, un porte-documents à la main – et, l'espace d'une seconde, je m'imaginais capitaine d'industrie, aboyant des ordres, concluant des affaires. Puis je me rappelais ce que je m'étais promis à moi-même, et j'avais quelques accès de culpabilité devant mon manque de résolution.

Puis, un jour, assis devant mon écran pour écrire un article sur les échanges de taux d'intérêt, je reçus un coup de fil inattendu. Auma.

Je n'avais jamais rencontré cette demi-sœur ; nous nous écrivions seulement par intermittence. Je savais qu'elle avait quitté le Kenya pour aller faire ses études en Allemagne, et dans nos lettres nous avions évoqué l'éventualité d'une visite, moi en Allemagne ou elle aux Etats-Unis. Mais ces projets étaient toujours restés dans le vague – ni l'un ni l'autre nous n'avions l'argent nécessaire... peut-être l'année prochaine, disions-nous. Notre correspondance maintenait une distance cordiale.

Et tout à coup j'entendais sa voix, pour la première fois. Elle était douce et profonde, teintée d'accent colonial. Pendant quelques instants, je ne pus saisir ses paroles, je n'entendis que le son, un son qui semblait toujours avoir été là, mal rangé mais non oublié. Elle m'annonça qu'elle allait venir aux Etats-Unis, qu'elle faisait un voyage avec plusieurs amis. Pouvait-elle venir me voir à New York ?

– Evidemment, répondis-je. Tu peux habiter chez moi. Je suis impatient de te voir.

Elle rit, et moi aussi, puis le silence se fit sur la ligne, comblé par la friture et par notre souffle.

– Je ne peux pas te parler très longtemps, dit-elle enfin, c'est tellement cher. Je te donne les coordonnées de mon vol...

Nous raccrochâmes rapidement ensuite, comme si ce contact était une faveur dont il fallait profiter avec modération.

Je passai les semaines suivantes à courir partout pour faire les préparatifs : de nouveaux draps pour le canapé-lit, des assiettes et des serviettes, un coup de nettoyage dans la baignoire... Et puis, deux jours avant l'arrivée prévue, Auma rappela, d'une voix plus sourde cette fois, presque un murmure.

– Finalement, je ne peux pas venir, dit-elle. L'un de nos frères, David... il a été tué. Dans un accident de moto. Je n'en sais pas plus.

Elle se mit à pleurer.

– Oh, Barack... Pourquoi faut-il que ça nous arrive ?

J'essayai de la réconforter de mon mieux. Je lui demandai si je pouvais faire quelque chose pour elle. Je lui dis que nous aurions d'autres occasions de nous voir. Elle finit par se calmer. Elle me quitta en me disant qu'elle devait faire sa réservation de vol pour le Kenya.

– Bon, Barack, à bientôt. Au revoir.

Après qu'elle eut raccroché, je quittai mon bureau en prévenant ma secrétaire que je serais absent pendant quelques jours. J'errai dans les rues de Manhattan pendant des heures, avec la voix d'Auma qui ne cessait de résonner dans ma tête. A un continent d'ici, une femme pleure. Sur une route sombre et poussiéreuse, un garçon perd le contrôle de sa moto, il s'écrase contre la terre dure, les roues continuent à tourner puis s'arrêtent. Qui sont ces gens, me demandai-je, ces étrangers qui sont de mon sang ? Qu'est-ce qui pourrait apaiser le chagrin de cette femme ? Quels étaient les rêves fous, inexprimés, qui hantaient ce garçon ?

Qui étais-je, moi qui ne versais pas de larmes pour la perte des miens ?

Je me demande parfois si ce premier contact avec Auma a changé ma vie. Non le contact en lui-même (cela signifiait tout, signifierait tout), ou la nouvelle de la mort de David (là encore, c'était un absolu ; je ne le connaîtrais jamais, et cela en dit assez long). Non, plutôt le moment où je reçus son appel, la succession particulière des événements, les attentes qui étaient nées, puis les espoirs déçus, tout cela arrivant alors que l'idée de devenir organisateur n'était encore que cela, une idée dans ma tête, un vague appel.

Peut-être cela n'eut-il aucune importance. Peut-être étais-je déjà prêt, cette fois, et la voix d'Auma servit simplement à me rappeler que j'avais toujours des plaies à guérir, et que je ne pouvais pas le faire moi-même. Ou, peut-être, si David n'était pas mort à ce moment-là, et si Auma était venue à New York comme prévu, en m'apprenant pendant cette période ce que je n'appris que plus tard sur le Kenya, et sur notre père… eh bien, peut-être cela m'aurait-il libéré de certaines pressions qui s'étaient formées en moi, en me donnant une idée différente de la communauté, en permettant à mes ambitions de choisir une route plus étroite, plus personnelle, de sorte qu'à la fin j'aurais écouté le conseil de mon ami Ike et me serais voué aux actions et aux obligations, et à l'attrait de la respectabilité.

Je ne sais pas. Ce qui est sûr, c'est que quelques mois après le coup de fil d'Auma je donnai ma démission à la société de conseil et que je me mis sérieusement à la recherche d'un poste d'organisateur de communautés. Une fois encore, la plupart de mes lettres restèrent sans réponse, mais au bout d'un mois environ le directeur d'une importante organisation de défense des droits civiques, sise à New York, m'appela pour un entretien. C'était un Noir de grande taille, bel homme, portant une chemise blanche immaculée, une cravate à motif cachemire et des bretelles rouges. Son bureau était décoré de fauteuils italiens et de sculptures africaines, et un bar était installé à l'intérieur d'une niche de briques apparentes. Les rayons du soleil traversaient la baie vitrée pour plonger sur un buste de Martin Luther King.

– Ça me plaît bien, dit le directeur en parcourant mon CV. Surtout votre expérience dans la société de conseil. Voilà, c'est ça, de nos jours, le véritable boulot d'une organisation de défense des droits civiques ! Les manifs et les banderoles, c'est fini. Pour atteindre notre but, il faut créer des liens entre les affaires, le gouvernement et les quartiers déshérités.

Il joignit ses larges mains, puis me montra un rapport annuel imprimé sur papier glacé, ouvert à une page qui contenait la liste du conseil d'administration de l'organisation. Il y avait un ministre du culte noir et dix cadres de société blancs.

– Vous voyez ? me dit-il. Partenariat public-privé. La clé du futur. Et c'est là que des jeunes gens comme vous sont utiles. Diplômés. Pleins d'assurance. A l'aise dans le milieu des affaires. La semaine dernière, je parlais justement du problème avec le secrétaire au Logement et au Développement urbain, à un dîner à la Maison Blanche. Un gars sensationnel. Il serait intéressé de rencontrer un jeune homme comme vous. Naturellement, j'ai ma carte du Parti démocrate, mais il nous faut apprendre à travailler avec le pouvoir, quel qu'il soit...

Séance tenante, il me proposa le poste, qui comprenait l'organisation de conférences sur la drogue, le chômage, le logement. Il appelait cela faciliter le dialogue.

Je déclinai sa généreuse proposition. Non, il me fallait un poste plus près de la rue.

Je travaillai pendant trois mois pour une branche de l'organisation écologique de Ralph Nader à Harlem, à essayer de convaincre les étudiants du City College issus des minorités de l'importance du recyclage. Puis je passai une semaine à distribuer des tracts pour la campagne d'un membre de l'Assemblée législative à Brooklyn. Le candidat fut battu et je ne fus jamais payé.

En six mois, je me retrouvai sur la paille, sans travail, à me nourrir de soupe en conserve. A la recherche d'inspiration, j'allai écouter

Kwame Touré, anciennement Stokely Carmichael, leader du SNCC puis du Black Power, venu faire un meeting à Columbia.

A l'entrée de l'auditorium, deux femmes, l'une noire, l'autre asiatique, vendaient de la littérature marxiste en se disputant à propos de la place de Trotski dans l'histoire. A l'intérieur, Touré proposait un programme visant à établir des liens économiques entre l'Afrique et Harlem en contournant le capitalisme blanc. A la fin, une jeune femme mince à lunettes intervint pour demander si un tel programme était réalisable compte tenu de l'état de l'économie africaine et des besoins immédiats de la population noire américaine. Touré l'arrêta au milieu de sa phrase : « Ce n'est que le lavage de cerveau que vous avez subi qui le rend irréalisable, ma sœur. » Son regard brillait d'une flamme intérieure ; c'étaient les yeux d'un fou ou d'un saint. La femme resta debout pendant plusieurs minutes, affrontant un déluge de reproches concernant sa mentalité bourgeoise.

Les gens commencèrent lentement à sortir. Dehors, les deux marxistes en étaient à se jeter des insultes à la figure :

– Saleté de staliniste !

– Salope réformiste !

On était en plein cauchemar.

Je déambulai dans Broadway, m'imaginant au bord du Lincoln Memorial réduit à un pavillon vide dont les débris s'éparpillaient au vent. Le mouvement était mort depuis des années, éclaté en un millier de fragments. Tous les chemins qui menaient au changement avaient été foulés, toutes les stratégies épuisées. Et après chaque défaite, même ceux qui étaient animés des meilleures intentions pouvaient se voir repoussés de plus en plus loin des luttes par ceux pour qui ils souhaitaient agir.

Ou alors, ils pouvaient devenir fous à lier. Car je m'aperçus soudain que j'étais en train de parler à haute voix en pleine rue. Les gens qui rentraient du travail faisaient un léger crochet pour m'éviter et je crus reconnaître deux étudiants de ma classe à Columbia qui marchaient, la veste jetée sur l'épaule, en évitant soigneusement mon regard.

J'avais pratiquement renoncé à devenir organisateur lorsque je reçus un appel d'un certain Marty Kaufman. Celui-ci m'expliqua qu'il avait monté une organisation à Chicago et qu'il souhaitait engager un stagiaire. Il serait à New York la semaine suivante et se proposait de me rencontrer dans un café de Lexington.

Son aspect ne m'inspira pas grande confiance. Un Blanc grassouillet, de taille moyenne, portant un costume fripé. Son visage était mangé par une barbe de trois jours ; derrière d'épaisses lunettes cerclées de fer, ses yeux restaient plissés en permanence. Quand il se leva pour me serrer la main, il renversa un peu de thé sur sa chemise.

– Eh bien, dit-il en épongeant la tache avec une serviette en papier, pourquoi veut-on devenir organisateur quand on vient de Hawaii ?

Je m'assis et lui parlai un peu de moi.

– Hum, fit-il en hochant la tête, tout en prenant quelques notes sur un calepin. Vous devez être en colère, quelque part.

– Que voulez-vous dire ?

Il haussa les épaules.

– Je ne sais pas exactement. Mais il y a sûrement quelque chose. Ne le prenez pas mal : la colère, c'est obligatoire pour faire ce boulot. C'est la seule raison qui pousse quelqu'un à s'engager là-dedans. Les gens bien dans leur peau trouvent un boulot plus calme.

Il commanda de l'eau chaude supplémentaire pour son thé et me parla de lui. Il était juif, il approchait de la quarantaine, il avait été élevé à New York. Il avait commencé à s'investir dans le social avec la contestation étudiante, et il faisait ce travail depuis quinze ans. Avec les fermiers du Nebraska. Les Noirs de Philadelphie. Les Mexicains de Chicago. A présent, il essayait de faire se rencontrer les Noirs des ghettos et les gens des banlieues blanches pour les amener à travailler ensemble sur un projet visant à sauver les emplois ouvriers dans la métropole de Chicago. Il avait besoin d'un collaborateur. Quelqu'un de noir.

– Nous travaillons principalement avec les Eglises, dit-il. Si les pauvres et les classes laborieuses veulent obtenir un pouvoir réel, il leur faut une sorte de base institutionnelle. Vu la façon dont les syndicats sont structurés, les Eglises sont les seules à être capables de jouer ce rôle. C'est là que sont les gens, et c'est là que sont les valeurs, mêmes si elles sont enfouies sous une tonne de conneries. Mais les Eglises ne vont pas travailler avec vous par pure bonté d'âme. Elles prodigueront de bonnes paroles, un sermon le dimanche, par exemple, ou elles feront une quête exceptionnelle pour les sans-abri. Mais en cas d'urgence elles ne bougeront pas, sauf si vous pouvez leur prouver que ça va servir à payer leur facture de chauffage.

Il rajouta de l'eau chaude dans son thé.

— Et qu'est-ce que vous savez de Chicago ?

Je réfléchis un instant.

— C'est le charcutier du monde, émis-je enfin.

Marty secoua la tête.

— Les charcuteries ont fermé il y a un moment.

— Les Cubs ne gagnent jamais.

— C'est vrai.

— C'est la ville d'Amérique où il y a le plus de ségrégation, poursuivis-je. Il y a un Noir, Harold Washington, qui vient d'être élu maire, et les Blancs ne sont pas contents.

— Donc, vous avez suivi la carrière de Harold, remarqua Marty. Je suis surpris que vous ne soyez pas allé travailler avec lui.

— J'ai essayé, mais ses services ne m'ont pas répondu.

Marty sourit et enleva ses lunettes pour les nettoyer avec la pointe de sa cravate.

— Finalement, c'est ça qu'il faut faire, quand on est jeune, noir et intéressé par les questions sociales, non ? Trouver une campagne politique dans laquelle s'investir. Un patron puissant, quelqu'un qui puisse vous aider dans votre propre carrière. Et Harold est puissant, c'est sûr. Il a des tonnes de charisme. Et il a le soutien quasi monolithique de la communauté noire, plus la moitié des Hispaniques et une poignée de libéraux blancs. Mais vous avez raison sur un point. Dans la ville, tout le monde est divisé. Il y a un énorme cirque médiatique, mais rien de concret n'est fait.

Je me reculai dans mon siège.

— Et à qui la faute ? m'enquis-je.

Marty remit ses lunettes et me regarda bien en face.

— Ce n'est pas une question de faute, dit-il. La question est de savoir si un politique, même avec le talent de Harold, peut faire quelque chose pour rompre le cercle. Une ville divisée, ce n'est pas forcément une mauvaise chose pour un politicien. Qu'il soit noir ou blanc.

Il me proposa un salaire de dix mille dollars la première année, avec une indemnité de transport de deux mille dollars pour acheter une voiture. Mon salaire serait augmenté si ça marchait.

Après son départ, je rentrai chez moi à pied par la promenade de l'East River. Tout en marchant, j'essayai de me faire une idée de l'homme à qui j'avais affaire. Il était intelligent, ça oui. Il semblait dévoué à son travail. N'empêche, il avait quelque chose qui me laissait circonspect. Peut-être était-il un peu trop sûr de lui. Et il était blanc... il avait dit lui-même que c'était un problème.

Les premières lueurs vacillantes des vieilles lampes cannelées du parc s'allumèrent. Une longue barge brune fendait les eaux grises en se dirigeant vers la mer. Alors que, assis sur un banc, j'étais en train de soupeser le pour et le contre, je vis une femme noire et son petit garçon s'approcher. Le petit entraîna sa mère vers la rambarde, et ils restèrent debout côte à côte, avec le bras de l'enfant passé autour de la jambe de la femme, fondus en une unique silhouette à la lueur du crépuscule. Le petit garçon leva la tête. Il me sembla qu'il posait une question. La femme haussa les épaules et l'enfant fit quelques pas dans ma direction.

– Excusez-moi, monsieur, cria-t-il, vous savez pourquoi le fleuve va des fois par là et d'autres fois par là-bas ?

La femme sourit en secouant la tête, et je répondis que c'était sans doute à cause de la marée. Ma réponse sembla satisfaire l'enfant, et il retourna auprès de sa mère. Je les regardai disparaître tous deux dans la pénombre, en me faisant la réflexion que je n'avais jamais remarqué le sens du courant du fleuve.

Une semaine plus tard, je chargeai ma voiture et partis pour Chicago.

8

J'étais déjà venu à Chicago. C'était pendant l'été qui avait suivi la visite de mon père à Hawaii, avant mon onzième anniversaire, quand Toot avait décrété qu'il était temps que je voie les Etats-Unis du continent. Peut-être les deux choses étaient-elles liées, sa décision et la visite de mon père, car la présence de ce dernier avait (une fois de plus) perturbé le monde qu'elle et Gramps s'étaient construit. Peut-être avait-elle eu le désir de récupérer ses antécédents, ses propres souvenirs, et de les transmettre à ses petits-enfants.

Nous voyageâmes pendant plus d'un mois, Toot, ma mère, Maya et moi. Sans Gramps, car il avait perdu son goût du voyage à cette époque et avait choisi de rester à la maison. Nous partîmes pour Seattle, puis, longeant la côte, nous descendîmes jusqu'en Californie et Disneyland, rejoignîmes à l'est le Grand Canyon, traversâmes les Grandes Plaines jusqu'à Kansas City, puis au nord ce furent les Grands Lacs, et ensuite à nouveau l'ouest en passant par le parc de Yellowstone. Nous prenions principalement les bus de Greyhound, nous couchions dans les Howard Johnson et regardions les auditions du Watergate le soir à la télévision avant d'aller nous coucher.

Nous étions à Chicago depuis trois jours, dans un motel du South Loop. Ce devait être en juillet, mais, je ne sais pourquoi, les journées étaient froides et grises dans mon souvenir. Le motel disposait d'une piscine intérieure, ce qui m'impressionnait, car il n'y avait pas de piscines intérieures à Hawaii.

Debout sous les voies de chemin de fer, je fermais les yeux quand un train passait et je criais aussi fort que je le pouvais.

Au Field Museum, nous vîmes deux têtes réduites exposées derrière une vitrine. Elles étaient ridées mais bien conservées, grandes comme ma main, avec les yeux et la bouche cousus, exactement comme je l'imaginais. Nous apprîmes que c'étaient des têtes d'Européens : l'homme avait une petite barbiche comme un conquistador ; la femme avait des cheveux roux dénoués. Je les contemplai un bon moment (jusqu'à ce que ma mère me tire de ma fascination), en ayant l'impression, avec la jubilation morbide propre aux jeunes garçons, d'être tombé sur une sorte de blague très marrante. Ce n'était pas tant le fait que l'on ait réduit ces têtes – cela, je pouvais le comprendre, c'était comme manger du tigre avec Lolo, une forme de magie, une prise de contrôle. Non, c'était plutôt parce que ces petits visages d'Européens étaient là, dans une cage de verre, où des étrangers, peut-être même leurs descendants, pouvaient contempler dans le détail le sort cruel qu'ils avaient subi. Et personne ne semblait trouver cela bizarre. Tout cela était aussi une forme de magie, les dures lumières du musée, les étiquettes impeccables, l'indifférence apparente des visiteurs... là encore, une manière de prendre le contrôle.

Quatorze ans plus tard, la ville me parut beaucoup plus belle. On était encore en juillet, et le soleil scintillait à travers le feuillage touffu des arbres. Les bateaux avaient largué les amarres, leurs voiles lointaines ressemblaient à des ailes de colombe posées sur le lac Michigan.

Marty m'avait dit qu'il serait occupé pendant les premiers jours, aussi étais-je livré à moi-même. J'avais acheté une carte, et je suivis le Martin Luther King Drive de l'extrême nord à l'extrême sud, puis montai au Cottage Grove, empruntai les petits chemins et les allées, longeai les immeubles et les terrains vagues, les épiceries ouvertes tard le soir et les bungalows. Et tout en roulant, je pensais au passé. Je pensais à la sirène de *l'Illinois Central*, chargé du poids des milliers de personnes montées du Sud tant d'années plus tôt. Aux hommes, femmes et enfants noirs, couverts de suie après leur voyage en autorail, agrippant leurs bagages faits de bric et de broc, en route pour le pays de Canaan. J'imaginai Frank, en costume et pantalon à larges revers, patientant devant le vieux Regal Theatre dans l'espoir de voir Duke ou Ella sortir d'un concert. Le facteur, c'était Richard Wright, qui distribuait le courrier avant de rentrer chez lui écrire son premier livre. La petite fille à lunettes et à nattes était Regina, en train de sauter à la corde. Je construisais une chaîne entre ma vie et les visages que je voyais en empruntant les souvenirs des autres, essayant ainsi de prendre possession de la ville, de la faire mienne. Encore une autre sorte de magie.

Le troisième jour, je passai devant Smitty's Barbershop, une vitrine de quatre mètres cinquante sur huit au bord de Hyde Park, avec quatre fauteuils et une table à cartes pour La Tisha, la manucure à mi-temps. La porte était ouverte quand j'entrai, accueilli par l'odeur, faite de crème capillaire et d'antiseptique, les rires des hommes et le bourdonnement lent des ventilateurs.

Smitty se révéla être un vieux Noir grisonnant, mince et voûté. Un fauteuil était libre. Je pris donc place et me joignis bientôt au bavardage classique dans ce genre de boutique, où l'on causait sport, femmes et nouvelles de la veille, dans une conversation à la fois intime et anonyme, entre gens déterminés à laisser leurs soucis à la porte.

Après avoir commenté une anecdote pour le moins piquante – un voisin avait été surpris au lit avec la cousine de sa femme, laquelle l'avait poussé tout nu dans la rue à la pointe d'un couteau de cuisine – les clients en vinrent au chapitre de la politique :

– Vrdolyak et toute sa bande de cinglés, y comprennent pas qu'il est temps de partir, dit, l'air dégoûté, un homme tenant un journal. Quand le vieux Daley était maire, personne a rien dit quand il a fait venir toute la clique des Irlandais à la mairie. Mais suffit que Harold essaie de faire venir deux, trois Noirs, juste pour qu'y en ait pour tout le monde, et hop, y disent que c'est du racisme à l'envers…

– Ben, tu sais bien que c'est toujours comme ça. Dès qu'un Noir prend un peu de pouvoir, ils essaient de changer les règles.

– Le pire, c'est qu'les journaux, y font comme si tout ce bordel il était là que depuis qu'y a des Noirs.

– Tu les connais pas encore, les journaux des Blancs ?

– T'as raison. Mais y sait ce qu'y fait, Harold. Il attend le bon moment jusqu'aux prochaines élections.

C'était ainsi que les Noirs parlaient du maire de Chicago, avec une familiarité et une affection normalement réservées à un parent. On voyait sa photo partout : chez le cordonnier et dans les salons de beauté ; ou encore collée sur les poteaux des lampadaires depuis la dernière campagne ; et jusque dans les vitrines des blanchisseurs coréens et des épiciers arabes, exposée en bonne place tel un totem protecteur. Cette photo me regardait à présent, du haut du mur de la boutique : une belle tête grisonnante, des sourcils et une moustache en broussaille, une étincelle dans les yeux.

Smitty remarqua que je regardais la photo et me demanda si j'étais à Chicago pendant les élections. Je répondis que non, et il m'expliqua :

– Y fallait être là, avant Harold, pour comprendre tout ce qu'y signifie pour la ville. Avant Harold, on avait l'impression qu'on serait toujours des citoyens de seconde zone.

– Y menaient une politique de planteurs, renchérit l'homme au journal.

– Et c'était vraiment ça, ajouta Smitty, c'était comme dans une plantation. Les Noirs, ils avaient les pires boulots, les pires logements. Et je parle pas de la brutalité policière rampante. Mais quand les hommes du soi-disant comité noir, y venaient nous trouver au moment des élections, on votait comme un seul homme pour le bon ticket démocrate. On vendait notre âme pour une dinde de Noël. Les Blancs, y nous crachaient à la figure, et nous, on les remerciait en votant pour eux…

Des touffes de cheveux tombaient sur mes genoux. J'écoutais les hommes évoquer la montée de Harold. Il s'était déjà présenté aux élections municipales une première fois, peu après la mort du vieux Daley, mais la candidature avait capoté – une honte, me dirent les clients, qui montrait bien le manque d'unité au sein de la communauté noire, les doutes qu'il fallait surmonter. Mais Harold avait réessayé, et cette fois le peuple était prêt. Il s'était mis de son côté quand la presse avait monté en épingle l'affaire des impôts sur le revenu qu'il n'avait pas payés (« Comme si ces gros porcs de Blancs, y trichaient pas sur tout ce qu'ils peuvent tous les jours et tout le temps »). Ils s'étaient groupés derrière lui quand des membres du comité démocratique blanc, Vrdolyak et les autres, avaient annoncé leur soutien au candidat républicain, disant que la ville courait à sa perte si elle avait un maire noir. Le nombre des électeurs avait atteint des records le soir de l'élection, tous avaient voté, les ministres du culte et les voyous, les jeunes et les vieux.

Et leur fidélité avait été récompensée. Smitty dit :

— Le soir où Harold a gagné, ça a été formidable, les gens sont sortis dans la rue. C'était comme la fois où Joe Louis a mis Max Schmeling KO. Le même sentiment. Les gens, ils étaient pas seulement fiers de Harold, ils étaient fiers d'eux-mêmes. Moi, je suis resté chez moi, mais ma femme et moi, on a pas pu aller se coucher avant trois heures du matin, tellement on était excités. Quand je me suis réveillé, le lendemain matin, j'avais l'impression que c'était le plus beau jour de ma vie…

La voix de Smitty s'éteignit dans un murmure. Tous les clients du salon avaient le sourire aux lèvres. De loin, en lisant les journaux à New York, j'avais partagé leur fierté, le genre de fierté qui me faisait vibrer pour une équipe de football américain professionnelle qui faisait jouer un quarterback noir. Mais ce que j'entendais à présent n'était pas tout à fait de la même nature ; dans la voix de Smitty, il y avait une ferveur qui allait au-delà de la politique.

Il aurait fallu être ici pour comprendre, avait-il dit.

Il avait voulu dire « ici, à Chicago ». Mais il aurait tout aussi bien pu vouloir dire « ici, à ma place », celle d'un vieux Noir marqué au fer rouge par toute une vie d'insultes, d'ambitions avortées, abandonnées dès avant la première tentative de réalisation. Je me demandai si je pouvais réellement comprendre cela. Je supposais, je tenais pour acquis, que je le pouvais. En me voyant, ces hommes l'avaient supposé également. Auraient-ils été du même avis s'ils m'avaient mieux connu ? J'essayai d'imaginer ce qui se passerait si Gramps entrait dans la boutique à ce moment : les conversations tariraient, le charme serait rompu, les soupçons feraient leur apparition.

Smitty me tendit le miroir pour que je puisse vérifier son travail, puis m'enleva ma blouse et me brossa le dos.

— Merci pour la leçon d'histoire, dis-je en me levant.

— Ouais, ça, c'est gratuit. La coupe, c'est dix dollars. Comment vous vous appelez, au fait ?

— Barack.

— Barack, euh… Z'êtes musulman ?

— Mon grand-père, oui.

Il prit l'argent et me serra la main.

— Bon, Barack, il faudra venir un peu plus tôt la prochaine fois. Y avait du négligé dans votre coiffure quand vous êtes entré.

En fin d'après-midi, Marty vint me prendre devant mon nouveau domicile et nous nous dirigeâmes vers le sud par le Skyway Bridge. Au bout de plusieurs kilomètres, nous prîmes une sortie qui menait au sud-est, longeâmes des rangées de petites maisons construites en planches grises ou en briques, avant d'arriver devant une imposante vieille usine qui s'étendait sur la surface de plusieurs pâtés de maisons.

– L'ancienne aciérie du Wisconsin.

Nous contemplâmes la construction en silence. Elle dégageait un peu de l'esprit robuste, brutal, du passé industriel de Chicago, avec ses poutres métalliques et son béton coulés ensemble sans grands égards pour le confort ou les détails. Maintenant, elle était vide et maculée de taches de rouille, pareille à une épave abandonnée. De l'autre côté de la clôture fermée par une chaîne, un chat maigre, galeux, courait dans l'herbe.

– Avant, il y avait toutes sortes de gens qui travaillaient dans cette usine, m'expliqua Marty en faisant le tour avant de reprendre la route. Des Noirs, des Blancs, des Hispaniques. Ils faisaient tous le même boulot. Ils avaient tous le même genre de vie. Mais, une fois sortis de l'usine, ils ne voulaient pas se fréquenter. Et je te parle de gens qui vont à l'église. Des frères et des sœurs en Jésus-Christ.

Nous nous arrêtâmes à un feu rouge, et je remarquai un groupe de jeunes Blancs en maillot de corps qui buvaient de la bière sur une véranda. Une affiche de Vrdolyak était collée sur une fenêtre. Plusieurs buveurs de bière tournèrent la tête dans ma direction.

– Qu'est-ce qui vous fait croire qu'ils sont capables de travailler ensemble maintenant ?

– Ils n'ont pas le choix, s'ils veulent retrouver du boulot.

Sur l'autoroute, Marty m'en dit un peu plus long sur l'organisation qu'il avait créée. Il en avait eu l'idée deux ans auparavant en lisant des articles sur les fermetures d'usine et les licenciements qui sévissaient à South Chicago et dans les banlieues environnantes. Avec l'aide d'un évêque catholique auxiliaire, il avait rencontré des pasteurs et des membres des Eglises du secteur. Les Noirs et les Blancs leur avaient confié leur honte de se retrouver au chômage, leur crainte de perdre un jour leur maison ou d'être spoliés de leur retraite… tous avaient en commun l'impression d'avoir été trahis.

Finalement, plus d'une vingtaine d'églises de banlieue avaient accepté de former une organisation qu'ils appelèrent la Calumet Community Religious Conference (CCRC), la Conférence religieuse de la communauté de Calumet. Huit églises supplémentaires avaient rejoint la branche de l'organisation travaillant dans les quartiers noirs et appelée Developing Communities Project (DCP), le Projet de développement communautaire. Les choses n'avaient pas avancé aussi vite que Marty l'avait espéré ; les syndicats ne s'étaient pas encore impliqués, et la guerre politique qui faisait rage au conseil municipal avait fortement contribué à distraire les uns et les autres du projet. Cependant, le CCRC avait récemment remporté sa première victoire significative : un programme de placement informatisé de cinq cent mille dollars que l'Assemblée de l'Illinois avait accepté de financer. Marty m'expliqua que nous étions en route pour un grand rassemblement organisé afin de fêter la création de cette nouvelle agence pour l'emploi, coup d'envoi d'une campagne sur le long terme.

– Reconstruire des usines ici, ça va prendre un moment, dit-il. Dix ans au minimum. Mais une fois qu'on aura les syndicats avec nous, on aura une base de départ pour négocier. En attendant, on a juste besoin de stopper l'hémorragie et de donner aux gens des victoires à court terme. Quelque chose pour montrer aux gens tout le pouvoir qu'ils obtiennent quand ils arrêtent de se battre les uns contre les autres et qu'ils se regroupent contre leur véritable ennemi.

– Et qui est-ce ?

Marty haussa les épaules.

– Les banques d'investissement. Les politiciens. Les gros lobbyistes.

Il accompagna ses paroles d'un hochement de tête, en plissant comme d'habitude ses yeux fixés sur la route. Je l'observai et me dis qu'en réalité il n'était sans doute pas aussi cynique qu'il voulait le faire croire, que l'usine que nous venions de quitter avait une signification plus importante pour lui. Lui aussi, à un moment de sa vie, avait dû être trahi, pensai-je.

Le soir tombait lorsque nous franchîmes les limites de la ville. Nous nous garâmes dans le parc de stationnement d'une grande école de banlieue où une foule de gens étaient déjà en route vers l'auditorium. Ils étaient tels que Marty les avait décrits : des ouvriers métallurgistes licenciés, des secrétaires, des chauffeurs routiers, des hommes et des femmes qui fumaient beaucoup et ne surveillaient pas leur poids, faisaient leurs courses chez Sears ou Kmart, conduisaient des anciens modèles de voitures fabriqués à Detroit et mangeaient chez Red Lobster pour les occasions spéciales. Un Noir taillé en armoire à glace, portant un col de prêtre, nous accueillit à la porte. Marty me le présenta comme étant le diacre Wilbur Milton, le coprésident de l'organisation. Avec sa courte barbe tirant sur le roux et ses joues rondes, Will me fit penser au père Noël.

– Bienvenue, dit-il en me donnant une vigoureuse poignée de main. On se demandait si on allait vraiment vous voir un jour. On se disait que vous étiez une invention de Marty.

Marty jeta un coup d'œil à l'intérieur de l'auditorium.

– Comment ça se présente ?

– Pas mal pour l'instant. Tout le monde a l'air d'atteindre son quota. Le gars du gouverneur vient d'appeler pour dire qu'il est en route.

Marty et Will se dirigèrent vers la scène, la tête enfouie dans le programme de la soirée. Je leur emboîtai le pas mais fus bloqué par trois femmes noires d'âge indéterminé. L'une d'elles, une jolie femme aux cheveux teints en orange, se présenta comme étant Angela, puis se pencha vers moi en chuchotant :

– Vous êtes Barack, non ?

Je confirmai d'un hochement de tête.

– Vous pouvez pas savoir à quel point on est contents de vous voir !

– Non, vous pouvez pas savoir ! renchérit la voisine d'Angela, une femme un peu plus âgée.

Je lui tendis la main, et elle sourit en exhibant une incisive en or.

– Excusez-moi, dit-elle en me serrant la main, je suis Shirley.

Elle désigna la troisième du groupe, une femme corpulente à la peau sombre.

– Voilà Mona. Tu trouves pas qu'il a l'air classe, Mona ?

– Oui, c'est vrai, répondit Mona avec un rire.

– Comprenez-moi bien, dit Angela en baissant toujours la voix, je n'ai rien contre Marty. Mais le fait est que…

– Eh, Angela !

C'était Marty qui nous faisait signe du haut de la scène.

– Vous aurez tout le temps de discuter avec Barack plus tard. Mais maintenant j'ai besoin de vous ici.

Les trois femmes échangèrent des regards complices, et Angela prit le temps de me glisser :

– Il faut qu'on y aille. Mais il faut absolument qu'on parle. Bientôt.

– Oui, c'est sûr, renchérit Mona.

Elles s'éloignèrent toutes trois, Angela et Shirley en tête, bavardant comme des pies, Mona formant nonchalamment l'arrière-garde.

L'auditorium était déjà quasiment rempli par près de deux mille personnes, dont peut-être un tiers de Noirs venus en bus de la ville. A sept heures, un chœur entonna deux gospels. Ensuite, Will énuméra toutes les Eglises représentées, et un luthérien blanc venu de la banlieue expliqua l'histoire et la mission du CCRC. Une succession d'intervenants montèrent alors sur scène : un membre de l'Assemblée noir et un membre de l'Assemblée blanc, un ministre baptiste et le cardinal Bernardin, et enfin le gouverneur, qui s'engagea solennellement à accorder son soutien à la nouvelle agence pour l'emploi et énuméra les preuves concrètes de ses infatigables efforts en faveur des travailleurs et des travailleuses de l'Illinois.

Toute cette manifestation me parut un peu convenue. Je trouvais qu'elle ressemblait à une convention politique ou à un combat de catch télévisé. Mais l'assistance semblait passer un bon moment. Quelques personnes déployaient des bannières de couleur vive portant le nom de leur Eglise. D'autres acclamaient bruyamment un ami ou un parent monté sur la scène. En voyant tous ces visages noirs et blancs réunis en un même lieu, j'étais heureux moi aussi, sentant que je partageais la vision de Marty, sa confiance dans l'impulsion populaire et la solidarité de la classe laborieuse, sa conviction qu'en se débarrassant des politiciens, des médias et des bureaucrates, en donnant à chacun une place autour de la table, les gens ordinaires pourraient trouver un terrain d'entente commun.

A la fin de la manifestation, Marty m'annonça qu'il devait raccompagner un certain nombre de personnes. Je décidai donc pour ma part de rentrer en bus. Un siège étant libre à côté de Will, je m'y installai. Dans le véhicule faiblement éclairé par les lampadaires de l'autoroute, l'homme au col de religieux me parla un peu de lui.

Elevé à Chicago, il avait fait la guerre du Vietnam. Après sa démobilisation, il avait trouvé un emploi de stagiaire à la Continental Illinois Bank et avait rapidement grimpé les échelons et profité sans complexe des avantages de son travail : la voiture, les beaux costumes, le bureau en ville. Puis la banque avait subi une réorganisation et il avait été licencié. Il s'était alors retrouvé désemparé et couvert de dettes. Cette épreuve constitua le tournant de sa vie, la manière dont Dieu, selon lui, lui avait demandé de changer ses valeurs. Au lieu de chercher un nouvel emploi dans le secteur bancaire, il s'était tourné vers le Christ. Il avait rejoint la paroisse de l'église Sainte-Catherine de West Pullman, où il travaillait désormais comme agent d'entretien. Sa décision avait mis à mal son couple – sa femme était « encore en période d'adaptation » – mais il trouvait que son style de vie ascétique correspondait bien avec sa nouvelle mission : répandre la parole de Dieu et ouvrir des brèches dans l'hypocrisie qu'il voyait partout autour de lui dans la paroisse.

– Dans notre paroisse, y a beaucoup de Noirs qui se fourvoient, ils prennent les attitudes de la classe moyenne, dit-il. Ils croient que s'ils suivent la lettre des Ecritures ils ont pas besoin de suivre l'esprit. Au lieu de tendre la main aux gens qui sont pas comme eux, ils les rejettent. Ils regardent de travers ceux qui sont mal habillés à la messe, ceux qui parlent pas bien et tout ça. Ils ont un peu d'argent, alors ils ont pas envie d'être contrariés. Mais le Christ, son message, c'est pas d'avoir de l'argent, pas vrai ? Son Evangile, c'était un message social. Apportez ce message aux faibles. Aux opprimés. Et c'est exactement ce que je dis à certains de ces nègres de la classe moyenne quand je prends la parole le dimanche. Je leur dis ce qu'ils ont pas envie d'entendre.

– Et ils écoutent ?

– Non, dit Will en gloussant. Mais ça m'arrête pas pour autant. C'est comme ce col que je porte. Y en a que ça rend furieux. « Les cols, c'est pour les prêtres », qu'ils disent. Mais c'est pas parce que je suis marié et que je peux pas être ordonné que ça veut pas dire que j'ai été appelé. Y a rien dans la Bible qui parle des cols. Donc je continue à porter un col pour que les gens, y sachent d'où je viens. Et j'ai porté un col quand on est allés à plusieurs rencontrer le cardinal Bernardin y a un mois. Ils étaient tous à cran à cause de ça. Et quand j'ai appelé le cardinal « Joe » au lieu de Votre Eminence, ça les a rendus malades. Mais tu sais, Bernardin, il a été sympa. C'est un homme pour qui l'important c'est l'âme. Je suis sûr qu'on s'est compris. Ce qui nous sépare, c'est les règles, toujours... les règles de l'homme, pas les règles de Dieu. Tu sais, Barack, je suis catholique, mais j'ai été élevé dans une famille baptiste. J'aurais très bien pu rejoindre une église méthodiste, pentecôtiste, n'importe quoi. Mais c'est à Sainte-Catherine que Dieu m'a envoyé. Et ce qui l'intéresse, c'est ce que je fais en aidant les autres, pas que je suive bien le catéchisme.

J'opinai du chef sans demander ce qu'était le catéchisme. En Indonésie, j'avais passé deux ans dans une école musulmane et deux ans dans une école catholique. A l'école musulmane, le professeur avait écrit à ma mère que je faisais des grimaces pendant l'enseignement coranique. Ma mère ne s'inquiéta pas outre mesure. « Sois respectueux », m'avait-elle simplement recommandé. A l'école catholique, à l'heure de la prière, je faisais semblant de fermer les yeux, puis j'inspectais la classe. Il ne se passait rien d'extraordinaire. Pas d'ange à l'horizon, descendu tout droit du ciel. Non, il n'y avait qu'une vieille religieuse parcheminée et trente gamins bronzés qui marmonnaient des paroles. Parfois, la religieuse me surprenait, et son regard sévère me forçait à clore de nouveau les paupières. Mais cela ne changeait rien à ce que je ressentais intérieurement.

Et c'était ce que je ressentais en écoutant Will. Mon silence était ma façon de fermer les yeux.

Le bus s'arrêta dans le parking de l'église, et Will se dirigea vers l'avant du bus. Il remercia les gens de s'être déplacés et les conjura de continuer la lutte.

– La route sur laquelle on s'est engagés est longue, dit-il, mais cette soirée m'a montré ce qu'on est capables de faire quand on se donne à fond. Cette bonne sensation que vous avez en ce moment, on va la garder, jusqu'à ce qu'on ait remis ce quartier debout.

Quelques passagers sourirent et répondirent « amen ». Mais, en sortant du bus, j'entendis une femme derrière moi chuchoter à son amie :

– Je m'en fiche du quartier, pas toi ? Ils parlent d'emplois, mais ils sont où, ces emplois ?

Le lendemain, Marty décréta qu'il était temps de me mettre au travail concret, et il me donna une longue liste de personnes à aller interroger. Découvrir leur intérêt particulier. C'est leur intérêt particulier qui pousse les gens à s'engager dans une organisation, m'expliqua-t-il ; ils s'engagent s'ils pensent pouvoir en retirer quelque chose. Selon lui, quand j'aurais trouvé un thème intéressant un nombre suffisant de personnes, je pourrais les entraîner dans une action. Avec un nombre suffisant d'actions, je pourrais constituer une force.

Des thèmes, des actions, des intérêts particuliers. J'aimais ces concepts. Ils révélaient un certain réalisme, une laïcité de bon aloi ; c'était de la politique, pas de la religion.

Pendant les trois semaines suivantes, je travaillai jour et nuit, peaufinant et menant mon enquête tout à la fois. C'était plus difficile que je ne m'y attendais. Il y avait la résistance intérieure que je ressentais quand j'attrapais le téléphone pour prendre un rendez-vous, hanté par le souvenir de Gramps quand il démarchait ses clients pour les assurances : l'impatience qui m'accueillait à l'autre bout de la ligne, le sentiment de vide laissé par les messages restés sans suite. La plupart de mes rendez-vous avaient lieu le soir, à domicile, et les gens étaient fatigués après leur journée de travail. Parfois, en arrivant, je tombais sur une personne qui avait oublié que je venais et il me fallait décliner mon identité, devant une porte entrebâillée d'où l'on m'observait avec suspicion.

C'étaient néanmoins des difficultés mineures. Après les avoir surmontées, je m'apercevais que les gens n'étaient que trop heureux de saisir l'occasion de faire connaître leur opinion sur un conseiller municipal qui n'en fichait pas une ou sur un voisin qui refusait de tondre son gazon. Plus mon enquête avançait, plus les thèmes se faisaient récurrents. Ainsi, j'appris que la plupart des gens du quartier avaient grandi plus loin, au nord ou dans le West Side de Chicago, dans les enclaves noires exiguës que des conventions restrictives avaient créées pendant la majeure partie de l'histoire de la ville. Les gens avaient quelques bons souvenirs de ce monde confiné, mais ils se rappelaient également l'absence de chauffage, de lumière et d'espace vital... ils se souvenaient de tout cela, et aussi d'avoir vu leurs parents s'épuiser peu à peu, écrasés par de durs travaux physiques.

Quelques-uns avaient suivi leurs parents à l'aciérie ou à la chaîne d'assemblage. Mais ils étaient plus nombreux à avoir trouvé un emploi de facteur, de conducteur de bus, d'instituteur ou de travailleur social, grâce à l'application des lois antidiscrimination, plus rigoureuse dans le secteur public. Ce genre d'emploi comprenait des avantages et assez de stabilité pour leur permettre de se lancer dans un emprunt. Grâce aux lois *fair housing* concernant la construction de logements à un prix abordable, ils avaient acheté des maisons à Roseland ou dans d'autres quartiers blancs, et s'y étaient installés, les uns après les autres. Ils précisaient bien que ce n'était pas parce qu'ils tenaient particulièrement à se mélanger aux Blancs, mais parce que les maisons de ces quartiers étaient abordables et disposaient de petits jardins pour leurs enfants, et parce que les écoles étaient meilleures et les magasins moins chers... et peut-être simplement parce qu'ils le pouvaient.

Souvent, en écoutant ces témoignages, je me rappelais les récits de Gramps, de Toot et de ma mère. Eux aussi parlaient dureté des temps et migration, désir d'une vie meilleure. Mais il y avait une indéniable différence entre ce que j'entendais à présent et leurs récits. C'était comme si les images de mon enfance repassaient devant moi à l'envers. Dans les histoires présentes, sur les maisons habitées par les Blancs, les panneaux À VENDRE se multipliaient comme des champignons à l'arrivée de l'automne. On lançait des pierres dans les carreaux des nouveaux arrivants, on entendait des parents appeler leur progéniture d'une voix anxieuse pour la faire rentrer à l'intérieur. Des pâtés de maisons entiers changeaient de propriétaires en moins de six mois, et des quartiers entiers en moins de cinq ans.

Dans ces histoires, quand les Blancs et les Noirs se rencontraient, il en résultait immanquablement de la colère et de la douleur.

Les quartiers concernés ne s'étaient jamais remis de ce bouleversement racial. Les magasins et les banques étaient partis avec leurs clients blancs, et les rues commerçantes avaient périclité. Les services municipaux avaient décliné. Cependant, avec le recul, quand les Noirs qui s'étaient installés là dix ou quinze ans auparavant considéraient l'évolution de leur situation, c'était avec une certaine satisfaction. Avec deux salaires, ils avaient pu payer leur maison et leurs voitures, parfois l'université pour leurs enfants, dont les photos, le jour de la remise de diplôme, ornaient partout les dessus de cheminée. Ils avaient pu entretenir leur bien immobilier et ils veillaient à ce que leurs enfants ne traînent pas dans les rues ; ils avaient formé des clubs par groupes d'immeubles pour que tout le monde en fasse autant.

C'était quand ils parlaient de l'avenir qu'une certaine inquiétude perçait dans leurs voix. Ils évoquaient un cousin ou un parent qui passait régulièrement leur demander de l'argent, ou un enfant adulte sans emploi qui vivait toujours chez eux. Même la réussite de leurs enfants diplômés et entrés dans le monde des cols blancs contenait un élément négatif : plus ces enfants réussissaient, plus il était probable qu'ils iraient s'établir au loin. Ils étaient remplacés par des familles plus jeunes et moins stables. C'était la deuxième vague d'émigration des quartiers plus pauvres, formée de nouveaux arrivants qui ne pouvaient pas toujours faire face à leurs crédits ou investir pour l'entretien de leur maison. Il y avait des vols de voitures ; les parcs étaient vides. Les gens passaient maintenant plus de temps à l'intérieur ; ils investissaient dans de lourdes portes en fer forgé ; ils songeaient à vendre à perte pour aller se réfugier dans une région où le temps était plus chaud, pour retourner peut-être dans le Sud.

Aussi, en dehors de la légitime fierté consécutive à leur réussite, malgré la preuve irréfutable de leur ascension sociale, ces hommes et ces femmes exprimaient leur inquiétude devant la menace qu'ils sentaient poindre. Les maisons barricadées, les vitrines détériorées, les fidèles vieillissants à l'église, les gamins de familles inconnues qui jouaient les caïds dans les rues – des groupes bruyants d'adolescents, garçons et filles, qui enfournaient des chips dans la bouche de bambins hurlants et jetaient les emballages par terre –, tout cela révélait des vérités douloureuses, leur disait que le progrès qu'ils connaissaient était éphémère, enraciné dans un sol peu profond ; qu'il ne durerait peut-être même pas toute leur vie.

Et c'était cette dualité, l'avancement individuel et le déclin collectif, qui expliquait les attitudes évoquées par Will lors de notre conversation, pendant la première soirée. Je la décelais dans la fierté excessive avec laquelle certains hommes me parlaient du bar bien garni qu'ils avaient installé dans leur cave, avec des lampes à lave et des murs recouverts de miroirs. Dans le plastique de protection que les femmes posaient sur leurs tapis et canapés immaculés. Dans tout cela, on voyait un effort déterminé pour se convaincre que les choses avaient changé, et si seulement certaines personnes voulaient bien se tenir comme il faut...

– J'essaie d'éviter de passer par Roseland quand je peux, m'expliqua une femme de Washington Heights, le quartier voisin. Les gens, là-bas, sont plus grossiers. Il suffit de voir comme ils négligent leurs maisons. Ce n'était pas comme ça quand les Blancs vivaient encore là-bas.

Des distinctions entre les quartiers, entre les groupes d'immeubles, et enfin entre les voisins à l'intérieur d'un groupe d'immeubles ; des tentatives pour contenir, contrôler la décrépitude... Cependant, quelque chose me frappa. La femme si préoccupée par les manières grossières de ses voisins avait une photo de Harold dans sa cuisine, juste à côté d'un exemplaire du Psaume 23, tout comme le jeune homme qui vivait dans un appartement miteux à quelques pâtés de maisons de là et essayait de joindre les deux bouts en faisant le disc-jockey dans les fêtes. Comme aux clients de Smitty le coiffeur, l'élection avait donné à ces deux personnes une nouvelle idée d'elles-mêmes. Ou peut-être était-ce une idée ancienne, née en des temps plus simples. Harold était une chose qu'ils avaient en commun : comme l'idée du travail social que j'avais choisi pour moi-même, il leur tendait une offre de rédemption collective.

Au bout de trois semaines, je posai mon rapport sur le bureau de Marty et m'assis pendant qu'il le lisait.

– Pas mal, dit-il quand il eut terminé.

– Pas mal ?

– Ouais, pas mal. Tu commences à écouter. Mais c'est encore trop abstrait... on a l'impression que tu as fait un sondage ou un truc de ce genre. Si tu veux recruter les gens, il faut que tu t'éloignes de la périphérie pour aller au centre. Que tu ailles droit à ce qui les fait vibrer. Autrement, tu ne pourras jamais créer la relation qu'il te faut pour les impliquer.

Il commençait à me taper sur les nerfs, ce mec. Je lui demandai s'il n'avait pas peur de devenir trop calculateur, s'il lui était déjà venu à l'esprit qu'explorer le psychisme des gens et gagner leur confiance dans le seul but de créer une organisation était de la manipulation. Il soupira.

– Je ne suis pas un poète, Barack. Je suis un organisateur.

Qu'est-ce que ça voulait dire ? Je quittai le bureau de mauvaise humeur. Plus tard, je fus bien forcé de reconnaître que Marty avait raison. Je n'avais pas la moindre idée de la façon dont je m'y prendrais pour transposer en action les renseignements recueillis.

C'est seulement à la fin de mon enquête qu'une occasion sembla se présenter.

Ce fut pendant un rendez-vous avec Ruby Styles, une femme trapue qui travaillait comme responsable de bureau au nord de la ville. Nous parlions de son adolescent de fils, Kyle, un garçon brillant mais difficile, qui commençait à avoir des problèmes à l'école.

Ruby m'apprit que le nombre de gangs sévissant dans le quartier avait augmenté. Un copain de Kyle avait essuyé un coup de feu la semaine précédente, juste devant chez lui. Il allait bien, mais maintenant Ruby s'inquiétait pour la sécurité de son fils.

Je dressai l'oreille : cela ressemblait à un intérêt particulier.

Pendant les jours suivants, Ruby me présenta à d'autres parents qui partageaient ses craintes et se plaignaient de la mollesse de la réponse policière. Je proposai d'inviter le commandant du district à une réunion de quartier pour que la communauté puisse exprimer son inquiétude, et tout le monde fut d'accord. Lorsque nous abordâmes le problème de l'information publique de notre action, l'une des mères de famille mentionna la présence d'une église baptiste près du groupe d'immeubles où le garçon avait été blessé. Peut-être le pasteur, un certain révérend Reynolds, accepterait-il de faire l'annonce à ses ouailles.

Il me fallut une semaine pour le joindre au téléphone, mais lorsque je réussis enfin, le révérend Reynolds me donna une réponse prometteuse. Il m'apprit qu'il était le président de l'alliance locale des cultes, « des Eglises qui s'unissent pour prêcher l'évangile social », me dit-il. Le groupe tiendrait justement sa réunion régulière le lendemain, et il serait heureux de me porter sur l'ordre du jour.

Je raccrochai le téléphone en proie à une vive excitation, et j'arrivai de bonne heure à l'église du révérend Reynolds, le lendemain matin. Deux jeunes femmes en robe blanche et gants blancs m'accueillirent dans le foyer et m'introduisirent dans une vaste salle de conférences où une petite douzaine de Noirs plus âgés s'entretenaient debout, réunis en un cercle informel. Un monsieur à l'air particulièrement distingué s'en détacha pour venir à ma rencontre.

– Vous devez être le frère Obama, dit-il en me serrant la main. Je suis le révérend Reynolds. Vous êtes juste à l'heure. Nous allons commencer.

Nous prîmes place autour d'une longue table, et le révérend Reynolds dit la prière avant de me donner la parole. Dominant ma nervosité, je m'adressai aux ministres du culte en leur faisant part de l'inquiétude induite par la recrudescence des gangs et je leur remis des tracts à distribuer dans leurs églises.

– Sous votre direction, dis-je avec conviction, gagné par mon sujet, ce pourrait être le premier pas vers une coopération sur toutes sortes de thèmes ! Améliorer les écoles. Ramener les emplois dans le quartier…

Au moment où je faisais passer les derniers tracts, un homme de grande taille, à la peau brune, entra dans la pièce. Il portait un costume croisé bleu, et une grande croix dorée se détachait sur le rouge écarlate de sa cravate. Ses cheveux étaient défrisés, coiffés en arrière et bombés sur le sommet de la tête.

– Frère Smalls, vous venez de rater une excellente présentation, dit le révérend Reynolds en guise d'accueil. Ce jeune homme, le frère Obama, a le projet d'organiser une réunion à propos de la fusillade qui a eu lieu récemment.

Le révérend Smalls se servit un café et parcourut le tract.

– Quel est le nom de votre organisation ? s'enquit-il.

– C'est le Programme de développement communautaire.

– Programme de développement communautaire…

Il fronça les sourcils.

– Je crois me souvenir d'un Blanc qui est venu me voir pour me parler d'un Développement je ne sais quoi. Drôle de gars. Un nom juif. Vous travaillez avec les catholiques ?

Je l'informai que certaines églises catholiques du secteur s'étaient impliquées dans le projet.

– C'est vrai, je m'en souviens maintenant…

Le révérend Smalls sirota un peu de café et se cala au fond de sa chaise.

– J'ai dit à ce Blanc qu'il ferait mieux de prendre ses cliques et ses claques et de fiche le camp. On ne veut pas de ce genre de truc ici.

– Je…

– Ecoutez… c'est quoi, votre nom, déjà ? Obamba ? Ecoutez, Obamba, vous êtes peut-être plein de bonnes intentions. J'en suis même sûr. Mais nous, nous retrouver avec l'argent des Blancs, des églises catholiques et des organisateurs juifs pour résoudre nos problèmes, c'est bien la dernière chose qu'on veut. Ce n'est pas nous qui les intéressons. Oh non alors ! L'archidiocèse de cette ville est dirigé par des racistes purs et durs. Depuis toujours. Les Blancs déboulent ici en s'imaginant qu'ils sont mieux placés que nous pour savoir ce qu'il nous faut, ils embauchent des frères bourrés de diplômes qui ont un beau langage, comme vous, et qui n'y connaissent rien, et qui ne sont intéressés que par une chose, prendre le pouvoir. Tout ça, c'est de la politique, et notre groupe, il ne s'occupe pas de politique.

Je bafouillai que l'Eglise avait toujours été en première ligne pour s'occuper des problèmes de la communauté, mais le révérend Smalls se contenta de secouer la tête.

– Vous ne comprenez pas, dit-il. Les choses ont changé avec le nouveau maire. Je connais le commandant de police du district depuis l'époque où il était simple flic. Les conseillers municipaux de notre zone sont tous acquis au pouvoir noir. Je ne vois pas pourquoi on protesterait et on lutterait contre nos propres gens ! Tous ceux qui sont ici autour de cette table ont une ligne directe avec la mairie. Fred, vous venez juste de voir le conseiller municipal à propos du permis de construire de votre parking, c'est vrai ou pas ?

Le silence s'était établi dans la salle. Le révérend Reynolds se racla la gorge.

– Ce jeune homme est nouveau ici, Charles. Il essaie simplement de faire quelque chose pour aider les gens.

Le révérend Smalls sourit et me tapota l'épaule.

– Ne me comprenez pas mal, dit-il. Comme je l'ai dit, je sais que vous voulez bien faire. Nous avons besoin de sang neuf pour nous aider dans notre cause. Tout ce que je dis, c'est que vous êtes du mauvais côté dans cette bataille.

Je restai assis sur ma chaise, sur des charbons ardents, pendant que les pasteurs discutaient des modalités d'un service religieux commun qu'ils tiendraient pour Thanksgiving dans le parc situé de l'autre côté de la rue. Quand la réunion fut terminée, le révérend Reynolds et quelques autres vinrent me remercier d'être venu.

– Ne prenez pas Charles trop au sérieux, me conseilla l'un d'eux. Il peut être un peu dur parfois.

Mais je remarquai qu'aucun d'eux n'emporta mes tracts. Et plus tard, dans la semaine, quand j'essayai d'en rappeler quelques-uns, leurs secrétaires me répondirent invariablement qu'ils étaient sortis pour la journée.

Nous maintînmes notre réunion avec la police, qui fut un petit désastre. Seules treize personnes éparpillées au milieu de rangées de chaises vides vinrent y participer. Le commandant du district annula son intervention et se fit représenter par un agent responsable des relations avec les communautés. Toutes les deux minutes, un couple de personnes âgées entrait et demandait le jeu de bingo. Je passai la majeure partie de la soirée à diriger cette circulation anarchique vers l'étage supérieur, pendant que Ruby restait assise, l'air maussade, à écouter le policier faire la leçon sur la nécessité de la discipline parentale.

A mi-parcours, Marty fit son apparition.

Quand ce fut fini, il vint me voir et me posa la main sur l'épaule.

– C'est le bide total, hein ?

Bien vu. Il m'aida à ranger, puis m'emmena boire un café et me signala quelques-unes de mes erreurs. Le problème des gangs était trop général pour impressionner les gens… les thèmes devaient être concrets, spécifiques, et résolubles. J'aurais dû mieux préparer Ruby… installer moins de chaises. Et, ce qui était plus important, il me fallait passer plus de temps à faire connaissance avec les animateurs de la communauté ; les tracts n'avaient aucune chance d'attirer les gens dehors un soir de pluie.

– Au fait, dit-il en se levant, comment ça s'est passé avec les pasteurs que tu devais voir ?

Je lui rapportai les paroles du révérend Smalls.

Il éclata de rire.

– Je crois que j'ai bien fait de ne pas me pointer, hein ?

Moi, je n'avais pas envie de rire.

– Pourquoi ne m'as-tu pas prévenu contre Smalls ?

– Je t'ai prévenu, répondit-il en ouvrant la portière de sa voiture. Je t'ai dit que Chicago était une ville divisée et que les politiciens en tiraient avantage. C'est exactement ce qu'il est, Smalls : un politicien qui porte un col de religieux. Mais ce n'est pas la fin du monde. Au contraire, tu devrais être content d'avoir reçu ta leçon assez tôt.

D'accord, mais quelle leçon ? En regardant partir Marty, je me remémorai le premier jour, le jour du rassemblement : le son de la voix de Smitty dans la boutique du coiffeur ; les rangées de visages noirs et blancs à l'auditorium de l'école, réunis parce que l'usine était à l'abandon et parce que Marty se sentait trahi quelque part ; le cardinal, un homme petit, pâle, modeste, soutane noire et lunettes, souriant sur scène pendant que Will l'enveloppait dans une étreinte de gros nounours. Will, si certain qu'ils se comprenaient tous les deux…

Chacune de ces images portait sa propre leçon, chacune était sujette à des interprétations divergentes. Car il y avait de nombreuses Eglises, de nombreuses croyances. A certains moments, peut-être, ces croyances semblaient converger… la foule devant le Mémorial Lincoln, les Marcheurs pour la liberté au comptoir du restaurant. Mais ces moments étaient clairsemés, fragmentés. Nous fermions les yeux, prononcions les mêmes mots, mais dans son cœur chacun de nous adressait ses prières à son propre maître ; nous restions tous enfermés dans nos propres souvenirs ; nous nous accrochions tous à nos propres illusions, nos propres magies.

Un homme comme Smalls comprend cela, me dis-je. Il comprenait que les hommes de la boutique du coiffeur ne voulaient pas voir les différentes facettes de la victoire de Harold – leur victoire. Ils ne voulaient pas entendre que leurs problèmes ne se limitaient pas aux agissements d'un groupe de conseillers municipaux blancs retors, qu'ils étaient plus compliqués. Marty et Smalls savaient qu'en politique, comme en religion, le pouvoir reposait sur les certitudes – et que les certitudes des uns menaçaient toujours celles des autres.

Dans ce parking de McDo désert du South Side de Chicago, je compris alors que j'étais un hérétique. Ou pire, car même un hérétique croit sûrement en quelque chose, ne serait-ce qu'en la vérité de son propre doute.

9

La cité Altgeld Gardens était située à l'extrême sud de Chicago : deux mille appartements distribués dans des rangées d'immeubles de briques à deux étages munis de portes kaki et de similivolets noirs de crasse. Dans le quartier, on appelait Altgeld « the Gardens », « les Jardins ». Ce ne fut que plus tard que je m'aperçus de l'ironie de ce nom qui évoquait quelque chose de frais et de bien entretenu – une terre bénie.

Certes, il y avait bien un bosquet au sud de la cité, qui s'étendait au sud et à l'ouest de la rivière Calumet, où on pouvait parfois apercevoir des gens lancer paresseusement des fils de pêche dans des eaux noirâtres. Mais les poissons qui nageaient dans ces eaux étaient souvent étrangement décolorés, avec des yeux blancs de cataracte et des bosses derrière les branchies. Les gens ne mangeaient leurs prises que s'ils y étaient obligés.

A l'est, de l'autre côté de la voie express, se trouvait le site d'enfouissement de déchets du lac Calumet, le plus grand du Midwest.

Et au nord, juste de l'autre côté de la rue, il y avait l'usine de traitement des eaux usées de l'agglomération de Chicago. Les gens d'Altgeld ne voyaient pas l'usine, pas plus que les cuves à ciel ouvert qui s'étendaient sur plus d'un kilomètre et demi. Dans un récent effort de réhabilitation, le district entretenait un long mur de terre devant l'usine, parsemé de jeunes arbres, plantés à la hâte, qui refusaient obstinément de pousser, pareils à des cheveux clairsemés éparpillés sur la tête d'un chauve. Mais les officiels ne pouvaient rien contre l'odeur – une odeur pénétrante, putride, dont l'intensité variait selon la température et la direction du vent, et s'infiltrait par les fenêtres même les plus hermétiques.

La puanteur, les toxines, le paysage désert, inhabité... Pendant près d'un siècle, on avait déversé sur les quelques kilomètres carrés entourant Altgeld les déchets d'innombrables usines ; c'était la contrepartie à payer pour bénéficier d'un emploi bien rémunéré. A présent que les emplois n'existaient plus, et que les gens qui le pouvaient étaient déjà partis, il semblait tout à fait naturel d'utiliser l'endroit comme décharge.

Une décharge... et un lieu pour y loger les Noirs pauvres. Unique par son isolement géographique, Altgeld partageait néanmoins avec les autres cités de la ville une histoire commune : au début il y avait les réformateurs, qui avaient souhaité construire des logements décents pour les pauvres ; ensuite les politiques, qui avaient concentré ces cités loin des quartiers blancs et empêché les familles d'ouvriers de venir y vivre ; puis les passe-droits octroyés par la Chicago Housing Authority (CHA), l'autorité responsable du logement ; la mauvaise gestion et les négligences qui en découlaient. Ce n'était pas aussi affreux que les tours d'aujourd'hui, les Robert Taylor et les Cabrini Greens, avec leurs cages d'escalier noires comme du charbon, leurs halls maculés d'urine, les coups de feu tirés au hasard. Le pourcentage d'occupation d'Altgeld restait stable à quatre-vingt-dix pour cent, et quand on entrait dans les appartements, on les trouvait souvent bien tenus, avec des petites touches – un tissu jeté sur le velours déchiré d'un fauteuil, un vieux calendrier laissé au mur à cause de sa photo de plage tropicale – qui traduisaient l'envie latente d'avoir un foyer.

Mais tout ce qui touchait aux Gardens était dans un perpétuel état de délabrement. Les plafonds s'écaillaient. Les tuyaux éclataient. Les toilettes se bouchaient. Des traces de pneu boueuses parcouraient les petites pelouses marron parsemées de cache-pots vides... cassés, renversés, à moitié enterrés. Les équipes de maintenance du CHA avaient même cessé de faire semblant de vouloir procéder un jour prochain aux réparations. Aussi les enfants des Jardins grandissaient-ils sans jamais en avoir vu un. C'étaient des enfants qui ne voyaient que des choses en état de délabrement, et qui prenaient souvent un plaisir morbide à hâter le processus.

J'entrai dans Altgeld et m'arrêtai devant l'église Our Lady of the Gardens, Notre-Dame-des-Jardins, un bâtiment plat en briques tourné vers l'arrière de la cité. Je m'y rendais pour discuter avec quelques animateurs importants, afin d'évoquer les problèmes rencontrés dans notre travail d'organisation et de trouver le moyen de remettre les choses sur pied. Je coupai le moteur et tendis la main vers ma serviette, mais quelque chose m'arrêta soudain dans mon geste. La rue devant moi, peut-être ; ou le ciel, d'un gris étouffant. Je fermai les yeux et renversai la tête contre le dossier du siège, en proie à un sentiment qui ressemblait fort à ce que devait éprouver le capitaine d'un navire en train de couler.

Plus de deux mois avaient passé depuis le fiasco de la rencontre avec la police, et les choses avaient encore empiré. Il n'y avait pas eu de marches, pas de sit-in, pas de chants de la liberté. Il n'y avait eu qu'une succession de mauvaises pistes et de malentendus, dans une ambiance marquée par le manque d'intérêt et le stress. Une partie du problème résidait dans notre base, qui, tout du moins en ville, n'avait jamais été étendue : huit églises catholiques égaillées dans plusieurs quartiers, aux fidèles tous noirs et toutes dirigées par des prêtres blancs. C'étaient des hommes isolés, ces prêtres, le plus souvent d'origine polonaise ou irlandaise, des hommes qui étaient entrés au séminaire dans les années 1960 pour servir les pauvres et guérir les plaies raciales, mais qui manquaient du zèle de leurs prédécesseurs, les missionnaires ; des hommes plus gentils, peut-être meilleurs, mais aussi plus vulnérables à cause de leur modernité. Ils avaient vu leurs sermons exhortant à la fraternité et la bonne volonté foulés aux pieds par la débandade des Blancs, leurs efforts pour recruter de nouveaux fidèles accueillis avec suspicion par les visages noirs – principalement des baptistes, des méthodistes, des pentecôtistes – qui entouraient à présent leurs églises. Marty les avait convaincus qu'avec la mise sur pied d'une organisation leur isolement serait brisé, que non seulement celle-ci stopperait le déclin du quartier, mais aussi régénérerait leurs églises et regonflerait leur moral. C'était cependant un espoir fragile, et à l'époque où je les rencontrai ils étaient déjà déçus et résignés.

– En vérité, me dit l'un des prêtres, nous essayons tous de nous faire transférer ailleurs. La seule raison pour laquelle je suis toujours ici, c'est que personne ne veut me remplacer.

Le moral était encore pire parmi les laïcs, les Noirs comme Angela, Shirley et Mona, les trois femmes que j'avais rencontrées au rassemblement. C'étaient trois femmes pleines d'entrain et de bonne humeur. Seules, sans maris, elles parvenaient à élever des fils et des filles, jonglaient entre une série d'emplois à temps partiel et montaient des troupes de girl-scouts, organisaient des présentations de mode et des camps d'été pour les cohortes d'enfants qui passaient tous les jours par l'église. Aucune d'elles ne vivait véritablement à Altgeld, car elles étaient toutes les trois propriétaires d'une petite maison à l'ouest de la cité. Je leur demandai un jour ce qui les motivait. Avant de me laisser le temps de terminer ma question, elles avaient levé les yeux au ciel avec ensemble.

– Bouge pas, ma fille, avait dit Angela à Shirley, ce qui avait fait glousser Mona. C'est toi qu'il vise. Je l'ai vu dans ses yeux.

Et Shirley avait lancé :

– C'est pas compliqué, Barack, nous sommes trois nanas d'un certain âge qui s'ennuient et qui ont rien à faire de leurs dix doigts !

Ici, Shirley avait posé une main sur sa hanche osseuse et porté sa cigarette à ses lèvres, à la façon d'une star de cinéma.

– Mais si jamais l'homme de notre vie se pointe, avait-elle poursuivi, alors c'est adieu Altgeld, et bonjour Monte-Carlo !

Depuis un certain temps, je ne les entendais plus plaisanter. Je n'entendais plus que des récriminations. Marty, selon elles, ne s'intéressait pas à Altgeld. Il était arrogant et ne tenait aucun compte de leurs suggestions.

Surtout, la nouvelle agence pour l'emploi que nous avions annoncée avec des roulements de tambour au cours du rassemblement était un ratage complet. Conformément aux plans de Marty, une université d'Etat située en banlieue avait été désignée pour diriger le programme – c'était une question d'efficacité, avait-il expliqué, car l'université disposait déjà des ordinateurs nécessaires. Malheureusement, deux mois après son démarrage supposé, personne n'avait encore trouvé de travail grâce à ce programme. Les ordinateurs ne fonctionnaient pas correctement, les données étaient infestées d'erreurs, les gens étaient envoyés à des entretiens d'embauche pour des emplois qui n'existaient pas. Marty était furieux, et au moins une fois par semaine il se rendait à l'université et essayait avec force jurons étouffés d'extorquer des réponses à des responsables qui semblaient surtout préoccupés par la levée de fonds pour le cycle universitaire suivant.

Mais les femmes d'Altgeld n'avaient que faire des frustrations de Marty. Tout ce qu'elles savaient, c'était que cinq cent mille dollars étaient partis quelque part, mais pas dans leur quartier. Pour elles, l'agence pour l'emploi était une preuve de plus que Marty les avait utilisés pour un programme secret, que des Blancs de banlieue bénéficiaient des emplois qu'on avait promis à Altgeld.

– Marty, il travaille pour lui, c'est tout, grommelaient-elles.

Je faisais de mon mieux pour servir de médiateur, d'un côté en lavant Marty du soupçon de racisme, et de l'autre en suggérant au même Marty de manifester plus de tact. Celui-ci me dit que je perdais mon temps. Selon lui, si Angela et d'autres animateurs de la ville étaient furieux, c'était parce qu'il avait refusé de les engager pour diriger le programme.

– C'est ça qui fiche en l'air un tas de prétendues organisations communautaires, ici. Elles commencent par accepter l'argent du gouvernement. Elles engagent de grosses équipes de bons à rien. Et elles ne tardent pas à devenir de grosses officines de copinage, avec des clients qu'il faut servir. Pas des animateurs. Des *clients*. Qu'il faut *servir*.

Il crachait les mots comme s'ils étaient malpropres.

– Mon Dieu, ça me rend malade rien que d'y penser !

Puis, me devinant toujours aussi énervé, il ajouta :

– Si tu veux faire ce travail, Barack, il faut que tu arrêtes de te demander si les gens t'aiment. Ils ne t'aimeront pas.

Le copinage, la politique, les gens vexés, le reproche de racisme – Marty mettait tout cela dans le même sac, car cela ne servait qu'à le distraire d'un objectif plus large, cela entachait une noble cause. Il ne renonçait pas à tenter d'amener les syndicats à s'unir à nous, convaincu qu'ils viendraient gonfler nos rangs, mener notre bateau à bon port.

Un jour de la fin septembre, il m'avait demandé, ainsi qu'à Angela, de l'accompagner à une réunion qui devait avoir lieu avec des responsables syndicaux de LTV Steel, l'une des rares aciéries de la ville toujours en activité. Il lui avait fallu plus d'un mois pour fixer la réunion, et il était gonflé d'énergie ce jour-là, nous débitant à toute vitesse des considérations sur l'aciérie, le syndicat, les nouvelles phases de la campagne d'organisation.

Le président – un jeune Irlandais bien de sa personne qui avait été récemment élu sur la promesse de réformes – était entré dans la salle accompagné de deux Noirs costauds, le trésorier et le vice-président du syndicat. Après les présentations, nous nous étions installés et Marty avait pris la parole. La profession se préparait selon lui à abandonner l'industrie de l'acier, et d'éventuelles concessions sur les salaires ne feraient que prolonger l'agonie. Si le syndicat voulait préserver l'emploi, il lui fallait adopter une démarche nouvelle, hardie. Se mettre autour de la table avec les Eglises et développer un plan de rachat de l'entreprise par les ouvriers. Négocier avec la ville pour la réduction du prix des services et des impôts. Obtenir des prêts bancaires qui seraient utilisés pour être investis dans les nouvelles technologies nécessaires pour que l'usine redevienne compétitive.

Pendant son monologue, les représentants du syndicat remuaient sur leurs chaises, visiblement mal à l'aise. Finalement, le président s'était levé et avait dit à Marty que ses idées méritaient plus ample réflexion, mais que, pour l'heure, le syndicat devait se concentrer sur la décision immédiate à prendre concernant les propositions de la direction.

Quand nous nous étions retrouvés sur le parking, après la réunion, Marty avait l'air sonné.

– Ils ne sont pas intéressés, m'avait-il dit en secouant la tête. On dirait un troupeau de lemmings qui court tout droit vers le précipice…

Je m'étais senti très mal à l'aise pour Marty, mais plus mal encore pour Angela. Elle n'avait pas prononcé un mot pendant toute la réunion, mais dans la voiture elle s'était tournée vers moi et m'avait confié :

– J'ai pas compris un traître mot de ce qu'a dit Marty.

Et je pense que c'est à ce moment que j'ai saisi la difficulté de ce que Marty avait essayé d'impulser, et l'ampleur de son erreur de jugement. Ce n'était pas seulement parce que certains détails de la présentation avaient échappé à Angela. Dans le cours ultérieur de notre conversation, je m'étais aperçu qu'elle avait compris aussi bien que moi la proposition de Marty. Non, le véritable sens de sa remarque était celui-ci : elle ne voyait pas l'intérêt qu'elle pourrait retirer elle-même de la survie de l'aciérie. S'unir avec les syndicats permettrait peut-être aux rares Noirs qui restaient à l'usine de conserver leurs emplois. Cela n'améliorerait pas le sort des chômeurs chroniques. Une agence pour l'emploi pourrait aider les ouvriers qui possédaient déjà des compétences et de l'expérience à trouver autre chose ; elle n'apprendrait pas à lire ou à se servir d'un ordinateur aux adolescents noirs qui avaient abandonné leurs études.

En d'autres termes, ce n'était pas la même chose pour les Noirs. On faisait la différence maintenant, de même qu'on avait fait la différence pour les grands-parents d'Angela, qui n'avaient pas été admis par les syndicats et sur lesquels on avait craché ensuite parce qu'ils étaient des briseurs de grève ; pour ses parents, qui avaient été exclus des meilleurs emplois privilégiés attribués par la « Machine[1] » avant que le mot « privilège » devienne un gros mot. Dans sa ferveur à batailler contre les puissants en ville, les banquiers en beau costume, Marty voulait effacer les différences de cette sorte et les reléguer dans un passé malheureux. Mais pour quelqu'un comme Angela, le passé était le présent ; il déterminait son monde avec une force infiniment plus réelle que n'importe quelle notion de solidarité de classe. Il expliquait pourquoi les Noirs n'avaient pas pu être plus nombreux à partir et à s'installer dans les banlieues pendant que c'était encore la belle époque, pourquoi ils n'avaient pas été plus nombreux à pouvoir gravir les degrés qui menaient au rêve américain. Il expliquait pourquoi le chômage était plus répandu dans les quartiers noirs, durait plus longtemps, était plus désespéré ; et pourquoi Angela n'avait aucune patience envers ceux qui voulaient traiter les Noirs et les Blancs exactement de la même façon.

Il expliquait Altgeld.

Je consultai ma montre : dix heures deux. L'heure d'affronter la tempête. Je sortis de ma voiture et allai sonner à la porte de l'église. Ce fut Angela qui répondit et m'accompagna dans une pièce où patientaient les autres animateurs : Shirley, Mona, Will et Mary, une Blanche calme, brune, enseignante à l'école élémentaire Sainte-

1. Au Parti démocrate, la Cook County Democratic Organization était appelée communément la « Chicago Machine ». Elle a dominé le monde politique de Chicago entre les années 1930 et 1970.

Catherine. Je présentai mes excuses pour mon retard et me servis un café.

– Eh bien, dis-je en m'asseyant sur le rebord de la fenêtre, c'est quoi toutes ces tristes figures ?

– On laisse tomber, annonça Angela.

– Qui laisse tomber ?

Angela haussa les épaules.

– Moi, en tout cas... Je peux pas parler pour les autres.

Mes yeux firent le tour de la pièce. Tout le monde détourna le regard, comme un jury qui vient de délivrer un verdict défavorable.

– Je regrette, Barack, poursuivit Angela. Ça n'a rien à voir avec toi. La vérité, c'est qu'on est fatigués. On est tous là depuis deux ans, et on n'a obtenu aucun résultat.

– Je comprends que vous soyez frustrés, Angela. Nous sommes tous un peu frustrés. Mais il faut encore un peu de patience, un peu de temps. Nous...

– On n'a plus le temps, m'interrompit Shirley. On peut pas continuer à faire des promesses aux gens s'il se passe rien après. Il faut qu'on obtienne quelque chose *maintenant.*

Je jouai avec ma tasse à café en essayant de trouver quelque chose à ajouter. Les mots se bousculaient dans ma tête et, l'espace d'un instant, je fus pris de panique. Puis la panique fut remplacée par la colère. La colère contre Marty, qui m'avait persuadé de venir à Chicago. La colère contre les animateurs et leur vision à courte vue. La colère contre moi-même, pour avoir cru pouvoir franchir le fossé qui nous séparait. Soudain, je me rappelai les paroles de Frank à Hawaii, le soir où je lui avais dit que Toot avait eu peur d'un Noir.

C'est comme ça, m'avait-il dit, il vaut mieux que tu t'habitues.

De fort méchante humeur, je tournai la tête et, par la fenêtre, j'aperçus une bande de jeunes de l'autre côté de la rue. Ils s'amusaient à lancer des pierres contre la fenêtre barricadée d'un appartement vide, la capuche remontée sur la tête comme des moines en miniature. L'un des garçons se mit à tirer sur un morceau de contreplaqué cloué en travers de la porte de l'appartement, puis trébucha et tomba, ce qui fit rire les autres. Je me sentis soudain plus ou moins solidaire de ces jeunes, avec l'envie de démolir tout ce décor moribond, morceau par morceau.

Je me tournai alors vers Angela.

– Je voudrais te poser une question, dis-je en désignant l'autre côté de la rue. A ton avis, qu'est-ce qui va arriver aux gamins qui sont là, dehors ?

– Barack…

– Non, je te pose la question, c'est tout. Tu dis que tu es fatiguée, comme la plupart des gens d'ici. Alors j'essaie simplement d'imaginer ce qui attend ces gamins. Qui va s'occuper de leur donner un coup de pouce ? Le conseiller municipal ? Les travailleurs sociaux ? Les gangs ?

Je m'entendais élever le ton, mais j'étais lancé.

– Vous savez, je suis pas venu ici parce que j'avais besoin de travailler. Je suis venu parce que Marty m'a dit qu'il y avait quelques personnes qui avaient vraiment envie que ça change dans leurs quartiers. Je me fiche de ce qui s'est passé avant. Je sais que je suis ici, et que j'ai envie de travailler avec vous. S'il y a un problème, on le résout. Si, à terme, vous pensez que le fait de travailler avec moi ne change rien à rien, je serai le premier à vous dire de laisser tomber. Mais si vous avez envie de partir maintenant, je veux que vous répondiez d'abord à ma question.

Je me tus pour essayer d'étudier les visages. Ils semblaient surpris de ma sortie, mais pas autant que moi. Je savais que j'étais sur un terrain glissant. Je n'étais pas assez proche d'eux pour être sûr que mon jeu ne me reviendrait pas à la figure. Mais, à ce moment particulier, je n'avais pas d'autres cartes à jouer.

Dehors, les jeunes s'en allèrent. Shirley se leva pour aller reprendre du café. Après ce qui me parut dix longues minutes, Will prit la parole :

– Je sais pas pour vous, mais moi, je pense que ça fait longtemps qu'on parle de tout ce bordel, et que maintenant y en a assez. Marty sait qu'on a des problèmes. C'est pour ça qu'il a embauché Barack. C'est pas vrai, Barack ?

J'opinai du chef en hésitant.

– Ça va toujours aussi mal ici. Y a rien de changé. Alors ce que je veux savoir, dit-il en s'adressant à moi, c'est ce qui va changer à partir de maintenant.

Je lui répondis avec franchise :

– Je sais pas, Will. C'est à toi de me le dire.

Will sourit, et je sentis que la crise immédiate était passée. Angela accepta de rester encore quelques mois. J'acceptai de consacrer plus de temps à Altgeld.

Nous passâmes la demi-heure suivante à parler stratégie et à nous attribuer nos missions respectives.

En sortant, Mona me prit par le bras.

– T'as drôlement bien mené ta barque, Barack, me félicita-t-elle. T'as l'air de savoir où tu vas.

– Non, Mona. J'en sais absolument rien.

Elle rit.

– D'accord, je te promets que je le dirai à personne.

– Je te remercie, Mona. Oui, vraiment, je te remercie.

Ce soir-là, j'appelai Marty et lui racontai en gros ce qui s'était passé. Il n'en fut pas surpris : plusieurs églises de banlieue étaient déjà en train de quitter le mouvement. Il me fit quelques suggestions pour aborder le problème des emplois à Altgeld, puis me conseilla de reprendre ma série d'enquêtes.

– Il va falloir que tu trouves de nouveaux animateurs, Barack. Will est un mec formidable, c'est pas la question, mais tu as vraiment envie de dépendre de lui pour maintenir l'organisation à flot ?

Je comprenais le point de vue de Marty. Je l'aimais bien, Will, et j'appréciais son soutien, mais il me fallait admettre que certaines de ses idées étaient… excentriques.

Par exemple, son grand plaisir était de fumer un petit joint à la fin d'une journée de travail (« Si Dieu avait pas voulu qu'on fume, il aurait pas mis d'herbe sur cette terre »). Il quittait les réunions quand il s'ennuyait. Quand je l'emmenais avec moi pendant mes enquêtes, il se disputait avec les gens à propos des Ecritures en affirmant qu'ils en faisaient une lecture erronée, les critiquait parce qu'ils choisissaient un mauvais fertilisant pour gazon, ou essayait de les convaincre du caractère anticonstitutionnel de l'impôt sur le revenu (il considérait que cet impôt violait la Constitution et, en conséquence, refusait de le payer).

– Peut-être que si tu écoutais un peu plus les gens, lui avais-je dit un jour, ils seraient plus réceptifs.

Will avait secoué la tête.

– Mais je les écoute ! C'est justement ça le problème. Tout ce qu'ils disent est faux !

Et voilà qu'après la réunion d'Altgeld Will avait une nouvelle idée.

– Tous ces nègres perturbés, ils vont jamais bouger si on reste à l'intérieur de Sainte-Catherine, dit-il. Si on veut qu'il y ait quelque chose de fait, il faut qu'on sorte dans la rue.

Son raisonnement était le suivant : un grand nombre de gens vivant à proximité immédiate de Sainte-Catherine étaient sans emploi et galéraient ; notre cible était là. Et comme ils ne se sentiraient pas à l'aise dans une réunion tenue dans une église étrangère, le mieux était d'organiser des réunions en plein air du côté de West Pullman, ce qui leur permettrait de se rassembler en terrain neutre.

J'étais sceptique mais, ne voulant décourager aucune initiative, j'aidai Will et Mary à préparer un tract à distribuer dans le pâté de maisons le plus proche de l'église.

Une semaine plus tard, nous nous retrouvâmes tous les trois postés à l'angle d'une rue balayée par un vent d'automne. La rue resta vide un certain temps, bordée de maisons de brique aux stores baissés. Puis, lentement, les gens se mirent à sortir de chez eux, un par un ou deux par deux, des femmes en filet à cheveux, des hommes en chemise de flanelle ou en coupe-vent, foulant les feuilles mortes et se dirigeant vers le cercle qui s'élargissait. Quand le groupe atteignit une vingtaine de personnes, Will expliqua que Sainte-Catherine faisait partie d'une association plus grande, ajoutant :

– On veut que vous discutiez avec vos voisins de toutes les choses qui vont pas et à propos desquelles vous vous plaignez quand vous êtes chez vous, à table.

– Ouais, tout ce que je peux dire, c'est qu'il est grand temps, déclara une femme.

Pendant près d'une heure, les participants discutèrent nids-de-poule, égouts, signaux stop et terrains abandonnés. A la tombée de la nuit, Will annonça que les réunions se tiendraient au sous-sol de Sainte-Catherine et commenceraient le mois suivant.

Nous reprîmes le chemin de l'église, accompagnés par le bourdonnement des conversations qui continuaient derrière nous à la lueur du crépuscule.

Will se tourna vers moi et sourit :

– Qu'est-ce que je t'avais dit ?

Nous rééditâmes des réunions de ce genre ailleurs, trois, quatre, cinq fois... Will au centre avec son col de prêtre et sa veste des Chicago Cubs, et Mary qui faisait le tour avec ses feuilles de présence.

Quand nous transférâmes les réunions à l'intérieur, nous nous trouvâmes à la tête d'un groupe de près de trente personnes prêtes à travailler pour guère plus qu'une tasse de café.

C'est avant l'une de ces réunions que j'eus une conversation avec Mary.

Elle était seule dans le couloir, en train de préparer du café. Le programme de la soirée était soigneusement imprimé sur une feuille de papier scotchée au mur, les chaises étaient en place. Elle me salua de loin, occupée à chercher le sucre et le pot à crème dans le placard, et m'annonça que Will serait un peu en retard.

– Tu veux un coup de main ? lui proposai-je.

– Tu peux m'attraper ça ?

Je lui passai le sucre posé sur l'étagère supérieure.

– Tu veux autre chose ?

– Non, je crois que tout est prêt.

Je m'assis et l'observai pendant qu'elle finissait de disposer les tasses. Elle était difficile à connaître, Mary ; elle ne parlait pas beaucoup, ni d'elle ni de son passé. Je savais qu'elle faisait partie des cinq ou six Blancs restés dans les quartiers pauvres de West Pullman et que, parmi eux, elle était la seule à travailler avec nous. Je savais aussi qu'elle avait deux filles ; la plus jeune, handicapée, marchait avec difficulté et avait besoin d'un traitement régulier.

Et je savais également que le père était absent, même si Mary n'en parlait jamais. Ce n'est que par bribes, au fil de nombreux mois, que j'appris qu'elle avait grandi au sein d'une grande famille ouvrière irlandaise dans une petite ville de l'Indiana, où elle avait rencontré un Noir. Ils s'étaient fréquentés clandestinement, puis s'étaient mariés, et elle avait été rejetée par sa famille. Le jeune couple s'était installé à West Pullman, où il avait acheté une petite maison. Ensuite, le mari était parti et Mary s'était retrouvée coincée dans un monde dont elle ne connaissait pas grand-chose, sans rien, hormis la maison et deux filles couleur café au lait, et sans pouvoir retourner dans son monde d'autrefois.

Parfois, je m'arrêtais chez elle juste pour dire bonjour, attiré peut-être par le sentiment de solitude qui émanait d'elle, et le parallèle facile à faire entre elle et ma mère ; et entre moi et les filles de Mary, des filles adorables et jolies qui avaient des vies autrement plus difficiles que la mienne, avec des grands-parents qui les rejetaient, des camarades de classe noires qui se moquaient d'elles, et l'air empoisonné qu'elles respiraient. Pourtant, Mary et ses filles ne manquaient pas de soutien. Après le départ de son mari, les voisins s'étaient montrés solidaires, aidant à réparer le toit, les invitant à des barbecues et des anniversaires, faisant l'éloge de son altruisme. Mais il y avait des limites dans l'acceptation des voisins, des frontières tacites à l'amitié que Mary pouvait espérer de la part des femmes – particulièrement les femmes mariées – qu'elle rencontrait. Ses seules véritables amies étaient ses filles – et, à présent, Will, dont la propre chute, et la foi singulière, leur donnait quelque chose de privé à partager.

N'ayant plus rien d'autre à préparer, Mary s'assit et me regarda griffonner quelques pense-bêtes de dernière minute.

– Je peux te poser une question, Barack ?

– Bien sûr.

– Pourquoi tu es ici ? Pourquoi tu fais ce travail, je veux dire ?

– Pour le prestige.

– Non, sans rire. Tu as dit que tu n'avais pas besoin de faire ce travail. Et tu n'es pas très porté sur la religion, je me trompe ?

– Euh…

– Alors pourquoi tu fais ça ? Will et moi, c'est à cause de la religion qu'on est là, parce que ça fait partie de notre foi. Mais toi, je sais pas…

Au même moment, la porte s'ouvrit et M. Green entra. C'était un homme âgé, qui portait une veste de chasse et une casquette dont les oreilles descendaient tout droit jusqu'à son menton.

– Comment ça va, monsieur Green ?

– Bien, très bien. Mais il fait un peu frais…

Mme Turner et M. Albert ne tardèrent pas à suivre, puis le reste du groupe, tous bien emmitouflés contre les assauts d'un hiver précoce. Ils déboutonnèrent leurs manteaux, se servirent du café et se lancèrent dans une conversation à bâtons rompus, usage qui contribuait à chauffer la salle. Enfin, Will fit son apparition, vêtu d'un jean coupé et d'un tee-shirt rouge portant l'inscription *Diacre Will* sur le devant. Après avoir demandé à Mme Jeffrey de dire la prière, il ouvrit la réunion.

Pendant les échanges, je prenais des notes, intervenant uniquement en cas de digressions. Alors qu'à mon sens la réunion avait déjà trop duré – quelques personnes s'étaient éclipsées au bout d'une heure – Will ajouta un nouveau point au programme :

– Avant de nous séparer, annonça-t-il, je voudrais qu'on essaie quelque chose. Notre organisation, à la base, elle dépend de l'église, et ça, ça veut dire qu'on consacre une partie de chaque réunion à la réflexion sur nous-mêmes, notre relation mutuelle et notre relation à Dieu. Donc, je voudrais que vous preniez juste une minute pour réfléchir à ce qui vous a amenés ici ce soir, à des pensées ou des sentiments dont vous avez pas parlé, et ensuite je voudrais que vous les partagiez avec le groupe.

Will laissa le silence s'installer pendant plusieurs minutes.

– Y a quelqu'un qui a envie de faire part de ses pensées ?

Les uns et les autres baissèrent les yeux avec embarras.

– Bon, dit Will, moi, je vais vous faire part de quelque chose que j'ai à l'esprit depuis un moment. Rien d'important, juste des souvenirs. Vous savez, mes parents, ils étaient pas riches. On habitait à Altgeld. Mais quand je repense à mon enfance, je me rappelle... ah, y avait vraiment de bons moments. Je me souviens que j'allais à Blackburn Forest avec mes parents pour aller cueillir des baies sauvages. Je me souviens qu'on fabriquait des voitures avec mes copains avec des caisses à fruits et des vieilles roues de rollers et qu'on faisait la course sur le parking. Je me souviens des sorties dans la nature avec l'école, et pendant les vacances toutes les familles se retrouvaient dans le parc, tout le monde était dehors et personne avait peur, et pendant l'été on dormait dans la cour tous ensemble quand il faisait trop chaud à l'intérieur. Des tas de bons souvenirs... je souriais tout le temps, je riais...

Will s'interrompit brutalement et pencha la tête. Je crus qu'il se préparait à éternuer, mais quand il releva la tête, je vis des larmes couler sur ses joues. Il poursuivit, d'une voix étranglée :

– Et maintenant, je vois plus de gamins sourire par ici. Quand on les regarde... quand on les écoute... ils ont tout le temps l'air inquiets, en colère contre quelque chose. Ils peuvent plus faire confiance à rien. Pas à leurs parents. Pas à Dieu. Pas à eux-mêmes. Et ça, c'est pas juste. C'est pas normal… des gamins qui sourient pas…

Il se tut à nouveau pour sortir un mouchoir de sa poche et se moucher. Puis, comme si la vue de ce grand bonhomme en pleurs avait humidifié le carcan de sécheresse dont ils s'étaient bardés, les participants, dans la salle, se mirent à raconter leurs souvenirs sur un ton solennel, pressant. Ils racontèrent leur vie dans les petites villes du Sud : la boutique de l'épicier, où les hommes se rassemblaient pour prendre les nouvelles du jour ou aider les femmes à porter leurs courses, la surveillance collective des enfants (« Ils pouvaient pas y échapper, parce que les mamans, elles avaient les yeux et les oreilles partout, dans tout le quartier »), le sens du bien commun que cette proximité avait contribué à maintenir. Dans leur voix, on décelait par moments une pointe de nostalgie, mais tout ce qu'ils racontaient était vivant et vrai, décrivait un partage perdu. Le besoin de témoigner, de manifester sa frustration et son espoir, se répandit dans la salle, passa de bouche en bouche, et quand la dernière personne eut parlé, il resta suspendu dans l'air, statique et palpable. Puis nous nous donnâmes la main, l'épaisse main calleuse de M. Green était dans ma main gauche, celle de Mme Turner, légère et parcheminée, dans ma main droite, et ensemble nous priâmes pour avoir le courage d'inverser le cours des choses.

J'aidai Will et Mary à ranger les chaises, rincer la cafetière, fermer à clé et éteindre les lumières. Dehors, la nuit était froide et claire. Je remontai mon col et fis une rapide évaluation de la réunion : Will devait veiller à ne pas être trop long ; nous avions à étudier le problème des services municipaux avant la prochaine réunion et il nous fallait aller voir tous ceux qui étaient venus pour leur poser des questions. A la fin de mon énumération, je mis mon bras autour des épaules de Will.

– C'était drôlement bien, cette séance de réflexion, à la fin.

Will regarda Mary et ils sourirent tous deux.

– On a remarqué que tu n'as pas du tout participé, dit Mary.

– L'organisateur est censé faire profil bas.

– Qui dit ça ?

– C'est dans mon manuel de l'organisateur. Viens, Mary, je te ramène chez toi.

Will grimpa sur son vélo et nous fit au revoir de la main. Je reconduisis Mary, à quatre pâtés de maisons de là. Pendant qu'elle gravissait son perron, je restai arrêté devant sa porte en la suivant des yeux quelques instants, puis je baissai la vitre et la hélai :

– Eh, Mary !

Elle redescendit les marches et se pencha vers moi.

– Tu sais, ce que tu m'as demandé tout à l'heure... pourquoi je fais ce boulot, dis-je. Ça a un rapport avec la réunion de ce soir. Je veux dire... je ne crois pas que nos raisons soient tellement différentes.

Elle opina et remonta l'escalier pour aller retrouver ses filles.

Une semaine plus tard, je retournai à Altgeld. J'eus le plus grand mal à entasser Angela, Mona et Shirley dans ma voiture. Mona, assise à l'arrière, rouspéta après le manque de place.

– C'est quoi, comme genre de bagnole ?

Shirley remonta son dossier et expliqua :

– C'est une bagnole qu'est faite pour les petites crevettes avec qui il sort, Barack.

– Elle est avec qui, déjà, cette réunion ? s'enquit Shirley.

J'avais prévu trois réunions dans l'espoir de dégager une stratégie qui permettrait de répondre à la recherche d'emploi des gens d'Altgeld. Pour l'instant, aucun renouveau industriel ne se dessinait à l'horizon : les grands manufacturiers avaient opté pour les banlieues bien entretenues, et rien ni personne, pas même Gandhi, n'aurait pu les décider à revenir s'installer du côté d'Altgeld. Mais il restait encore une partie de l'économie que l'on pouvait considérer comme locale, une économie de deuxième niveau – des boutiques, des restaurants, des cinémas, des services –, qui continuait à fonctionner dans d'autres parties de la ville et maintenait les quartiers en vie ; des endroits où les familles pouvaient investir leurs économies et monter une affaire, et où on pouvait obtenir des boulots d'un niveau accessible ; des endroits où l'économie restait à échelle humaine, assez transparente pour que les gens la comprennent.

Ce qui se rapprochait le plus d'un centre commercial dans le secteur se trouvait à Roseland. Nous suivîmes le trajet du bus en remontant Michigan Avenue, avec ses perruquiers et ses magasins de spiritueux, ses soldeurs de vêtements et ses pizzerias, et nous nous arrêtâmes enfin devant un ancien entrepôt de deux étages.

Après avoir franchi une lourde porte métallique, nous pénétrâmes dans le bâtiment et descendîmes d'étroites marches débouchant dans un sous-sol rempli de vieux meubles. Un homme mince doté d'un bouc et d'une calotte qui mettait en relief une paire d'impressionnantes oreilles était assis dans un petit bureau.

– Vous désirez ?

Je lui indiquai qui nous étions et précisai que nous nous étions parlé au téléphone.

– Exact, exact.

Il fit un geste en direction de deux solides gaillards qui se tenaient de l'autre côté de son bureau et ils sortirent avec un hochement de tête.

– Ecoutez, il va falloir faire vite parce que j'ai une chose urgente à régler. Je suis Rafiq al Shabazz…

– Je vous connais, dit Shirley en lui serrant la main. Vous êtes le garçon de Mme Thomson, Wally. Elle va bien, vot' manman ?

Rafiq lui répondit par un sourire contraint et nous invita à prendre place. Il expliqua qu'il était le président de la Roseland Unity Coalition, une organisation qui s'impliquait dans un certain nombre d'activités destinées à promouvoir la cause des Noirs et qui prétendait jouir d'un crédit considérable pour avoir aidé le maire, Harold Washington, à être élu.

Nous lui demandâmes de quelle manière, selon lui, nos Eglises pourraient soutenir le développement de l'économie locale. Il nous tendit un tract accusant les boutiques arabes de vendre de la viande avariée.

– Voilà, la réalité, elle est là, dit-il. Les gens qui appartiennent pas à notre communauté font leur beurre sur notre dos et manquent de respect à nos frères et à nos sœurs. Ici, à la base, vous avez les Coréens et les Arabes qui tiennent les boutiques, et les Juifs qui sont toujours propriétaires des immeubles. Nous, à court terme, on est ici pour veiller aux intérêts des Noirs, vous voyez. Quand on apprend qu'un Coréen traite mal un client, on s'occupe de son cas. On va le trouver pour lui dire qu'il doit nous respecter et on lui demande une contribution pour la communauté à titre de réparation… financer nos programmes, etc.

« Ça, c'est le court terme. Et ça (Rafiq désigna un plan de Roseland accroché au mur et comportant des zones marquées de rouge), c'est le long terme. Il s'agit de devenir propriétaires. C'est un plan d'ensemble de toute la zone. Les commerces des Noirs, les centres de communauté. La totale. Y en a, on a déjà commencé à négocier avec les propriétaires blancs pour qu'ils nous les vendent à un prix correct. Donc si vous êtes intéressés par les emplois, vous pouvez nous aider en diffusant le message à propos de ce plan. Le problème qu'on a en ce moment, c'est qu'on a pas assez de soutien des gens de Roseland. Au lieu de tenir bon, ils suivent les Blancs dans les banlieues. Mais les Blancs, ils sont pas stupides. Ils attendent simplement que nous on quitte ce secteur pour revenir, parce qu'ils savent très bien que ce bien, ici, là où on est en train de parler, il vaut de l'or.

L'un des deux costauds réapparut dans le bureau, et Rafiq se leva.

– Il faut que j'y aille, annonça-t-il sans transition. Mais vous en faites pas, on va se revoir.

Il nous serra la main et son assistant nous raccompagna à la porte.

– Alors comme ça, tu le connaissais, Shirley ? dis-je quand nous fûmes dehors.

– Ouais, avant qu'il prenne ce nom tarabiscoté, c'était rien que Wally Thomson. Il peut toujours changer de nom, mais il peut pas cacher ses oreilles. Il a grandi à Altgeld, d'ailleurs, je crois qu'il a été à l'école avec Will. Avant de devenir musulman, c'était un voyou, il faisait partie d'un gang.

– Qui a été voyou voyou restera, philosopha Angela.

Notre étape suivante fut la chambre de commerce, située au premier étage de ce qui ressemblait à un mont-de-piété. A l'intérieur, nous trouvâmes un Noir corpulent occupé à remplir des cartons.

– Nous aimerions voir M. Foster, dis-je.

– C'est moi, répondit l'homme sans lever la tête.

– On nous a dit que vous étiez le président de la chambre…

– C'est vrai, *j'étais* le président. J'ai démissionné la semaine dernière.

Il nous indiqua trois chaises et continua à parler tout en poursuivant sa tâche. Il nous expliqua qu'il était le propriétaire de la papeterie de la rue depuis quinze ans, qu'il avait été le président de la chambre pendant les cinq dernières années. Il avait fait de son mieux pour amener les commerçants à s'unir, mais il avait été découragé par le manque de soutien.

– C'est pas moi qui vais me plaindre des Coréens, dit-il tout en empilant quelques cartons devant la porte. Ils sont les seuls à payer leur cotisation à la chambre. Ils sont doués pour les affaires, ils savent ce que c'est que la coopération. Ils mettent leur argent en commun. Ils se font mutuellement des prêts. Nous, on ne le fait pas, vous comprenez. Les commerçants noirs, par ici, c'est un vrai panier de crabes.

Il se redressa et s'essuya le front avec un mouchoir.

– J'en sais rien... Peut-être qu'on ne peut pas nous jeter la pierre d'être comme on est. Toutes ces années sans nous donner notre chance, peut-être que ça nous a volé quelque chose. Et c'est plus dur maintenant que ça l'a été il y a trente ans pour les Italiens ou les Juifs. De nos jours, une petite boutique comme la mienne est en concurrence avec les grandes chaînes. C'est une bataille perdue d'avance, sauf quand on fait comme les Coréens – ils font travailler toute la famille seize heures par jour, sept jours sur sept. Mais nous, en tant que peuple, on veut plus de ça. C'est sans doute parce qu'on a travaillé si longtemps pour rien qu'on pense qu'on a pas à trimer juste pour survivre. C'est ce qu'on dit à nos enfants. Et je suis comme les autres. Je dis à mes fils que je ne veux pas qu'ils reprennent mon affaire. Je veux qu'ils travaillent pour une grande compagnie, où ils pourront gagner correctement leur vie...

Avant de le quitter, Angela lui demanda s'il pensait que les jeunes d'Altgeld pourraient éventuellement trouver du travail à mi-temps quelque part. M. Foster la regarda comme si elle avait perdu la tête.

– Tous les commerçants du coin refusent trente candidatures par jour, dit-il. Des adultes. Des personnes d'un certain âge. Des gens expérimentés qui sont prêts à prendre n'importe quel boulot. Je suis désolé.

En retournant à la voiture, nous passâmes devant un petit magasin de vêtements rempli de robes bon marché et de sweat-shirts aux couleurs vives. Deux vieux mannequins blancs repeints en noir ornaient la vitrine. Le magasin était faiblement éclairé, mais, dans le fond, je distinguai la silhouette d'une jeune Coréenne en train de coudre à la main tandis qu'un enfant dormait à côté d'elle. Cette scène me ramena à mon enfance, aux marchés d'Indonésie : les colporteurs, les gens qui travaillaient le cuir, les vieilles femmes qui mâchaient des noix de bétel et chassaient à coups de plumeau les mouches attirées par leurs fruits.

J'avais toujours considéré ces marchés comme normaux, comme faisant partie de l'ordre naturel des choses. A présent, en pensant à Altgeld et à Roseland, à Rafiq et à M. Foster, je voyais ceux de Djakarta tels qu'ils étaient : des choses fragiles, précieuses. Les gens qui y vendaient leurs marchandises étaient certes pauvres, même plus pauvres que ceux d'Altgeld. Tous les jours, ils transportaient vingt-cinq kilos de bois de chauffage sur leur dos, ils mangeaient peu, mouraient jeunes. Et pourtant, malgré toute cette pauvreté, leur vie continuait à se dérouler selon un ordre discernable, un réseau de voies commerciales et d'intermédiaires, de pots-de-vin à payer et de coutumes à observer, d'habitudes ancestrales, en place chaque jour derrière le marchandage, le bruit et la poussière virevoltante.

Je me dis que c'était l'absence d'une telle cohérence qui donnait à un endroit comme Altgeld son caractère si désespéré ; c'était cette perte de l'ordre qui avait rendu Rafiq et M. Foster, chacun dans son genre, si amers. Car comment faire pour raccommoder une culture après qu'elle avait été déchirée ? Combien de temps cela pourrait-il prendre, au pays du roi dollar ?

Plus de temps que pour la défaire, c'était à craindre. J'essayai d'imaginer les ouvriers indonésiens travaillant aujourd'hui dans le genre d'usines qui bordaient autrefois la rivière Calumet, venus grossir les rangs des salariés qui assemblaient les radios et les tennis vendues sur Michigan Avenue. J'imaginai ces ouvriers indonésiens dans dix, vingt ans, quand leurs usines auraient mis la clé sous la porte, incapables de lutter contre les nouvelles technologies et les bas coûts salariaux d'une autre partie du globe. Et, ensuite, leur amer constat : il n'y avait plus de petits marchés ; ils ne savaient plus tresser leurs paniers ou fabriquer leurs meubles, ou cultiver la terre pour assurer leur nourriture. Même s'ils avaient des réminiscences de leur artisanat, les forêts qui, autrefois, leur fournissaient le bois appartenaient désormais à de gros exploitants, les paniers qu'ils tressaient avaient été remplacés par de la matière plastique, plus résistante. L'existence même des usines, les exploitations forestières, les fabricants de plastique auraient rendu leur culture obsolète ; il apparaîtrait que les valeurs du travail et de l'initiative individuelle étaient dépendantes d'un système de croyances qui avait été piétiné par la migration, l'urbanisation et les séries télé étrangères. Quelques-uns prospéreraient dans cet ordre nouveau. D'autres partiraient s'installer en Amérique. Et les autres, les millions de laissés-pour-compte de Djakarta, de Lagos ou de Cisjordanie, s'installeraient dans leurs propres Altgeld Gardens en s'enfonçant dans un désespoir toujours plus profond.

Nous n'échangeâmes pas un mot sur le trajet qui nous menait à notre dernier rendez-vous, celui que nous avions avec l'administratrice d'une annexe locale du MET, le Mayor's Office of Employment and Training (le Bureau municipal pour l'emploi et la formation), chargé de trouver des programmes de formation aux chômeurs. Nous eûmes du mal à trouver l'endroit, dans une petite rue du district de Vrdolyak… et le temps d'arriver, l'administratrice était partie. Son assistante ne savait pas à quelle heure elle reviendrait, mais elle nous remit une pile de brochures sur papier glacé.

– Ça va pas nous servir à grand-chose, déclara Shirley en se dirigeant vers la porte. On aurait aussi bien pu rester chez nous.

Mona remarqua que je m'attardais dans le bureau.

– Qu'est-ce qu'il regarde ? demanda-t-elle à Angela.

Je leur montrai le dos d'une brochure comportant la liste de tous les programmes lancés par le MET à travers la ville. Aucun d'eux n'était prévu au sud de la 95e Rue.

– Voilà, c'est ça, dis-je.

– Quoi ?

– Bingo ! On tient la solution.

De retour aux Gardens, nous écrivîmes une lettre à Mme Cynthia Alvarez, la directrice en chef du MET.

Quinze jours plus tard, elle accepta de venir nous rencontrer aux Gardens. Déterminé à ne pas répéter mes erreurs, je travaillai et fis travailler mon équipe jusqu'à épuisement pour préparer la réunion, harcelant les autres paroisses afin qu'elles envoient leurs ouailles et formulant clairement notre demande au MET, c'est-à-dire un centre de formation et d'aide à l'emploi pour le Far South Side.

Deux semaines de préparation et pourtant, le soir de la réunion, j'avais l'estomac noué. A dix-huit heures quarante-cinq, trois personnes seulement étaient là : une jeune femme avec un bébé qui bavait sur son petit pull, une femme âgée qui commença par s'emparer d'une cargaison de gâteaux secs qu'elle rangea soigneusement dans une serviette pliée avant de la fourrer dans son sac, et un homme ivre qui s'assoupit aussitôt sur son siège dans la dernière rangée. Les minutes s'enfuyaient, et moi, j'imaginais une fois de plus les chaises vides, les officiels qui changeaient d'avis à la dernière seconde, les visages déçus des animateurs... le parfum mortel de l'échec.

Puis, à dix-huit heures cinquante-huit, les gens commencèrent à arriver. Will et Mary amenaient un groupe de West Pullman. Ils furent suivis par les enfants et les petits-enfants de Shirley, qui remplissaient une rangée entière. Ensuite, ce furent d'autres habitants d'Altgeld, qui venaient par reconnaissance envers Angela, Shirley ou Mona.

Il y avait près d'une centaine de personnes dans la salle lorsque Mme Alvarez, une grande Mexico-Américaine imposante, fit son entrée, suivie de deux jeunes Blancs en costume.

– Je ne savais même pas que c'était par ici, entendis-je l'un d'eux chuchoter en franchissant le seuil.

Je lui demandai si je pouvais prendre son manteau, mais il secoua nerveusement la tête :

– Non, non... Je... euh... je le garde, merci.

Les animateurs accomplirent bien leur tâche, ce soir-là. Angela exposa l'objet de la réunion au public et expliqua à Mme Alvarez ce que nous attendions d'elle. Cette dernière évita de prendre clairement position et, voyant cela, Mona intervint et la pressa de répondre par oui ou par non. Et à la fin, Mme Alvarez promit de faire ouvrir un centre MET dans le quartier sous six mois, déclenchant les applaudissements nourris de la salle. Le seul accroc intervint à mi-parcours, quand l'ivrogne du fond se leva en criant qu'il avait besoin d'un boulot. Aussitôt, Shirley se rendit auprès de lui et lui chuchota quelques mots à l'oreille. L'homme retomba alors sur son siège.

– Qu'est-ce que tu lui as dit ? m'enquis-je plus tard.

Shirley sourit.

— T'es trop jeune pour entendre ça.

La réunion se termina au bout d'une heure. Mme Alvarez et ses assistants repartirent en trombe à bord d'une grande voiture bleue, et les gens vinrent serrer les mains de Mona et d'Angela.

Quand tout le monde fut parti, nous fîmes le point. Les femmes étaient tout sourire.

— Tu as fait un super bon boulot, Barack, me félicita Angela en me serrant contre elle.

— Et alors ? Je ne t'avais pas promis qu'on arriverait à faire bouger les choses ?

— Ouais, c'est vrai ! applaudit Mona avec un clin d'œil.

Je les informai que je leur ficherais la paix pendant au moins deux jours et je regagnai ma voiture, légèrement étourdi. Oui, je suis capable de faire ce boulot, me dis-je. On ne lâchera pas le morceau jusqu'à ce que les gens de cette foutue ville soient organisés pour se serrer les coudes.

J'allumai une cigarette et, dans cet état d'autosatisfaction euphorique, je m'imaginai prendre la tête du mouvement, m'asseyant autour d'une table avec Harold pour discuter du sort de la ville. Puis, sous un lampadaire, quelques mètres plus loin, je vis l'ivrogne de la réunion en train de tourner lentement en rond, le nez baissé sur son ombre. Je sortis de ma voiture et lui proposai de l'aider à rentrer chez lui.

— J'ai pas besoin d'aide ! hurla-t-il en essayant de se tenir droit. De personne, t'as compris ! Salaud de fils de pute… tu peux te les garder, tes conneries…

Sa voix mourut. Sans me laisser le temps d'ajouter quoi que ce soit, il se détourna et poursuivit son chemin en titubant, avant de disparaître, avalé par l'obscurité.

10

L'hiver arriva et la ville tourna au monochrome : des arbres noirs se découpant sur un ciel gris surplombant une terre blanche. A présent, la nuit tombait en milieu d'après-midi, surtout quand arrivaient les tempêtes de neige, des tempêtes infinies venues de la prairie, faisant se rejoindre le ciel et la terre, tandis que les lumières de la ville se reflétaient sur les nuages.

Le travail était plus dur, alors. Une fine poudre blanche s'introduisait par les interstices de ma voiture, descendait dans mon cou et dans les ouvertures de mon manteau. Dans mes tournées d'enquêtes, je ne passais jamais assez de temps au même endroit pour arriver à me décongeler, et les places de parking se faisaient rares dans les rues rendues plus étroites par la neige. Tout le monde avait une anecdote à raconter pour m'inciter à la prudence, une histoire de bagarre pour une place de parking après une forte chute de neige, avec castagne et coups de feu en prime. La participation aux réunions du soir devint plus sporadique ; les gens appelaient à la dernière minute pour annoncer qu'ils avaient la grippe ou que leur voiture refusait de démarrer. Ceux qui venaient avaient l'air déprimés et renfrognés. Parfois, en rentrant chez moi après une de ces soirées, secoué dans ma voiture par les rafales de vent du nord venues du lac qui me poussaient sur l'autre voie, j'oubliais momentanément où j'étais, et mes pensées engourdies reflétaient le silence alentour.

Marty me conseillait de prendre plus de temps libre, de me construire une vie personnelle, en dehors du travail. Il m'expliqua que ses inquiétudes étaient purement professionnelles car, disait-il, sans soutien personnel extérieur, un organisateur perd le recul et peut s'épuiser rapidement. Il y avait du vrai dans ses paroles. En effet, les gens que je rencontrais dans le cadre de mon travail étaient généralement bien plus âgés que moi, avec toutes sortes de soucis et de demandes qui dressaient des barrières devant une éventuelle amitié. Quand je ne travaillais pas, je passais d'ordinaire mes week-ends seul dans mon appartement vide et me contentais de la compagnie de mes livres.

Pourtant, je n'écoutai pas le conseil de Marty, peut-être parce que, lorsque les liens avec les animateurs se renforcèrent, j'y trouvai plus qu'une simple amitié. Après les réunions, j'allais parfois avec l'un d'eux dans un café pour regarder les informations ou écouter la musique des années 1960 – les Temptations, les O'Jays – qui tombait d'un vieux juke-box. Le dimanche, j'allais faire un tour dans les différentes églises et je laissais les femmes se moquer de ma méconnaissance des rites en usage. Lors d'une fête de Noël aux Gardens, je dansai avec Angela, Mona et Shirley sous un globe qui envoyait des étincelles de lumière à travers la pièce. Je discutai sport au milieu des odeurs de fromage et de boulettes de viande avec les maris qui avaient été entraînés contre leur gré dans cette affaire ; je conseillai des fils et des filles pour leurs candidatures à l'université et jouai avec les petits-enfants assis sur mes genoux.

C'était dans ces moments-là, quand la convivialité ou la lassitude effaçaient les lignes de séparation entre le directeur et les animateurs, que j'entrevoyais ce que voulait dire Marty quand il insistait pour que j'aille au centre de la vie des gens. Je me revois, par exemple, assis un après-midi dans la cuisine de Mme Crenshaw, en train d'avaler péniblement les cookies brûlés qu'elle adorait me forcer à manger chaque fois que je m'arrêtais chez elle. Il commençait à se faire tard, l'objet de ma visite avait commencé à se brouiller dans ma tête, et il me vint soudain l'idée de lui demander pourquoi elle participait toujours au PTA, l'association des parents, alors que ses enfants étaient maintenant adultes depuis belle lurette. Elle approcha sa chaise de la mienne et me raconta qu'elle avait grandi dans le Tennessee, qu'elle avait été obligée d'arrêter ses études parce que ses parents ne pouvaient payer les études que d'un seul enfant, un frère mort plus tard pendant la Seconde Guerre mondiale. Elle et son mari avaient travaillé pendant des années en usine afin de faire en sorte que jamais leur fils ne soit obligé d'arrêter ses études, un fils qui avait obtenu un diplôme de droit à Yale.

Je me dis que c'était une histoire très simple. Le sacrifice générationnel, la juste récompense de la foi d'une famille. Mais lorsque je demandai à Mme Crenshaw ce que faisait son fils maintenant, elle m'apprit qu'il était atteint de schizophrénie depuis quelques années et passait ses journées à lire des journaux dans sa chambre, car il avait peur de sortir de la maison. Sa voix ne faiblit jamais pendant son récit ; c'était la voix d'un être qui avait réussi à dépasser la tragédie.

Il y avait aussi Mme Stevens. Un soir, je me retrouvai avec elle au sous-sol de Saint Helena, avant le début d'une réunion. Je ne la connaissais pas bien, je savais seulement qu'elle s'intéressait à la rénovation de l'hôpital. Nous bavardâmes à bâtons rompus, et je lui demandai pourquoi, avec une famille en bonne santé, elle s'investissait autant dans la lutte pour l'amélioration des soins dans le quartier. C'est alors qu'elle me confia qu'à l'âge de vingt ans elle avait failli devenir aveugle après une cataracte. Elle travaillait comme secrétaire, et l'état de sa vue était si mauvais que son médecin l'avait déclarée officiellement aveugle. Mais, de peur d'être licenciée, elle avait caché son handicap à son employeur. Jour après jour, elle se glissait aux toilettes pour aller lire les notes manuscrites de son patron avec un verre grossissant, apprenait le texte mot à mot avant d'aller le taper et restait au bureau longtemps après le départ des autres pour finir le travail qui devait être prêt le lendemain. Elle garda ainsi le secret pendant près d'un an, le temps de mettre assez d'argent de côté pour se faire opérer.

Ou il y avait M. Marshall, un célibataire d'une trentaine d'années qui était chauffeur de bus pour la Transit Authority. Il n'était pas représentatif de l'équipe des animateurs – il n'avait pas d'enfants, vivait en appartement – et je me demandais pourquoi il s'intéressait tant au problème de la drogue chez les adolescents. Un jour, en le reconduisant chez lui en voiture, je lui posai la question. Il me confia alors l'histoire de son père, parti faire fortune dans une ville de l'Arkansas perdue au milieu de nulle part. Trompé par ses associés, il avait vu ses affaires péricliter et s'était réfugié dans la boisson. Après avoir perdu son foyer et sa famille, il avait été retrouvé mort au fond d'un fossé, étouffé par ses vomissures.

Tels étaient les enseignements des animateurs : jour après jour, ils m'enseignaient que les motivations personnelles que j'étais censé découvrir chez eux allaient bien au-delà des sujets immédiats, que derrière les propos insignifiants, les biographies schématiques et les idées reçues, les gens portaient en eux l'explication véritable de ce qu'ils étaient. Des histoires pleines de terreurs et de miracles, parsemées d'événements qui les hantaient ou les stimulaient encore. Des histoires sacrées.

Et c'est cette découverte, je crois, qui m'avait finalement permis de donner plus de moi-même aux gens avec qui je travaillais, de sortir de l'isolement dans lequel je m'étais drapé à mes débuts à Chicago. J'y allai prudemment, pour commencer, de crainte que ma vie antérieure ne soit trop éloignée de la sensibilité des gens du South Side, et de troubler la vision des gens à mon sujet. Mais non ! En m'écoutant raconter mes histoires, parler de Toot, de Lolo, de ma mère et de mon père, des cerfs-volants de Djakarta ou des bals de l'école à Punahou, ils hochaient la tête, ou haussaient les épaules, ou riaient, étonnés qu'on puisse, avec mon passé, devenir, selon l'expression de Mona, si « concitoyen », ou, encore plus étrange, qu'on puisse choisir de son plein gré de passer l'hiver à Chicago alors qu'on pourrait se dorer la pilule à Waikiki Beach. Puis ils me sortaient une histoire susceptible de rivaliser avec la mienne ou de se confondre avec elle, afin de relier en quelque sorte nos expériences – un père perdu, un adolescent confronté à la criminalité, un cœur d'artichaut, un simple moment de grâce. A mesure que le temps passait, je m'aperçus que ces histoires, prises ensemble, m'aidaient à rassembler les morceaux de mon monde, à trouver la place et le but que je cherchais. Marty avait raison : il y avait toujours une communauté quelque part quand on creusait assez profond. Mais il avait tort quand il décrivait la nature du travail. Il y avait aussi de la poésie, un monde lumineux toujours présent sous la surface, un monde que les gens pouvaient m'offrir en cadeau, pour peu que je pense à le demander.

Mais ce que m'apprenaient les animateurs n'était pas toujours plaisant. S'ils révélaient souvent une force d'âme que je n'avais pas imaginée, ils m'obligeaient aussi à constater la puissance des forces inexprimées qui retardaient nos efforts, des secrets que nous nous cachions mutuellement et à nous-mêmes.

C'est ce que je compris avec l'épisode de Ruby.

Après notre réunion avortée avec le commandant de la police, j'avais craint que Ruby ne renonce à venir nous rejoindre. Au contraire, elle s'était jetée à corps perdu dans le projet, avait travaillé dur pour construire un réseau de voisins susceptibles de participer régulièrement à nos manifestations, proposant des idées pour faire inscrire les gens sur les listes électorales, travaillant avec les parents d'élèves. Elle correspondait exactement à ce dont rêvait tout organisateur : elle avait un talent inexploité, elle était intelligente, fidèle, emballée à l'idée d'avoir une vie publique, impatiente d'apprendre. Et j'aimais bien son fils, Kyle Jr.

Celui-ci venait d'avoir quatorze ans, et dans ses comportements en dents de scie – il était d'humeur rigolarde, faisait exprès de me rentrer dedans quand nous jouions au basket dans le parc du quartier, puis, tout à coup, il devenait mou, maussade – je reconnaissais tous les hauts et les bas de mes propres humeurs d'adolescent. Parfois, Ruby, exaspérée par le carnet de notes médiocre ou l'œil au beurre noir qu'il rapportait à la maison, avouait ne rien comprendre à l'inconstance de son farfelu de fils.

– La semaine dernière, il m'a dit qu'il voulait devenir rappeur, me disait-elle. Aujourd'hui, il m'annonce qu'il veut entrer à l'Air Force Academy pour devenir pilote de chasse. Je lui ai demandé pourquoi, et il m'a simplement répondu : « Pour voler ! » Comme si j'étais une idiote. Je t'assure, Barack, parfois je me demande si je vais l'embrasser ou lui fiche une trempe...

– Fais les deux, lui conseillai-je.

Un jour, avant Noël, je demandai à Ruby de passer à mon bureau prendre un cadeau que j'avais acheté pour Kyle. J'étais au téléphone quand elle entra, et du coin de l'œil je remarquai qu'elle avait quelque chose de changé, mais quoi ?

Après avoir raccroché, je vis ce que c'était : ses yeux, normalement d'un beau brun en harmonie avec la couleur de sa peau, étaient à présent d'un bleu opaque. Comme si on avait collé des boutons de plastique sur ses iris.

Elle vit que je la dévisageais et me demanda ce qui se passait.

– Qu'est-ce que tu as fait à tes yeux ? l'interrogeai-je.

– Oh, ça ?

Elle secoua la tête en riant.

– T'inquiète, ce ne sont que des verres de contact. Je travaille dans une société qui fabrique des lentilles, ils m'ont fait un prix. Ça te plaît ?

– Tes yeux étaient très bien avant.

– C'est juste pour s'amuser, répondit-elle en baissant la tête. C'est pour changer, tu comprends.

Mal à l'aise, je ne sus que dire. Finalement, je me rappelai le cadeau et le lui tendis.

– C'est pour Kyle, un livre sur les avions... j'ai pensé que ça lui ferait plaisir.

Ruby me remercia d'un signe de tête et mit le livre dans son sac.

– C'est gentil à toi, Barack. Bien sûr que ça lui fera plaisir.

Puis elle se leva aussitôt et lissa sa jupe.

– Bon, je m'en vais, annonça-t-elle avant de se hâter vers la porte.

Pendant le reste de la journée et une partie du lendemain, je repensai aux yeux de Ruby. J'ai mal géré le truc, me reprochai-je, je l'ai fait culpabiliser pour un simple petit accès de coquetterie, alors qu'avec la vie qu'elle mène elle n'en a pas souvent l'occasion. Je compris alors que, d'une certaine façon, j'attendais d'elle et des autres animateurs une sorte d'immunité contre le déferlement d'images qui nourrissait le manque d'assurance de tous les Américains – les mannequins filiformes des magazines, les types à mâchoire carrée au volant d'une voiture performante –, images auxquelles j'étais sensible moi-même et dont je cherchais à me protéger.

Je racontai l'incident à une Noire de mes amies. Celle-ci me lança, en des termes sans équivoque :

– Qu'est-ce qui te surprend ? Que les Noirs en soient toujours à se détester ?

– Non, lui répondis-je, ce que je ressens, ce n'est pas exactement de la surprise.

Depuis la découverte effrayante que j'avais faite dans le *Life*, celle des crèmes blanchissantes, j'avais fait connaissance avec le lexique en vigueur dans la communauté pour décrire les différentes façons d'être noir : les bons cheveux, les mauvais cheveux ; les lèvres épaisses ou les lèvres fines ; si tu es noir clair, tu fais l'affaire, si tu es noir noir, va te faire voir. A l'université, la politique de la mode noire et la question de l'estime de soi soulevée par la mode étaient un sujet de conversation délicat et néanmoins fréquent parmi les étudiants noirs, particulièrement les filles. Celles-ci avaient un sourire amer à la vue des frères militants qui sortaient de préférence avec des filles au teint plus clair... et descendaient en flammes le Noir qui avait l'imprudence de faire une remarque sur les coiffures des filles noires.

Je restais généralement muet quand ces sujets étaient abordés, bien conscient de mon propre degré de contamination. Mais je remarquais que ces conversations se tenaient presque toujours en petit comité, et jamais en présence de Blancs. Plus tard, je compris que la position de la plupart des étudiants noirs dans les universités à dominante blanche était déjà trop précaire, que notre identité était trop brouillée pour que nous puissions nous permettre d'admettre que notre fierté noire n'était pas sans réserve. Et avouer nos doutes et notre désarroi à des Blancs, donner un accès à notre psychologie à ceux qui étaient les premiers responsables de tous ces dégâts, eût été absurde ; c'eût été une manifestation de notre haine de nous-mêmes. En effet, il n'y avait aucune raison pour que les Blancs considèrent nos luttes intestines comme un miroir de leur propre psychologie ; non, c'était pour eux une preuve de plus de la pathologie des Noirs.

Ce fut en observant ce hiatus, je pense, entre ce dont nous discutions en privé et ce que nous affirmions en public, que j'avais appris à ne pas trop donner crédit à ceux qui vantaient l'estime de soi à sons de trompe en prétendant tenir le remède à tous les maux des Noirs, que ce soit la consommation de drogue, les grossesses adolescentes ou les crimes au sein même de la communauté. Au moment de mon arrivée à Chicago, le terme « estime de soi » était sur toutes les lèvres : celles des activistes, des invités dans les talk-shows télévisés, des éducateurs, des sociologues. C'était un fourre-tout pratique pour décrire nos blessures, une manière aseptisée de parler de ce que nous gardions pour nous. Mais dès lors que j'essayais de définir clairement cette idée de l'estime de soi, d'indiquer les qualités spécifiques que nous espérions inculquer, les moyens spécifiques qui nous permettraient d'être en accord avec nous-mêmes, la conversation prenait invariablement un tour régressif qui allait jusqu'à l'infini. Si on ne s'aimait pas, était-ce à cause de sa couleur, ou parce qu'on ne savait pas lire et donc qu'on n'arrivait pas à trouver de boulot ? Ou peut-être parce qu'on avait manqué d'amour pendant notre enfance… et si on avait manqué d'amour, était-ce parce qu'on avait la peau trop noire ? Ou trop claire ? Ou parce que notre mère se piquait à l'héroïne ? Et d'ailleurs, pourquoi le faisait-elle ? Et si nous ressentions cette sensation de vide, était-ce parce que nos cheveux étaient crépus, ou parce que notre appartement n'était pas assez chauffé et pas meublé correctement ? Ou était-ce parce que tout au fond de soi on imaginait un univers sans dieu ?

Peut-être ne pouvait-on éviter ce genre de questions quand on recherchait son salut personnel. Mais je doutais que tout ce blabla sur l'estime de soi pût être la pièce maîtresse d'une politique efficace en faveur des Noirs. Cela exigeait une trop grande dose d'honnêteté vis-à-vis de soi-même ; sans cette honnêteté, cela dégénérait facilement en vagues exhortations. Je me disais qu'avec plus d'estime de soi il y aurait peut-être moins de Noirs pauvres, mais qu'il était évident que la pauvreté ne faisait rien pour notre estime de nous-mêmes.

Mieux valait se concentrer sur les choses recueillant un consensus général. Donnez à ce Noir des qualifications tangibles et du travail. Apprenez à cet enfant noir la lecture et l'arithmétique dans une école où il sera en sécurité et qui dispose des moyens nécessaires. Donnez-nous d'abord de bonnes bases, et ensuite nous nous mettrons en quête de ce que nous valons à nos propres yeux.

Ruby fit vaciller ma conviction, le mur que j'avais érigé entre la psychologie et la politique, l'état de nos portefeuilles et celui de nos âmes. De fait, cet épisode des lentilles bleues n'était que l'exemple le plus représentatif de ce que j'entendais et voyais chaque jour. Cela s'exprimait lorsqu'un animateur noir m'expliquait en passant qu'il ne travaillait jamais avec les fournisseurs noirs (« Les Noirs, ça travaille mal, ce qui fait qu'après, je suis obligé de payer des Blancs pour qu'ils recommencent le boulot »), ou lorsqu'une animatrice m'expliquait pourquoi elle ne réussissait pas à mobiliser les gens de son église (« Les Noirs sont paresseux, c'est tout, Barack… ils veulent rien foutre »).

Souvent, le mot « nègre » remplaçait celui de « Noir » dans ces remarques, un mot dont je m'imaginais autrefois qu'il était prononcé pour plaisanter, par ironie, que c'était une blague entre nous, la marque de notre résilience en tant que peuple. Jusqu'à ce qu'un jour j'entende une jeune mère l'utiliser envers son enfant pour lui signifier qu'il était un bon à rien, ou que j'entende des adolescents se le lancer comme une invective au cours d'une joute verbale. La transformation de la signification originelle de ce mot n'a jamais été complètement opérée. De même que les autres défenses que nous avions érigées contre les blessures possibles, celle-ci se tournait en premier contre nous-mêmes.

A partir du moment où je considérais que le langage, l'humour, les récits des gens ordinaires étaient la matière première à partir de laquelle les familles, les communautés, l'économie devaient être construites, il m'était impossible de distinguer cette force de la souffrance et des distorsions toujours latentes en nous. Et je comprenais à présent que c'était cette donnée, et ce qu'elle impliquait, qui m'avait le plus perturbé quand j'avais regardé les yeux de Ruby. Les histoires que m'avaient contées les animateurs, tous les récits de courage, de sacrifice, de victoires sur de grands obstacles, n'étaient pas simplement nées des luttes contre la peste ou la sécheresse, ou même seulement contre la misère. Elles étaient le résultat d'une expérience tout à fait particulière de la haine. Cette haine n'avait pas disparu ; elle formait un contre-récit profondément enfoui en chaque personne et au centre duquel se trouvaient les Blancs – les uns cruels, les autres ignorants, parfois un simple visage, parfois juste une image sans visage ou un système qui décrète qu'il a tout pouvoir sur nos vies. Il me fallait me demander si les liens de communauté pouvaient être restaurés sans que soit exorcisé collectivement ce personnage fantomatique qui hantait les rêves des Noirs. Ruby pouvait-elle s'aimer elle-même sans détester les yeux bleus ?

Rafiq al Shabazz avait réglé ce genre de questions de façon satisfaisante pour lui. Je le voyais plus régulièrement désormais, car il m'avait appelé dès le matin suivant la rencontre entre notre DCP et le MET. Il s'était alors lancé dans un monologue débité à toute vitesse concernant le centre d'aide à l'emploi pour lequel nous avions fait une demande à la Ville.

– Faut qu'on cause, Barack, me dit-il. Ce que vous essayez de faire avec la formation, ça doit s'insérer dans le plan général de développement sur lequel je bosse. Vous pouvez pas faire ça tout seul dans votre coin... faut mettre ça dans un plan d'ensemble. Vous avez pas idée des forces en présence ici. C'est énorme, mon vieux. Y a toute une flopée de mecs qui sont prêts à vous poignarder dans le dos.

– Qui est à l'appareil ?

– Rafiq. Qu'est-ce qu'y a, il est trop tôt pour vous ?

En effet. Je lui demandai de patienter et allai me servir une tasse de café. Je le priai ensuite de recommencer depuis le début, plus lentement cette fois. Je finis par comprendre qu'il était intéressé à ce que le nouveau centre d'insertion MET que nous avions proposé à la Ville soit situé dans un certain bâtiment proche de son bureau, sur Michigan Avenue. Je ne posai pas de question sur la nature de cet intérêt, me doutant bien que je n'obtiendrais pas de réponse sincère. De plus, je me disais que nous pourrions trouver en lui un allié dans ce qui s'annonçait comme une série de négociations compliquées avec Mme Alvarez. Je lui répondis que si le bâtiment qu'il convoitait correspondait aux spécifications requises, j'étais d'accord pour le proposer comme une solution possible.

Nous conclûmes donc, Rafiq et moi, une alliance qui n'allait pas de soi et ne passa pas très bien auprès des animateurs du DCP. Je comprenais leurs inquiétudes : dès lors que nous nous asseyions autour d'une table avec Rafiq pour discuter de notre stratégie commune, il interrompait les débats pour nous infliger de longs discours sur les machinations secrètes qui se tramaient et la trahison des Noirs prêts à vendre leurs frères. C'était un stratagème de négociation efficace, car, avec sa voix qui enflait progressivement, assortie d'un gonflement des veines de son cou, il faisait taire Angela, Will et les autres, qui se muraient alors dans un silence intéressé et observaient Rafiq comme s'ils avaient affaire à un épileptique en pleine crise. Plus d'une fois, je dus intervenir et hurler à mon tour, non pas mû par la colère, mais simplement pour le calmer. Un mince sourire finissait par se dessiner sous sa moustache et nous pouvions retourner à nos moutons.

Cependant, quand nous étions seuls, il nous arrivait d'avoir des conversations normales. Au fil du temps, j'en arrivai malgré moi à ressentir une certaine admiration pour sa ténacité et son côté bravache, et, toutes proportions gardées, pour la sorte de sincérité dont il faisait preuve. Il me confirma qu'il avait fait partie autrefois d'un gang à Altgeld. Il avait découvert la religion sous la houlette d'un musulman affilié au mouvement de la Nation de l'Islam de Louis Farrakhan.

– Si je n'avais pas rencontré l'islam, mec, je serais sans doute déjà mort, me confia-t-il un jour. J'avais une attitude négative, tu comprends. A Altgeld, j'ai fait qu'aspirer le poison que l'homme blanc nous distribue. Les gens avec qui tu bosses, ils ont le même problème, tu vois, même s'ils le réalisent pas. Ils passent leur temps à se demander ce que les Blancs peuvent penser. Ils arrêtent pas de se jeter la pierre pour la merde qu'ils voient autour d'eux, ils se disent qu'ils sont bons à rien, sauf si un Blanc décrète qu'ils sont très bien. Mais au fond d'eux-mêmes, ils savent bien que ça va pas. Ils savent ce que ce pays a fait à leur manman, à leur papa, à leur sœur. Donc, la vérité, c'est qu'ils haïssent les Blancs mais qu'ils arrivent pas à le reconnaître. Ils gardent ça pour eux et ils luttent contre eux-mêmes. Ils gaspillent des tonnes d'énergie comme ça.

« Je vais te dire une chose que j'admire chez les Blancs, poursuivit-il. Eux, ils savent qui ils sont. Regarde les Italiens. Ils s'en fichaient du drapeau américain et tout le tremblement quand ils sont arrivés. La première chose qu'ils ont faite, c'est former la Mafia pour être sûrs de sauvegarder leurs intérêts. Les Irlandais, ils ont pris la mairie et ils ont trouvé du boulot à leurs gars. Les Juifs, pareil... tu vas pas me dire qu'ils s'intéressent plus à un gamin noir du South Side qu'à leurs parents en Israël ! C'est dans le sang, Barack, de veiller sur les siens. Un point c'est tout. Les Noirs sont les seuls à être assez stupides pour s'occuper de leurs ennemis.

Telle était la vérité, pour Rafiq, et il ne gaspillait pas son énergie à décortiquer cette vérité. Son monde était un monde hobbesien, où la méfiance était une donnée, où la loyauté était due à la famille, à la mosquée et à la race noire... au-delà, la loyauté n'était plus de mise. Cette vision étroite limitée au sang et à la tribu lui avait procuré une sorte d'éclairage, un moyen de focaliser son attention. Selon lui, c'était le respect de soi de la communauté noire qui avait permis au maire d'obtenir son siège, et le besoin du respect de soi qui avait transformé la vie de certains drogués sous la tutelle des musulmans. Le progrès était à portée de main dès lors que nous ne nous trahissions pas nous-mêmes.

Mais qu'est-ce que c'était exactement, la trahison ? Depuis le jour où j'avais eu l'autobiographie de Malcolm X entre les mains, j'avais tenté de démêler les minces fils du nationalisme noir, en avançant l'argument que le message du nationalisme – composé de solidarité et d'indépendance, de discipline et de responsabilité commune – n'avait plus besoin de reposer sur la haine des Blancs, pas plus qu'il ne reposait sur la magnanimité de ces mêmes Blancs. Je me disais, ainsi qu'aux amis noirs qui m'écoutaient, que nous pouvions montrer à ce pays où étaient ses erreurs, sans cesser pour autant de croire en sa capacité de changement.

Mais, en m'entretenant avec des nationalistes autoproclamés comme Rafiq, j'en vins à conclure que la condamnation sans nuance de tout ce qui venait des Blancs avait une fonction centrale dans leur message de révolte. Que, psychologiquement au moins, l'un dépendait de l'autre. Car quand le nationaliste évoquait le réveil des valeurs comme étant la seule solution à la misère des Noirs, il exprimait une critique implicite, sinon explicite, de ses auditeurs noirs : nous ne sommes pas obligés de vivre comme nous le faisons. Et même si certains étaient capables d'entendre ce message brut et de s'en servir pour se construire une nouvelle vie – ceux qui possédaient les dispositions d'esprit que Booker T. Washington avait exigées de ses adeptes –, ce genre de propos, pour de nombreux Noirs, résonnait de la même façon que les explications proposées depuis toujours par les Blancs concernant la misère de leur peuple : nous continuions à souffrir, sinon d'une infériorité génétique, du moins d'une faiblesse culturelle. C'était un message qui ignorait la cause ou la faute, un message en dehors de l'histoire, sans scénario ni programme appelant à la progression. Pour un peuple déjà spolié de son histoire, un peuple manquant souvent des moyens de rétablir cette histoire en la montrant sous une forme différente de celle qui apparaissait sur les écrans de télévision, le témoignage de ce que nous voyions au quotidien ne faisait que confirmer nos pires soupçons sur nous-mêmes.

Le nationalisme procurait cette histoire manquante. C'était un conte moral sans ambiguïté, facilement communiqué et facilement compris. L'attaque constante de la race blanche et le récit constamment répété du sort brutal réservé au peuple noir dans ce pays servaient de ballast susceptible d'empêcher les idées de responsabilité personnelle et commune de sombrer dans un océan de désespoir. Oui, disait le nationalisme, ce sont les Blancs qui sont responsables de votre état pitoyable, ce ne sont pas de quelconques tares que vous portez en vous. De fait, les Blancs sont tellement sans cœur et pervers que nous ne pouvons plus attendre quoi que ce soit de leur part. Ce sont eux qui ont planté les germes de la répugnance que vous ressentez pour vous-mêmes, de ce qui vous a fait tomber dans la boisson ou la délinquance. Chassez-les de votre esprit et libérez votre véritable pouvoir. *Lève-toi, puissante race !*

Ce processus de déplacement, cette manière de s'engager dans l'autocritique tout en nous dégageant nous-mêmes de l'objet de la critique, aidait à expliquer le succès tant admiré de cette Nation de l'Islam qui réussissait à faire changer de vie des drogués et des criminels. Mais si elle convenait particulièrement bien à ceux qui se trouvaient au bas de l'échelle sociale américaine, les mieux lotis se retrouvaient également dans son discours : l'avocat qui avait cravaché dur pour être admis au barreau mais continuait à se heurter au silence embarrassé de ses confrères quand il arrivait au club de sport ; les jeunes étudiants qui mesuraient la distance qui les séparait de ceux qui vivaient dans les rues mal famées de Chicago, avec les dangers impliqués par cette distance ; tous les Noirs dont je m'aperçus que, comme moi, ils entendaient une voix intérieure leur chuchoter : « Ta place n'est pas vraiment ici. »

Dans un sens, alors, Rafiq avait raison quand il disait qu'au fond d'eux-mêmes tous les Noirs étaient des nationalistes potentiels. La colère était là, hermétiquement enfermée et souvent dirigée vers l'intérieur. Et quand je songeais à Ruby et à ses yeux bleus, aux adolescents se traitant mutuellement de nègres et pire encore, je me demandais si, pour l'instant au moins, Rafiq n'avait pas raison en préférant que cette colère soit redirigée ; si une politique noire qui supprimait la rage envers les Blancs en général ou une politique qui échouait à élever la loyauté envers la race au-dessus du reste n'étaient pas inadéquates.

C'était une pensée douloureuse, aussi douloureuse aujourd'hui qu'il y a quelques années. Elle contredisait la morale que ma mère m'avait enseignée, une morale faite de subtiles distinctions entre les individus de bonne volonté et ceux qui me voulaient du mal, entre la malice délibérée et l'ignorance ou l'indifférence. J'avais un enjeu personnel dans ce cadre moral ; j'avais découvert que je ne pouvais y échapper quand j'essayais. Et pourtant, peut-être était-ce un cadre que les Noirs de ce pays ne pouvaient plus se permettre de conserver ; peut-être affaiblissait-il leur détermination, encourageait-il la confusion dans les rangs. Les temps désespérés appelaient les mesures désespérées, et pour bien des Noirs les temps étaient désespérés de manière chronique. Si le nationalisme pouvait créer une insularité forte et efficace, honorer sa promesse de respect de soi, alors la douleur qu'il était susceptible de causer aux Blancs de bonne volonté et les tourments intérieurs qu'il causait aux gens comme moi seraient de peu d'importance.

Si le nationalisme pouvait apporter… En réalité, c'étaient les questions d'efficacité, et non les questions idéologiques, qui se trouvaient à la base de la plupart de mes querelles avec Rafiq. Un jour, après une réunion particulièrement orageuse avec le MET, je lui demandai s'il pourrait faire participer ses adeptes au cas où une confrontation publique avec la Ville deviendrait nécessaire.

– J'ai pas de temps à perdre à distribuer des tracts et à tout expliquer, me répondit-il. Les gens, par ici, ils s'en foutent qu'on soit d'un bord ou d'un autre. Quand y en a, c'est des nègres qui jouent double jeu et qui foutent le bordel. Ce qu'y faut, c'est terminer notre plan et décider la Ville à signer. C'est comme ça qu'il faut faire – pas en rameutant les foules et en faisant du tam-tam. Quand on aura plié l'affaire, tu pourras faire toutes les annonces que tu voudras.

Je n'étais pas d'accord avec l'approche de Rafiq. Il avait beau professer son amour démesuré pour le peuple noir, il s'en méfiait formidablement. Mais je savais aussi que son approche était également due à un manque de moyens : j'avais découvert que les membres de son organisation et de sa mosquée ne dépassaient pas les cinquante personnes. Son influence ne venait pas de l'importance de son organisation, mais de sa présence à toutes les réunions possibles et imaginables qui se tenaient à Roseland, au cours desquelles il appliquait une tactique consistant à hurler pour réduire ses opposants au silence.

Ce qui était vrai pour Rafiq était vrai pour toute la ville. Privé de l'effet d'entraînement induit par la campagne de Harold, le nationalisme se dissipa pour devenir une posture plus qu'un programme concret, un amoncellement de doléances et non une force organisée, des images et des sons qui encombraient les ondes et les conversations, mais sans existence palpable. Parmi la poignée de groupes qui brandissaient la bannière nationaliste, seule la Nation de l'Islam avait un nombre significatif d'adeptes : les sermons véhéments du ministre Farrakhan attiraient les foules, et son audience était encore supérieure à la radio. Mais le nombre de membres actifs à Chicago était considérablement plus réduit – plusieurs milliers, peut-être, grosso modo la taille de l'une des plus grandes Eglises noires de Chicago. Une base rarement mobilisée, si tant est qu'elle le fût, autour de campagnes politiques ou de programmes généraux.

De fait, la présence physique de la Nation de l'Islam dans le quartier était théorique, restreinte principalement aux hommes en costume et nœud papillon qui vendaient le journal de l'organisation, *The Final Call*, aux intersections des grandes voies de circulation.

Parfois, il m'arrivait de prendre le journal distribué par ces hommes à l'élégance à toute épreuve, en partie parce que je les plaignais de porter leurs costumes trop chauds l'été, leurs manteaux trop légers en hiver, et en partie parce que mon attention était attirée par les titres sensationnels, tendance tabloïds, de leurs articles (*UNE CAUCASIENNE RECONNAÎT QUE LES BLANCS SONT LE DIABLE*). A l'intérieur, on trouvait les retranscriptions des discours du ministre Farrakhan, ainsi que des articles qui semblaient piochés tels quels dans les communiqués de l'agence Associated Press, en subissant toutefois certaines « améliorations » éditoriales (« Le sénateur *juif* Metzenbaum annonce… »). Le journal contenait aussi une page santé, comportant les recettes sans porc du ministre Farrakhan, des publicités pour les discours dudit ministre sur cassettes vidéo (VISA ou MasterCard acceptées) et des promotions pour une ligne de produits de toilette – dentifrice et autres frivolités – que la Nation de l'Islam avait lancée sous la marque POWER, dans le cadre d'une stratégie destinée à encourager les Noirs à dépenser leur argent à l'intérieur de leur propre communauté.

Au bout d'un moment, les publicités pour les produits POWER se firent plus rares dans *The Final Call*. Sans doute les fans du ministre

Farrakhan continuaient-ils à se brosser les dents avec du Crest. L'échec de la campagne de POWER en disait long sur les difficultés rencontrées par le commerce noir en général, sur les obstacles de départ, le manque de financement, l'avance de la concurrence quand on avait été maintenu hors du jeu pendant plus de trois siècles.

Mais je devinais que cela reflétait également l'inévitable tension qui surgit quand le message du ministre Farrakhan en fut réduit à l'activité triviale qui consistait à proposer de la pâte dentifrice. J'imaginais le chef de produit de POWER examinant ses perspectives de vente, se demandant s'il devait distribuer la marque dans les chaînes de supermarchés nationales préférées des Noirs. S'il optait pour la négative, il réfléchissait : les supermarchés appartenant à des Noirs qui essayaient de faire concurrence aux chaînes nationales pouvaient-ils se permettre d'accorder une place à un produit qui, à coup sûr, serait rejeté par les clients blancs potentiels ? Les clients noirs achèteraient-ils du dentifrice par correspondance ? Sans compter qu'il était fort possible que le fournisseur des ingrédients nécessaires à la fabrication du dentifrice le moins cher fût un Blanc...

La concurrence, les décisions dictées par l'économie de marché et la règle de la majorité, les problèmes du pouvoir... C'était cette implacable réalité – les Blancs n'étaient pas de simples fantômes à chasser de nos rêves, mais un élément actif et multiple de notre vie quotidienne – qui expliquait finalement le fait que le nationalisme pouvait prospérer en tant qu'émotion et capoter en tant que programme. Tant que le nationalisme restait une malédiction cathartique lancée contre la race blanche, il pouvait recueillir les applaudissements, aussi bien de l'adolescent au chômage qui écoutait la radio que de l'homme d'affaires qui regardait la télé tard le soir. Mais la pente qui partait de cette ferveur unificatrice pour aboutir aux choix pratiques auxquels étaient confrontés quotidiennement les Noirs était rude à avaler. Partout, il fallait faire des compromis. Le comptable noir demandait : Comment voulez-vous que j'ouvre un compte dans cette banque appartenant à des Noirs si elle me facture des frais supplémentaires pour la tenue des comptes et si elle ne veut même pas m'accorder un prêt en prétextant qu'elle ne peut pas assumer le risque ? L'infirmière noire disait : Les Blancs avec qui je travaille ne sont pas si mauvais, et même s'ils l'étaient, je ne peux pas quitter mon travail... Qui va me payer mon loyer demain, donner à manger à mes enfants aujourd'hui ?

Rafiq n'avait pas de réponses toutes prêtes à ce genre de questions ; il était moins intéressé à changer les règles du pouvoir qu'à changer la couleur de ceux qui le détenaient et qui, de ce fait, profitaient de ses bienfaits. Mais il n'y avait jamais beaucoup de place au sommet de la pyramide. Dans une compétition formulée en ces termes, l'attente de la délivrance serait effectivement longue pour les Noirs.

Dans l'intervalle, il se produisait des choses curieuses. Ce qui chez Malcolm X semblait un appel à prendre les armes, une déclaration proclamant que nous ne tolérerions pas davantage l'intolérable, se révéla être la chose même que Malcolm avait cherché à éradiquer : un aliment de plus pour les fantasmes, un masque de plus sur l'hypocrisie, une excuse de plus pour l'inaction.

Des politiciens noirs moins doués que Harold découvrirent ce que les politiciens blancs savaient depuis très longtemps, à savoir que l'incitation à la haine raciale pouvait compenser une foule de limites. De jeunes leaders désireux de se faire un nom augmentèrent la mise en répandant des rumeurs de complot dans toute la ville – les Coréens finançaient le Klan, les médecins juifs inoculaient le virus du sida aux bébés noirs... C'était un raccourci vers la célébrité, sinon vers la fortune. Comme le sexe ou la violence à la télé, la fureur noire trouvait toujours une clientèle disponible.

Personne, dans mon quartier, ne semblait prendre ces discours très au sérieux. En effet, nombreux étaient ceux qui avaient déjà renoncé à l'espoir de voir les politiciens améliorer leur condition, et on s'adressait beaucoup moins à eux. Une élection, quand ils votaient, était simplement pour eux synonyme de billet pour un bon spectacle. Les Noirs n'ont pas de réel pouvoir pour agir contre les manifestations d'antisémitisme qui surgissent parfois ou les interventions musclées contre les Asiatiques, me disait-on. Et d'ailleurs, les Noirs ont besoin d'avoir une occasion de se défouler de temps en temps... qu'est-ce que tu crois que ces gens-là disent dans notre dos ?

Ce n'étaient que des mots. Mais l'objet de mes inquiétudes n'était pas seulement les dégâts que ces mots causaient aux efforts de coalition, ou la souffrance qu'ils causaient à d'autres. Non, je m'inquiétais aussi de l'écart qu'il y avait entre nos paroles et nos actes, et des conséquences induites sur nous en tant qu'individus et en tant que peuple. Ce fossé corrompait le langage et la réflexion ; il nous incitait à l'oubli et favorisait les idées fausses ; il finissait par éroder notre capacité à la responsabilisation. Et même si rien de tout cela n'était l'apanage des seuls politiciens ou nationalistes noirs – Ronald Reagan faisait à peu près la même chose avec ses tours de prestidigitation verbale, et l'Amérique blanche semblait même prête à gaspiller d'énormes sommes pour acquérir des terrains en banlieue et entretenir des polices privées pour nier le lien indissoluble entre les Noirs et les Blancs –, cette langue de bois était encore moins de mise chez les Noirs. La survie des Noirs dans ce pays avait toujours été marquée par le fait qu'ils ne se faisaient pas d'illusions. C'était cette absence d'illusions qui continuait à agir sur le quotidien de la plupart des Noirs que je rencontrais. Au lieu d'adopter la même honnêteté intangible dans nos affaires publiques, nous semblions perdre pied, laisser notre psychologie collective aller à vau-l'eau, sombrer plus avant dans le désespoir.

Lutter sans cesse pour faire converger la parole et l'action, nos désirs les plus chers avec un projet réalisable… et si, en définitive, ce n'était pas tout simplement de cela que dépendait l'estime de soi ? Si j'avais choisi ce travail, c'était parce que j'en étais convaincu. Ce fut cette conviction qui m'amena à la conclusion que les notions de pureté – de race ou de culture – ne pouvaient servir de base à l'estime de soi du Noir américain typique, pas plus qu'à moi-même. Il fallait que notre sentiment d'appartenance provienne d'une chose plus subtile que les lignées dont nous étions les descendants. Il fallait qu'il trouve ses racines dans les histoires personnelles de Mme Crenshaw, de M. Marshall, de Ruby et de Rafiq ; dans tous les détails désordonnés et contradictoires de notre vécu.

Je pris quinze jours de congé pour aller voir ma famille. En rentrant, j'appelai Ruby et lui annonçai que j'avais besoin qu'elle vienne me retrouver le samedi soir suivant.

Un long silence.

– A quel sujet ?

– Tu vas voir. Prépare-toi pour six heures… on mangera un petit truc avant.

Notre destination se trouvait à une heure de chez Ruby, dans un des quartiers nord où le jazz et le blues avaient migré pour trouver un public solvable.

Nous dénichâmes un restaurant vietnamien et, autour d'une assiette de nouilles et de crevettes, nous devisâmes, parlant de son patron, de ses problèmes de dos. La conversation était un peu empruntée, sans pause ni réflexion, et nous évitions de croiser nos regards.

Après le repas, nous nous rendîmes dans la salle de spectacle voisine. Une ouvreuse nous mena à nos places, devant un groupe d'adolescentes en sortie de classe. Quelques filles feuilletaient sagement leur programme en demandant des explications à la dame assise à côté d'elles, que je supposai être leur professeur. Mais la plupart d'entre elles étaient trop excitées pour rester assises tranquillement, elles chuchotaient, gloussaient et bombardaient de questions leur chaperon, qui faisait preuve d'une patience admirable.

La salle fut soudainement plongée dans le noir, et les jeunes filles se turent. Des lumières bleutées s'allumèrent et sept femmes noires apparurent sur la scène, dans un tourbillon de jupes et de foulards qui flottaient autour d'elles. Puis elles se figèrent sur place, comme tordues de désespoir. L'une d'elles, une grande femme vêtue de marron, se mit à réciter d'une voix forte :

... half-notes scattered,
without rhythm, no tune,
distraught laughter fallin'
over a black girl's shoulder,
it's funny, it's hysterical,
the melody, less-ness of her dance,
dont't tell a soul,
she's dancing on beer cans and shingles...[1]

Elle récitait, et les autres femmes s'animèrent lentement, dans un ensemble d'ombres et de formes, de couleurs acajou et crème, les

1. « ... demi-notes éparpillées,/sans rythme, sans musique,/des rires éperdus qui tombent/sur les épaules d'une fille noire,/c'est drôle, c'est hystérique,/cette mélodie qui manque à sa danse,/ne le dis à personne,/elle danse sur des canettes de bière et des galets... »

rondes et les minces, les jeunes et les moins jeunes, qui déroulaient leurs bras et leurs jambes dans l'espace.

Somebody, anybody,
Sing a black girl's song,
Bring her out
To know herself,
To know you,
But sing her rhythms,
Carin', struggle, hard times,
Sing her song of life...[1]

Pendant une heure, les femmes, chacune à son tour, racontèrent leurs histoires et chantèrent leurs chants. Elle chantaient le temps perdu et les rêves abandonnés et ce qui aurait pu être. Elles chantèrent les hommes qui les avaient aimées, trompées, violées, prises dans leurs bras. Elles chantaient la blessure de ces hommes, une blessure comprise et parfois pardonnée. Elles se montraient mutuellement leurs cicatrices et les cals de leurs pieds ; elles révélaient leur beauté dans l'intonation de leur voix, la palpitation d'une main, une beauté déclinante, ascendante, élusive. Elles pleuraient les enfants dont elles avaient avorté, les enfants assassinés, les enfants qu'elles avaient été. Et au milieu de leurs chants, violents, furieux, doux et fermes, elles dansaient, toutes, le double-dutch, la rumba, le bump ou une valse solitaire ; des danses folles, des danses à briser le cœur. Elles dansèrent jusqu'à ne former qu'une seule âme. A la fin du spectacle, cette âme chanta une seule et unique phrase :

I found god in myself
And I loved her, I loved her fiercely...[2]

---

1. « Quelqu'un, qui que ce soit,/Chantez le chant d'une fille noire,/ Emmenez-la/Pour qu'elle se connaisse,/Pour qu'elle vous connaisse,/Mais chantez sur ses rythmes/Ses moments durs, de tendresse, de lutte,/Chantez le chant de sa vie... »

2. « Je trouvai Dieu en moi-même/Et je la chéris, je la chéris violemment... »

Les lumières s'allumèrent. Les chanteuses vinrent saluer le public. Les filles, derrière nous, applaudirent à tout rompre.

J'aidai Ruby à passer son manteau et nous gagnâmes le parking. La température avait baissé. Les étoiles scintillaient comme de la glace sur le ciel noir.

Nous attendîmes que la voiture se réchauffe un peu. Ruby se pencha sur moi et m'embrassa sur la joue.

– Merci.

Ses yeux, d'un brun profond, brillaient. Je pris sa main gantée et la serrai brièvement avant de démarrer. Pas un mot ne fut prononcé. Pendant tout le trajet du retour, jusqu'au moment où je la déposai devant sa porte et lui souhaitai bonne nuit, nous conservâmes ce précieux silence.

11

Je me garai dans le parking de l'aéroport à trois heures et quart et courus à toutes jambes vers le terminal. Hors d'haleine, je tournai plusieurs fois sur moi-même pour examiner la foule d'Indiens, d'Allemands, de Polonais, de Thaïlandais, de Tchèques en train de récupérer leurs bagages...

Putain, je le savais bien, que j'aurais dû partir plus tôt ! Peut-être qu'elle s'était inquiétée et qu'elle essayait d'appeler... Est-ce que je lui avais donné mon numéro au bureau ? Et si elle avait raté son avion ? Et si elle était passée devant moi sans que je la reconnaisse ?

Je regardai la photo que je tenais à la main, celle qu'elle m'avait envoyée deux mois plus tôt, abîmée maintenant à force d'avoir été tripotée. Puis je levai la tête, et la photo s'anima : une Africaine franchissait la porte de la douane, avançant d'un pas souple, gracieux, et ses yeux brillants, qui cherchaient dans la foule, se fixèrent sur les miens, et, sur son visage noir, rond, aux traits sculptés, s'épanouit un lumineux sourire.

– Barack ?

– Auma ?

– Oh, mon Dieu !

Je pris ma sœur dans mes bras et la soulevai, et nous nous regardâmes, et nous éclatâmes de rire, nous rîmes en chœur, un rire de bonheur. Je pris son sac et nous nous dirigeâmes vers le parking, et elle passa son bras sous le mien. Je sus à ce moment que je l'aimais, si naturellement, si facilement et si fort que plus tard, quand elle fut repartie, je me surpris à me méfier de cet amour, à lui chercher des explications. Mais aujourd'hui encore je suis incapable de l'expliquer. Je sais simplement que cet amour était véritable, et qu'il l'est toujours, et que j'en suis heureux.

– Bon, mon frère, me dit-elle dans la voiture, tu vas tout me raconter.

– Et qu'est-ce que tu veux que je te raconte ?

– Ta vie, bien sûr.

– Depuis le début ?

– Commence par où tu veux.

Je lui parlai de Chicago et de New York, de mon travail d'organisateur, de ma mère, de mes grands-parents, de Maya – elle avait tellement entendu parler d'eux par notre père, me dit-elle, qu'elle avait l'impression de les connaître. Elle me décrivit Heidelberg, où elle essayait de passer un doctorat de linguistique, et les tribulations de sa vie en Allemagne.

– Je suppose que je n'ai pas le droit de me plaindre, dit-elle, j'ai une bourse, un appartement. Je ne sais pas ce que je ferais si j'étais toujours au Kenya. Mais je ne me plais pas trop en Allemagne. Les Allemands se croient très ouverts quand il s'agit des Africains, mais quand on gratte un peu, on s'aperçoit qu'ils ont toujours les attitudes de leur enfance. Dans les contes allemands, les gobelins, ils sont toujours noirs. Ça ne s'oublie pas si facilement, ce genre de choses. Parfois, j'essaie d'imaginer ce qu'a ressenti le Vieil Homme, quand il a quitté son pays pour la première fois. Je me demande s'il a éprouvé le même sentiment de solitude…

Le Vieil Homme. C'était ainsi qu'Auma désignait notre père. Cela me parut une bonne désignation, à la fois familière et distante, cela évoquait une force élémentaire que l'on ne comprend pas pleinement.

Chez moi, Auma prit la photo posée sur la bibliothèque, un portrait de lui que ma mère avait conservé.

– Il a l'air si innocent, tu ne trouves pas ? Si jeune !

Elle plaça la photo à côté de mon visage.

– Tu as la même bouche.

Je lui conseillai d'aller s'étendre et de se reposer un peu, le temps pour moi de passer au bureau régler quelques affaires.

Elle secoua la tête.

– Je ne suis pas fatiguée. J'ai envie de venir avec toi.

– Tu te sentiras mieux après une petite sieste…

– Ah, Barack, je vois que tu es aussi autoritaire que le Vieil Homme. Et vous n'avez passé qu'un seul séjour ensemble ? Ça doit être dans le sang.

Je ris, mais pas elle. Ses yeux se promenèrent sur mon visage comme si elle cherchait à résoudre une énigme, un problème qui la tourmentait, caché derrière son bavardage exubérant.

Pour son premier après-midi, je lui fis visiter le South Side, en empruntant le parcours qui avait été le mien lors de mon arrivée à Chicago, chargé à présent de mes souvenirs.

Quand nous arrivâmes à mon bureau, j'y trouvai Angela, Mona et Shirley. Ces dames bombardèrent Auma de questions sur le Kenya, sur la façon dont elle s'y prenait pour natter ses cheveux, lui demandèrent d'où elle tenait sa jolie façon de parler – « On dirait la reine d'Angleterre ! » –, et toutes les quatre s'en donnèrent à cœur joie à mon propos en passant en revue toutes mes étranges habitudes.

– Elles ont l'air de t'aimer beaucoup, commenta Auma ensuite, dans la voiture. Elles me rappellent nos tantes.

Elle descendit la vitre et offrit son visage au vent en regardant défiler Michigan Avenue : les restes délabrés du vieux Roseland Theatre, un garage rempli de voitures rouillées…

– C'est pour eux que tu fais ça, Barack ? me demanda-t-elle. Ce travail d'organisation ?

Je haussai les épaules.

– Pour eux, pour moi.

Cette même expression pleine d'interrogation, et de crainte, réapparut sur le visage d'Auma.

– Je n'aime pas trop la politique, dit-elle.

– Pourquoi ?

– Je ne sais pas. Les gens finissent toujours par être déçus.

Une lettre l'attendait à la maison. Elle venait d'un jeune Allemand, étudiant en droit, avec lequel elle sortait. La lettre était volumineuse, au moins longue de sept pages. Nous nous installâmes à la cuisine et, pendant que je préparais le repas, elle lisait, assise à la table, et riait, soupirait, faisait claquer sa langue, l'expression douce et langoureuse.

– Je croyais que tu n'aimais pas les Allemands, la taquinai-je.

Elle se frotta les yeux en riant.

– Ouais… Otto, ce n'est pas pareil. Il est si gentil ! Et parfois je lui en fais voir, pourtant ! Je sais pas, moi. Parfois je me dis que je n'arriverai jamais à faire entièrement confiance à quelqu'un. Je pense à ce que le Vieil Homme a fait de sa vie, et l'idée du mariage, comment dire… ça me fout la frousse. Et aussi, avec Otto, on serait obligés de vivre en Allemagne, pour sa carrière, tu comprends. J'imagine ce que ce serait, rester une étrangère pendant toute ma vie, je ne crois pas que je supporterais.

Elle plia la lettre, la remit dans l'enveloppe.

– Et toi, Barack ? interrogea-t-elle. Est-ce que tu as les mêmes problèmes, ou c'est simplement ta sœur qui est trop compliquée ?

– Je crois que je sais ce que tu ressens.

– Dis-moi.

Je sortis deux poivrons verts du frigo et les posai sur la planche à découper.

– Euh… à New York, j'ai aimé une fille, une Blanche, expliquai-je. Elle était brune, avec des yeux pleins d'éclats verts. Sa voix était claire et mélodieuse comme du cristal. Nous sommes sortis ensemble pendant près d'un an. On se voyait surtout le week-end. Parfois chez elle, parfois chez moi. Tu sais comment c'est, on se crée son univers privé, intime. Rien que nous deux, bien cachés, bien au chaud. On avait notre propre langage, nos propres habitudes. Voilà, c'était comme ça.

« Enfin… un jour, elle m'a invité à passer un week-end dans la maison de campagne de ses parents. Ses parents étaient là, et ils ont été très gentils, très aimables. C'était l'automne, tout était magnifique, avec la forêt tout autour de nous, et nous avons fait du canoë sur un lac tout rond, glacé, parsemé de feuilles dorées qui se déposaient sur le bord. Sa famille connaissait la région par cœur, jusqu'au moindre recoin. Ils savaient comment les collines s'étaient formées, comment les sédiments glaciaires avaient créé le lac, ils connaissaient les noms des premiers colons blancs – leurs ancêtres – et, avant ça, les noms des Indiens qui chassaient sur ce territoire. La maison était très ancienne, c'était celle de son grand-père, qui l'avait héritée lui-même de son grand-père. La bibliothèque était pleine de vieux livres et de photos du grand-père avec les gens célèbres qu'il connaissait – des présidents, des diplomates, des industriels. Cette pièce était chargée d'un poids énorme. C'est là, dans cette pièce, que j'ai compris que nos deux mondes, celui de mon amie et le mien, étaient aussi distants l'un de l'autre que le Kenya l'est de l'Allemagne. Et je savais que si nous restions ensemble je finirais par vivre dans le sien. Car après tout, c'était bien ce que j'avais fait pratiquement pendant toute ma vie. De nous deux, j'étais celui qui savait vivre en tant qu'étranger au cercle.

– Qu'est-ce qui s'est passé après ?

Je haussai les épaules.

– J'ai tout fait pour la repousser. Nous avons commencé à nous disputer. Nous avons commencé à penser à l'avenir, et l'avenir pesait sur notre petit univers bien chaud. Un soir, je l'ai emmenée voir une pièce nouvelle, écrite par un Noir. C'était une pièce pleine de colère, mais très drôle. De l'humour typiquement noir américain. Le public était noir en majorité, et tout le monde riait et tapait dans les mains et braillait comme à l'église.

« A la fin du spectacle, mon amie s'est énervée. Elle ne comprenait pas pourquoi les Noirs étaient toujours en colère comme ça. Je lui ai expliqué que c'était à cause de leur mémoire – je crois que je lui ai répondu que personne ne se demandait pourquoi les Juifs se souvenaient de l'Holocauste – et elle m'a répondu que ce n'était pas la même chose. Moi, je n'étais pas d'accord, et elle m'a dit que cette colère ne menait nulle part. On a eu une grosse engueulade devant le théâtre. Dans la voiture, elle s'est mise à pleurer. Elle m'a dit que même avec la meilleure volonté du monde elle ne pourrait jamais être noire, qu'elle ne pourrait jamais être qu'elle-même. Est-ce que ça ne suffisait pas ?

– Elle est triste, ton histoire, Barack.

– C'est vrai. Mais peut-être que même si elle avait été noire ça n'aurait pas marché. Parce qu'il y a eu plusieurs jolies Noires qui se sont débrouillées pour me briser le cœur tout pareil...

Je souris et m'occupai de mettre mes poivrons à cuire. Puis je me tournai vers Auma et poursuivis, sans sourire cette fois :

– Le problème, c'est que quand je repense à ce qu'elle m'a dit, ce soir-là, devant le théâtre, j'ai un peu honte.

– Tu as eu de ses nouvelles ?

– Elle m'a envoyé une carte, pour Noël. Elle est heureuse maintenant, elle a rencontré quelqu'un. Et moi, j'ai mon travail.

– Et ça te suffit ?

– Parfois.

Je pris un jour de congé le lendemain et nous passâmes la journée ensemble. Nous visitâmes l'Art Institute (j'avais voulu aller voir les têtes réduites du Field Museum, mais Auma refusa), nous extirpâmes de vieilles photos de mon armoire, nous allâmes faire un tour au supermarché, où Auma constata que les Américains étaient aimables et obèses. Parfois têtue, parfois espiègle, parfois croulant sous le poids du monde, elle affichait en toute occasion une assurance que j'identifiai comme étant une attitude acquise, comme la mienne, en réponse au doute.

Nous ne parlions pas beaucoup de notre père, cependant. C'était comme si notre conversation s'arrêtait dès lors que nous nous approchions de son souvenir. Un soir, pourtant, après le dîner et une longue promenade le long du mur lézardé du lac, nous sentîmes tous deux que nous ne pourrions continuer sans crever l'abcès.

Je fis une infusion, et Auma se mit à parler du Vieil Homme, ou plutôt, du souvenir qu'elle conservait de lui :

– Je ne peux pas dire que je le connaissais vraiment, Barack, commença-t-elle. Peut-être que personne ne le connaissait... pas réellement en tout cas. Sa vie était tellement dispersée. Les gens n'en connaissaient que des petits bouts, même ses propres enfants.

« J'avais peur de lui. Il était déjà parti quand je suis née. A Hawaii avec ta mère, et après, à Harvard. Quand il est revenu au Kenya, Roy, notre frère aîné, et moi, nous étions petits. Avant, nous vivions avec notre mère à la campagne, à Alego. J'étais trop jeune, je n'ai pas de souvenirs de son retour. J'avais quatre ans, mais Roy en avait six, peut-être pourrait-il t'en dire plus sur ce qui s'est passé. Je me souviens simplement qu'il est revenu avec une Américaine qui s'appelait Ruth, et qu'il nous a enlevés à notre mère pour nous emmener avec eux à Nairobi. Je me souviens que cette femme, Ruth, était la première personne blanche que je voyais, et que tout d'un coup elle était censée devenir ma nouvelle mère.

– Pourquoi n'êtes-vous pas restés avec votre mère ?

Auma eut un geste d'ignorance.

– Je ne sais pas exactement. Au Kenya, ce sont les hommes qui ont la garde des enfants après un divorce... c'est-à-dire, s'ils le veulent. J'ai posé la question à ma mère, mais elle a du mal à en parler. Elle dit simplement que la nouvelle femme du Vieil Homme refusait de vivre avec une autre épouse, et qu'elle – ma mère – pensait que nous, les enfants, nous serions mieux chez le Vieil Homme parce qu'il était riche.

« Pendant les premières années, il allait bien, le Vieil Homme. Il travaillait pour une société pétrolière américaine... la Shell, je crois. C'était quelques années seulement après l'indépendance, et le Vieil Homme était en relation avec tous les dirigeants du pays. Il était allé à l'école avec beaucoup d'entre eux. Le vice-président, les ministres, ils venaient tous à la maison et ils buvaient ensemble et parlaient politique. Il avait une grande maison et une grosse voiture, et tout le monde était impressionné parce qu'à son âge, si jeune, il avait déjà tant de diplômes étrangers. Et il avait une femme américaine, ce qui était encore rare... mais plus tard, alors qu'il était toujours marié avec Ruth, il a recommencé à sortir parfois avec ma mère. Comme s'il voulait montrer à tout le monde qu'il pouvait avoir aussi cette belle Africaine quand il en avait envie. Nos quatre autres frères sont nés à cette époque. Mark et David, les enfants de Ruth, sont nés dans notre grande maison de Westlands. Abo et Bernard, les enfants de ma mère, vivaient avec elle et sa famille dans l'arrière-pays. Roy et moi, nous ne connaissions pas Abo et Bernard à l'époque. Ils ne venaient jamais nous voir, et quand le Vieil Homme allait leur rendre visite, il y allait toujours seul, sans le dire à Ruth.

« Je ne pensais pas beaucoup à tout ça, à nos vies divisées en deux, parce que j'étais trop jeune. Je crois que c'était plus difficile pour Roy, parce qu'il était assez grand pour se souvenir d'Alego, le village de notre mère et de notre famille. Pour moi, tout allait bien. Ruth était gentille avec nous, à l'époque. Elle nous traitait quasiment comme ses propres enfants. Ses parents étaient riches, je pense, ils nous envoyaient de beaux cadeaux des Etats-Unis. J'étais tout excitée quand on nous apportait un colis. Mais je me souviens que Roy, parfois, refusait de prendre leurs cadeaux, même quand c'étaient des bonbons. Je me rappelle qu'il a refusé un jour d'accepter des chocolats, mais la nuit, pendant qu'il me croyait endormie, je l'ai vu prendre des chocolats que j'avais laissés sur la commode. Mais je ne lui ai jamais rien dit, parce que je pense que je savais qu'il était malheureux.

« Mais ensuite, ça a changé. Quand Ruth a eu Mark et David, elle ne s'est plus occupée que d'eux. Le Vieil Homme avait quitté la société américaine pour travailler au gouvernement, au ministère du Tourisme. Il avait des ambitions politiques, et au début tout allait bien pour lui. Mais en 1966, ou 1967, les dissensions se sont intensifiées au Kenya. Le président Kenyatta était de la tribu la plus importante, les Kikuyus. Les Luos, la tribu qui arrivait en deuxième position, commença à se plaindre que les Kikuyus avaient les meilleurs postes. Tout le gouvernement intriguait. Le vice-président, Odinga, était un Luo, et il disait que le gouvernement était corrompu. Qu'au lieu d'être au service de ceux qui s'étaient battus pour l'indépendance, les politiciens du Kenya avaient pris la place des colons blancs, qu'ils achetaient les entreprises et les terres qui auraient dû être redistribuées au peuple. Odinga a essayé de fonder son propre parti, mais il a été assigné à résidence et accusé d'être un communiste. Un autre ministre luo très populaire, Tom M'boya, a été assassiné par un tueur kikuyu. Les Luos ont manifesté dans les rues, et la police gouvernementale a réagi avec brutalité. Il y a eu des morts. Tout cela a encore augmenté la suspicion entre les tribus.

« La plupart des amis du Vieil Homme se contentaient de se tenir tranquilles et de s'accommoder de la situation. Mais le Vieil Homme s'est élevé contre tout ça. Il disait que le tribalisme allait ruiner le pays et que les meilleurs postes étaient pris par des gens non qualifiés. Ses amis ont essayé de lui faire comprendre qu'il se mettait en danger en exprimant ses opinions en public, mais il ne les a pas écoutés. Il était persuadé comme toujours d'être plus calé que les autres. Le jour où une promotion lui est passée sous le nez, il est allé faire du foin. "Comment peux-tu être mon chef, dit-il à un ministre, alors que c'est moi qui t'apprends à faire ton boulot correctement ?" On a fait savoir à Kenyatta que le Vieil Homme était un fauteur de troubles, et il a été convoqué chez le président. On raconte que Kenyatta lui a dit que puisqu'il était incapable de la fermer, c'était fini pour lui, qu'il n'aurait plus jamais de travail et qu'il finirait comme un va-nu-pieds.

« Je ne sais pas si tout ce qu'on raconte est vrai, mais je sais qu'avec le président comme ennemi le Vieil Homme était dans une mauvaise situation. Il a été chassé du gouvernement, mis sur liste noire. Les ministres ne lui ont plus donné de travail. Quand il présentait sa candidature aux sociétés étrangères, on les prévenait contre lui, on leur déconseillait de l'embaucher. Alors il a cherché à l'étranger et a été engagé par l'African Development Bank d'Addis-Abeba, mais il n'a pas pu s'y rendre, parce que le gouvernement lui avait retiré son passeport. Il ne pouvait plus quitter le Kenya.

« Finalement, il a été obligé d'accepter un poste subalterne au Département des Eaux, ce qui n'a été possible que parce qu'un de ses amis a eu pitié de lui. Ce poste lui permettait de nourrir sa famille, mais c'était une déchéance pour lui. Il s'est mis à boire beaucoup. Les gens qu'il connaissait ne venaient plus le voir, parce qu'il était dangereux d'être vu en sa compagnie. Ils lui conseillaient de présenter ses excuses, de changer d'attitude, lui disaient qu'alors tout s'arrangerait peut-être. Mais il refusait et continuait à dire ce qu'il pensait.

« Je n'ai compris tout cela que plus tard, quand j'ai grandi. A l'époque, je voyais seulement que notre vie était devenue très difficile. Le Vieil Homme ne nous parlait jamais, à Roy et à moi, que pour nous gronder. Quand il rentrait tard le soir, il était ivre, et je l'entendais crier après Ruth, lui ordonner de lui apporter à manger. Ruth était devenue très amère devant ce changement. Parfois, quand il n'était pas là, elle nous disait, à Roy et à moi, que notre père était fou et qu'elle nous plaignait d'avoir un père pareil. Je ne lui en voulais pas de nous dire ça… j'étais d'accord avec elle. Mais je remarquais que, de plus en plus, elle nous traitait différemment de ses propres fils. Elle nous disait que nous n'étions pas ses enfants et qu'elle ne pouvait rien faire de plus pour nous. Roy et moi, nous commencions à nous sentir orphelins. Et quand Ruth a quitté le Vieil Homme, nous n'étions pas loin de la vérité.

« Elle est partie quand j'avais douze ou treize ans, après un grave accident de voiture qu'avait eu le Vieil Homme. Il avait bu, je pense, et le conducteur de l'autre voiture, un fermier blanc, a été tué. Il a passé de longs mois à l'hôpital, près d'un an, et Roy et moi étions pratiquement livrés à nous-mêmes. C'est quand il est sorti de l'hôpital que le Vieil Homme est allé vous voir, toi et ta mère, à Hawaii. Il nous avait dit qu'il vous ramènerait tous les deux avec lui et que nous aurions une vraie famille. Mais il est revenu sans vous et nous avons dû rester seuls à nous débrouiller avec lui.

« A cause de son accident, le Vieil Homme avait perdu son poste au Département des Eaux et nous n'avions pas d'endroit pour vivre. Pendant un certain temps, nous avons fait le tour de la famille, mais à la fin plus personne ne voulait de nous parce que tout le monde avait ses propres soucis. Nous avons fini par trouver une bicoque délabrée dans un quartier à l'abandon, et nous avons passé là plusieurs années. Ça a été une époque terrible. Le Vieil Homme n'avait pas de quoi vivre, il était obligé d'emprunter à sa famille pour avoir de quoi manger. Cela a augmenté sa honte, je pense, et son caractère est devenu encore pire. Jamais il n'a voulu reconnaître devant nous, ses enfants, qu'il y avait un problème. Je crois que c'était ce qui nous faisait le plus mal, cette manière qu'il avait de proclamer sans arrêt que nous étions les enfants du grand monsieur Obama. Nous n'avions rien à manger, mais il faisait des dons aux pauvres uniquement pour sauver les apparences ! Parfois, je protestais, mais il me répondait que j'étais une jeune écervelée et que je ne comprenais rien.

« C'était pire entre Roy et lui. Ils se disputaient, c'était horrible. Roy a fini par partir. Il a cessé de rentrer à la maison et est allé vivre chez d'autres gens. Alors je suis restée seule avec le Vieil Homme. Parfois, je restais levée une partie de la nuit à l'attendre, à m'inquiéter. Lui, il rentrait en titubant, ivre, et il venait dans ma chambre, me réveillait parce qu'il voulait que je lui tienne compagnie ou que je lui fasse à manger. Il me racontait qu'il était malheureux et qu'il avait été trahi. Moi, j'avais sommeil, je ne comprenais rien à ce qu'il me disait. En secret, je souhaitais qu'un soir il ne rentre plus, qu'il ne revienne jamais.

« C'est le lycée, la Kenya High School, qui m'a sauvée. C'était un lycée de filles qui était réservé autrefois aux Britanniques. Très strict, et toujours très raciste – ce n'est qu'après mon arrivée, quand la plupart des élèves blancs ont été partis, qu'ils ont autorisé des professeurs africains à enseigner. Malgré cela, j'ai bien travaillé là-bas. C'était un internat privé, et j'y passais l'année scolaire, j'échappais au Vieil Homme pendant ce temps. L'école me donnait un cadre, tu comprends. Quelque chose à quoi me raccrocher.

« Une année, le Vieil Homme n'a pas pu payer les frais de scolarité, et on m'a renvoyée. J'avais tellement honte que j'ai pleuré toute la nuit. Je ne savais pas ce que je deviendrais. Mais j'ai eu de la chance. L'une des directrices avait entendu parler de ma situation et elle m'a obtenu une bourse qui m'a permis de rester. C'est triste à dire, mais même si je tenais au Vieil Homme, et si je m'inquiétais pour lui, j'étais heureuse de ne pas avoir à vivre avec lui. Je l'ai laissé seul et je n'ai jamais regardé en arrière.

« Pendant mes deux dernières années de lycée, sa situation s'est améliorée. Kenyatta est mort, et le Vieil Homme a réussi à retravailler pour le gouvernement. Il a obtenu un poste au ministère des Finances et a recommencé à avoir de l'argent, et de l'influence. Mais je crois qu'il n'a jamais surmonté l'amertume d'avoir été mis sur la touche, surtout en voyant ses collègues du même âge qui avaient su naviguer en politique grimper plus haut que lui. Et il était trop tard pour ramasser les morceaux de sa famille. Pendant longtemps, il a vécu seul dans une chambre d'hôtel, même en ayant les moyens de se payer une nouvelle maison. Il a eu plusieurs femmes pendant de courtes périodes, des Européennes, des Africaines, mais rien de durable. Je ne le voyais presque jamais, et quand nous nous voyions, il ne savait pas comment se comporter avec moi. Nous étions des étrangers, mais tu sais, il continuait à faire semblant d'être un père modèle et de vouloir me dire ce que je devais faire. Je me souviens, quand j'ai obtenu ma bourse pour aller étudier en Allemagne, j'avais peur de le lui annoncer. Je craignais qu'il ne me dise que j'étais trop jeune et qu'il n'intervienne pour m'empêcher d'obtenir mon visa, qui devait être approuvé par les autorités gouvernementales. Du coup, je suis partie sans lui dire au revoir.

« Ce n'est qu'après mon arrivée en Allemagne que j'ai commencé à me débarrasser un peu de la colère que je ressentais contre lui. La distance aidant, j'ai songé aux épreuves qu'il avait traversées, j'ai pensé qu'il n'était jamais vraiment parvenu à se comprendre lui-même. Ce n'est qu'à la fin, après avoir gâché sa vie de cette façon, qu'il a peut-être commencé à changer, je crois. La dernière fois que je l'ai vu, il était en voyage d'affaires pour représenter le Kenya à une conférence internationale en Europe. J'appréhendais beaucoup, après cette longue séparation. Mais il semblait vraiment détendu, et même paisible. Nous avons passé de bons moments ensemble en Allemagne. Parce que même quand il était absolument déraisonnable, il pouvait être tellement charmant ! Il m'a emmenée à Londres, où nous sommes descendus dans un bel hôtel, et il m'a présentée à tous ses amis dans un club anglais. Il m'avançait ma chaise, me couvrait de compliments en disant à ses amis à quel point il était fier de moi. Dans l'avion, en rentrant en Allemagne, j'ai voulu piquer le petit verre dans lequel on lui avait servi son whisky, mais il m'a dit : "Tu n'as pas besoin de faire ce genre de trucs !" Il a appelé l'hôtesse et lui a demandé de m'apporter un jeu complet de verres, comme si l'avion lui avait appartenu. Quand l'hôtesse m'a tendu le service, je me suis sentie redevenir une petite fille. Sa petite princesse.

« Le dernier jour, il m'a invitée à déjeuner et nous avons parlé de l'avenir. Il m'a demandé si j'avais besoin d'argent et a insisté pour m'en donner. Il m'a annoncé qu'en rentrant au Kenya il se mettrait à la recherche d'un bon mari pour moi. C'était touchant, c'était comme… comme s'il pouvait rattraper le temps perdu. A l'époque, il venait d'avoir un autre fils, George, avec la jeune femme qui partageait alors sa vie. Je lui ai répondu : "Roy et moi, nous sommes des adultes maintenant. Nous avons notre vie, nos souvenirs, et ce qui s'est passé entre nous ne peut pas être défait. Mais George, le bébé, il part de zéro. Alors saisis cette chance, occupe-toi bien de lui." Et il a fait oui de la tête, comme si… comme si…

Depuis quelques minutes, Auma regardait la photo de notre père, plongée dans le flou artistique de la pénombre. A cet instant, elle se leva et se dirigea vers la fenêtre, où elle me tourna le dos, les mains crispées sur ses épaules. Puis elle se mit à trembler violemment. Je me levai et la pris dans mes bras pendant qu'elle se laissait aller à son chagrin.

– Tu comprends, Barack, dit-elle entre deux sanglots, juste au moment où je commençais à faire sa connaissance… au moment où il allait peut-être s'expliquer… Parfois, je me dis qu'il avait vraiment tourné la page, qu'il avait trouvé un peu de paix intérieure. Quand il est mort, je me suis sentie… je me suis sentie flouée. Comme toi, sûrement.

Dehors, une voiture prit un virage en faisant crisser ses pneus. Un homme solitaire traversa, sous le cercle jaune d'un lampadaire. Dans un grand effort de volonté, Auma se redressa, sa respiration se fit plus régulière et elle s'essuya les yeux avec sa manche.

– Tu vois ce que tu as fait faire à ta sœur ! me dit-elle avec une amorce de rire.

Puis elle ajouta :

– Tu sais, le Vieil Homme parlait tellement de toi ! Il montrait ta photo à tout le monde et il te citait en exemple, avec tes bons résultats scolaires. Je suppose que ta mère et lui s'écrivaient. Je crois que ces lettres lui faisaient beaucoup de bien. A l'époque où ça allait vraiment mal, quand tout le monde se liguait contre lui, il venait me voir dans ma chambre avec les lettres et me les lisait à haute voix. Il me réveillait exprès, et quand il avait fini, il agitait la lettre en me disant à quel point ta mère était gentille. « Tu vois, me disait-il, il y a quand même des gens pour qui je compte vraiment. » Et il répétait cette phrase comme pour lui-même, encore et encore...

Après cette conversation, je préparai le convertible pour Auma. Elle se pelotonna sous la couverture et dormit bientôt à poings fermés. Moi, je ne trouvai pas le sommeil. Assis dans un fauteuil à la lueur de ma lampe de bureau, j'observais ses traits calmes et reposés, j'écoutais le rythme de sa respiration, tout en essayant de démêler l'enchevêtrement d'informations que je venais de recevoir. C'était comme si mon univers se retrouvait la tête en bas ; comme si je venais de me réveiller en découvrant un soleil bleu dans un ciel jaune, ou en entendant des animaux parler comme des humains. Toute ma vie, j'avais porté en moi une image de mon père, une image contre laquelle je m'étais parfois révolté, mais que je n'avais jamais remise en question, à laquelle j'avais tenté plus tard de correspondre. L'étudiant brillant, l'ami généreux, le leader droit et probe... mon père avait été tout cela. Tout cela et plus encore, car, hormis lors de son unique et brève visite à Hawaii, il n'avait jamais été là pour défaire cette image, car je n'avais pas vu ce que la plupart des hommes voient peut-être à un moment de leur vie : le corps de leur père se rabougrir, les meilleurs espoirs de leur père s'évanouir, le visage de leur père ridé par le chagrin et les regrets.

Oui, j'avais vu de la faiblesse chez d'autres hommes : Gramps et ses déceptions, Lolo et ses compromis. Ces hommes étaient devenus des références pour moi, des hommes que j'aimais, mais en aucun cas des objets d'émulation, des Blancs et des hommes à la peau brune dont la destinée ne pouvait être la mienne. C'était dans l'image de mon père, l'homme noir, le fils de l'Afrique, que j'avais mis tous les attributs que je cherchais en moi, les attributs de Martin et de Malcolm, de DuBois et de Mandela. Et même si, plus tard, je vis que les Noirs que je connaissais – les Frank, les Ray, les Will ou les Rafiq – n'atteignaient pas ce niveau de noblesse, si j'avais appris à respecter ces hommes pour les luttes qu'ils menaient, les reconnaissant pour miennes, la voix de mon père était restée sans tache, incitatrice, réprobatrice, accordant ou refusant son agrément. Tu ne travailles pas assez, Barry. Tu dois participer à la lutte de ton peuple. Réveille-toi, homme noir !

A présent, je me retrouvais assis dans ce fauteuil à dossier dur où je me balançais à la lueur d'une simple ampoule, délesté de cette image qui avait disparu subitement. Remplacée par... quoi ? Un ivrogne plein d'amertume ? Un mari violent ? Un bureaucrate vaincu, solitaire ?

Penser que j'avais passé toute ma vie à me battre contre ce qui n'était qu'un fantôme ! La tête m'en tournait. Si Auma n'avait pas été dans la pièce, j'aurais sans doute éclaté de rire. Le roi a été renversé. Le rideau d'émeraude s'est ouvert. La meute qui s'agite dans ma tête peut se déchaîner. Maintenant, bordel, je suis libre de faire ce que j'ai envie de faire ! Car, qui donc, si ce n'était mon propre père, détiendrait désormais le pouvoir de me dire le contraire ? Parce que rien de ce que je ferais ne serait pire que ce qu'il avait fait.

La nuit s'étirait. J'essayai de retrouver mes esprits. Non, ma liberté nouvellement acquise ne m'apporterait pas grande satisfaction. Qu'est-ce qui pourrait m'empêcher de subir la même défaite que le Vieil Homme ? Qui pourrait me protéger du doute ou me prévenir contre les pièges posés dans l'âme d'un homme noir ? La mythification de mon père avait au moins eu le mérite de me préserver du désespoir. Mais maintenant il était mort, pour de bon. Il ne pouvait plus me donner de directives de vie.

Peut-être pourrait-il tout au plus me dire ce qui lui était arrivé. Il m'apparut que, malgré toutes ces nouvelles informations, je ne connaissais toujours pas l'homme qu'avait été mon père. Qu'étaient devenues sa force, la promesse qu'il portait en lui ? Qu'est-ce qui avait déterminé ses ambitions ? Une fois de plus, je revis son seul et unique séjour, et me dis que l'homme que je connaissais à présent devait être alors en proie à la même appréhension que moi-même, cet homme qui était revenu à Hawaii pour explorer son passé et, peut-être, essayer d'en réclamer la meilleure part, cette part qui avait été égarée. Il n'avait pas été capable de me dévoiler ses véritables sentiments, pas plus que je n'avais été capable moi-même d'exprimer mes aspirations d'enfant de dix ans. Chacun de nous était resté pétrifié par la vue de l'autre, incapable de se défaire du soupçon qu'en dévoilant son moi véritable il serait recalé à l'examen.

A présent, quinze ans plus tard, en regardant le visage endormi d'Auma, je voyais de quel prix nous avions payé ce silence.

Dix jours plus tard, nous étions assis tous deux sur les sièges de plastique rigide d'un aéroport, tournés vers les avions posés de l'autre côté du mur de verre. Je demandai à Auma à quoi elle pensait. Elle me sourit doucement.

– Je pense à Alego, répondit-elle. A Home Square, la propriété de notre grand-père, là où vit toujours grand-maman. C'est un endroit merveilleux, Barack. Quand en Allemagne il fait froid, quand je me sens seule, je ferme les yeux et j'imagine que je suis là-bas. Je suis assise dans l'enclos entouré des grands arbres que notre grand-père a plantés. Grand-maman parle, elle me raconte quelque chose de drôle, et j'entends la vache remuer derrière nous, et les poules qui picorent au bord du champ, et je sens l'odeur du feu qui s'échappe de la hutte où on fait la cuisine. Et sous le manguier, près des champs de maïs, il y a l'endroit où est enterré le Vieil Homme…

C'était l'heure de l'embarquement. Nous restâmes assis encore un peu, puis Auma ferma les yeux en serrant ma main.

– Il faut qu'on rentre à la maison, dit-elle, il faut qu'on rentre à la maison, Barack, pour aller le voir.

12

Rafiq avait fait de son mieux pour donner aux lieux un petit côté pimpant. Il y avait une nouvelle plaque au-dessus de l'entrée, et la porte avait été laissée ouverte pour faire pénétrer la lumière printanière. Les sols avaient été frottés, les meubles astiqués. Rafiq portait un costume et une cravate en cuir noirs. Son *kufu* de cuir ciré était étincelant. Il passa plusieurs minutes à s'agiter autour d'une longue table pliante posée contre un mur de la salle en faisant la leçon à deux de ses gars sur la façon de disposer les petits gâteaux et le punch.

Il essaya de mettre d'aplomb le portrait de Harold pendu au mur.

– Ça va, c'est droit à ton avis ?

– C'est droit, Rafiq.

Le maire venait couper le ruban du nouveau centre MET qui s'ouvrait à Roseland. C'était considéré comme un beau coup, une victoire pour Rafiq, qui avait passé plusieurs semaines à supplier que l'inauguration des activités se fasse dans ses locaux. Il n'avait pas été le seul. Le conseiller municipal avait fait savoir qu'il serait heureux d'accueillir une réunion d'information avec le maire dans son bureau. Le sénateur, un homme mangeant à tous les râteliers mais qui avait commis l'erreur de soutenir un candidat blanc aux dernières élections municipales, avait promis de nous aider à recueillir des fonds pour n'importe lequel de nos projets si nous l'incluions dans le programme. Le révérend Smalls lui-même nous avait appelés en suggérant que cela nous rendrait service si nous le laissions présenter son « bon ami Harold ». Dès que j'apparaissais à mon bureau du DCP, ma secrétaire me tendait la dernière pile de messages.

« Tu es devenu drôlement populaire, Barack », me disait-elle avant de me laisser pour aller décrocher le téléphone une énième fois.

Je regardai la foule qui s'était rassemblée dans le magasin de Rafiq, constituée principalement de politiciens et de parasites qui passaient leur temps à guetter ce qui se passait dehors, tandis que des policiers en civil parlaient dans leurs talkies-walkies en surveillant les lieux.

Je me frayai un chemin à travers la salle pour aller dénicher Will et Angela et les pris à part.

– Vous êtes prêts ?

Ils confirmèrent avec ensemble.

– Vous vous souvenez, dis-je, il faut essayer de décider Harold à venir à notre assemblée de cet automne. Faites-le pendant que le type qui tient son planning est dans le secteur. Parlez-lui de tout le travail qu'on fait ici, et dites-lui pourquoi...

Au même moment, un murmure parcourut la foule, suivi d'un silence soudain. Un grand cortège de voitures s'arrêta, une portière de limousine s'ouvrit et, derrière une escouade de policiers, je vis apparaître le grand homme en personne. Il portait un costume bleu ordinaire et un trench-coat fripé. Ses cheveux gris paraissaient manquer un peu de tonus, et il était plus petit que je ne m'y attendais. Mais sa prestance était indéniable, son sourire celui d'un homme au faîte du pouvoir. Aussitôt, le public se mit à scander « Ha-rold ! Harold ! » et le maire fit une petite pirouette en levant la main en signe de remerciement. Sous la conduite de Mme Alvarez et des policiers en civil qui lui ouvraient la route, il fendit la foule. Il passa devant le sénateur et le conseiller municipal. Il passa devant Rafiq, devant moi-même. Il ignora la main tendue du révérend Smalls.

Il fila droit sur Angela.

– Madame Rider, dit-il en lui prenant la main et en s'inclinant légèrement devant elle, c'est un plaisir pour moi de vous rencontrer. J'ai entendu parler de votre excellent travail.

Angela avait l'air prête à tourner de l'œil. Le maire lui demanda si elle voulait bien le présenter à ses collègues. Elle se mit à rire et à bafouiller avant de réussir à se reprendre suffisamment pour l'escorter jusqu'aux animateurs. Ces derniers, debout côte à côte, raides comme une rangée de boys-scouts, arboraient le même sourire emprunté. Quand ils furent tous passés en revue, le maire offrit son bras à Angela, et ils se dirigèrent ensemble vers la porte, suivis de la foule des participants.

– C'est dingue, j'arrive pas à y croire, chuchota Shirley à l'oreille de Mona.

La cérémonie dura environ quinze minutes. La police avait bouclé deux pâtés de maisons sur Michigan Avenue. Une petite estrade avait été installée devant le rez-de-chaussée où s'ouvrirait bientôt le centre MET. Angela présenta tous les fidèles de l'église qui avaient travaillé sur le projet, ainsi que les représentants politiques. Will prononça un bref discours sur le programme du DCP. Le maire nous félicita de notre engagement civique, tandis que le sénateur, le révérend Smalls et le conseiller municipal jouaient des coudes pour se montrer auprès de lui, le visage fendu d'un large sourire à l'intention des photographes qu'ils avaient convoqués. Le ruban fut coupé, et ce fut terminé.

La limousine fila vers la cérémonie suivante, et le public se dispersa quasi instantanément, laissant un petit nombre d'entre nous seuls dans la rue encombrée de déchets.

Je me dirigeai vers Angela, qui commentait l'événement avec Shirley et Mona.

– Quand je l'ai entendu dire « Madame Rider », je vous jure, j'ai cru que j'allais mourir sur place.

Shirley secoua la tête.

– Ça s'est vu, ma poule !

– On a la preuve, y a les photos ! renchérit Mona en levant son appareil photo Instamatic.

J'essayai de m'immiscer dans la conversation :

– Est-ce qu'on a une réponse pour l'assemblée ?

– Et en plus, il me dit que j'ai l'air trop jeune pour avoir une fille de quatorze ans… Vous vous rendez compte ?

– Il a accepté de venir à notre assemblée ? répétai-je.

Ici, trois paires d'yeux me décochèrent un regard impatient.

– Quelle assemblée ?

Je renonçai. Tournant les talons, je me dirigeai vers ma voiture. Parvenu à sa hauteur, j'entendis la voix de Will derrière moi :

– Où tu cours comme ça ?

– J'en sais rien. N'importe où.

Je tentai d'allumer une cigarette, mais le vent n'arrêtait pas de souffler la flamme. Je jetai les allumettes par terre avec un juron.

– Tu veux que je te dise quelque chose, Will ?

– Qu'est-ce qu'y a ?

– On est des amateurs. Voilà ce qu'y a. On bricole. Alors qu'on a une occasion de montrer au maire qu'on joue un vrai rôle dans la vie de la ville, qu'on est des gens à prendre au sérieux, qu'est-ce qu'on fait ? On se comporte comme des gosses à la vue de leur idole. On est là, à sourire et à faire des mines, tout ce qui nous préoccupe c'est de savoir si on a été pris en photo avec lui...

– Tu veux dire que tu n'as pas été pris en photo ? !

Will eut un sourire amusé et brandit une photo prise au Polaroïd, puis me posa une main sur l'épaule.

– Te fâche pas... je vais te dire quelque chose, Barack. Faut te détendre un peu. Ce que t'appelles du bricolage, c'est peut-être le meilleur moment de l'année pour Angela et les autres. Dans dix ans, elles frimeront encore avec ça. Elles se sont senties importantes. Et c'est grâce à toi. Qu'est-ce que ça peut faire si elles ont oublié d'inviter Harold à une assemblée ? On peut toujours le rappeler.

Je grimpai dans ma voiture et descendis la vitre.

– Oublie ça, Will, c'est juste que je suis frustré.

– Ouais, c'est ce que je vois. Mais tu devrais te demander pourquoi tu es si frustré.

– Pourquoi, à ton avis ?

Will haussa les épaules.

– Je pense que t'essaies simplement de faire du bon boulot, dit-il. Mais je crois aussi que t'es jamais satisfait. Pour toi, faudrait que tout arrive tout de suite. Comme si t'avais quelque chose à prouver ici.

– Non, je ne cherche pas à prouver quoi que ce soit, Will.

Je mis le moteur en route et démarrai, mais pas assez vite pour ne pas entendre les derniers mots de Will :

– T'as rien à nous prouver, Barack. On t'aime, mec ! Jésus t'aime !

Près d'un an avait passé depuis mon arrivée à Chicago, et notre travail avait enfin commencé à porter ses fruits. Le groupe de proximité de Will et de Mary comptait désormais cinquante personnes. Il organisait des nettoyages de quartier, des journées d'information sponsorisées sur les carrières pour les jeunes, obtenait de la mairie des améliorations pour les installations sanitaires. Plus au nord, Mme Crenshaw et Mme Stevens avaient poussé le Département des Parcs à rénover les parcs et les terrains de jeux ; les travaux avaient déjà commencé. Des rues avaient été réparées, des égouts installés, des programmes anticriminalité institués. Et à présent il y avait la nouvelle agence pour l'emploi, à l'endroit où se trouvait auparavant un rez-de-chaussée vide.

La réputation de l'organisation grandit, et la mienne par la même occasion. Je commençai à recevoir des invitations à siéger dans des comités et à diriger des ateliers. Les responsables politiques locaux connaissaient mon nom, même s'ils n'arrivaient pas à le prononcer.

En ce qui concernait les animateurs, ils avaient en moi une confiance totale.

– Tu aurais dû le voir quand il est arrivé, entendis-je Shirley raconter à un nouvel animateur. C'était un petit garçon. Je t'assure, quand on le regarde maintenant, c'est quelqu'un d'autre.

Elle parlait comme une mère fière de son fils. J'étais devenu une sorte de fils prodigue de substitution.

J'étais apprécié par les gens qui travaillaient avec moi, je constatais des changements concrets dans le quartier, des choses dont on pouvait se prévaloir. Cela aurait dû me suffire. Et pourtant, ce qu'avait dit Will était vrai : je n'étais pas satisfait.

Peut-être était-ce lié à la visite d'Auma et à ce qu'elle m'avait appris sur le Vieil Homme. Alors qu'autrefois je ressentais le besoin de m'élever pour répondre à ses attentes, c'était comme si je me sentais obligé à présent de réparer toutes ses erreurs. Sauf que la nature de ces erreurs n'était toujours pas claire dans ma tête. Je ne réussissais toujours pas à interpréter les signaux d'alarme susceptibles de m'éloigner des mauvais chemins qu'il avait pris. A cause de cette confusion, et parce que l'image que j'avais de lui restait si contradictoire – c'était tantôt une chose, tantôt une autre, mais jamais deux choses en même temps –, je me surprenais, à certains moments de la journée, à éprouver le sentiment de vivre selon un scénario préétabli, de le suivre dans l'erreur, captif de sa tragédie.

Il y avait aussi mes problèmes avec Marty. Nous avions officiellement séparé nos secteurs d'activité respectifs au printemps. Depuis, il passait le plus clair de son temps avec les églises de la banlieue, où les paroissiens, noirs et blancs, étaient moins préoccupés par la question de l'emploi que par celle de la *white flight*, la « fuite blanche », et de la baisse des prix de l'immobilier qui avait fondu sur le South Side dix ans auparavant.

C'étaient des problèmes difficiles, marqués par ce racisme et cette discrimination que Marty trouvait si répugnants. Aussi avait-il décidé de passer à autre chose. Il avait engagé un nouvel organisateur pour prendre en main le travail au quotidien en banlieue et s'occupait à présent de créer une nouvelle organisation à Gary, une ville où l'économie s'était écroulée longtemps auparavant, où les choses allaient si mal, selon lui, que personne ne s'occuperait de la couleur d'un organisateur. Il me demanda un jour de l'accompagner.

– Le South Side, ce n'est pas une région adaptée pour ta formation, m'expliqua-t-il. C'est trop vaste. C'est trop dispersé. Ce n'est pas de ta faute. J'aurais dû y penser.

– Mais je ne peux pas partir, Marty. Je viens d'arriver !

Il m'adressa un regard empreint d'une infinie patience.

– Ecoute, Barack, ta loyauté est admirable. Mais pour l'instant c'est de ton propre développement qu'il te faut t'occuper. Si tu restes ici, tu vas te planter. Tu vas abandonner ce boulot avant d'avoir vraiment démarré.

Il avait tout prévu dans sa tête, calculé le temps et le budget qu'il lui faudrait pour engager et former un remplaçant.

En l'écoutant détailler ses projets, je m'aperçus qu'il ne s'était pas attaché aux gens, ou aux lieux, durant les trois années qu'il avait passées là, que la chaleur humaine ou les liens dont il avait besoin venaient d'ailleurs : de sa gentille femme, de son bel enfant.

Pour son travail, seule l'idée le motivait, l'idée que symbolisait une usine fermée, mais qui était plus grande que l'usine en elle-même, plus grande qu'Angela ou Will, ou les prêtres solitaires qui avaient accepté de travailler avec lui. Cette idée pouvait prendre corps n'importe où. Pour Marty, la question était simplement de trouver le bon concours de circonstances, la bonne combinaison.

– Marty…

– Oui ?

– Je ne m'en vais nulle part.

Nous avions finalement trouvé un accord. Il me servirait de consultant pour les conseils dont je continuais à avoir un besoin crucial. Les honoraires qu'il recevrait l'aideraient à subventionner son œuvre ailleurs.

Mais, au cours de nos réunions hebdomadaires, il me rappelait le choix que j'avais fait, me répétait que je ne prenais aucun risque malgré mes modestes succès, que c'étaient les gars en beau costume, en ville, qui continuaient à commander.

– La vie est courte, Barack, me disait-il. Si tu n'essaies pas de changer vraiment les choses, ici, c'est foutu.

Ah, c'est vrai. Changer *vraiment* les choses. A l'université, cela semblait un but si facile à atteindre, cela correspondait à ma volonté personnelle et à la confiance que m'accordait ma mère, c'était aussi simple que d'améliorer ma moyenne ou d'arrêter de boire : il suffisait de prendre ses responsabilités.

Mais maintenant, après un an de ce travail, plus rien ne semblait simple. Qui était responsable de ce qui se passait à Altgeld ? Ici, il n'y avait pas de tarés blancs à cigare comme Bull Connor, pas de Pinkerton avec ses hommes de main armés de matraques. Rien qu'une petite bande d'hommes et de femmes noirs d'un certain âge, qui agissaient moins par malice ou calcul que par peur et attirés par l'appât d'un gain minable. Les gens comme M. Anderson, le gérant d'Altgeld, un homme chauve à un an de la retraite. Ou Mme Reece, une femme corpulente à la figure en pelote d'épingles qui était présidente du conseil des locataires et passait le plus clair de son temps à protéger les petites prérogatives liées à sa fonction : une rémunération et une place au banquet annuel, la possibilité de procurer un appartement de son choix à sa fille et un boulot dans les bureaux du CHA à son neveu. Ou le révérend Johnson, le pasteur de Mme Reece, qui dirigeait la seule grande église d'Altgeld et qui, lors de notre unique rendez-vous, m'avait arrêté net quand j'avais prononcé le mot « organisation ».

– C'est pas le CHA, le problème, m'avait dit le bon révérend. Le problème, c'est ces gamines qui s'adonnent à la fornication sous toutes ses formes.

Des locataires d'Altgeld me disaient que M. Anderson ne faisait pas procéder aux réparations dans les logements de ceux qui s'opposaient à Mme Reece et à sa liste de candidats pour les élections des représentants des locataires, que Mme Reece, de son côté, était contrôlée par le révérend Johnson, que le révérend Johnson possédait un service de sécurité sous contrat avec le CHA. J'ignorais s'il y avait quelque chose de vrai là-dedans, et d'ailleurs cela n'avait pas beaucoup d'importance au bout du compte. Mais ces trois personnages reflétaient l'attitude de la plupart des gens qui travaillaient à Altgeld, des enseignants, des psychologues qui s'occupaient des drogués, des policiers. Certains étaient là uniquement pour toucher leur chèque, d'autres cherchaient sincèrement à faire quelque chose. Mais, quelles que fussent leurs motivations, ils finissaient par avouer une lassitude commune, une lassitude extrêmement profonde. Ils avaient perdu la confiance qu'ils avaient pu avoir un jour dans leur capacité à endiguer la dégradation qu'ils voyaient autour d'eux. Cette perte de confiance allait de pair avec la perte de leur pouvoir d'indignation. L'idée de responsabilité – la leur, celle des autres – s'érodait lentement, remplacée par l'esprit de dérision et le désabusement.

Dans un sens, Will avait raison : oui, j'avais l'impression d'avoir quelque chose à prouver, aux gens d'Altgeld, à Marty, à mon père, à moi-même. Prouver que ce que je faisais avait une importance. Que je n'étais pas un écervelé à la poursuite de rêves vains.

Plus tard, quand j'essayai d'expliquer cela à Will, il rit et secoua la tête, préférant attribuer mon comportement grognon du jour de l'inauguration à une jalousie de jeune homme.

– Tu vois, t'es comme un jeune coq, Barack, me dit-il, et Harold, c'est un vieux coq. Dès que le vieux coq est entré, les poules, elles ont plus vu que lui. Ça a fait comprendre au jeune coq qu'il lui restait une ou deux choses à apprendre...

Will était enchanté de sa comparaison, et j'ai ri de concert. Mais, au fond de moi, je savais qu'il s'était trompé sur mes motivations. Plus que tout, je souhaitais la réussite de Harold. Tel un vrai père, le maire, à travers ses réalisations, semblait désigner ce qu'il était possible de faire. Ses qualités, son pouvoir, donnaient la mesure de mes propres espoirs. Et en l'écoutant s'adresser à nous, ce jour-là, plein de gentillesse et de bonne humeur, je n'avais pensé qu'à toutes les obligations liées à ce pouvoir. En marge de ce pouvoir, il pouvait rendre les services de la ville plus équitables. A présent, les professionnels noirs participaient davantage aux affaires de la ville. Nous avions un directeur d'école noir, un chef de la police noir, un directeur du CHA noir. La présence de Harold était consolatrice, comme celle du Jésus de Will, comme le nationalisme de Rafiq. Mais la victoire de Harold dans toute sa gloire ne semblait rien changer au sort d'Altgeld ni d'ailleurs.

Je me demandai si Harold, loin des projecteurs, réfléchissait à ces obligations. Si, comme M. Anderson ou Mme Reece, ou un certain nombre d'officiels noirs qui administraient maintenant les quartiers pauvres, il se sentait pris au piège au même titre que les gens au service desquels il était, en tant qu'héritier d'une histoire triste, que membre d'un système fermé comportant peu de parties en mouvement, d'un système où la déperdition de chaleur se poursuivait jour après jour, jusqu'à atteindre peu à peu le niveau le plus bas.

Je me demandai si lui aussi se sentait prisonnier du destin.

Ce fut Martha Collier qui finit par me sortir de ma trouille. C'était la directrice de Carver Elementary, l'une des deux écoles primaires d'Altgeld. Quand je l'appelai pour solliciter un rendez-vous, elle ne s'embarrassa pas de questions :

– Quand on me propose de l'aide, je suis preneuse, dit-elle. Venez à huit heures et demie.

L'école, trois grandes structures de brique en fer à cheval autour d'un large terrain pelé, était située à la limite sud d'Altgeld. A l'intérieur, un agent de sécurité m'accompagna jusqu'au bureau principal, où une robuste femme noire en ensemble bleu discutait avec une femme plus jeune, à l'air tendu et aux vêtements en désordre.

– Rentrez chez vous et reposez-vous, dit Mme Collier à son interlocutrice en lui passant un bras autour des épaules. Je vais donner quelques coups de fil pour voir si on peut arranger tout ça.

Elle escorta la visiteuse à la porte, puis se tourna vers moi.

– Vous êtes sans doute Obama. Entrez. Vous voulez un café ?

Sans attendre ma réponse, elle s'adressa à sa secrétaire :

– Apportez un café à M. Obama. Est-ce que les peintres sont déjà arrivés ?

La secrétaire fit un signe négatif de la tête, et Mme Collier fronça les sourcils.

– Je ne suis là pour personne, recommanda-t-elle pendant que je la suivais dans son bureau, sauf pour ce bon à rien d'architecte. Je vais lui dire ce que je pense de lui, il ne perd rien pour attendre.

Son bureau était meublé avec parcimonie, les murs étaient nus à l'exception de quelques distinctions pour services rendus à la communauté et un poster représentant un jeune Noir et portant la légende « Dieu Fabrique Pas De Came ».

Mme Collier attira une chaise et alla droit au but :

– Cette fille qui vient de sortir de mon bureau, c'est la mère d'un de nos gamins. Une toxico. Son copain a été arrêté la nuit dernière et il ne peut pas payer sa caution. Alors dites-moi : qu'est-ce que votre organisation peut faire pour quelqu'un comme elle ?

La secrétaire entra avec mon café.

– J'espérais que vous auriez quelques idées, dis-je.

– A moins de raser entièrement ce quartier et de donner aux gens une chance de repartir de zéro, je ne vois pas.

Elle avait été institutrice pendant vingt ans, et elle était directrice depuis dix ans. Elle avait l'habitude de se battre avec ses supérieurs – autrefois exclusivement des Blancs, et à présent surtout des Noirs – pour les fournitures, les programmes et les politiques d'embauche. Depuis son arrivée à Carver, elle avait fondé un centre enfants-parents qui accueillait les parents adolescents dans les classes pour leur permettre de suivre les cours en même temps que leurs enfants.

– En général, les parents veulent le bien de leurs enfants, m'expliqua-t-elle, mais ils ne savent pas comment s'y prendre. Nous leur donnons donc des conseils sur la nutrition, l'hygiène, la santé, le moyen de surmonter le stress. Nous apprenons à lire à ceux qui en ont besoin, pour qu'ils puissent faire la lecture à leurs enfants. Quand nous le pouvons, nous les aidons à obtenir leur équivalence avec le lycée, ou nous les engageons en tant qu'assistants.

Mme Collier prit une gorgée de café, puis poursuivit :

– Mais ce que nous ne pouvons pas, c'est changer l'environnement de ces filles et de leurs petits quand ils rentrent chez eux. Tôt ou tard, l'enfant nous quitte, et les parents cessent de venir...

Son téléphone sonna : le peintre était arrivé.

– Je vais vous dire ce qu'on va faire, Obama, me dit-elle en se levant. Vous allez venir parler à notre groupe de parents la semaine prochaine. Essayez de savoir ce qui se passe dans leur tête. Je ne vous y encourage pas, mais si les parents ont envie de faire du foin avec vous, je ne peux pas les en empêcher, pas vrai ?

Elle rit de bon cœur et m'accompagna dans le hall, où un groupe remuant d'enfants de cinq ou six ans se préparait à entrer en classe. Quelques-uns agitèrent la main en souriant pour nous saluer. En queue de peloton, deux petits garçons s'amusaient à tourner sur eux-mêmes, les bras serrés contre leurs flancs ; une toute petite fille était en train de se battre pour passer son pull par-dessus sa tête, et elle finit par être prise au piège dans les manches.

Pendant que la maîtresse leur faisait monter l'escalier, je me dis qu'ils avaient tous l'air heureux et confiants. Et pourtant, leur entrée dans le monde n'avait pas été facile : nés prématurément, peut-être, ou de mère toxicomane, la plupart d'entre eux portaient déjà la marque de la pauvreté. Cependant, pareils à tous les autres enfants, ils semblaient trouver du plaisir dans le simple fait de marcher et ils s'intéressaient à tous les visages nouveaux. Les paroles prononcées par Regina, des années auparavant, à un moment et en un lieu différents, me revinrent en mémoire : « Il n'y a pas que toi. »

– Ils sont beaux, hein ? commenta Mme Collier.

– Oh oui !

– Le changement vient plus tard. Dans cinq ans, environ, mais j'ai l'impression que ça vient un peu plus tôt chaque année.

– Quel changement ?

– Quand leurs yeux arrêtent de rire. Ils émettent encore le son avec leurs gorges, mais quand on regarde leurs yeux, on voit qu'ils ont enfermé quelque chose à l'intérieur.

Je passais désormais plusieurs heures par semaine avec ces enfants et leurs parents. Les mères étaient toutes des adolescentes approchant la vingtaine ou l'ayant à peine dépassée. La plupart avaient toujours vécu à Altgeld, élevées elles-mêmes par des mères adolescentes. Elles parlaient de leur vécu avec le plus grand naturel : la grossesse à l'âge de quatorze ou quinze ans, l'abandon des études, les pères qui entraient et sortaient de leurs vies, avec lesquels elles entretenaient des liens ténus. Elles se débrouillaient avec le système, ce qui impliquait beaucoup d'attente : attendre le travailleur social, attendre pour toucher le chèque des allocations, attendre le bus qui les emmènerait jusqu'au supermarché le plus proche, à dix kilomètres, pour aller acheter des couches en solde.

Elles maîtrisaient parfaitement les outils qui leur permettaient de survivre dans leur univers restreint et n'en ressentaient aucune gêne. Elles n'en étaient pas cyniques pour autant, ce qui me surprenait. Elles avaient encore des ambitions. C'étaient des filles comme Linda et Bernadette Lowry, deux sœurs que Mme Collier avait aidées à obtenir leur équivalence avec le lycée. A présent, Bernadette suivait des cours à l'université du district, et Linda, de nouveau enceinte, restait à la maison pour s'occuper du fils de Bernadette, Tyrone, et de sa propre fille, Jewel. Mais elle déclarait qu'elle aussi irait à l'université après la naissance de son bébé. Après, disaient-elles, elles trouveraient du travail, dans l'agro-alimentaire, ou comme secrétaires. Ensuite, elles quitteraient Altgeld. Un jour, chez Linda, elles me montrèrent un album qu'elles avaient fabriqué avec des coupures de *Better Homes and Gardens*[1]. Et elles m'affirmaient qu'elles aussi auraient un jour de belles cuisines blanches à parquet de bois dur. Tyrone prendrait des leçons de natation, et Jewel irait au cours de danse.

Parfois, en les écoutant évoquer ces rêves innocents, je réprimais un besoin impérieux de prendre ces jeunes filles et leurs enfants dans mes bras, de les serrer très fort et de ne plus les lâcher. Elles sentaient cette impulsion, je pense, et Linda, d'une beauté frappante, le teint très sombre, regardait Bernadette avec un sourire entendu et me demandait pourquoi je ne m'étais pas encore marié.

– Je n'ai pas encore trouvé la femme qu'il me faut, je suppose, répondais-je.

Et Bernadette donnait une tape à Linda en s'écriant :

– Arrête ! Tu vas faire rougir M. Obama !

Et elles éclataient de rire en chœur, et je me disais qu'à ma façon je devais leur paraître aussi innocent qu'elles le semblaient à mes yeux.

Mon projet pour les parents était simple. Nous n'avions pas encore les moyens de changer la politique d'aide de l'Etat, de créer des emplois sur place, ou d'augmenter de manière substantielle les subventions scolaires. Mais ce que nous pouvions faire, c'était commencer à amener des services de base à Altgeld – faire réparer les toilettes, le chauffage, les fenêtres. Quelques victoires dans ce sens,

1. L'équivalent américain de *Maison et Jardin*.

et j'imaginais les parents en train de former le noyau d'une association de locataires réellement indépendante. Dans ce but stratégique, je fis passer un formulaire comportant une série de doléances et demandai à chacun des présents de le distribuer dans son groupe d'immeubles. Tout le monde accepta, mais à la fin de la réunion une femme nommée Sadie Evans vint me trouver en me tendant une petite coupure de journal.

– J'ai vu ça dans le journal, hier, monsieur Obama, me dit-elle. Je sais pas si c'est important, mais je voulais vous le montrer.

C'était une annonce légale, passée dans les petites annonces en petits caractères. Le CHA lançait un appel d'offres à des entreprises qualifiées pour le désamiantage du bureau du gérant d'Altgeld. Je demandai aux parents s'ils avaient été avertis de la présence éventuelle d'amiante dans leurs logements. Ils firent tous non de la tête.

– Vous pensez qu'y en a dans nos maisons ? s'enquit Linda.

– Je sais pas, mais nous pouvons le savoir. Qui veut appeler M. Anderson à son bureau ?

Je parcourus la salle du regard, mais pas une main ne se leva.

– Allez, il faut que quelqu'un se décide. Moi, je ne peux pas le faire, puisque je n'habite pas ici.

Finalement, Sadie leva la main.

– Moi, je veux bien, annonça-t-elle.

Ce n'était pas elle que j'aurais choisie, pour ma part. C'était une petite femme fluette dotée d'une voix grinçante qui semblait le fait d'une timidité maladive. Elle portait des robes lui descendant jusqu'aux genoux et ne se séparait jamais de sa bible reliée cuir. Contrairement aux autres mères, elle était mariée, à un jeune homme qui travaillait comme employé de magasin pendant la journée et suivait une formation pour devenir pasteur ; hors de leur église, ils ne se mêlaient à personne.

Tout cela en faisait une sorte de marginale dans le groupe, et je n'étais pas certain qu'elle fût de taille à affronter le CHA. Mais quand je retournai à mon bureau, ce même jour, ma secrétaire m'apprit que Sadie avait déjà pris rendez-vous avec M. Anderson et qu'elle avait appelé les autres parents pour le leur annoncer.

Le lendemain matin, je trouvai Sadie attendant à la porte du bureau, seule comme une orpheline perdue dans une brume poisseuse.

– J'ai pas l'impression qu'il y en ait d'autres qui vont arriver, vous croyez pas, monsieur Obama ? dit-elle en regardant sa montre.

– Appelez-moi Barack. Ecoutez, vous voulez vraiment vous charger de ça ? Si vous ne vous sentez pas d'attaque, on peut déplacer le rendez-vous en attendant qu'il y ait d'autres parents…

– Je sais pas. Vous croyez que je pourrais avoir des problèmes ?

– Je crois que vous avez le droit de demander des informations sur des questions qui concernent la santé. Mais ça ne veut pas dire que M. Anderson soit du même avis. Je serai derrière vous, les autres parents aussi, mais c'est à vous de voir ce que vous jugez bon de faire.

Sadie referma plus étroitement son manteau et jeta un nouveau coup d'œil à sa montre.

– Il faut pas faire attendre M. Anderson, dit-elle en s'engouffrant par la porte.

Au vu de l'expression dudit Anderson quand nous entrâmes dans son bureau, il était évident qu'il ne m'attendait pas. Il nous invita à prendre place et nous proposa du café.

– Non, merci, répondit Sadie. Je vous remercie de nous recevoir aussi vite.

Sans enlever son manteau, elle sortit l'annonce et la posa avec précaution sur le bureau.

– Avec certains parents, à l'école, on a vu ça dans le journal, et on s'est inquiétés… enfin, on se demandait si cet amiante pouvait être dans nos logements.

M. Anderson jeta un coup d'œil à l'annonce, puis la posa de côté.

– Vous n'avez pas à vous inquiéter, madame Evans, dit-il. En ce moment, il y a des travaux de rénovation dans ce bâtiment, et quand l'entreprise a abattu l'un des murs, elle a trouvé de l'amiante sur les tuyaux. On l'enlève par mesure de précaution.

– Euh… vous croyez pas qu'il faudrait faire la même chose, enfin, prendre les mêmes mesures de précaution dans nos logements ? Parce que… est-ce qu'il y a pas de l'amiante aussi, dans nos logements ?

Le piège était posé, et les yeux de M. Anderson rencontrèrent les miens. En étouffant l'affaire, ils déclencheraient autant de bruit qu'en déclencherait la présence d'amiante, me dis-je. Le bruit me faciliterait la tâche. Et pourtant, en voyant M. Anderson remuer sur son siège, visiblement en train d'évaluer la situation, j'avais envie de le prévenir. J'éprouvais le sentiment inconfortable de savoir parfaitement ce qui se passait dans la tête de cet homme d'un certain âge, trahi par la vie, dont les yeux avaient le regard que j'avais si souvent vu dans ceux de mon grand-père... J'avais envie de lui faire comprendre que je comprenais son dilemme, de lui dire que s'il expliquait simplement que les problèmes d'Altgeld ne dataient pas d'aujourd'hui, qu'ils étaient déjà là avant qu'il prenne ce poste, et que s'il avouait avoir besoin d'aide, lui aussi, il se lèverait dans la pièce une lueur d'espoir, de salut.

Mais je ne dis rien et M. Anderson esquiva :

– Non, madame Evans, il n'y a pas d'amiante dans les parties résidentielles. Nous avons fait des vérifications scrupuleuses.

– Bon, c'est un soulagement, dit Sadie. Merci. Merci beaucoup.

Elle se leva, serra la main du gérant et se dirigea vers la porte. Je m'apprêtais à prendre la parole lorsqu'elle se retourna.

– Oh, excusez-moi, j'ai oublié de vous demander quelque chose. Les autres parents... enfin... ils aimeraient avoir une copie des vérifications que vous avez faites. Les résultats, je veux dire. C'est juste pour que tout le monde soit tranquille, qu'ils sachent qu'il y a pas de risque pour leurs enfants.

– Je... les rapports sont à la direction, en ville, bredouilla M. Anderson. Ils sont archivés, vous comprenez.

– Vous pensez pouvoir nous en donner une copie la semaine prochaine ?

– Oui... euh oui, bien sûr. Je vais voir ce que je peux faire. La semaine prochaine...

Dehors, je félicitai Sadie. Elle s'en était bien sortie.

– Vous croyez qu'il nous dit la vérité ?

– Je ne sais pas. On ne va pas tarder à le savoir.

Une semaine passa. Sadie appela le bureau de M. Anderson. On lui répondit que les résultats ne pourraient pas être fournis avant la semaine suivante. Deux semaines passèrent, et on n'avait toujours pas rappelé Sadie. Nous essayâmes de joindre Mme Reece, puis le gérant du district au CHA, puis nous envoyâmes une lettre au directeur du CHA avec une copie au bureau du maire. Pas de réponse.

– Qu'est-ce qu'on fait ? demanda Bernadette.

– On fait une descente en ville. S'ils ne veulent pas venir à nous, c'est nous qui irons à eux.

Le lendemain, nous préparâmes notre action. Nous rédigeâmes une nouvelle lettre au directeur du CHA pour l'informer que nous nous rendrions dans son bureau dans les deux jours afin d'exiger une réponse au problème de l'amiante. Un bref communiqué de presse fut publié. Les enfants de Carver furent munis d'un tract épinglé à leur veste qui pressait leurs parents de nous rejoindre. Sadie, Linda et Bernadette passèrent leur soirée à appeler leurs voisins.

Mais quand le jour J arriva, je ne comptai pas plus de huit têtes dans le bus jaune garé devant l'école. Sur le parking, Bernadette et moi tentâmes de rameuter les parents venus chercher leurs enfants. Mais ils avaient rendez-vous chez le médecin ou ne trouvaient pas de baby-sitters. Certains ne prirent pas la peine de trouver une excuse et passèrent devant nous en nous ignorant superbement. Quand Angela, Mona et Shirley arrivèrent pour voir comment se présentaient les choses, j'insistai auprès d'elles pour qu'elles nous accompagnent en nous apportant leur soutien moral. Les visages étaient tristes, sauf ceux de Tyrone et Jewel, qui s'amusaient à faire des grimaces à M. Lucas, le seul père présent. Mme Collier vint me trouver.

– Je pense que c'est tout, dis-je.

– Mieux que je ne m'y attendais, répondit-elle. L'armée d'Obama.

– C'est vrai.

– Bonne chance, me dit-elle avec une tape dans le dos.

Le bus longea le vieil incinérateur et l'aciérie Ryerson Steel, traversa Jackson Park et emprunta le Lake Shore Drive. A l'approche du centre-ville, je fis passer des instructions concernant l'action en demandant à chacun de les lire avec attention. Je remarquai alors que M. Lucas avait l'air perplexe. Une profonde ride s'était creusée entre ses sourcils. C'était un homme petit, gentil, affecté d'un léger bégaiement. Il gagnait sa vie en faisant des petits boulots à Altgeld et aidait la mère de ses enfants autant qu'il le pouvait. J'allai le trouver en lui demandant ce qui se passait.

– Je lis pas très bien, dit-il à voix basse.

Nous baissâmes le nez d'un même mouvement sur la page couverte de petits caractères.

– Pas de problème, dis-je.

Je regagnai l'avant du bus.

– Ecoutez-moi ! On va tout relire ensemble pour être sûrs qu'on est d'équerre. Qu'est-ce qu'on veut ?

– On veut une réunion avec le directeur !

– Où ça ?

– A Altgeld.

– Et qu'est-ce qu'on dit s'ils disent qu'ils nous donneront une réponse plus tard ?

– On veut qu'ils nous répondent maintenant !

– Et s'ils font un truc auquel on s'attend pas ?

– On se réunit !

– Sales Blancs ! brailla Tyrone.

Le bureau du CHA était un bâtiment gris et massif situé au centre du Loop. A notre descente du bus, nous pénétrâmes dans le hall, puis allâmes nous entasser dans l'ascenseur. Au troisième étage, les portes s'ouvrirent sur un couloir brillamment éclairé où une réceptionniste était assise, derrière un imposant bureau.

– Vous désirez ? s'enquit-elle en levant à peine les yeux de son magazine.

– Nous aimerions voir le directeur, s'il vous plaît, répondit Sadie.

– Vous avez rendez-vous ?

– Il...

Sadie se tourna vers moi.

– Il sait que nous venons, complétai-je.

– Il n'est pas dans son bureau en ce moment.

Sadie demanda :

– Vous pouvez voir avec son adjoint ?

La réceptionniste nous décocha un regard glacial, mais nous ne cillâmes pas.

– Prenez place, dit-elle enfin.

Les parents s'assirent et tout le monde se tut. Shirley voulut allumer une cigarette, mais Angela lui administra un coup de coude.

– On est censés être là parce qu'on s'intéresse aux problèmes de santé, tu te rappelles ?

— Oh, c'est trop tard pour moi, ma pauvre, marmonna Shirley, tout en remettant néanmoins son paquet dans son sac.

Un groupe d'hommes en costume-cravate sortit par une porte derrière le bureau de la réceptionniste et nous jeta un rapide coup d'œil avant de se diriger vers l'ascenseur.

Linda chuchota quelque chose à Bernadette. Cette dernière lui répondit de la même manière.

— Pourquoi vous chuchotez ? demandai-je à haute et intelligible voix.

Les enfants gloussèrent.

Bernadette répondit :

— J'ai l'impression d'attendre devant la porte du proviseur, ou quelque chose de ce genre.

— Ecoutez-moi, tout le monde, dis-je. C'est pour vous intimider qu'ils construisent des grands bureaux comme ça. Rappelez-vous que c'est un bâtiment public. Les gens qui travaillent ici sont responsables devant vous.

— Excusez-moi, intervint la réceptionniste en élevant la voix pour surmonter la mienne, on vient de me dire que M. le directeur ne pourra pas vous recevoir aujourd'hui. Tous les problèmes que vous pourriez rencontrer sont à signaler à M. Anderson, à Altgeld.

— Ecoutez, on a déjà vu M. Anderson, rétorqua Bernadette. Si le directeur est pas ici, on voudrait voir son adjoint.

— Je regrette, mais ce n'est pas possible. Si vous ne partez pas tout de suite, il va falloir que j'appelle la sécurité…

Au même moment, les portes de l'ascenseur s'ouvrirent et plusieurs équipes de télévision en jaillirent, accompagnées de journalistes.

— C'est ici la manif contre l'amiante ? me demanda l'un d'eux.

Je désignai Sadie du doigt.

— C'est elle, la porte-parole.

Les cameramen commencèrent à s'installer, et les journalistes sortirent leurs blocs. Sadie leur demanda de l'excuser et m'entraîna sur le côté.

— J'ai pas envie de parler devant les caméras.

— Pourquoi ?

— Je sais pas. Je suis jamais passée à la télé.

— Vous serez très bien.

En quelques secondes, les caméras tournèrent, et Sadie, d'une voix légèrement tremblante, tint sa première conférence de presse. Comme elle commençait à répondre aux questions, une femme en ensemble rouge, aux yeux soulignés d'une épaisse couche de mascara, fit irruption. Elle adressa une esquisse de sourire à Sadie et se présenta comme étant Mme Broadnax, l'assistante du directeur.

– Je suis navrée, mais le directeur n'est pas là, dit-elle. Si vous voulez bien me suivre, je suis sûre que nous allons pouvoir éclaircir le problème...

– Est-ce qu'il y a de l'amiante dans toutes les cités du CHA ? cria un journaliste à l'assistante qui s'éloignait.

– Est-ce que le directeur va rencontrer les parents ? cria un autre.

– Notre souci est de répondre le mieux possible aux attentes des résidents, répondit l'assistante sur le même mode, sans s'arrêter.

Nous la suivîmes dans une vaste pièce où plusieurs personnes à l'air morose étaient déjà installées autour d'une table de conférence. Mme Broadnax s'extasia sur les enfants, si mignons, et proposa du café et des beignets à tout le monde.

– On a pas besoin de beignets, on a besoin de réponses ! lui lança Linda.

Et voilà. Sans aucune intervention de ma part, les parents découvrirent qu'il n'y avait pas eu de vérifications et obtinrent la promesse que lesdites vérifications commenceraient à la fin de la journée. Ils négocièrent une réunion avec le directeur, rassemblèrent une poignée de cartes de visite et remercièrent Mme Broadnax de les avoir reçus. La date de la réunion fut annoncée à la presse avant même que nous ayons eu le temps de nous engouffrer dans l'ascenseur.

Dans la rue, Linda insista pour que je paie une tournée de popcorn au caramel à tout le monde, y compris au chauffeur du bus.

A bord, j'essayai de faire une évaluation de l'action, en mettant en exergue l'importance de la préparation et le bon travail d'équipe qui avait été effectué.

– Vous avez vu la tête de la bonne femme quand elle a vu les caméras ?

– Et cette comédie avec les gosses, toute gentille et tout, juste pour qu'on pose pas de questions !

– Et Sadie, elle a pas été géniale ? On est fiers de toi, Sadie.

– Il faut que j'appelle ma cousine pour qu'elle enregistre. On va passer à la télé.

J'essayai de les empêcher de parler tous en même temps, mais Mona me tira par la chemise.

– Pas la peine, Barack. Tiens, prends plutôt du pop-corn.

Je m'assis à côté d'elle. M. Lucas fit monter les petits sur ses genoux pour qu'ils voient la Buckingham Fountain.

Tout en mâchouillant mon pop-corn gluant, les yeux fixés sur le lac calme, couleur turquoise, je me fis la réflexion que j'avais rarement éprouvé un tel sentiment de satisfaction.

Cette escapade en bus provoqua en moi un changement fondamental. C'était le genre de changement qui importe, non parce qu'il modifiait des conditions de vie concrètes (en matière d'argent, de sécurité, de notoriété), mais parce qu'il ouvrait des perspectives et avait un effet stimulant, indépendamment de la joie immédiate, et indépendamment des déceptions ultérieures. Il créait l'envie de retrouver ce sentiment qu'on avait connu, même brièvement, à un moment de son existence. Je crois que c'est cet épisode qui m'a donné envie de continuer. Peut-être son effet perdure-t-il encore aujourd'hui.

La publicité nous fit du bien, évidemment. Le lendemain soir, le visage de Sadie fut sur tous les écrans de télévision. La presse, reniflant l'odeur du sang, découvrit une autre cité du South Side où les tuyaux rouillaient dans l'amiante. Les conseillers municipaux demandèrent des enquêtes immédiates. Les avocats demandèrent une action en justice en recours collectif.

Mais c'est indépendamment de tout cela, au cours de la préparation à la réunion avec le directeur du CHA, que je vis se produire une chose merveilleuse. Les parents se mirent à émettre des idées pour des campagnes futures. De nouveaux parents s'impliquèrent. Le quadrillage immeuble par immeuble que nous avions planifié devint effectif. Linda fit du porte-à-porte, ventre en avant, pour ramasser les formulaires de doléances. M. Lucas, qui ne pouvait pas lire lui-même les formulaires, expliquait à ses voisins comment les remplir correctement. Même ceux qui avaient commencé par s'opposer à notre action vinrent nous rejoindre : Mme Reece accepta de soutenir la manifestation, et le révérend Johnson permit à quelques-unes de ses ouailles de faire une annonce à l'office du dimanche. C'était comme si la démarche de Sadie, modeste, honnête, avait produit une réserve d'espoir qui permettait aux gens d'Altgeld de se réclamer d'un pouvoir qu'ils détenaient depuis toujours.

La réunion devait se tenir dans le gymnase paroissial de Notre-Dame-des-Jardins, le seul bâtiment d'Altgeld susceptible de contenir les trois cents personnes que nous espérions voir se déplacer. Les animateurs arrivèrent une heure à l'avance, et nous fîmes une dernière fois le point sur nos exigences : nous voulions qu'un comité de résidents travaille avec le CHA pour délimiter les zones à désamianter et que ledit CHA établisse un calendrier ferme des réparations.

Alors que nous discutions des détails de dernière minute, Henry, le technicien de maintenance, me fit signe d'approcher du micro.

– Qu'est-ce qui se passe ?

– Le système est mort. Y a un court-circuit ou j'sais pas quoi.

– Alors on n'a pas de micro ?

– Pas ici. Va falloir que vous fassiez avec ça…

Du doigt, il me montra un ampli de la taille d'une petite valise, avec un micro qui pendouillait au bout d'un pauvre cordon effiloché.

Sadie et Linda vinrent me rejoindre et ouvrirent de grands yeux devant cette boîte rudimentaire.

– C'est une blague ! s'exclama Linda.

Je tapotai le micro.

– Ça va aller. Il va juste falloir que vous parliez fort.

Puis j'ajoutai :

– Mais tâchez d'éviter que le directeur monopolise le micro. Sinon, il va en avoir pour des heures. Vous posez vos questions, et vous le lui tendez après, c'est tout. Vous comprenez ? Comme Oprah, à la télé.

– Si y a personne qui vient, s'inquiéta Sadie en regardant sa montre, on aura pas besoin de micro…

Les gens vinrent. De tous les Gardens, ils vinrent. Des vieux, des jeunes, des tout-petits. A sept heures, cinq cents personnes étaient arrivées. A sept heures et quart, on en comptait sept cents. Les équipes de télé montèrent les caméras, et les responsables politiques locaux nous demandèrent la permission de chauffer la salle. Marty, qui était venu pour voir l'événement, avait du mal à se contenir.

– Ah, tu as vraiment fait du beau boulot, Barack. Les gens sont prêts à bouger.

Il y avait juste un petit problème : le directeur n'était toujours pas là. Mme Broadnax dit qu'il était pris dans les embouteillages. Il fut donc décidé de commencer la première partie du programme. Quand ce fut fini, il était presque huit heures. Les gens commençaient à grogner, à s'éventer dans cette salle surchauffée où on étouffait. A côté de la porte, je vis Marty essayer d'inciter les gens à scander des slogans. Je l'attirai de côté.

– Qu'est-ce que tu fais ?

– Il y a des gens qui partent. Il faut faire quelque chose pour les maintenir au chaud.

– *Assieds-toi,* s'il te plaît.

Je m'apprêtais à reprendre avec Mme Broadnax pour stopper l'hémorragie lorsqu'un murmure s'éleva au fond de la salle. Le directeur franchit la porte, entouré de quelques assistants.

C'était un Noir soigné de taille moyenne, au début de la quarantaine. Il remonta l'allée en lissant sa cravate, l'air grave.

– Bienvenue, prononça Sadie dans le micro. Il y a ici tout un tas de gens qui ont très envie de vous parler.

L'assistance applaudit. On entendit quelques sifflets. Les projecteurs télé s'allumèrent.

– Nous sommes ici ce soir, poursuivit Sadie, pour parler d'un problème qui menace la santé de nos enfants. Mais avant de parler de l'amiante, nous devons nous occuper de problèmes que nous rencontrons dans la vie de tous les jours. Linda ?

Sadie tendit le micro à Linda, qui se tourna vers le directeur en lui montrant la pile de formulaires de doléances.

– Monsieur le directeur, nous, à Altgeld, on attend pas de miracles. Mais on attend des services de base. C'est tout, juste les choses basiques. Les gens qui sont ici, ils se sont tous appliqués pour remplir les formulaires et marquer toutes les choses qu'ils arrêtent pas de demander au CHA de réparer et qui sont jamais réparées. Alors notre question, c'est : est-ce que vous acceptez, ici, ce soir, devant tous ces résidents, de travailler avec nous pour obtenir que toutes ces réparations soient faites ?

La suite est floue dans ma mémoire. Je crois me souvenir que Linda se pencha pour recueillir la réponse du directeur, mais que, quand il voulut se saisir du micro, elle l'éloigna prestement.

– Répondez par oui ou par non, s'il vous plaît, dit-elle.

Le directeur prononça quelques mots d'où il ressortait qu'il souhaitait répondre à sa manière et tendit à nouveau la main. De nouveau, Linda retira le micro, mais cette fois ce fut avec une nuance de moquerie dans son geste, le geste espiègle d'une enfant qui nargue un copain avec un cornet de glace.

J'essayai de lui faire signe de ne pas tenir compte de mes recommandations, mais j'étais trop loin d'elle pour qu'elle puisse me voir. Entre-temps, le directeur avait posé la main sur le cordon, et il s'ensuivit une lutte de quelques secondes entre cet homme public distingué et cette jeune femme enceinte en pantalon stretch et chemise large. Derrière eux, Sadie se tenait figée sur place, le visage luisant, les yeux écarquillés. L'assistance, qui ne comprenait pas bien ce qui se passait, se mit à crier, les uns à l'adresse du directeur, les autres à celle de Linda.

Puis… le chaos. Le directeur lâcha le cordon et se dirigea vers la sortie. Comme un seul homme, les gens qui se trouvaient près de la porte se penchèrent vers lui pour lui barrer la route, et il accéléra son allure en se mettant à courir en petites foulées. Je m'élançai à mon tour, et quand je réussis à atteindre la sortie, le directeur s'était déjà réfugié dans sa limousine entourée d'une nuée de gens, les uns appuyant leurs visages contre les glaces teintées, les autres riant, d'autres encore jurant, la plupart restant bras ballants, en pleine confusion.

La limousine avançait au pas. Enfin, elle atteignit la rue, prit de la vitesse, s'éloigna en rebondissant sur la chaussée défoncée, prit un virage sans ralentir, disparut.

Je retournai dans le gymnase, la tête dans le brouillard, à contre-courant du flot des gens qui rentraient chez eux. Près de la porte, un petit cercle entourait un jeune homme en veste de cuir marron que je reconnus comme étant un assistant du conseiller municipal.

– Tout ça, ça a été manigancé par Vrdolyak, l'entendis-je proférer. Vous l'avez vu, ce Blanc, en train d'exciter les gens ! Tout ce qu'ils veulent, c'est descendre Harold.

A quelques mètres de là, j'aperçus Mme Reece parmi ses lieutenants.

– Vous voyez ce que vous avez fait ! me jeta-t-elle. Voilà ce qui se passe quand on essaie de mettre ces jeunes dans le coup. Elles mettent la honte aux Gardens devant la télé et tout ! Les Blancs vont être contents, on s'est conduits comme des nègres, c'est exactement ce qu'ils attendent !

A l'intérieur, il ne restait plus que quelques parents. Linda était seule dans un coin, en train de sangloter. J'allai la retrouver et lui mis mon bras autour des épaules.

– Allez, allez...

– J'ai tellement honte, dit-elle en ravalant un sanglot. Je sais pas ce qui s'est passé. Devant tout ce monde... j'ai l'impression de toujours tout faire foirer.

– Mais non, c'est pas toi, dis-je, si quelqu'un a tout fait foirer, c'est moi.

Je demandai aux autres de venir nous rejoindre et m'efforçai de les réconforter. Je dis que la participation avait été formidable, et que ça, ça signifiait que les gens acceptaient de s'impliquer. La plupart d'entre eux continueraient à nous accorder leur soutien, j'en étais sûr. Nous allions tirer les leçons de nos erreurs.

– Et maintenant, le directeur, il sait de quel bois on se chauffe, renchérit Shirley.

Cette dernière remarque déclencha quelques rires timides.

Sadie annonça qu'elle devait rentrer. Je dis que je pourrais m'occuper de nettoyer les lieux et du rangement.

En voyant Bernadette prendre Tyrone sur un bras et traverser la salle en transportant son petit corps lourd de sommeil, je sentis mon estomac se contracter. Mme Collier me donna une tape sur l'épaule.

– Et vous, qui va vous remonter le moral ? me demanda-t-elle.

Je secouai la tête sans répondre.

– Quand on prend des risques, eh bien, on se ramasse de temps en temps, poursuivit-elle.

– Mais la tête qu'ils faisaient...

– Ne vous faites pas de souci. Ils sont solides. Pas aussi solides qu'ils en ont l'air... personne ne l'est, vous compris. Mais ils vont s'en sortir. Ce genre de choses fait partie du processus de croissance. Et parfois, grandir, ça fait mal.

Les répercussions de l'épisode auraient pu être pires. Il avait eu lieu à une heure relativement tardive, et la bagarre entre Linda et le directeur ne fut donc retransmise que par une seule chaîne de télévision. Le journal du matin évoqua la frustration ressentie par les résidents du fait de la lenteur de la réponse du CHA au problème de l'amiante, ainsi que l'heure tardive de l'arrivée du directeur. En somme, nous pouvions considérer la réunion comme une sorte de victoire, car, dès la semaine suivante, des ouvriers en tenue d'astronautes investirent les Gardens et enfermèrent hermétiquement les parties amiantées qui représentaient un danger immédiat. Le CHA annonça également qu'il avait demandé une aide d'urgence de plusieurs millions de dollars au HUD, le Département du Logement et du Développement urbain, pour le désamiantage.

Ces concessions eurent le don de requinquer certains parents, et après quelques semaines de convalescence nous reprîmes les réunions afin de nous assurer que le CHA tenait ses engagements. Malgré tout, en ce qui concernait Altgeld, je ne pouvais m'empêcher d'avoir le sentiment que la fenêtre qui s'était ouverte si brièvement s'était refermée une fois de plus. Linda, Bernadette, M. Lucas continuèrent certes à travailler avec le DCP, mais de mauvais gré, par loyauté envers moi plus que pour la cité. D'autres résidents qui nous avaient rejoints pendant les semaines précédant la réunion nous quittèrent. Mme Reece ne voulait plus avoir affaire à nous, et, même si peu de gens écoutaient ses attaques contre nos méthodes et nos motivations, ces chamailleries ne servirent qu'à renforcer les résidents dans leur conviction que l'activisme ne changerait rien à leur condition, sauf à créer des problèmes supplémentaires dont ils n'avaient nul besoin.

Un mois environ après le début du traitement de désamiantage, nous demandâmes un rendez-vous au HUD pour appuyer la demande de budget du CHA. Hormis le financement d'urgence, le CHA avait demandé plus d'un milliard de dollars pour procéder aux réparations de base dans les cités de la ville.

Nous fûmes reçus par un Blanc, un homme maussade de grande taille, qui parcourut les différents postes imputés.

– Je vais être franc, nous dit-il. Le CHA n'a aucune chance d'obtenir ne serait-ce que la moitié de ce qu'il demande. Vous pourrez obtenir le désamiantage. Ou vous pourrez faire changer la plomberie et les toitures là où c'est nécessaire. Mais vous ne pourrez pas avoir les deux.

– Donc, vous êtes en train de nous dire qu'après tout ça ça sera encore pire qu'avant ? intervint Bernadette.

– Non, pas exactement. Mais c'est Washington qui décide des priorités budgétaires en ce moment. Je suis désolé.

Bernadette hissa Tyrone sur ses genoux.

– Dites-lui ça à lui.

Sadie ne s'était pas jointe à nous pour cette réunion. Elle m'avait appelé pour me dire qu'elle avait décidé d'arrêter de travailler avec le DCP.

« Mon mari, il est pas d'accord, il dit que je ferais mieux de m'occuper de ma famille au lieu de passer tout ce temps dehors. Il dit que passer à la télé, ça m'est monté à la tête… que je fais la fière. »

Je lui avais répondu que tant que sa famille vivrait aux Gardens elle devrait continuer à s'impliquer. A quoi elle avait rétorqué :

« Y a rien qui va jamais changer, monsieur Obama. Nous, ce qu'on va faire, c'est mettre de l'argent de côté pour pouvoir partir d'ici le plus tôt possible. »

13

– J'te jure, mec, dans quel monde qu'on vit !

– Dis donc, dans quel monde qu'on vit, hein !

– Ben, c'est ce que je dis !

Nous sortions d'un dîner à Hyde Park, et Johnnie était d'humeur expansive. Il l'était souvent, particulièrement après un bon repas arrosé d'un bon vin.

Lors de notre première rencontre, à l'époque où il travaillait encore en ville avec une association civique, il m'avait expliqué la relation entre le jazz et les religions orientales, puis avait digressé sur une analyse des derrières des femmes noires, avant de s'arrêter un moment sur la politique de la Federal Reserve Bank, la banque centrale des Etats-Unis. Dans ces moments-là, ses yeux s'élargissaient, son débit s'accélérait, son visage rond et barbu arborait une expression d'enfant émerveillé. Je suppose que c'était en partie pour cette raison, cette curiosité, son goût pour l'absurde, que j'avais embauché Johnnie. C'était un philosophe du blues.

– Je vais te donner un exemple, me dit-il. L'autre jour, je vais à une réunion au State of Illinois Building. Tu sais, y a un atrium, c'est ouvert au milieu, d'accord ?... Bon, le mec que je dois rencontrer est en retard, alors j'étais là, au douzième étage, à regarder le hall en bas, l'architecture et tout ça, et tout à coup, qu'est-ce que je vois ? Y a quelqu'un qui tombe des airs, là, juste devant mes yeux. Un suicide !

– Tu m'avais jamais raconté ça...

– Ouais, bon, ça m'a drôlement secoué. De là où j'étais, au douzième, j'ai entendu son corps atterrir comme s'il était à côté de moi. Ça a fait un bruit terrible. Alors les mecs qui travaillaient dans les bureaux se sont tout de suite précipités contre la rambarde pour voir ce qui se passait. On a tous regardé en bas, et là, on l'a vu, le corps, il était complètement tordu, désarticulé. Alors y en a qui ont commencé à hurler, à se couvrir les yeux. Mais le plus bizarre, c'est que les gens, ils ont hurlé, et puis après, ils sont retournés près de la rambarde pour en reprendre encore un petit coup. Et puis ils ont recommencé à hurler et à se couvrir les yeux. Tu peux me dire pourquoi ils ont fait ça ? Qu'est-ce que ça leur apportait de plus de regarder une deuxième fois ? Mais tu vois, les gens, ils sont comme ça. On y peut rien, c'est con, mais on est attirés par le morbide…

« Bon, après, t'as les flics qui sont arrivés, ils ont bouclé le secteur et ils ont emporté le corps. Et ensuite, les mecs de l'entretien sont venus et ils ont commencé à nettoyer. Ils ont rien fait de spécial, tu sais… juste passé le balai et la serpillière. Et voilà, ils t'ont balayé un être humain vite fait bien fait. En cinq minutes, tout était nickel. C'est normal, je suppose… Evidemment, on allait pas leur demander de prendre un équipement spécial ou de se mettre en noir, ou je sais pas. Mais je me dis : qu'est-ce qu'on ressent quand on est un employé chargé de nettoyer les restes d'une personne ? Il faut bien que quelqu'un le fasse, c'est sûr. Mais tu crois qu'après on arrive à manger tranquillement sa soupe le soir ?

– Et qui c'était, celui qui a sauté ?

– Justement, ça aussi, c'est incroyable, Barack !

Johnnie tira sur sa cigarette et souffla une spirale de fumée.

– C'était une fille blanche, seize, dix-sept ans peut-être, tu te rends compte ? Une punk, avec des cheveux bleus et un anneau dans le nez. Après, je me suis demandé ce qui se passait dans sa tête pendant qu'elle montait en ascenseur. Parce qu'il y avait des gens à côté d'elle dans l'ascenseur. Peut-être qu'ils l'ont regardée de haut, qu'ils se sont dit que c'était une marginale et puis après ils ont recommencé à penser à leurs affaires. A leur promotion, ou aux Bulls, enfin, à quelque chose, quoi. Et pendant ce temps-là, y avait cette fille qui était là, à côté d'eux, avec toute cette souffrance en elle. Et elle en avait, un paquet de souffrance, parce que juste avant de sauter elle a sans doute regardé en bas et elle a compris que ça allait lui faire mal…

Johnnie écrasa sa cigarette.

– Tu vois, c'est ça que je dis, Barack... On voit vraiment de tout dans le monde. Des trucs délirants. On se demande si ça peut aussi se passer ailleurs, ce genre de trucs. Est-ce qu'il y a eu des précédents à toute cette merde ? Tu t'es déjà posé la question ?

– Dans quel monde on vit, répétai-je.

– Hé, je te parle sérieusement, mec !

Nous étions presque arrivés à la hauteur de la voiture de Johnnie. Soudain, nous entendîmes un léger bruit, compact et bref, semblable au bruit d'un ballon qui éclate. Nous tournâmes la tête vers l'origine du bruit et, à l'angle de la rue, nous vîmes surgir un jeune garçon qui se dirigea sur nous en diagonale. Je ne me rappelle plus ses traits, ni la façon dont il était habillé, mais il ne pouvait pas avoir plus de quinze ans. Je me souviens simplement qu'il courait désespérément. Ses pieds chaussés de tennis martelaient silencieusement le trottoir, ses bras et ses jambes travaillaient comme des pistons, son torse penchait en avant comme pour atteindre un fil d'arrivée imaginaire.

Johnnie se jeta par terre sur un petit carré d'herbe, et je l'imitai aussitôt. Quelques secondes plus tard, deux autres jeunes débouchèrent du même endroit et au même pas de course. L'un d'eux, un petit gros, avec un pantalon resserré aux chevilles, agitait un petit pistolet. Sans même s'arrêter pour viser, il tira trois coups rapides en direction du garçon en fuite. Puis, comprenant que sa cible était hors d'atteinte, il s'arrêta de courir et enfouit l'arme sous sa chemise. Son compagnon, un garçon efflanqué doté de grandes oreilles, vint le rejoindre.

– Enculé ! éructa l'efflanqué.

Puis il cracha, content, et ils se regardèrent tous deux en riant. Ils se remirent tranquillement en route, comme deux enfants qu'ils étaient, projetant l'ombre de leurs silhouettes sur l'asphalte.

Un nouvel automne, un nouvel hiver. Je m'étais remis de la campagne contre l'amiante et de la déception qui avait suivi. J'avais développé d'autres projets, trouvé de nouveaux animateurs. La présence de Johnnie m'avait un peu soulagé de ma charge de travail, et notre budget était stable. Ce que j'avais perdu en enthousiasme juvénile, je l'avais regagné en expérience. Et de fait, ce fut peut-être cette intimité grandissante avec le décor, et l'habitude, qui me signala que les enfants du South Side étaient en train de changer, en ce printemps 1987 ; qu'une limite invisible avait été franchie, qu'un horrible virage aveugle avait été pris.

Je ne pouvais rien désigner de précis, ni fournir de statistiques concrètes. Les coups de feu tirés d'un véhicule, les sirènes d'ambulance, les quartiers abandonnés à la drogue, à la guerre des gangs et aux voitures fantômes, ces quartiers où la police et la presse s'aventuraient rarement avant la découverte, sur le trottoir, d'un corps d'où le sang s'écoulait en formant une flaque luisante, inégale, rien de tout cela n'était nouveau. Dans des endroits comme Altgeld, les casiers judiciaires se transmettaient de père en fils depuis plus d'une génération. A mon arrivée à Chicago, déjà, des groupes de jeunes de quinze ou seize ans traînaient dans les coins de Michigan ou de Halsted, tapant du pied en rythme, capuche sur la tête et tennis délacées pendant l'hiver, tee-shirt en été, en allant répondre à leurs bipeurs au taxiphone du secteur. A la vue des voitures de police qui passaient silencieusement, les groupes se défaisaient, pour se reformer un peu plus loin.

Non, c'était plutôt un changement d'atmosphère, l'électricité à l'approche d'un orage. Je le ressentis lorsque, rentrant un soir en voiture, je vis quatre jeunes poussés en graine marcher le long d'un pâté de maisons en détruisant négligemment une rangée de jeunes arbres qu'un couple de personnes âgées venait de planter devant chez lui. Je le ressentais en regardant les jeunes en fauteuil roulant que l'on commençait à voir apparaître dans les rues en ce printemps-là, des garçons devenus invalides avant d'être adultes, dans les yeux desquels on ne lisait pas la moindre trace d'auto-apitoiement, des yeux si déterminés, déjà si durs, qu'ils faisaient peur au lieu d'émouvoir.

Voilà ce qui était nouveau : l'arrivée d'un nouvel équilibre entre l'espoir et la peur. Tant les adultes que les jeunes sentaient que certains, voire la majorité de nos garçons, étaient en train de glisser vers le point de non-retour. Des gens qui avaient vécu toute leur vie dans le South Side, tel Johnnie, remarquaient eux aussi le changement :

– J'ai jamais vu ça, jamais ça a été à ce point, me dit-il un jour que nous étions chez lui autour d'une bière. C'est pas que c'était facile de mon temps, mais il y avait des limites. On se défonçait, on se battait, mais dehors, ou à la maison, quand un adulte voyait qu'on faisait trop de bruit ou que ça dégénérait, il s'en mêlait. Et nous, presque tous, on l'écoutait, tu vois ce que je veux dire ?

« Maintenant, avec la drogue, les armes, tout ça, ça a disparu. Faut pas croire que tous les gamins sont armés, non, il y en a qu'un ou deux. Mais suffit d'un mot de travers, et pan ! t'es nettoyé. Alors quand on entend des trucs pareils, tu comprends qu'on ose plus leur adresser la parole, aux gamins dehors. On se met à faire des généralisations sur eux, exactement comme les Blancs. Quand on les voit dehors en train de glander, on change de trottoir. Au bout d'un moment, même les gamins gentils à la base, ils se rendent compte qu'il y a personne dehors pour les surveiller. Alors ils se disent qu'il leur reste plus qu'à se surveiller tout seuls. Et à la fin, putain, on se retrouve avec des gamins de douze ans qui font leurs propres lois !

Johnnie prit une gorgée de bière, blanchissant sa moustache avec la mousse.

– Je sais pas, Barack, mais des fois c'est moi qui ai peur d'eux. C'est obligé, on a peur des gens qu'en ont rien à foutre de rien. Même s'ils sont très jeunes, ça fait peur.

De retour chez moi, je réfléchis aux paroles de Johnnie. Et moi, avais-je peur ? Je ne le pensais pas… en tout cas, pas comme il le disait. Quand je me promenais dans Altgeld ou dans les autres quartiers noirs, mes craintes étaient toujours intérieures : c'était encore et toujours la vieille crainte de ne pas être à ma place. L'idée d'une agression physique ne m'était jamais venue. Il en allait de même pour la distinction que Johnnie avait faite entre les gamins gentils et les méchants… cette distinction ne s'articulait pas dans ma tête. Elle semblait basée sur une hypothèse qui défiait mon expérience, un présupposé que les enfants étaient en mesure de déterminer leur propre développement. Je songeais au fils de Bernadette, âgé de cinq ans, qui trottinait dans les rues défoncées d'Altgeld, entre une usine de traitement des eaux usées et une décharge. Où se situait-il sur le spectre de la vertu ? S'il atterrissait dans un gang ou en prison, cela témoignerait-il de son essence même, cela prouverait-il qu'il était porteur d'un mauvais gène… ou était-ce simplement la conséquence de ses conditions d'existence dans un monde détérioré ?

Et quant à Kyle... comment expliquer ce qui se passait en lui ?

Je me calai au fond de mon fauteuil et pensai au fils de Ruby. Il venait d'avoir seize ans. Depuis mon arrivée, deux ans auparavant, il avait pris plusieurs centimètres, du volume et une ombre au-dessus de la lèvre supérieure, un embryon de moustache. Il était toujours poli envers moi, toujours prêt à parler des Bulls – ce serait cette année que Jordan les emmènerait en finale, disait-il. Mais il était généralement absent quand je passais, ou en train de se préparer à partir pour rejoindre ses copains. Parfois, le soir, Ruby m'appelait pour me parler de lui, se plaignait de ne plus jamais savoir où il se trouvait, de voir ses notes baisser constamment à l'école ; et il lui cachait des choses, gardait toujours la porte de sa chambre fermée.

Ne te fais pas de souci, lui disais-je, j'étais bien pire, moi, à son âge. Sans doute ne me croyait-elle pas, mais le fait d'entendre ces mots semblait la réconforter.

Un jour, je me déclarai volontaire pour sonder son fils en l'invitant à jouer au basket avec moi dans le gymnase de l'université de Chicago. Il resta muet pendant le trajet, répondant à mes questions par un grognement ou un haussement d'épaules. Songeait-il toujours à entrer dans l'armée de l'air ? Il me répondit par un signe de tête négatif. Non, il resterait à Chicago, il trouverait du boulot et il vivrait seul. Je lui demandai ce qui l'avait fait changer d'avis. Il m'expliqua alors qu'on n'accepterait jamais un Noir dans l'armée de l'air.

Je lui décochai un regard courroucé.

– Qui t'a raconté cette connerie ?

Il haussa les épaules.

– J'ai pas besoin qu'on me le raconte. C'est comme ça, c'est tout.

– Ecoute, mec, c'est pas la bonne attitude. Si tu es décidé à travailler, tu pourras faire tout ce que tu voudras.

Kyle fit la grimace et se tourna vers la glace. Son souffle embua la vitre.

– Ouais... t'en connais combien, toi, des pilotes noirs ? marmonna-t-il.

Il n'y avait pas grand monde dans la salle, quand nous arrivâmes, et nous ne patientâmes que le temps d'une partie avant de pouvoir accéder au terrain. Il y avait bien six mois que je n'avais vu un ballon de basket, et mes cigarettes se rappelèrent à mon souvenir. Pendant le premier tiers-temps, le gars qui me marquait m'enleva proprement le ballon des mains et je demandai une faute personnelle sous les huées des joueurs sur la touche. Pendant le deuxième, légèrement étourdi, je ratai à peu près tout ce que je voulais.

Pour m'éviter l'humiliation totale, je préférai sortir et regarder jouer Kyle pendant le troisième tiers-temps. Son jeu n'était pas mauvais, mais il marquait un frère un peu plus âgé que moi, aide-soignant à l'hôpital, petit mais agressif, et très rapide. Au bout de quelques jeux, il devint évident qu'il avait repéré Kyle. Il marqua trois paniers de suite, puis se mit à le narguer, comme de juste :

– Tu joues pas mieux que ça, mon petit pote ? Tu vas laisser un vieux comme moi te mettre la honte ?

Kyle ne répondit pas, mais l'agressivité monta. A un moment où son adversaire s'avançait vers le panier, Kyle le heurta violemment. L'autre lui envoya le ballon dans la poitrine et se retourna vers l'un de ses coéquipiers.

– T'as vu ? Il est même pas capable de me marquer, ce voyou !

Là, sans prévenir, Kyle frappa. Il abattit son poing sur la mâchoire de l'autre, qui s'écroula sur le sol. Je me précipitai sur le terrain, et les autres joueurs tirèrent Kyle sur le côté. Les yeux écarquillés, la voix tremblante, il regarda l'aide-soignant se remettre péniblement debout en crachant une giclée de sang.

– Je suis pas un voyou. Je suis pas un voyou ! répétait-il.

Nous eûmes de la chance. Quelqu'un avait appelé le gardien de sécurité, mais l'aide-soignant était trop mal à l'aise pour donner suite à l'incident.

Sur le chemin du retour, je sermonnai longuement l'adolescent sur l'importance de garder son calme, sur les conséquences de la violence, sur le sens des responsabilités. Laissant glisser sur lui ce discours banal, Kyle restait assis sur son siège sans répondre, les yeux fixés sur la route. Quand j'eus fini, il se tourna vers moi et me dit :

– Tu diras rien à ma manman, d'accord ?

Pour moi, c'était bon signe. Je dis que je ne dirais rien à Ruby à condition qu'il le fasse lui-même, et il acquiesça à contrecœur.

Kyle était un bon petit ; il continuait à accorder de l'importance à certaines choses. Serait-ce suffisant pour le sauver ?

La semaine qui suivit l'épisode de Hyde Park avec Johnnie, je décidai qu'il était temps de s'occuper des écoles publiques.

Il nous semblait naturel de nous inquiéter de ce sujet. Le problème ne résidait plus dans la ségrégation : les Blancs avaient presque abandonné le système. Ce n'était pas non plus un problème de surpopulation, du moins dans les lycées des quartiers noirs. A peine la moitié des élèves inscrits faisaient l'effort de rester jusqu'au bout pour passer leur diplôme. Mais les écoles de Chicago restaient dans un état de crise perpétuelle : il manquait des centaines de millions de dollars dans les budgets annuels, d'où la pénurie de manuels scolaires autant que de papier toilette ; le syndicat d'enseignants se mettait en grève au moins tous les deux ans, la bureaucratie était surgonflée et l'Assemblée d'Etat indifférente. Plus j'en apprenais sur le système, plus j'étais convaincu qu'une réforme scolaire était la seule solution possible pour les jeunes que je voyais dans la rue ; qu'en l'absence de stabilité familiale, et sans la perspective d'un emploi qui leur permettrait de nourrir leur propre famille, l'instruction était leur dernier espoir.

En avril, tout en travaillant sur d'autres problèmes, je développai donc un plan d'action pour l'organisation et je l'exposai à mes animateurs.

La réponse ne fut pas encourageante.

En partie en raison d'un problème d'intérêt personnel. Les plus âgés me dirent que leurs enfants étaient déjà élevés. Les parents plus jeunes, comme Angela et Mary, envoyaient leurs enfants dans des écoles catholiques. Mais la plus grande source de résistance n'était pas évoquée, à savoir le fait que chacune de nos églises était remplie d'enseignants, de directeurs et d'inspecteurs de district. Seul un petit nombre de ces éducateurs envoyait ses enfants dans les écoles publiques : ils savaient trop bien ce qui s'y passait. Mais ils défendaient le statu quo avec autant de brio et de force que leurs homologues blancs vingt ans auparavant. Il n'y avait pas assez d'argent pour accomplir correctement le travail, me disaient-ils, ce qui était certainement vrai. Les tentatives de réforme – pour la décentralisation, ou la réduction de la bureaucratie – n'étaient qu'un moyen pour les Blancs de reprendre le contrôle, ce qui n'était pas si vrai. Quant aux élèves… ils étaient impossibles. Paresseux. Indisciplinés. Lents. Ce n'était peut-être pas la faute des enfants, mais certainement pas celle de l'école. Il n'y a peut-être pas de mauvais enfants, Barack, mais il y a beaucoup de mauvais parents.

A mon sens, ces conversations étaient symboliques de l'accord tacite que nous avions conclu depuis les années 1960, un accord qui permettait à la moitié de nos enfants d'avancer, même si l'autre moitié continuait à s'enfoncer encore plus. Pis, ces conversations me mettaient en colère. En conséquence, malgré le soutien tiède de notre équipe, nous décidâmes, Johnnie et moi, de foncer et d'aller visiter quelques écoles du secteur dans l'espoir de parvenir à réunir d'autres troupes que les jeunes parents d'Altgeld.

Nous commençâmes par le lycée de Kyle, celui qui jouissait de la meilleure réputation. C'était un unique bâtiment, relativement neuf mais disgracieux et impersonnel : des piliers de béton nu, de longs couloirs désolés, des fenêtres qui ne s'ouvraient pas et s'étaient déjà assombries comme des fenêtres de serre. Le proviseur, un homme attentif, bien de sa personne, nommé Lonnie King, dit qu'il serait heureux de travailler avec des groupes comme le nôtre. Puis il nous apprit que l'un de ses conseillers d'éducation, un certain M. Asante Moran, était en train d'essayer de monter un programme de mentorat pour les jeunes du lycée et nous proposa de le rencontrer.

Nous suivîmes M. King au fond du bâtiment, jusqu'à un petit bureau décoré d'objets en relation avec l'Afrique : une carte du continent, des posters représentant d'anciens rois et reines africains, une collection de tam-tams et de calebasses, un tissu pendu au mur. Derrière le bureau, nous vîmes un homme imposant à la moustache en crocs et à la mâchoire proéminente. Il était vêtu d'un tissu imprimé africain et un bracelet en poil d'éléphant entourait son épais poignet. Il sembla un peu réticent à première vue – il avait une pile de dossiers sur son bureau, et je sentis que la visite de M. King représentait une interruption malvenue.

Néanmoins, il nous proposa de nous asseoir, nous demanda de l'appeler Asante et, devant notre intérêt évident, nous exposa quelques-unes de ses idées.

– La première chose à comprendre, dit-il en nous regardant alternativement, c'est que le système éducatif des écoles publiques n'est pas là pour s'occuper des enfants noirs. Ça n'a jamais été le but. Les écoles des quartiers déshérités sont là pour le contrôle social. Un point c'est tout. Elles ont été prévues comme des enclos – des prisons en miniature. C'est seulement quand les enfants noirs commencent à sortir de leurs enclos et à emmerder les Blancs que la société daigne accorder de l'attention au problème de l'éducation de ces enfants.

« Réfléchissez à ce qu'impliquerait une véritable éducation de ces enfants. Cela commencerait par donner à l'enfant les moyens de se comprendre *lui-même, son* monde, *sa* culture, *sa* communauté. C'est le point de départ de tout processus d'éducation. C'est ce qui donne à un enfant le désir d'apprendre... sentir qu'il fait partie de quelque chose, qu'il maîtrise son environnement. Mais pour l'enfant noir tout marche sur la tête. Dès le premier jour, qu'est-ce qu'on lui apprend ? L'histoire de quelqu'un d'autre. La culture de quelqu'un d'autre. Et ce n'est pas tout : cette culture qu'il est censé apprendre, c'est celle qui le rejette systématiquement, lui dénie son humanité.

Asante se cala au fond de son fauteuil, les mains croisées sur le ventre.

– Qu'y a-t-il d'étonnant à ce que l'enfant noir perde son intérêt pour l'apprentissage ? poursuivit-il. Rien, évidemment. C'est encore pire pour les garçons. Les filles, au moins, bénéficient de l'entourage de femmes plus âgées, elles ont l'exemple de la maternité. Mais les garçons n'ont rien. La moitié d'entre eux ne connaissent même pas leur père. Ils n'ont personne pour les guider dans le processus qui mène à l'âge adulte... pour leur expliquer ce qu'est un homme. Et ça, c'est la recette du désastre. Parce que dans toutes les sociétés les jeunes gens ont des tendances violentes. Et soit ces tendances sont canalisées et disciplinées pour être utilisées dans un but créatif, soit elles détruisent les jeunes gens, ou la société, ou les deux.

« Voilà de quoi nous nous occupons ici. J'essaie de combler le vide par tous les moyens. Je mets les étudiants en contact avec l'histoire de l'Afrique, sa géographie, ses traditions artistiques. J'essaie d'orienter différemment leurs valeurs – quelque chose pour contrebalancer le matérialisme, l'individualisme, le besoin de satisfaction immédiate dont on les gave pendant les quinze autres heures de la journée. Je leur enseigne que les Africains sont un peuple basé sur la communauté. Que les Africains respectent leurs anciens. Certains de mes collègues européens se sentent menacés, mais je leur dis qu'il ne s'agit pas de dénigrer les autres cultures. Il s'agit de donner à ces jeunes gens des bases pour eux-mêmes. S'ils ne sont pas enracinés dans leurs propres traditions, ils ne seront pas en mesure d'apprécier ce que les autres cultures ont à leur offrir...

On frappa à la porte, et un adolescent dégingandé passa la tête. Asante nous pria de l'excuser. Il avait un autre rendez-vous, mais il serait heureux de nous revoir pour discuter d'un éventuel programme en faveur des jeunes du quartier. En nous raccompagnant à la porte, il me questionna sur mon nom, et je lui parlai de mes origines.

– C'est bien ce que je me disais ! dit-il en souriant. Vous savez, c'est là que j'ai fait mon premier voyage en Afrique. Au Kenya. Il y a quinze ans maintenant, mais je me rappelle ce voyage comme si c'était hier. Il a changé ma vie pour toujours. Les gens étaient si accueillants. Et le pays... je n'ai jamais rien vu d'aussi beau. J'avais vraiment l'impression d'être arrivé chez moi.

Son visage s'était illuminé.

– Vous y étiez quand, pour la dernière fois ?

J'hésitai :

– En fait... je n'y suis jamais allé.

Asante eut l'air momentanément désorienté.

– Eh bien... dit-il au bout d'un silence, je suis sûr que quand vous ferez ce voyage votre vie sera changée, elle aussi.

Sur ce, il nous serra la main, fit un signe à l'adolescent qui attendait dans le couloir et referma la porte derrière lui.

Nous n'échangeâmes que peu de mots durant le trajet du retour au bureau. A la faveur d'un bouchon, Johnnie me demanda :

– Je peux te poser une question, Barack ?

– Vas-y.

– Pourquoi t'y es jamais allé, au Kenya ?

– Je sais pas. Peut-être que j'ai peur de ce que je vais découvrir.

– Hum.

Johnnie alluma une cigarette et descendit la vitre pour souffler la fumée dehors.

– C'est drôle, dit-il, en écoutant Asante, ça m'a fait penser à mon vieux. C'est pas que mon vieux il soit particulièrement instruit, ou quoi que ce soit. Il connaît rien à l'Afrique. Quand ma mère est morte, il a dû m'élever tout seul avec mes frères. Il a été chauffeur-livreur chez Spiegel pendant vingt ans. Ils l'ont viré avant sa retraite, ce qui fait qu'il bosse toujours, pour une autre société, mais il fait toujours la même chose tous les jours. Il soulève les meubles des autres.

« J'ai jamais eu l'impression qu'il se marrait dans la vie, tu vois ce que je veux dire ? Le week-end, il traînait dans la maison, et j'ai des oncles qui venaient et ils buvaient un coup en écoutant de la musique. Ils passaient leur temps à se plaindre de leur patron et de ce qu'il leur avait fait pendant la semaine. Le patron il a fait ci, le patron il a fait ça. Mais quand il y en avait un qui se mettait à dire qu'il allait chercher autre chose, ou qu'il avait une idée, les autres se foutaient de lui. Il y en avait un qui disait : "Comment tu veux qu'un pauv' nègre comme toi monte une affaire ?" Et un autre : "Allez, enlève-lui son verre, à Jimmy, il a l'alcool qui lui est monté à la tête." Et ils rigolaient tous, mais je suis sûr qu'ils riaient pas intérieurement. Des fois, quand j'étais là, mes oncles s'en prenaient à moi : "Eh, p'tit gars, t'as pris la grosse tête, hein ?", "Eh, p'tit gars, tu commences à causer comme un Blanc, avec tous ces grands mots"…

Johnnie souffla un jet de fumée dans l'air brumeux.

– Quand j'étais au lycée, j'ai commencé à avoir honte de lui. De mon vieux, je veux dire. Il bossait comme un taré. A part ça, il foutait rien, il se bourrait la gueule avec ses frangins. Je me jurais bien de jamais devenir comme ça. Mais tu sais, quand j'y ai repensé après, je me suis rendu compte que jamais mon vieux il riait quand je disais que je voulais aller à l'université. Je veux dire, il disait jamais rien dans un sens ou dans l'autre, mais il venait toujours voir si mon frère et moi on se levait pour aller à l'école, il se débrouillait pour qu'on soit pas obligés de travailler, qu'on ait un peu d'argent de poche. Le jour où j'ai eu mon diplôme, je m'en souviens, il avait mis une veste et une cravate, et il m'a juste serré la main. C'est tout… il m'a juste serré la main, et après il est retourné au boulot…

Johnnie s'arrêta de parler. La circulation reprit.

Je repensai aux posters pendus aux murs, dans le bureau d'Asante – Néfertiti, royale, brune de peau, assise sur son trône d'or ; Shaka Zoulou, farouche et fier dans sa tunique en peau de léopard – et à ce jour lointain, avant la visite de mon père, à Hawaii, où j'étais parti à la bibliothèque à la recherche de mon propre royaume magique, mon propre droit glorieusement acquis à la naissance. Je me demandai si ces posters changeraient quelque chose pour le garçon que nous avions quitté dans le bureau d'Asante. Sans doute moins qu'Asante lui-même. C'était un homme qui acceptait d'écouter. Une main placée sur l'épaule d'un jeune homme.

– Il était là, dis-je à Johnnie.

– Qui ça ?

– Ton père. Il était là pour toi.

Johnnie se gratta le bras.

– Ouais, Barack. Ouais, je crois que oui.

– Tu lui as déjà dit ?

– Nan. La parlote, c'est pas notre truc.

Johnnie regarda par la fenêtre, puis se tourna vers moi.

– Mais peut-être que je devrais, hein.

– Ouais, John, confirmai-je en hochant la tête. Peut-être que tu devrais.

Pendant les deux mois suivants, Asante et Mme Collier nous aidèrent à établir une proposition visant à monter un réseau de centres de conseil pour les jeunes. Ces centres étaient destinés à procurer des services de mentorat et de tutorat aux adolescents à risques et feraient participer les parents à l'élaboration d'un calendrier de réformes à long terme. C'était un projet excitant, mais j'avais l'esprit ailleurs.

Quand la proposition fut achevée, j'informai Johnnie que je serais absent pendant quelques jours, mais qu'il devrait assurer quelques-unes des réunions que nous avions prévues pour commencer à étoffer nos troupes.

– Tu vas où ? me demanda-t-il.

– Voir mon frère.

– Je savais pas que tu avais un frère.

– Ça fait pas très longtemps que j'en ai un.

Le lendemain matin, je m'envolai pour Washington, la ville où vivait désormais mon frère Roy. C'était pendant le séjour d'Auma à Chicago que nous nous étions parlé pour la première fois, par téléphone. Ma sœur m'avait appris que Roy avait épousé une Américaine appartenant au Peace Corps et s'était installé aux Etats-Unis. Nous l'avions appelé un jour, juste pour lui dire bonjour. Il avait semblé heureux de nous entendre, sa voix était profonde et naturelle comme si nous nous étions parlé la veille. Son travail, sa femme, sa nouvelle vie en Amérique – tout était « très agréable ». Ces mots sortaient lentement de sa bouche, il les prononçait en étirant les syllabes. « Trèèès agréaaable ». Si je venais le voir, ce serait « faaantastique ». Après avoir raccroché, j'avais déclaré à Auma qu'il me semblait aller très bien. Elle m'avait décoché un regard dubitatif.

« Ouais… on ne sait jamais où on en est avec Roy, m'avait-elle dit. Il ne montre pas toujours ce qu'il ressent vraiment. Il est comme le Vieil Homme. D'ailleurs, même s'ils ne s'entendaient pas, il me rappelle très souvent le Vieil Homme. En tout cas quand il était à Nairobi. Mais je ne l'ai pas revu depuis l'enterrement de David, et peut-être qu'il s'est stabilisé avec le mariage. »

Elle ne m'en avait pas dit plus long. Selon elle, il fallait que j'aille le voir pour le connaître moi-même. Aussi avions-nous organisé une rencontre. J'irais le voir à Washington pendant un week-end prolongé, on irait visiter la ville, ce serait super.

Sauf que je me retrouvais à présent à l'aéroport devant la porte des arrivées qui se vidait peu à peu et que Roy n'était nulle part. J'appelai chez lui, et il répondit sur un ton d'excuse :

– Ecoute, mon frère… peut-être que tu pourrais prendre une chambre d'hôtel ce soir ?

– Pourquoi ? Qu'est-ce qui se passe ?

– Rien de sérieux. C'est juste que… euh… avec ma femme, on s'est un peu disputés. Alors ce ne serait pas vraiment bien si tu étais là ce soir, tu comprends ?

– Bien sûr. Je…

– Tu m'appelles dès que tu as trouvé un hôtel, OK ? On se voit ce soir et on dîne ensemble. Je viendrai te prendre à huit heures.

Je choisis la chambre la moins chère que je pus trouver et j'attendis. A neuf heures, j'entendis frapper à la porte. En ouvrant, je me retrouvai en face d'un homme imposant qui me regardait, les mains dans les poches et le visage barré d'un large sourire éclatant faisant ressortir sa couleur d'ébène.

– Alors, mon frère, dit-il, comment ça va ?

Sur les photos que je possédais de lui, il était élancé, habillé à l'africaine, avec une coiffure afro, un bouc et une moustache. L'homme qui me prenait dans ses bras à présent était beaucoup plus lourd, plus de cent kilos à mon avis, avec de grosses joues qui s'arrondissaient sous une paire d'épaisses lunettes. Il n'y avait plus de bouc. La chemise africaine avait été remplacée par une veste, une chemise blanche et une cravate. Mais Auma avait raison : sa ressemblance avec le Vieil Homme était déroutante. En regardant mon frère, je me surprenais à retrouver mes dix ans.

– Tu as pris du poids, dis-je pendant que nous nous dirigions vers sa voiture.

Roy regarda sa généreuse bedaine et la tapota.

– Ben, c'est les fast-foods, que veux-tu. Il y en a partout. McDo. Burger King. Et en plus, on n'a même pas besoin de sortir de la voiture. Deux Big Mac avec sauce spéciale, laitue, fromage. Le Double Whopper avec du fromage. Et en plus, on me dit que ça arrive tout de suite... C'est fantastique !

Il rejeta la tête en arrière en riant, c'était un son magique, venant de l'intérieur, qui faisait trembler tout son corps, comme s'il n'en revenait pas de tout ce que lui offrait sa nouvelle vie. Il était contagieux, son rire.

Mais je ne ris pas pendant le trajet en voiture. Sa Toyota était trop petite pour cette montagne – il ressemblait à un gamin dans une auto tamponneuse – et il n'avait pas l'air d'avoir appris à manier un levier de vitesse, ni à appliquer le code de la route, particulièrement les limitations de vitesse. Par deux fois, nous évitâmes une collision frontale et, dans un virage, nous nous couchâmes dangereusement sur le côté.

– Tu conduis toujours comme ça ? hurlai-je pour surmonter la musique qui tonitruait dans l'habitacle.

Roy sourit et passa la cinquième.

– Je ne conduis pas terrible, hein ? Ma femme, Mary, elle rouspète aussi. Surtout depuis l'accident...

– Quel accident ?

– Oh, ce n'était rien. Tu vois, je suis toujours ici. En vie !

De nouveau, il rit en secouant la tête, comme si la voiture roulait indépendamment de lui, comme si en arrivant sains et saufs à destination nous ne ferions qu'apporter une preuve de plus de la bienveillance divine.

Il m'emmenait dans un restaurant mexicain situé à côté d'une marina, et nous choisîmes une table avec vue sur l'eau. Je commandai une bière, Roy une margarita, et pendant quelque temps nous bavardâmes, parlant de mon travail et du sien dans une grande société financière. Il mangeait gloutonnement, but une deuxième margarita. Il riait et plaisantait, racontait ses aventures en Amérique. Mais, au fil du repas, ses efforts devinrent apparents. Finalement, j'en vins à lui demander pourquoi sa femme ne s'était pas jointe à nous. Son sourire s'effaça.

– Ah, je crois que nous allons divorcer, annonça-t-il.

– Je suis désolé.

– Elle me dit qu'elle en a marre que je sorte tard le soir. Elle dit que je bois trop. Elle dit que je deviens comme le Vieil Homme.

– Et toi, qu'est-ce que tu en penses ?

– Ce que j'en pense ?

Il baissa la tête, puis me regarda d'un air sombre, les flammes des bougies dansant comme de minuscules bûchers sur les verres de ses lunettes.

– En fait, dit-il en se penchant en avant, je ne crois pas que je m'aime vraiment. Et c'est de la faute du Vieil Homme.

Pendant l'heure suivante, il me raconta à son tour les épreuves dont Auma m'avait parlé : la séparation brutale avec leur mère et tout leur environnement familier ; la soudaine déchéance de leur père, la pauvreté ; les disputes, les crises et, pour finir, sa fuite. Il me parla de sa vie après qu'il eut quitté la maison paternelle. Après avoir été hébergé par une succession de parents et de proches, il avait réussi à se faire admettre à l'université de Nairobi, puis à trouver un emploi dans un cabinet comptable après son diplôme. Il s'était astreint à la discipline du travail, arrivait tôt à son poste et finissait sa tâche, quelle que fût l'heure à laquelle il s'était couché la veille. En l'entendant, je ressentais la même admiration que pour Auma lorsqu'elle m'avait raconté sa vie, pour leur capacité de résilience à tous deux, la force et l'acharnement identiques qui leur avaient permis de surmonter les épreuves. La différence était que chez Auma j'avais senti la volonté de tourner le dos au passé, une propension au pardon, si ce n'était nécessairement à l'oubli. Les souvenirs de Roy concernant le Vieil Homme semblaient plus immédiats, plus sarcastiques ; pour lui, le passé était toujours une plaie ouverte.

– Il n'y avait jamais rien d'assez bien pour lui. Il était intelligent, et il ne nous permettait pas de l'oublier. Quand on rentrait à la maison et qu'on n'était que le deuxième de la classe, il demandait pourquoi on n'était pas le premier. « Tu es un Obama, disait-il, tu devrais être le meilleur. » Il en était vraiment persuadé. Et après, je le voyais, bourré, sans fric, en train de vivre comme un mendiant. Je me demandais comment un être aussi intelligent pouvait être tombé aussi bas. Je ne comprenais pas. Non, je ne comprenais pas.

« Même après avoir pris mon indépendance, même après sa mort, j'ai continué à essayer de déchiffrer l'énigme. C'était comme si je ne pouvais pas lui échapper. Quand nous avons dû emporter son corps à Alego pour l'enterrement, moi, en tant que fils aîné, j'ai été responsable de l'organisation. Le gouvernement voulait une cérémonie chrétienne. La famille voulait un enterrement musulman. Les gens arrivaient de partout à Home Square, et il nous fallait célébrer le deuil selon la tradition luo, en faisant brûler une bûche pendant trois jours, en écoutant les gens pleurer et gémir. La moitié de ces gens, je ne savais même pas qui c'était. Ils réclamaient à manger. Ils réclamaient de la bière. Il y en a qui murmuraient que le Vieil Homme avait été empoisonné, que je devais le venger. D'autres volaient des objets dans la maison. Ensuite, la famille a commencé à se battre pour l'héritage. La dernière petite amie du Vieil Homme, la mère de notre petit frère, George, elle, elle voulait tout. Il y en a, comme notre tante Sarah, qui se mettaient de son côté. D'autres prenaient le parti de la famille du côté de ma mère. C'était terrible, je te dis. Ça se passait très mal.

« Après l'enterrement, j'ai voulu être seul. La seule personne en qui j'avais confiance, c'était David, notre plus jeune frère. Lui, c'était vraiment un gars bien. Il te ressemblait un peu, sauf qu'il était plus jeune... quinze, seize ans. Sa mère, Ruth, avait essayé de l'élever comme un Américain. Mais David, il se rebellait. Il aimait tout le monde, tu comprends. Il s'est sauvé de chez lui et il est venu vivre avec moi. J'ai voulu le renvoyer chez lui, mais il a refusé. Il m'a dit qu'il n'avait pas envie d'être américain. Il était africain. C'était un Obama.

« Quand David est mort, ça a été fini pour moi. J'étais persuadé que toute la famille était maudite. Je me suis mis à boire, à me bagarrer... je me foutais de tout. Je me suis dit que si le Vieil Homme pouvait mourir, si David pouvait mourir, moi aussi je devais mourir. Parfois, je me demande ce qui se serait passé si j'étais resté au Kenya. J'étais sorti avec une jeune Américaine qui était retournée aux Etats-Unis, et un jour je l'ai appelée, tout simplement, pour lui dire que j'avais envie d'aller la rejoindre. Elle a dit oui, et j'ai acheté un billet et j'ai sauté dans le premier avion. Je n'ai pas fait mes bagages, ni prévenu à mon bureau, ni dit au revoir à qui que ce soit.

« Je pensais pouvoir repartir de zéro, tu comprends. Mais maintenant je sais qu'on ne peut jamais repartir de zéro. Pas vraiment. On s'imagine qu'on a le contrôle, mais on est comme une mouche dans la toile tendue par un autre. Parfois je me dis que c'est pour ça que j'aime la comptabilité. On ne s'occupe que de chiffres, on passe ses journées à les additionner, à les multiplier, et si on est attentif, on trouve toujours une solution. Il y a une succession. Un ordre. Avec les chiffres, on peut avoir le contrôle...

Roy but une autre gorgée, et soudain son débit ralentit, comme s'il était plongé loin ailleurs, comme si notre père avait pris possession de lui.

– Je suis l'aîné, tu comprends. Dans la tradition luo, c'est moi maintenant le chef de famille. Je suis responsable de toi, et d'Auma, et de tous les autres garçons plus jeunes. C'est moi qui suis chargé de faire en sorte que tout soit en ordre. De payer l'école des garçons. De veiller à ce qu'Auma fasse un bon mariage. De construire une maison convenable et de réunir la famille.

Je tendis la main pour toucher la sienne.

– Tu n'as pas à le faire tout seul, mon frère, dis-je. On peut se partager le fardeau.

Mais c'était comme s'il ne m'avait pas entendu ; il resta sans réagir, la tête tournée vers la fenêtre. Puis, comme sortant d'une transe, il fit signe à la serveuse.

– Tu veux boire autre chose ? me proposa-t-il.

– On pourrait peut-être payer, maintenant.

Roy me regarda et me sourit.

– J'ai l'impression que tu t'inquiètes trop, Barack. C'est aussi mon problème. Je crois qu'on a besoin d'apprendre à suivre le courant. C'est bien ce que vous dites, en Amérique ? Suivons le courant...

Roy rit de nouveau, assez fort pour attirer l'attention des gens assis à la table voisine, qui se retournèrent. Mais la magie avait disparu ; son rire semblait creux, comme accomplissant un long trajet à travers une zone vaste et vide.

J'attrapai un vol le lendemain, car Roy devait passer un peu de temps avec sa femme et je n'avais pas de quoi payer une nouvelle nuit d'hôtel. Nous avions pris le petit déjeuner ensemble, et, à la lueur du jour, il semblait d'humeur plus gaie. A l'aéroport, nous nous étreignîmes, et il promit de venir me voir quand les choses seraient plus calmes. Mais pendant tout le vol, et le reste du week-end, je ne pus me départir de la sensation que Roy était en danger, que de vieux démons l'entraînaient vers l'abîme, et que si j'étais un meilleur frère j'interviendrais pour éviter sa chute.

J'avais toujours Roy en tête lorsque Johnnie entra dans mon bureau, le lundi en fin d'après-midi.

– Tu es rentré plus tôt, observa-t-il. C'était bien, ton voyage ?

– Oui, c'était bien. C'était bien de voir mon frère… Bon, qu'est-ce qui s'est passé pendant mon absence ?

Johnnie se laissa tomber sur une chaise.

– Eh ben… on a vu le sénateur. Il s'est engagé à présenter un projet de loi pour financer un programme pilote. Peut-être pas pour la totalité du demi-million, mais pas mal.

– Mais c'est génial ! Et les proviseurs des lycées ?

– Je reviens d'un rendez-vous avec M. King, le proviseur de l'école d'Asante. Les autres m'ont pas rappelé.

– C'est pas grave. Et M. King, qu'est-ce qu'il t'a dit ?

– Oh, il était tout sourire, répondit Johnnie. Il m'a dit que le projet lui plaisait beaucoup. Il a été tout excité quand il a su qu'on serait peut-être financés. Il a dit qu'il encouragerait les autres proviseurs à travailler avec nous et qu'on aurait son soutien total. « Il n'y a rien de plus important que de sauver notre jeunesse », qu'il a dit.

– Ça paraît bien.

– Oui, ça paraît bien, c'est clair… Bon, juste après, je me prépare à sortir de son bureau, quand il me donne *ça*…

Johnnie sortit un papier de sa serviette et me le tendit. J'en lus quelques lignes, puis le lui rendis.

– C'est un CV ?

– C'est pas le CV de n'importe qui, Barack, c'est celui de sa *femme* ! Elle a l'air de s'ennuyer pas mal chez elle, tu vois, et

M. King pense qu'elle ferait un « excellent » directeur de programme. Mais sans pression, tu vois. Juste une fois qu'on aura l'argent, un peu de considération, tu vois ce que je veux dire...

– Il t'a donné le CV de sa femme...

– Et pas que de sa femme ! Attends...

Johnnie plongea derechef dans sa serviette et m'agita un nouveau papier sous le nez.

– Celui de sa fille aussi ! En me disant qu'elle ferait une « excellente » conseillère...

– Non, c'est pas vrai...

– Je t'assure, Barack, il avait déjà pensé à tout. Et en plus, pendant tout ce temps-là, il était très naturel, style genre tout ça c'est tout à fait normal. J'y croyais pas.

Sans transition, Johnnie se mit à crier d'une voix tonitruante de prédicateur :

– Yessuh[1] ! Mooonsssieur Loonnie King ! Voilà enfin un frère qui a de l'audace ! Un frère entreprenant ! Le programme a pas encore commencé qu'il voit déjà plus loin !

J'éclatai de rire.

– Et il veut pas qu'un seul boulot ! poursuivait-il. Il en veut deux ! On y va pour parler de quelques gamins, et, putain, il vous donne le CV de sa famille au complet... !

J'entrai dans le jeu et me mis à hurler à mon tour :

– Mooonsssieur Loonnie King !

– Yessuh ! Mooonsssieur Loonnie King !

Johnnie se mit à rire, ce qui augmenta mon hilarité. Bientôt, nous fûmes pris d'un fou rire irrépressible, inextinguible, ne reprenant notre souffle que pour répéter, entre deux éclats de rire, « Mooonssieur Loonnie King ! », comme si ce nom contenait la vérité la plus évidente, l'élément le plus basique d'un monde élémentaire. Nous rîmes à en avoir les joues brûlantes, les côtes douloureuses, la figure inondée de larmes, jusqu'à l'épuisement total. Quand nous n'en pûmes plus de rire, nous décidâmes de nous accorder une après-midi de congé, pour aller nous prendre une bière.

1. Déformation de « Yes, sir », terme utilisé autrefois par les esclaves noirs et repris notamment dans les églises noires au cours des offices.

Cette nuit-là, bien après minuit, une voiture débouche devant mon immeuble, transportant une troupe d'adolescents et une batterie de haut-parleurs stéréo émettant un tel vacarme que le sol de mon appartement se met à trembler. J'ai appris à m'accommoder de ce genre de nuisance… Où veux-tu qu'ils aillent, sinon ? me dis-je. Mais ce soir j'héberge quelqu'un ; et je sais que mes voisins de palier viennent de rentrer de la maternité avec leur nouveau-né.

Je passe donc un short et descends dire quelques mots à nos visiteurs nocturnes. Quand j'approche de la voiture, les voix se taisent, les têtes se tournent vers moi.

– Ecoutez, il y a des gens qui ont envie de dormir. Allez un peu plus loin, d'accord ?

Les quatre garçons ne disent rien, ne font pas un geste. Le vent chasse ma somnolence et, soudain, je me sens exposé, debout en short sur le trottoir au milieu de la nuit. Je ne distingue pas les visages à l'intérieur de la voiture ; il fait trop noir pour que j'évalue leur âge, pour que je voie s'ils sont à jeun ou non, gentils ou méchants. L'un d'eux pourrait être Kyle. L'un d'eux pourrait être Roy. L'un d'eux pourrait être Johnnie.

L'un d'eux pourrait être moi. J'essaie alors de me rappeler l'époque où j'aurais pu être dans une voiture comme eux, plein de ressentiments inarticulés et cherchant désespérément à montrer que j'occupais une place dans le monde. Je me rappelle mon sentiment de juste colère quand je criais après Gramps pour une raison oubliée. Le sang qui me montait à la tête quand je me bagarrais au lycée. L'arrogance que j'affichais quand j'entrais dans la classe bourré ou défoncé, sachant fort bien que mes professeurs sentiraient la bière ou l'herbe dans mon haleine, mais les mettant au défi de dire quoi que ce soit. J'essaie de me voir dans les yeux de ces jeunes, moi qui personnifie une autorité, au hasard, et je sais qu'ils sont en train de faire des calculs, sachant qu'ils ne peuvent peut-être pas grand-chose contre moi isolément, mais qu'à quatre ils ont assurément plus de chances.

Cette affirmation de soi crispée, douloureuse… Tout en essayant de percer l'obscurité et d'apercevoir les visages plongés dans l'ombre, je pense que ces garçons sont peut-être plus faibles ou plus forts que je ne l'étais à leur âge, mais que la seule différence importante est celle-ci : le monde dans lequel je vivais était plus indulgent.

Ces garçons n'ont aucune marge d'erreur ; s'ils transportent des armes, ces armes ne leur offriront aucune protection contre cette vérité. Et c'est cette vérité, une vérité qu'ils sentent mais qu'ils ne peuvent accepter, qui les a obligés, eux ou leurs semblables, à se fermer à toute empathie. Leur brutalité ne sera pas contenue, comme la mienne autrefois, par un vague sentiment de tristesse à l'idée de blesser la fierté d'un homme plus âgé. Leur colère ne sera pas bridée, comme chez moi, par la menace du danger qui planait sur moi si j'éclatais la lèvre de mon adversaire ou si je fonçais sur une autoroute sous l'effet des vapeurs du gin.

Debout près de cette voiture, je me prends à penser qu'au bout du compte la culpabilité et l'empathie témoignent d'une conviction, enfouie au plus profond de nous, de la nécessité d'une certaine forme d'ordre, non pas nécessairement l'ordre social en vigueur, mais une chose plus fondamentale, plus exigeante ; cette conviction est accompagnée du sentiment que chacun a sa part dans cet ordre, et du désir que, quelque instable qu'il apparaisse parfois, cet ordre ne disparaisse pas. Je soupçonne que ces garçons passeront beaucoup de temps à la recherche de cet ordre – c'est-à-dire tout ordre qui les intégrera comme n'étant pas de simples objets de crainte ou de dérision. Et ce soupçon me terrifie, car maintenant j'ai une place dans le monde, un travail, un programme à suivre. Malgré tout ce que je me raconte, nous sommes en train de nous séparer, ces garçons et moi, nous rejoignons des tribus différentes, nous parlons des langues différentes, nous vivons selon des codes différents.

Le moteur démarre, et la voiture disparaît bientôt dans un grand crissement de pneus.

Je retourne me coucher. Je sais à la fois que j'ai été idiot et que j'ai eu de la chance. Et je sais que, finalement, oui, moi aussi, j'ai peur.

14

C'était un vieux bâtiment, situé dans l'un des plus vieux quartiers du South Side, toujours sain, mais qui avait un besoin urgent d'une couche de mortier et peut-être d'un nouveau toit. Le sanctuaire était sombre ; le bois de plusieurs bancs s'était fissuré et avait éclaté ; le tapis rougeâtre distillait une odeur humide de moisi ; en dessous, les planches du sol étaient bosselées par endroits.

Le bureau du révérend Philips, éclairé seulement par une antique lampe de bureau qui plongeait la pièce dans une faible lueur ambrée, était dans un état identique d'usure et de dégradation. Et quant au révérend Philips lui-même... il était vieux. Assis dans la pénombre, entouré de piles de bouquins poussiéreux, il semblait se fondre dans le mur comme un portrait. On ne distinguait clairement que ses cheveux de neige ; sa voix était sonore et désincarnée, comme émanant d'un rêve.

Nous parlions depuis près d'une heure, surtout de l'église. Non pas tant de son église que de l'Eglise, l'Eglise noire historique, en tant qu'institution, en tant qu'idée. C'était un homme érudit. Il entama notre entretien par un cours d'histoire sur la religion des esclaves, ces Africains débarqués sur des rivages hostiles qui, le soir, faisaient cercle autour d'un feu et mélangeaient les nouveaux mythes et les rythmes anciens, transformant leurs chants en instrument de propagation des idées les plus révolutionnaires qui soient : la survie, la liberté et l'espoir. Le révérend évoqua aussi l'église du Sud de sa jeunesse, un petit bâtiment de bois peint à la chaux, construit avec la sueur des fidèles qui travaillaient comme métayers et les sous qu'ils avaient mis de côté. C'était là, sous le chaud soleil du Sud, qu'ils évacuaient le dimanche matin toute la terreur silencieuse et les plaies ouvertes de la semaine, dans les larmes et les exclamations de gratitude ; les mains tapaient, s'agitaient, éventaient, ravivant les braises de ces idées auxquelles on s'accrochait avec entêtement : la survie, la liberté et l'espoir.

Il me raconta la visite de Martin Luther King à Chicago, et la jalousie qu'il avait décelée chez les ministres du culte, qui craignaient de se voir dépossédés de leur influence. Et l'émergence des musulmans, dont le révérend Philips comprenait la colère. Il me confia qu'il ressentait la même colère, une colère dont il ne pensait pas pouvoir se départir entièrement, mais qu'il avait appris à contrôler par la prière, et qu'il avait essayé de ne pas transmettre à ses enfants.

Il m'expliqua également l'histoire des églises de Chicago. Il y en avait des milliers, et il semblait les connaître toutes. Les minuscules rez-de-chaussée et les grands édifices de pierre ; les assemblées de *high yella,* les Afro-Américains à peau très claire, qui chantaient des hymnes sévères, assis, raides comme la justice, et les charismatiques qui tremblaient de tout leur corps tandis qu'en sortait la langue inintelligible de Dieu. La plupart des grandes Eglises de Chicago étaient une combinaison de ces deux formes, m'expliqua le révérend Philips, un exemple des bienfaits cachés de la ségrégation, une manière de forcer l'avocat et le médecin à vivre et à prier à côté de la bonne et de l'ouvrier. Pareille à un grand cœur battant, l'église faisait circuler les biens, l'information, les valeurs et les idées, dans un sens et dans un autre, entre les riches et les pauvres, entre les érudits et les illettrés, les pécheurs et les autres.

Il me dit qu'il ne savait pas combien de temps son église pourrait continuer à assumer cette fonction. La plupart de ses fidèles aisés étaient partis s'installer dans des quartiers mieux entretenus, en banlieue. Ils revenaient tous les dimanches, par fidélité ou habitude. Mais la nature de leur engagement avait changé. Ils hésitaient à s'impliquer dans des actions – un programme de tutorat, de visite à domicile – qui pourraient les retenir dans les quartiers déshérités après la nuit. Ils voulaient que l'église soit mieux protégée, dispose d'un parking clos pour leurs voitures. Le révérend Philips s'attendait à ce qu'après sa mort la plupart de ces fidèles ne reviennent pas. Ils fréquenteraient de nouvelles églises, aussi bien entretenues que leurs nouvelles rues. Il craignait que le lien avec le passé ne finisse par être rompu, que les enfants ne retiennent plus le souvenir de ce premier cercle, autour d'un feu...

Sa voix commença à faiblir. Je compris qu'il était fatigué. Je lui demandai de me recommander auprès d'autres pasteurs qui pourraient être intéressés par l'organisation, et il me donna quelques noms. Il connaissait un jeune pasteur dynamique, un certain révérend Jeremiah Wright Jr, pasteur de la Trinity United Church of Christ, l'Eglise unie de la Trinité du Christ, à qui je pourrais m'adresser. Il estimait que son message était certainement intéressant pour des jeunes gens comme moi.

Je me levai pour prendre congé et déclarai :

– Si nous pouvions simplement réunir cinquante églises, peut-être pourrions-nous renverser quelques-unes des tendances dont vous avez parlé.

Le pasteur opina du chef et répondit :

– Vous avez peut-être raison, monsieur Obama. Vous avez quelques idées intéressantes. Mais vous savez, les églises des environs sont habituées à agir à leur façon. Et, parfois, les fidèles encore plus que les pasteurs...

Il m'ouvrit la porte, puis s'arrêta.

– Au fait, vous faites partie de quelle Eglise ?

– Je... j'assiste à différents services.

– Mais vous n'être membre d'aucune d'elles ?

– Je suis encore en quête.

– Oui, je vous comprends. Mais si vous étiez membre d'une Eglise, peut-être cela vous aiderait-il dans votre mission. Peu importe laquelle, en vérité. Ce que vous demandez aux pasteurs exige de nous que nous mettions de côté quelques-unes de nos préoccupations plus sacerdotales pour faire de la prophétie. Cela demande une bonne dose de foi de notre part. Par conséquent, nous avons envie de savoir d'où vous tenez la vôtre.

Dehors, je mis mes lunettes de soleil et passai devant un groupe d'hommes âgés qui avaient installé leurs chaises de jardin sur le trottoir pour une partie de whist. C'était une magnifique journée de la fin septembre ; il faisait vingt-quatre degrés. Au lieu de me rendre directement à mon rendez-vous suivant, je m'attardai pour regarder les joueurs, m'installant confortablement en laissant pendre mes jambes par la portière ouverte de ma voiture.

Ils étaient du genre silencieux, ces vieux messieurs. Ils me rappelaient ceux qui jouaient au bridge avec Gramps : les mêmes grosses mains raides, les mêmes chaussette fines, les mêmes incroyables chaussures effilées, les mêmes coulées de sueur le long des plis de leur cou, juste sous la casquette. J'essayai de me rappeler le nom de ces hommes, à Hawaii, leur métier, en me demandant quelles traces d'eux-mêmes ils avaient laissées en moi. A l'époque, ces vieux Noirs étaient des mystères pour moi ; ce mystère faisait partie de ce qui m'avait amené à Chicago. Et à présent, à présent que je quittais Chicago, je me demandais si je les comprenais mieux qu'avant.

Je n'avais parlé à personne d'autre qu'à Johnnie de ma décision. Je me disais que je l'annoncerais au moment voulu, c'est-à-dire pas avant janvier, car je n'aurais aucune nouvelle des facultés de droit d'ici là. Notre nouveau programme pour la jeunesse serait au point et aurait démarré. J'aurais levé le budget pour l'année suivante, trouvé quelques églises supplémentaires pour participer au programme.

J'en avais parlé à Johnnie uniquement parce qu'il me fallait savoir s'il accepterait de me remplacer à mon poste d'organisateur – et peut-être aussi parce qu'il était mon ami et que j'avais besoin de m'expliquer. Sauf que Johnnie n'avait pas vu la nécessité de ces explications. Dès l'instant où je lui avais parlé des universités où j'avais posé ma candidature – Harvard, Yale, Stanford –, il m'avait adressé un large sourire assorti d'une tape dans le dos.

« Je le savais ! s'était-il écrié.

– Quoi ?

– Que c'était une simple question de temps, Barack. Avant que tu te barres d'ici.

– Qu'est-ce qui te fait croire ça ? »

Johnnie avait secoué la tête en riant.

« Putain, Barack ! C'est parce que t'as le *choix*, voilà pourquoi ! Parce que tu *peux* partir ! Bon, je sais que t'es un frère consciencieux et tout, mais quand quelqu'un a le choix entre Harvard et Roseland, il va pas choisir Roseland. »

A nouveau, il avait secoué la tête.

« Harvard ! Putain ! J'espère que tu te souviendras de tes potes quand tu seras dans ton beau bureau en ville ! »

Je ne m'en expliquais pas la raison, mais le rire de Johnnie m'avait mis sur la défensive. Je lui avais affirmé avec insistance que je reviendrais dans le quartier, que je n'avais pas l'intention de me laisser éblouir par la richesse et le pouvoir que représentait Harvard, et qu'il ne le devait pas non plus, de son côté. Johnnie leva les mains en signe de feinte soumission.

« Eh, t'as pas besoin de me dire tout ça à moi. C'est pas moi qui me tire. »

Je m'étais tu, gêné de m'être emporté.

« Ouais… je dis juste que je reviendrai, c'est tout. J'ai pas envie que toi ou les animateurs, vous vous trompiez sur mon compte. »

Johnnie avait eu un léger sourire.

« Y a personne qui se trompera, Barack. On sera tous fiers si tu réussis, mec ! »

Le soleil était en train de disparaître derrière un nuage ; deux joueurs enfilèrent leur coupe-vent accroché au dossier de leur chaise. J'allumai une cigarette et essayai de décrypter cette conversation avec Johnnie. Avait-il douté de mes intentions ? Ou était-ce simplement que je doutais de moi-même ? J'avais soupesé ma décision au moins une centaine de fois. J'avais besoin d'une coupure, c'était certain. J'avais envie d'aller au Kenya. Auma était de retour à Nairobi, où elle enseignait à l'université pour un an. Ce serait le moment idéal pour aller y faire un long séjour.

Et j'avais des choses à apprendre à la faculté de droit, des choses qui m'aideraient à obtenir un véritable changement. Je saurais tout sur les taux d'intérêt, les fusions d'entreprises, les procédures législatives, l'interpénétration du monde des affaires et de celui des banques, les causes de la réussite ou de la faillite des affaires d'immobilier. J'apprendrais à maîtriser la monnaie du pouvoir dans toute sa complexité et tous ses détails. Ce savoir m'aurait compromis avant, avant que je vienne à Chicago, mais je pourrais désormais le rapporter là où on en avait besoin, à Roseland, à Altgeld… le rapporter comme le feu prométhéen.

Telle était l'histoire que je me racontais, celle que mon père s'était sans doute racontée à lui-même vingt-huit ans auparavant, quand il était monté dans l'avion qui l'emmenait en Amérique, le pays des rêves. Lui aussi avait certainement cru qu'il agissait pour servir un grand dessein, qu'il accomplissait son voyage pour fuir l'inconséquence. Et il était bien retourné au Kenya, non ? Mais il y était retourné en homme divisé ; ses projets, ses rêves, avaient bientôt été réduits en poussière...

M'arriverait-il la même chose ? Peut-être Johnnie avait-il raison ; peut-être, quand on enlevait les justifications en tout genre, cela se résumait-il toujours à une simple question de fuite. Une fuite devant la pauvreté ou l'ennui, ou le crime, ou les chaînes qu'on a aux pieds. Peut-être, en allant étudier le droit, répétais-je un schéma qui avait été mis en mouvement des siècles auparavant, au moment où des Blancs, eux-mêmes aiguillonnés par leur propre peur de l'inconséquence, avaient abordé les rivages de l'Afrique en apportant leurs armes et leurs désirs aveugles, pour en ramener ceux qu'ils avaient conquis et enchaînés. Cette première rencontre avait redessiné la carte de la vie des Noirs, recentré leur univers, créé l'idée même de la fuite – une idée qui avait continué à vivre en Frank et dans les vieux Noirs qui avaient trouvé refuge à Hawaii ; en la Joyce aux yeux verts d'Occidental, celle qui voulait simplement être un individu ; en Auma, partagée entre l'Allemagne et le Kenya ; en Roy, qui s'apercevait qu'il ne pouvait recommencer à zéro. Et ici, dans le South Side, en certains fidèles de l'église du révérend Philips, dont quelques-uns avaient probablement marché aux côtés de Martin Luther King en pensant qu'ils marchaient pour une noble cause, pour les droits, pour les principes et pour tous les enfants de Dieu. A un moment donné, ils avaient compris que le pouvoir était inflexible et les principes instables, et que, même après l'adoption des lois et l'arrêt des lynchages, ce qui se rapprochait le plus de la liberté inclurait toujours la fuite, émotionnelle si ce n'était physique, loin de nous-mêmes, loin de ce que nous savions, une fuite à l'extérieur de l'empire de l'homme blanc – ou encore plus bas, plus près du fond.

Les analogies n'étaient pas parfaites. Les relations entre les Noirs et les Blancs, la signification de la fuite ne seraient jamais les mêmes pour moi que pour Frank, ou pour le Vieil Homme, ou même pour Roy. A Chicago, malgré l'ampleur de la ségrégation, de la tension des relations interraciales, le succès du mouvement pour les droits civiques avait au moins créé un pont entre les communautés, un espace de manœuvre plus grand pour les gens comme moi. Je pouvais travailler au sein de la communauté noire en tant qu'organisateur ou avocat sans que cela ne m'empêche de vivre en ville dans une tour. Ou à l'inverse : je pouvais travailler dans un cabinet d'avocats de premier ordre mais vivre dans le South Side, y acheter une grande maison, conduire une belle voiture, faire des dons au NAACP[1] et pour la campagne de Harold, donner des conférences dans les lycées locaux. On dirait de moi que je suis un modèle, un exemple de la réussite de l'homme noir.

Quel mal y avait-il à cela ? Aucun, visiblement, pour Johnnie. Il avait souri, je le comprenais maintenant, non pas parce qu'il me jugeait, mais justement parce qu'il ne me jugeait pas ; parce que lui, comme mes animateurs, n'avait rien contre la réussite. C'était l'un des enseignements que j'avais tirés de ces deux ans et demi, n'est-ce pas ? J'avais compris que la plupart des Noirs n'étaient pas comme le père de mes rêves, l'homme des récits de ma mère, plein d'idéal et prompt à juger. Ils étaient plutôt comme mon beau-père, Lolo, c'étaient des gens pratiques qui savaient que la vie est trop dure pour se permettre de juger les choix des uns et des autres, trop pénible pour espérer vivre selon un idéal abstrait. Personne n'attendait de moi que je me sacrifie – pas plus Rafiq, qui me harcelait depuis quelque temps pour que je l'aide à récolter de l'argent auprès de fondations blanches pour son dernier projet en date, que le révérend Smalls, qui avait décidé de se présenter aux élections sénatoriales et nous demandait notre soutien. Pour ce qui les concernait, ma couleur avait toujours été un critère suffisant pour être admis au sein de la communauté, une croix suffisamment lourde à porter.

Etait-ce cela qui m'avait amené à Chicago, me demandais-je… le simple désir d'être accepté ? Oui, en partie, certainement, il y avait le désir d'appartenance à la communauté. Mais autre chose aussi, une impulsion plus exigeante. Certes, on pouvait être noir et se moquer de ce qui se passait à Altgeld ou à Roseland. On n'était pas obligé de se préoccuper du sort de garçons comme Kyle, de jeunes

1. La National Association for the Advancement of Colored People (« Association nationale pour l'avancement des gens de couleur ») a joué un rôle important dans le mouvement des droits civiques et ses succès des années 1950 et 1960. Notamment pour obtenir l'arrêt *Brown v. Board of Education* mentionné plus haut.

mères comme Bernadette ou Sadie. Mais pour être en phase avec soi-même, pour bien agir avec les autres, pour prêter attention à la souffrance d'une communauté et prendre part au soulagement de ses maux, il fallait quelque chose de plus. Il fallait le genre d'engagement quotidien de Mme Collier à Altgeld. Il fallait le genre de sacrifices qu'un homme comme Asante acceptait de faire avec ses étudiants.

Il fallait la foi. Je levai les yeux vers la petite fenêtre du premier étage de l'église, et j'imaginai le vieux pasteur à l'intérieur, en train d'écrire son sermon de la semaine. D'où vous est venue votre foi ? m'avait-il demandé. Je m'aperçus soudain que je n'avais pas la réponse. Peut-être, pourtant, avais-je la foi en moi-même. Mais la foi en soi-même, cela ne suffisait jamais.

J'écrasai ma cigarette et mis le moteur en route. Je levai les yeux vers mon rétroviseur et regardai les vieux joueurs de cartes silencieux disparaître un peu plus à chaque tour de roue. Bientôt, ils furent hors de vue.

Grâce à Johnnie, qui gérait les activités de l'organisation au quotidien, je pouvais aller faire mon démarchage auprès des pasteurs noirs du secteur pour les convaincre de rejoindre notre organisation. C'était un lent processus car, contrairement à leurs homologues catholiques, ils étaient pour la plupart farouchement indépendants, bien établis dans leurs églises, et ils n'avaient aucun besoin visible d'aide extérieure. Quand je les contactais par téléphone, ils étaient souvent suspicieux ou évasifs, ne sachant pas pourquoi ce musulman – ou, pire encore, cet Irlandais… O'Bama ? – voulait les rencontrer. Et quelques-uns parmi eux correspondaient tout à fait à l'archétype des romans de Richard Wright ou des discours de Malcolm X : des barbus grisonnants pleins de supériorité vertueuse débitant des concepts fantaisistes, des beaux parleurs se déplaçant à bord de voitures clinquantes, qui avaient toujours un œil sur le produit de la quête.

Mais le plus souvent, quand j'avais la chance d'en rencontrer face à face, je quittais ces hommes assez impressionné. C'étaient en général des hommes ouverts aux autres, qui travaillaient beaucoup, avec une assurance, une résolution qui en faisaient de loin les meilleurs organisateurs dans leur quartier. Ils ne comptaient pas leur temps, s'intéressaient aux problèmes, acceptaient avec une bonne volonté surprenante de se confier à moi. L'un d'eux m'avoua qu'il avait été autrefois accro au jeu. Un autre, qu'il avait été un cadre performant, mais qu'il buvait en cachette. Tous évoquèrent des périodes de doute religieux, de corruption, celle du monde et celle de leurs propres cœurs. Ils avaient atteint le fond, perdu tout amour-propre, et connu ensuite la résurrection, pris conscience de faire partie d'un tout plus grand. Ils insistaient en disant que c'était là que se trouvait la source de leur assurance : dans leur chute personnelle, suivie de leur rédemption. C'était cela qui leur donnait autorité pour prêcher la Bonne Nouvelle.

Avez-vous entendu la Bonne Nouvelle ? Telle était la question que me posèrent quelques-uns d'entre eux.

Savez-vous d'où vous vient votre foi à vous ?

Quand je leur demandai de m'indiquer d'autres pasteurs vers qui me tourner, ils furent plusieurs à me donner le nom du révérend Wright, le ministre que le révérend Philips avait déjà mentionné. Les jeunes ministres du culte semblaient le considérer comme une sorte de mentor, et son église était pour eux le modèle qu'ils espéraient atteindre un jour. Les plus âgés en faisaient un éloge plus prudent, impressionnés par la croissance rapide de l'Eglise de la Trinité, mais regardant avec un peu de mépris sa popularité parmi les jeunes Noirs aisés (« Une église de *buppies*[1] », me dit un pasteur).

Vers la fin octobre, j'eus enfin l'occasion d'aller rendre visite au révérend Wright et de voir son église par moi-même. Elle était située dans la 95e Rue, dans un quartier principalement résidentiel, non loin de la cité Louden Home. Je m'attendais à une bâtisse imposante, mais ce n'était qu'une modeste construction basse en briques rouges et à fenêtres étroites, entourée d'arbustes persistants et de buissons taillés, au milieu desquels un petit panneau piqué dans l'herbe disait *LIBÉREZ L'AFRIQUE DU SUD* en simples lettres capitales. A l'intérieur, l'église était fraîche et bruissante d'activité. Un groupe de petits attendaient qu'on vienne les chercher après leur journée au jardin d'enfants. Une bande d'adolescentes passa,

1. Contraction de « *b(lack)* » (noir) et « *(y)uppie* », ce dernier terme étant l'acronyme de « *young urban professional* », « jeune cadre citadin appartenant aux couches supérieures ».

habillée pour ce qui semblait être un cours de danse africaine. Quatre femmes âgées émergèrent du sanctuaire. L'une d'elles s'écria : « Dieu est bon ! », et les autres répondirent avec ferveur : « Tout le temps ! »

Enfin, une jolie femme aux manières directes et enjouées se présenta sous le nom de Tracy. C'était l'assistante du révérend Wright. Elle m'informa que ce dernier était un peu en retard et me proposa une tasse de café. Je la suivis dans une cuisine sise à l'arrière du bâtiment, et nous devisâmes, parlant surtout de l'église, mais aussi un peu d'elle. Elle avait eu une année difficile : son mari était mort récemment, et elle était sur le point d'aller s'installer en banlieue. Elle avait longuement réfléchi avant de prendre cette décision, car elle avait passé presque toute sa vie dans les quartiers noirs. Mais elle préférait déménager, soucieuse de la sécurité de son fils adolescent. Elle m'expliqua qu'il y avait beaucoup plus de familles noires en banlieue, maintenant ; son fils pourrait marcher dans la rue sans se faire harceler ; dans son futur lycée, on donnait des cours de musique, il y avait un orchestre complet, les instruments étaient gratuits, et on portait un uniforme.

– Il a toujours eu envie de faire partie d'un orchestre, dit-elle d'une voix douce.

Pendant que nous bavardions, je remarquai un homme dans la quarantaine qui se dirigeait vers nous. Il avait des cheveux argentés, un bouc et une moustache, argentés eux aussi. Il portait un costume trois pièces gris. Il se déplaçait d'un pas lent, méthodique, comme pour économiser son énergie. Tout en marchant, il consultait son courrier. Et il fredonnait.

– Barack, dit-il comme si nous étions de vieux amis, Tracy m'accordera peut-être une minute de votre temps.

– Ne faites pas attention, Barack, dit Tracy en se levant. J'aurais dû vous prévenir que le révérend aimait bien faire l'idiot de temps en temps.

Le révérend sourit et m'introduisit dans un petit bureau encombré.

– Désolé de vous avoir fait attendre, dit-il en fermant la porte derrière lui. Nous essayons de construire un nouveau chœur, et il a fallu que j'aille voir les banquiers. C'est terrible, ils réclament tout le temps autre chose. Leur dernière trouvaille, c'est qu'ils veulent me faire prendre une autre assurance vie. Au cas où je tomberais raide mort demain. Ils s'imaginent que toute l'Eglise s'écroulerait sans moi.

– Et ce n'est pas vrai ?

Il secoua la tête.

– Je ne suis pas l'Eglise, Barack. Si je meurs demain, j'espère que les fidèles me feront un enterrement convenable. Je me plais à penser qu'on versera aussi quelques larmes. Mais dès que je serai six pieds sous terre, ils seront de nouveau au travail, et ils chercheront le moyen de permettre à cette église de continuer à remplir sa mission.

Fils d'un ministre baptiste, il avait grandi à Philadelphie. Il avait commencé par résister à la vocation de son père, en entrant dans la marine après avoir quitté l'université, en tâtant de l'alcool, de l'islam et du nationalisme noir dans les années 1960. Mais l'appel de la foi était resté apparemment intact, pareil à une épine plantée à demeure dans son cœur, et finalement il avait intégré Howard, à l'époque l'université de Chicago, où il avait passé six ans avant de décrocher son doctorat en histoire des religions. Il avait appris l'hébreu et le grec, lu Tillich et Niebuhr ainsi que les théologiens de la libération noire. La colère et l'humour de la rue, l'érudition et, de temps en temps, un mot savant, c'était là ce qu'il avait apporté dans ses bagages en arrivant à la Trinité, près de vingt ans auparavant. Et même si ce n'est que plus tard que je pris connaissance de cette biographie, il devint évident dès cette toute première rencontre que c'était sur ce talent qui lui était propre – cette capacité à canaliser, si ce n'est à réconcilier, les effets contradictoires de l'expérience vécue par le peuple noir – qu'avait été bâti le succès de la Trinité.

– Ici, il y a pas mal de personnalités différentes, me dit-il. D'un côté, vous avez les africanistes. De l'autre, les traditionalistes. De temps en temps, il faut que je mette le holà, que j'arrange les choses avant que ça tourne mal. Mais c'est rare. Généralement, quand quelqu'un a une nouvelle idée, je lui dis vas-y, fonce, Alphonse.

Visiblement, son approche avait réussi : le nombre de ses fidèles était passé de deux cents à quatre mille. Son Eglise proposait des activités pour tous les goûts, du cours de yoga au club caribéen. Il était particulièrement ravi de la progression du nombre d'individus qui s'impliquaient, même s'il reconnaissait qu'il y avait encore du chemin à parcourir.

— Il n'y a rien de plus difficile que d'atteindre des jeunes frères comme vous, dit-il. Ils ont peur de passer pour des mous. Ils ont peur de ce que leurs potes diront d'eux. Ils se disent que l'église c'est un truc de bonnes femmes, que pour un homme admettre qu'il a des besoins spirituels, c'est un signe de faiblesse.

Le révérend me regarda bien en face. Son regard me déstabilisa. Je préférai dévier le cours de la conversation vers un terrain plus familier. Je me lançai donc dans une description du DCP et des problèmes que nous traitions, lui expliquai que nous avions besoin de la participation de grandes Eglises comme la sienne. Il m'écouta patiemment et, quand j'eus fini, opina légèrement du chef.

— Je vais essayer de vous aider dans la mesure du possible. Mais vous devez savoir que le fait de nous inclure dans votre mission ne va pas nécessairement constituer un titre de gloire pour vous.

— Pourquoi ?

Il haussa les épaules.

— Certains de mes collègues ecclésiastiques n'apprécient pas ce que nous faisons. Ils nous trouvent trop radicaux. D'autres ne nous trouvent pas assez radicaux. Nous jouons trop sur l'émotion. Nous ne jouons pas assez sur l'émotion. Ils n'aiment pas que nous mettions l'accent sur l'histoire africaine, sur l'instruction…

— Certains disent, l'interrompis-je, que l'Eglise vise trop les couches supérieures.

Le sourire du révérend s'évanouit.

— Ce sont des conneries, dit-il sans détour. Les gens qui racontent ça traduisent leur propre confusion. Ils se sont laissé avoir par cette histoire de milieu social qui nous empêche de travailler ensemble. Vous en avez la moitié qui pensent que quelqu'un qui a fait partie d'un gang ou un ancien musulman n'a rien à faire dans une église chrétienne. Et vous avez l'autre moitié qui trouve que les Noirs qui ont fait des études ou qui ont du travail, ou les Eglises qui respectent l'instruction, tout ça, c'est suspect.

« Nous, on ne se laisse pas avoir par ces séparations fictives. Ce n'est pas une question de revenus, Barack. Les flics, ils ne commencent jamais par vérifier mon compte en banque quand ils m'arrêtent et qu'ils me coincent contre ma voiture en me faisant écarter les bras. Ces frères qui ont gobé un mauvais enseignement, comme ce sociologue de l'université de Chicago qui parle de "l'importance déclinante de la notion de race"... Il vit dans quel pays ?

Je me demandai si ce n'était pas là un aspect de la réalité de la division entre les classes. J'en voulais pour preuve la conversation que j'avais eue avec son assistante, qui illustrait la tendance, parmi ceux qui en avaient les moyens, à aller s'installer loin de la ligne de tir. J'en fis part au révérend qui enleva ses lunettes, pour frotter ce qui se révéla être deux yeux fatigués.

– J'ai dit à Tracy ce que je pensais de son idée de quitter son quartier, dit-il doucement. Son fils va partir d'ici, et il ne saura plus où il est ni qui il est.

– C'est difficile de jouer avec la sécurité de nos enfants...

– La vie n'est pas sûre pour un Noir dans ce pays, Barack. Elle ne l'a jamais été, et ne le sera sans doute jamais.

Une secrétaire appela le révérend pour lui rappeler son rendez-vous suivant. Nous nous serrâmes la main, et il accepta de demander à Tracy de préparer une liste de membres que je pourrais rencontrer.

Ensuite, sur le parking, je restai dans ma voiture pour feuilleter une brochure argentée que j'avais prise à la réception. Elle contenait une énumération de principes, un « Système de valeurs noires » adopté par l'Eglise en 1979. Au sommet de la liste se trouvait un engagement envers Dieu, « qui nous donnera la force d'abandonner la passivité de la prière et de devenir des activistes chrétiens noirs, des soldats de la liberté pour les Noirs et des soldats de la dignité pour tout le genre humain ». Puis un engagement envers la communauté noire et la famille noire, l'éducation, l'éthique du travail, la discipline et le respect de soi.

Une liste généreuse, sincère, pas très différente, à mon avis, des valeurs que le vieux révérend Philips avait apprises dans son église de campagne blanchie à la chaux, deux générations auparavant. Un passage particulier de la brochure de la Trinité sortait cependant de l'ordinaire ; c'était un commandement au ton plus personnel. L'intitulé était : « Nous désapprouvons la recherche du statut que confère l'appartenance à la classe moyenne. » Selon le texte, il était certes légitime de chercher de toutes ses forces à atteindre le niveau de vie de la classe moyenne, mais ceux qui avaient le talent ou la chance de réussir au sein du courant dominant en Amérique devaient éviter « le piège psychologique de la classe moyenne noire », qui hypnotise le frère ou la sœur arrivés en leur faisant croire qu'ils valent mieux que les autres et leur apprend à penser en termes de « nous » et « ils » au lieu de « NOUS TOUS ».

Je repensai souvent à cette déclaration durant les semaines suivantes, au cours desquelles je rencontrai différents membres de l'Eglise de la Trinité. J'acquis la conviction que le révérend Wright avait partiellement raison de rejeter les critiques contre son Eglise, car le noyau dur de sa communauté était constitué par les salariés moyens, les enseignants, secrétaires et fonctionnaires que l'on trouvait dans toutes les grandes Eglises noires de la ville. L'Eglise déployait une grande activité pour recruter les résidents de la cité proche, et une part considérable de ses ressources était utilisée pour des programmes destinés à couvrir les besoins des pauvres – aide juridique, tutorat, prise en charge des toxicomanes.

Pourtant, il n'était pas possible de nier que l'Eglise comptait un nombre disproportionné de membres de l'élite dans ses rangs : des ingénieurs, des médecins, des experts-comptables, des directeurs de société... Certains d'entre eux avaient grandi à l'ombre de la Trinité ; d'autres venaient d'ailleurs. Un grand nombre avouaient avoir quitté pendant un long moment toute pratique religieuse. C'était un choix conscient pour certains, consécutif à l'éveil de leur conscience politique ou intellectuelle, mais plus souvent dû au fait que la fréquentation de l'église n'allait pas de pair avec leurs ambitions de l'époque où ils poursuivaient leurs carrières dans des institutions essentiellement fréquentées par les Blancs.

Pourtant, à un certain moment, tous avaient eu le sentiment d'être arrivés dans une impasse spirituelle, en proie à la sensation, à la fois vague et oppressante, qu'ils avaient été coupés d'eux-mêmes. Par intermittence, puis plus régulièrement, ils étaient retournés à l'église et avaient trouvé à la Trinité ce que chaque religion espère peu ou prou offrir à ses convertis : un havre spirituel et l'occasion de voir leurs efforts appréciés et reconnus comme aucun chèque de fin de mois ne pourrait jamais le faire ; le réconfort, quand leurs articulations commençaient à se raidir et leurs cheveux à grisonner, d'appartenir à un tout qui perdurerait au-delà de leur propre vie... et, quand leur temps arriverait, la certitude qu'une communauté serait là pour se souvenir d'eux.

Mais je me disais aussi que ce que ces gens recherchaient n'était pas uniquement religieux. Ce n'était pas seulement vers Jésus qu'ils allaient. Je compris que la Trinité, avec ses thèmes africains, l'accent mis sur l'histoire du peuple noir, reprenait à son compte le rôle que le révérend Philips avait décrit, de redistribution des valeurs et de circulation des idées. La redistribution n'était pas en sens unique. Certes, l'enseignant ou le médecin considéraient qu'il était de leur devoir de chrétien d'aider le métayer ou le jeune homme qui arrivaient tout droit du Sud à s'adapter à la vie urbaine. Mais le flux de la culture coulait également en sens inverse. L'ancien voyou, la mère adolescente avaient leurs propres formes de validation ; leur dénuement et donc leur plus grande authenticité, ainsi que leur présence à l'église, offraient à l'avocat ou au docteur un enseignement venant de la rue. En ouvrant grand ses portes à tous ceux qui voulaient entrer, une Eglise comme la Trinité assurait à ses membres que leurs destins restaient inséparablement liés, qu'un « nous tous » intelligible existait toujours.

Cette communauté culturelle était un programme puissant, plus flexible que le simple nationalisme, et apportait un plus grand soutien que ma propre conception de l'organisation. Mais je ne pouvais m'empêcher de me demander s'il suffirait à empêcher les gens de fuir en masse les quartiers déshérités ou les jeunes de se retrouver en prison. La fraternité chrétienne qui unissait un administrateur d'école noir et un parent d'élève noir changerait-elle la manière de gérer les écoles ? L'intérêt qu'il y avait à maintenir une telle unité permettrait-il au révérend Wright de s'opposer avec assez de force aux dernières propositions en matière de logement social ? Et si la résistance de personnes comme le révérend Wright manquait, si des Eglises comme la Trinité refusaient de s'engager réellement et de prendre le risque d'un véritable conflit, quelles seraient les chances de conserver l'intégrité de la communauté dans son ensemble ?

Parfois, je posais ce genre de questions aux gens que je rencontrais. Ils me répondaient avec le même regard perplexe que le révérend Philips et le révérend Wright. Pour eux, les principes de la brochure de la Trinité étaient des articles de foi, autant que la foi en la Résurrection. Vous avez de bonnes idées, me répondaient-ils.

Peut-être que si vous nous rejoigniez dans notre Eglise vous pourriez nous aider à créer un programme de communauté… Pourquoi ne passeriez-vous pas dimanche ?

Et je haussais les épaules en éludant la question, incapable d'avouer que je ne pouvais pas faire la différence entre la foi et la folie pure, entre la foi et la simple endurance ; que, bien que croyant en la sincérité que je décelais dans leurs propos, je restais irrémédiablement sceptique, plein de doutes quant à mes propres motivations, méfiant envers toute conversion, ayant trop de différends avec Dieu pour accepter un salut trop aisément gagné.

La veille de Thanksgiving, Harold Washington mourut.

Cela arriva sans prévenir. Harold avait été réélu quelques mois auparavant seulement, après avoir aisément battu Vrdolyak et Byrne, sortant la ville de l'impasse dans laquelle elle se trouvait depuis quatre ans. Cette fois, il avait fait une campagne prudente, conduite de manière professionnelle, sans la ferveur de 1983 ; une campagne fondée sur la consolidation, l'équilibre du budget et les projets de travaux publics. Il avait tendu la main à quelques vieux politiciens de l'ancienne Machine, les Irlandais et les Polonais, prêts à faire la paix. Résignée à sa présence, la communauté des affaires lui avait adressé ses chèques de financement. Son pouvoir était si assuré que des rumeurs de mécontentement étaient montées de sa propre base, chez les nationalistes noirs outrés de sa volonté d'intégrer des Blancs et des Hispaniques dans son action, chez les activistes déçus qu'il ne se soit pas attaqué bille en tête à la pauvreté, et chez les gens qui préféraient le rêve à la réalité, l'impuissance au compromis.

Harold n'accordait pas beaucoup d'importance à ces critiques. Il ne voyait aucune raison de prendre de gros risques, aucune raison de se dépêcher. Il disait qu'il était maire pour les vingt ans à venir.

Et puis la mort : soudaine, simple, presque ridicule à force d'être ordinaire, le cœur d'un homme en surpoids qui le lâche.

Il pleuvait ce week-end-là, une pluie froide et constante. Dans le quartier, les rues étaient silencieuses. Dans leurs maisons et dehors, les gens pleuraient. Les stations de radio noires repassaient les discours de Harold, heure après heure, essayant de convoquer l'esprit du mort. A l'hôtel de ville, où sa dépouille était exposée, de longues files d'attente faisaient le tour de plusieurs pâtés de maisons. Partout, les Noirs semblaient perdus, affligés, déboussolés, effrayés devant l'avenir.

Après l'enterrement, le choc initial ayant été surmonté, les fidèles de Washington se réunirent, se regroupèrent, essayèrent de mettre au point une stratégie pour garder le contrôle, choisir l'héritier légitime de Harold. Mais il était trop tard. Il n'y avait pas d'organisation politique en place, pas de principes clairement définis à suivre. La totalité de la politique noire était centrée sur un seul homme qui rayonnait comme un soleil. Maintenant qu'il n'était plus là, on ne parvenait pas à s'accorder sur ce qu'avait signifié cette présence.

Les fidèles se querellèrent. Des factions se formèrent. Des rumeurs circulèrent. Le lundi, le jour où le conseil municipal avait à choisir un maire qui assurerait l'intérim jusqu'aux élections à venir, la coalition qui avait mis Harold en place avait cessé d'exister.

Je me rendis à l'hôtel de ville ce soir-là pour assister à cette seconde mort. Les gens, principalement des Noirs, étaient rassemblés devant le bâtiment depuis la fin de l'après-midi. Des personnes âgées, des curieux, des hommes et des femmes portant des bannières et des pancartes. Ils crièrent des insultes aux conseillers noirs qui avaient conclu des marchés avec le bloc des Blancs. Ils agitèrent des billets de banque devant le conseiller noir doucereux – un rescapé de l'époque de la Machine – qui avait accordé son soutien aux conseillers blancs. Ils le traitèrent de vendu, d'Oncle Tom. Ils scandaient des slogans, tapaient du pied et juraient qu'ils ne partiraient jamais.

Mais le pouvoir était patient et savait ce qu'il voulait ; le pouvoir avait le temps d'attendre que s'essoufflent les slogans, les prières et les veillées aux chandelles. Vers minuit, juste avant que le conseil se décide à voter, la porte s'ouvrit brièvement et j'aperçus deux conseillers en pleine conversation. Le premier, noir, avait été proche de Harold ; l'autre, blanc, de Vrdolyak. Ils chuchotaient à présent, souriaient, puis ils virent la foule toujours présente et ils réprimèrent leur sourire. Deux hommes corpulents en costume croisé, au regard identique, avide… celui d'hommes qui connaissaient la musique.

J'en avais assez vu. Je fendis la foule qui s'était répandue dans la rue et marchai vers ma voiture. Le vent soufflait, froid et coupant comme une lame de rasoir, et je vis tomber devant moi une pancarte artisanale sur laquelle il était écrit en grosses lettres *SON ESPRIT*

CONTINUE À VIVRE. Et sous les mots, ce portrait que j'avais vu si souvent quand j'attendais qu'une place se libère dans le salon de Smitty : le beau visage aux cheveux grisonnants, le sourire bienveillant, les yeux pétillants. A présent, soufflé par le vent, il volait à travers l'espace désert, aussi facilement qu'une feuille d'automne.

Les mois passèrent à une vitesse vertigineuse. Il restait une quantité de choses à faire. Nous travaillions avec une coalition s'étendant à travers toute la ville pour soutenir les réformes scolaires. Nous tînmes une série de réunions conjointes avec les Mexicains du Southeast Side afin de mettre au point une stratégie environnementale commune pour la région. Devant l'impatience que je montrais à lui inculquer ce que j'avais mis trois ans à apprendre, Johnnie menaçait de devenir fou.

– Qui est-ce que tu as rencontré, cette semaine ?

– Bon, y a cette bonne femme, cette Mme Banks, à l'église des Saintes-Vignes-du-Seigneur. Elle a l'air d'avoir du potentiel… attends, ouais, voilà, c'est là : « enseignante, s'intéresse à l'éducation »… Je crois que, ouais, c'est sûr, elle va travailler avec nous.

– Que fait son mari ?

– Ben… j'ai oublié de lui demander…

– Qu'est-ce qu'elle pense du syndicat des enseignants ?

– Putain, Barack, j'avais qu'une demi-heure…

En février, je reçus mon admission à Harvard. La lettre arriva avec un gros paquet de renseignements. Cela me rappela le paquet que j'avais reçu de Punahou quatorze ans plus tôt. Je me souvins que Gramps était resté debout toute la nuit pour lire le catalogue qui parlait de cours de musique et de cours de préparation à la fac, de chorales et de baccalauréat ; qu'il avait agité ce catalogue en me disant que ce serait mon ticket d'entrée, que les contacts que je me ferais dans une école comme Punahou me serviraient toute ma vie, que j'évoluerais parmi les élites et que j'aurais toutes les possibilités qu'il n'avait jamais eues. Je me souvins qu'à la fin de la soirée il avait souri en me frottant la tête, exhalant une haleine chargée de whisky, les yeux brillants comme s'il était sur le point de pleurer. Et je lui avais rendu son sourire, en faisant semblant de comprendre, alors qu'en réalité mon vœu le plus cher eût été de retourner en Indonésie, pour pouvoir courir pieds nus dans un champ de riz, m'enfoncer dans la boue fraîche et humide, maillon d'une chaîne de garçons à la peau brune comme moi qui couraient après un cerf-volant déchiré.

Je ressentis un peu la même chose en recevant le courrier de Harvard.

J'avais prévu un déjeuner pour la vingtaine de pasteurs dont les Eglises avaient accepté de rejoindre l'organisation. La plupart de ceux que j'avais invités vinrent, ainsi que la plupart de nos animateurs les plus importants. Nous discutâmes stratégies pour l'année à venir, enseignements à tirer de la mort de Harold. Nous fixâmes les dates d'une session d'entraînement, un barème de cotisations, évoquâmes la nécessité de continuer à recruter plus d'églises. Quand nous eûmes terminé, j'annonçai mon départ pour le mois de mai suivant en précisant que Johnnie reprendrait le poste de directeur.

Personne n'en fut surpris. A la fin, tout le monde vint me féliciter. Le révérend Philips affirma que c'était une sage décision. Angela et Mona me dirent qu'elles avaient toujours su que je ferais quelque chose de mieux un jour ou l'autre. Shirley me demanda si j'accepterais de conseiller l'un de ses neveux qui était tombé dans une bouche d'égout et voulait faire un procès.

Seule Mary semblait perturbée. Après le départ des pasteurs, elle se joignit à Will et Johnnie pour m'aider à ranger. Je lui demandai si elle avait besoin d'être raccompagnée, mais elle eut un geste de dénégation.

– Qu'est-ce que vous avez, vous, les hommes ? dit-elle d'une voix légèrement tremblante, en nous dévisageant, Will et moi. Pourquoi est-ce que vous êtes toujours en train de courir ? Pourquoi est-ce que vous ne pouvez pas vous contenter de ce que vous avez ?

Je voulus répondre, puis je pensai aux deux filles de Mary, au père qu'elles ne connaîtraient jamais.

Je ne dis donc rien, et je l'étreignis en la raccompagnant à la porte.

Après son départ, je retournai dans la salle, où Will faisait un sort à une assiette d'ailes de poulet.

– T'en veux ? me proposa-t-il entre deux bouchées.

Je refusai d'un signe de tête et m'assis en face de lui. Il m'observa pendant un moment, mastiquant silencieusement et suçant ses doigts.

– Tu m'as l'air de t'être attaché à cet endroit, pas vrai ? finit-il par dire.

J'opinai du chef.

– Ouais, Will, c'est vrai.

Il prit une gorgée de soda et lâcha un rot sonore.

– Bof, tu seras parti trois ans, c'est pas très long.

– Comment tu sais que je vais revenir ?

– Je sais pas comment je le sais, répondit-il en repoussant son assiette. Je le sais, c'est tout.

Sans ajouter un mot, il alla se laver les mains, avant d'enfourcher son vélo et de disparaître.

Je me réveillai à six heures ce dimanche-là. Il faisait toujours nuit dehors.

Je me rasai, brossai mon unique costume et arrivai à l'église à sept heures et demie. La plupart des rangées étaient déjà pleines. Un placier en gants blancs m'invita à le suivre, et je passai devant une assistance constituée de dames âgées en larges chapeaux à plumes, de grands hommes graves en costumes-cravates et *kufi* tissés, d'enfants en vêtements du dimanche. Un parent de l'école de Mme Collier me salua d'un signe de la main ; un fonctionnaire du CHA avec qui j'avais eu plusieurs prises de bec me fit un bref signe de tête. Je manœuvrai pour atteindre le milieu d'une rangée où je me retrouvai coincé entre une femme âgée replète et une jeune famille de quatre personnes. Le papa transpirait déjà dans son épaisse veste de laine et la maman intimait à ses deux garçons d'arrêter de se donner des coups de pied.

– Il est où, Dieu ? entendis-je le petit demander à son grand frère.

– Tais-toi ! répliqua l'aîné.

– Arrêtez tout de suite ! ordonna la maman.

Le pasteur associé à la Trinité, une femme d'un certain âge aux cheveux grisonnants et à l'air sévère, lut le bulletin et entraîna des voix ensommeillées à chanter quelques hymnes traditionnels. Ensuite, les membres du chœur, vêtus de robes blanches et de châles africains, descendirent l'allée centrale en tapant dans les mains et en chantant, puis se répartirent derrière l'autel. Un orgue accompagnait leurs chants, en suivant les tambours qui battaient en accélérant progressivement leur rythme :

I'm so glad, Jesus lifted me !
I'm so glad, Jesus lifted me !
I'm so glad, Jesus lifted me
Singing Glory, Ha-le-lu-yah !
Jesus lifted me ![1]

L'assemblée se joignit au chœur. Les diacres puis le révérend Wright firent leur apparition sous la grande croix accrochée aux chevrons. Le révérend garda le silence pendant qu'on lisait les prières, étudiant les visages devant lui, observant le panier de la quête qui passait de main en main. Quand la quête fut achevée, il monta au pupitre et lut les noms de ceux qui étaient décédés dans la semaine, ceux qui étaient malades, et à chaque nom il se faisait un bruissement quelque part dans la foule, le murmure des parents et amis.

– Joignons les mains, dit le révérend, mettons-nous à genoux et prions au pied d'une vieille croix usée…

– Oui…

– Seigneur, nous venons d'abord te remercier de ce que tu as déjà fait pour nous… Nous venons te remercier avant tout pour Jésus. Seigneur, nous venons à toi, issus de différents milieux. Certains sont considérés comme étant en haut de l'échelle, d'autres comme étant en bas… mais nous sommes tous sur un terrain d'égalité au pied de cette croix. Seigneur, merci ! Pour Jésus, Seigneur… celui qui porte notre fardeau et partage le poids de notre lourde charge, nous te remercions…

Le titre du sermon du révérend Wright, ce matin-là, était « L'audace d'espérer ». Il commença par un passage du Livre de Samuel, l'histoire de Hannah, stérile et raillée par ses rivales, qui avait pleuré et s'était abîmée en prières devant son Dieu. Il dit que cette histoire lui rappelait le sermon d'un confrère pasteur à une conférence, quelques années plus tôt. Dans ce sermon, son confrère

1. « Quelle joie, Jésus m'a relevé !/Quelle joie, Jésus m'a relevé !/Quelle joie, Jésus m'a relevé !/Je chante sa gloire, Alléuia !/Jésus m'a relevé ! »

évoquait sa visite dans un musée où il était tombé en arrêt devant une peinture intitulée *Espoir*.

– La peinture représente une harpiste, expliqua le révérend Wright, une femme qui, au premier coup d'œil, semble être assise au sommet d'une montagne. Mais en y regardant de plus près on s'aperçoit que la femme est couverte de bleus, qu'elle saigne, qu'elle est vêtue de haillons, et que la harpe est réduite à une seule corde effilochée. Puis le regard est attiré par la scène du bas, le fond d'une vallée où s'étendent les ravages de la famine, où l'on devine le roulement de tambour de la guerre, dans un monde gémissant sous les conflits et la misère...

« C'est notre monde, un monde où les bateaux de croisière jettent plus de nourriture en une journée que les habitants de Port-au-Prince n'en voient en une année, où la cupidité des Blancs dirige un monde de pauvreté, l'apartheid dans un hémisphère, l'apathie dans l'autre hémisphère... Tel est le monde ! Le monde sur lequel est assis l'espoir !

Et il poursuivit cette méditation sur un monde tombé au plus bas. Pendant que les petits garçons, à côté de moi, gribouillaient sur leur bulletin paroissial, le révérend Wright parla de Sharpsville[1] et d'Hiroshima, de l'inhumanité des politiciens de la Maison Blanche et du Département d'Etat. Mais, à mesure que se déroulait le sermon, les histoires de conflits devinrent plus prosaïques, la souffrance plus immédiate. Le révérend évoqua les temps durs que l'assemblée aurait à affronter le lendemain, la souffrance de ceux qui étaient loin du sommet de la montagne et se demandaient comment payer leur facture d'électricité. Mais aussi la souffrance de ceux qui étaient plus près du sommet métaphorique : la femme de la classe moyenne dont tous les besoins matériels étaient comblés, mais que le mari traitait « comme la bonne, la femme de ménage, le chauffeur et l'escort girl, le tout réuni en une personne » ; l'enfant dont

1. Le 21 mars 1960, des centaines de Noirs, hommes, femmes et enfants, se sont rassemblés à Sharpsville, en Afrique du Sud, et ils ont marché ensemble pour protester contre le système raciste et déshumanisant qui les oppressait. Les forces de police de l'apartheid ont tiré sur cette foule désarmée, tuant au moins soixante-sept personnes et en blessant presque trois fois plus.

les riches parents s'inquiétaient plus de la « texture des cheveux qui sont sur sa tête que de la qualité de l'éducation qui est à l'intérieur ».

– Est-ce que ce n'est pas… le monde sur lequel nous nous tenons tous ?

– Yessuh !

– Comme Hannah, nous avons connu des temps durs ! Jour après jour, nous subissons le rejet et le désespoir !

– C'est vrai !

– Et maintenant, regardez encore la peinture qui est devant nous. L'espoir ! Comme Hannah, cette harpiste regarde vers le haut, quelques faibles notes montent en direction du ciel. Elle ose espérer… Elle a l'audace… de faire de la musique… et elle chante la gloire de Dieu… sur la seule corde… qui lui reste !

L'assistance se mit à crier, à se lever, à taper des mains, et le vent puissant de son souffle emportait la voix du révérend jusqu'aux chevrons. De mon siège, j'observais et j'écoutais, et j'entendis toutes les notes des trois années passées s'élever autour de moi en tourbillonnant. Le courage et la peur de Ruby et de Will. La colère des hommes fiers de leur race comme Rafiq. Le désir de laisser tomber, le désir de s'échapper, le désir de s'abandonner à un Dieu qui pourrait réduire à néant le désespoir.

Et dans ces simples notes – espoir ! – j'entendis autre chose. Au pied de cette croix, à l'intérieur des milliers d'églises réparties dans cette ville, je vis l'histoire de Noirs ordinaires se fondre avec celles de David et Goliath, de Moïse et Pharaon, des chrétiens jetés dans la fosse aux lions, du champ d'os desséchés d'Ezéchiel. Ces histoires – de survie, de liberté, d'espoir – devenaient notre histoire, mon histoire ; le sang qui avait été versé était notre sang, les larmes étaient nos larmes. Cette église noire, en cette belle journée, était redevenue un navire qui transportait l'histoire d'un peuple jusqu'aux générations futures et jusque dans un monde plus grand. Nos luttes et nos triomphes devenaient soudain uniques et universels, noirs et plus que noirs. En faisant la chronique de notre voyage, les histoires et les chants nous donnaient un moyen de revendiquer des souvenirs dont nous n'avions pas à avoir honte, des souvenirs plus accessibles que ceux de l'antiquité égyptienne, des souvenirs que tout le monde pouvait étudier et chérir – et avec lesquels nous pouvions commencer à reconstruire. Et si une part de moi-même continuait à penser que la communion de ce dimanche simplifiait parfois notre condition, qu'elle pouvait parfois déguiser ou supprimer la réalité des conflits qui nous déchiraient et qu'elle ne remplirait ses promesses que par l'action, je sentis aussi, pour la première fois, que cette atmosphère transportait avec elle, ébauchée, incomplète, la possibilité d'aller au-delà de nos rêves étriqués.

– L'audace d'espérer ! Je me souviens de ma grand-mère, qui chantait dans toute la maison « Il y a un côté lumineux quelque part... ne te repose pas avant de l'avoir trouvé »...

– C'est vrai !

– L'audace d'espérer ! Je me souviens des moments où nous ne pouvions pas payer nos factures. Des moments où j'avais l'impression que je resterais toujours un bon à rien... à l'âge de quinze ans, arrêté pour un vol de voiture... et pourtant, ma manman et mon papa continuaient encore à chanter...

Thank you, Jesus,
Thank you, Jesus,
Thank you, Jesus,
Thank you, Lord,
You brought me from
A mighty long way, mighty long way...[1]

– Et moi, je ne comprenais pas pourquoi ils chantaient ! Pourquoi Lui disent-ils merci pour tous leurs problèmes ? Voilà ce que je me demandais. Mais c'est que je ne regardais que la dimension horizontale de leur vie !

– Oui, c'est vrai !

– Je ne comprenais pas qu'ils parlaient de la dimension verticale ! De leur relation à Dieu ! Je ne comprenais pas qu'ils Le remerciaient d'avance pour tout ce qu'ils osaient espérer pour moi ! Oh, merci, Jésus, de ne pas m'avoir laissé tomber quand je t'ai laissé tomber ! Oh oui, Jésus, je te remercie...

---

1. « Merci, Jésus,/Merci, Jésus,/Merci, Jésus,/Merci, Seigneur,/Tu m'as fait accomplir/Un très, très long chemin. »

Quand le chœur se leva pour chanter, quand les fidèles commencèrent à applaudir ceux qui s'approchaient de l'autel pour accepter l'appel du révérend Wright, je sentis qu'on effleurait ma main. Je vis alors que l'aîné des deux petits garçons assis à côté de moi me tendait un mouchoir en papier, l'air légèrement inquiet. A côté de lui, sa mère me regarda avec un pâle sourire avant de se retourner vers l'autel. Je remerciai le petit garçon, et c'est alors seulement que je sentis des larmes couler sur mes joues.

– O Jésus, entendis-je ma voisine plus âgée murmurer, merci de nous avoir emmenés aussi loin.

Kenya

15

Je m'envolai de l'aéroport de Heathrow sous un ciel battu par la tempête. Un groupe de jeunes Britanniques vêtus de blazers mal coupés remplissait l'arrière de l'avion, et l'un d'eux – un garçon pâle, dégingandé, encore en proie aux affres de l'acné – prit place à côté de moi. Il lut attentivement les instructions d'urgence, deux fois de suite, puis, quand nous fûmes en altitude, se tourna vers moi et me demanda où je me rendais. Je lui appris que j'allais à Nairobi pour voir ma famille.

– Il paraît que c'est très beau, Nairobi. J'aimerais bien faire un tour par là-bas, un de ces jours. Moi, c'est à Johannesburg que je vais.

Il m'expliqua qu'il faisait des études de géologie, que le gouvernement britannique avait signé un accord avec des sociétés minières sud-africaines, et que lui et ses camarades travailleraient là-bas pendant un an dans le cadre de leurs études.

– Ils ont l'air de ne pas avoir assez de gens formés, là-bas, et si on a de la chance, peut-être qu'ils nous proposeront des postes à durée indéterminée. C'est notre meilleure chance de gagner correctement notre vie, j'estime, sauf si on accepte d'aller se geler sur une plate-forme pétrolière en mer du Nord. Sans moi, merci !

Je lui fis remarquer qu'il y avait sûrement un tas de Sud-Africains noirs qui seraient très contents de recevoir cette formation si on le leur permettait.

– Oui, j'imagine que vous avez raison, dit-il. Je suis pas vraiment d'accord avec la politique raciale, là-bas. C'est une honte, ça.

Il réfléchit un instant, puis reprit :

– Oui, mais regardez le reste de l'Afrique, tout est en train de s'écrouler, pas vrai ? Enfin, d'après ce que je sais. Au moins, en Afrique du Sud, les Noirs ne crèvent pas de faim comme dans certains pays de misère. Je les envie pas, bien sûr, mais comparés à ces pauvres malheureux Ethiopiens, par exemple...

Une hôtesse vint nous proposer de louer des écouteurs, et le jeune homme sortit son portefeuille.

– C'est clair, moi, j'essaie de pas faire de politique. Je me dis que c'est pas mes oignons. Pareil chez nous, tout le monde est au chômedu, et les vieux chnoques du Parlement racontent toujours les mêmes salades... Ce qu'il y a de mieux à faire, c'est de s'occuper de ses petites affaires, voilà ce que je dis.

Il paya ses écouteurs et les plaça sur ses oreilles.

– Vous me réveillerez quand ils apporteront le repas, s'il vous plaît ? me demanda-t-il avant d'incliner son siège pour dormir.

Je sortis un livre de mon sac et essayai de lire. C'était un portrait de quelques pays d'Afrique, brossé par un journaliste occidental ayant passé dix ans sur le continent noir. On l'appelait l'Africain, cet homme, et il se targuait d'avoir un jugement impartial. Les premiers chapitres abordaient assez longuement l'histoire du colonialisme : la manipulation des haines tribales, les frontières tracées suivant le bon vouloir des coloniaux, les déplacements de population, les détentions, les humiliations, petites et grandes. L'héroïsme des premières figures de l'indépendance, tels Kenyatta et Nkrumah, était dûment évoqué, et leur glissement ultérieur vers le despotisme attribué au moins en partie à des machinations diverses résultant de la guerre froide.

Mais dans le troisième chapitre du livre les images du présent prenaient le pas sur celles du passé. La famine, les maladies, les coups d'Etat et les putschs menés par des jeunes gens illettrés maniant les AK-47 comme des bâtons de berger... Si l'Afrique avait une histoire, semblait dire l'auteur, l'ampleur de la souffrance actuelle l'avait rendue inutile.

Des pauvres malheureux. Des pays de misère.

Je posai le livre, sentant monter en moi une colère familière, une colère d'autant plus forte qu'elle n'avait pas de cible précise. A côté de moi, le jeune Britannique ronflait doucement à présent, les lunettes de travers sur son nez fin et rectiligne. Etait-ce contre lui que j'étais en colère ? Etait-ce sa faute si, malgré toute mon éducation, toutes les théories dont je disposais, je n'avais pas de réponse toute prête aux questions qu'il posait ? Pouvais-je le blâmer de vouloir améliorer sa situation ? Peut-être étais-je en colère simplement à cause de la familiarité dont il avait fait preuve envers moi, comme si, en tant qu'Américain, même noir, je devais nécessairement partager sa vision sombre de l'Afrique. Une telle assimilation, dans son monde au moins, correspondait à une sorte de progrès, mais pour moi elle ne faisait que souligner le côté inconfortable de ma position : un Occidental pas tout à fait chez lui à l'ouest, un Africain se rendant dans un pays rempli d'étrangers.

C'était ainsi que je m'étais senti pendant tout mon séjour en Europe : chatouilleux, sur la défensive, hésitant avec les étrangers. Ce n'était pas du tout ce que j'avais envisagé au départ. Cette escale devait être un simple détour, une récréation, une occasion à saisir pour visiter des pays que je ne connaissais pas.

Pendant trois semaines, j'avais voyagé seul, parcouru le continent, le descendant d'un côté et le remontant de l'autre, en bus, en train surtout, un guide touristique à la main.

J'avais pris le thé au bord de la Tamise et je m'étais assis dans le jardin du Luxembourg, où les enfants jouaient à se poursuivre sous les châtaigniers. J'avais traversé la Plaza Mejor, où le soleil de midi dessinait des ombres à la De Chirico tandis que les moineaux fendaient un ciel de cobalt. Et j'avais vu la nuit s'installer sur le Palatin, où j'avais attendu qu'apparaissent les premières étoiles en écoutant le vent et ses murmures me rappeler le caractère éphémère de la vie.

A la fin de la première semaine, j'avais compris que j'avais commis une erreur. Non pas parce que j'étais déçu de la beauté de l'Europe, au contraire, tout était exactement comme je l'avais imaginé. Simplement, ce n'était pas à moi. J'avais eu le sentiment de vivre l'histoire sentimentale de quelqu'un d'autre ; le côté incomplet de ma propre histoire se dressait entre moi et les sites que je voyais, comme un épais panneau de verre.

Il me vint à l'esprit que mon passage en Europe n'avait peut-être été qu'une manière de plus de retarder les choses, une tentative de plus pour éviter de parvenir à un accord avec le Vieil Homme. Dépouillé de ma langue, dépouillé de mon travail et de ma routine quotidienne – dépouillé même des obsessions raciales auxquelles j'étais tellement accoutumé, et que j'avais prises (de façon pernicieuse) pour un signe de ma maturation –, j'avais été forcé à regarder à l'intérieur de moi-même et je n'y avais trouvé qu'un grand vide.

Ce voyage au Kenya finirait-il par remplir ce vide ? Mes amis de Chicago en étaient convaincus. Ce serait comme dans *Roots*, m'avait dit Will au cours de la soirée d'adieu que j'avais donnée. Asante avait parlé de pèlerinage. Pour eux, comme pour moi, l'Afrique était devenue une idée plus qu'un endroit concret, une nouvelle terre promise, pleine de traditions anciennes et de vastes perspectives, de nobles luttes et de tambours vibrants. Grâce à la distance, nous faisions nôtre l'Afrique, mais notre adoption était sélective – c'était de la même manière que j'avais adopté le Vieil Homme, autrefois. Que se passerait-il lorsque j'aurais franchi cette distance ? L'idée que la vérité me libérerait était séduisante. Mais… si c'était faux ? Si la vérité se révélait décevante, si la mort de mon père n'avait aucune signification, ni le fait qu'il m'ait abandonné, et si le seul lien qui me reliait à lui, ou à l'Afrique, était un nom, un groupe sanguin, ou le dédain des Blancs ?

J'éteignis la lumière au-dessus de moi et je fermai les yeux, laissant mes pensées errer à la rencontre d'un Africain dont j'avais fait la connaissance en Espagne, un routard comme moi. J'attendais un bus de nuit dans un café, à mi-chemin entre Madrid et Barcelone. Quelques vieux assis aux tables buvaient du vin blanc dans des petits verres ternis. Il y avait un billard sur le côté, et je m'étais mis à jouer, en repensant aux soirées avec Gramps dans les bars d'Hotel Street, avec leurs prostituées et leurs proxénètes, quand Gramps était l'unique Blanc du lieu.

Je finissais de jouer lorsqu'un homme en léger pull de laine surgit de nulle part et me demanda s'il pouvait m'offrir un café. Il ne parlait pas anglais et son espagnol n'était guère meilleur que le mien, mais il avait un sourire engageant et un besoin visible de compagnie. Au bar, il m'apprit qu'il venait du Sénégal et qu'il parcourait l'Espagne à la recherche de travail saisonnier. Il me montra la photo abîmée d'une jeune fille aux joues rondes et lisses. Sa femme, me dit-il. Il n'avait pas pu l'emmener avec lui. Ils seraient réunis dès qu'il aurait assez d'argent. Il lui écrirait et la ferait venir.

Finalement, nous prîmes le bus pour Barcelone ensemble, assez peu diserts l'un et l'autre. Régulièrement, il se tournait vers moi pour m'expliquer les plaisanteries échangées au cours de l'émission de télévision espagnole diffusée sur un petit appareil perché au-dessus du siège du chauffeur. Peu avant l'aube, nous fûmes déposés devant un vieux dépôt d'autobus, et mon compagnon m'entraîna vers un petit palmier au tronc épais qui poussait à côté de la route. De son sac à dos, il sortit une brosse à dents, un peigne et une bouteille d'eau qu'il me tendit cérémonieusement. Et, ensemble, nous fîmes notre toilette dans la brume matinale. Ensuite, nous jetâmes nos sacs sur nos épaules et nous nous dirigeâmes vers la ville.

Comment s'appelait-il ? Je ne m'en souvenais plus. C'était juste un homme affamé parmi d'autres, parti loin de chez lui, l'un des nombreux enfants des anciennes colonies – les Algériens, les Indiens, les Pakistanais – qui brisaient les barrières érigées par leurs anciens maîtres et menaient leurs propres invasions, disparates, inorganisées. Et pendant que nous marchions vers les Ramblas, j'eus le sentiment de bien connaître cet homme, car, bien que venant de côtés opposés de la Terre, nous faisions en somme le même périple. A la fin, quand nous nous séparâmes, je restai longtemps, très longtemps dans la rue, à suivre des yeux sa silhouette fine, aux jambes arquées, qui s'amenuisait au loin ; et je regrettai en partie de ne pouvoir l'accompagner dans une vie où les routes s'ouvrent devant vous, vers d'autres matins bleus. Mais je sentais également que ce souhait était à son tour une idéalisation, une idée, aussi sélective que l'idée que je me faisais du Vieil Homme et de l'Afrique. Puis il me revint à l'esprit que cet homme venu du Sénégal m'avait payé un café et donné de l'eau, et que cela, c'était bien réel, et que c'était peut-être tout ce que chacun d'entre nous était en droit d'attendre : la rencontre de hasard, une histoire partagée, un petit acte de gentillesse...

L'équipage distribua le repas dans un avion secoué par des turbulences. Je réveillai le jeune Britannique, qui mangea avec une précision impressionnante, en me décrivant son enfance à Manchester entre deux bouchées.

Enfin, je m'endormis d'un sommeil réparateur. Quand je me réveillai, l'hôtesse était en train de distribuer les formulaires de douane en vue de l'atterrissage. Dehors, c'était toujours la nuit, mais, en appuyant mon visage contre la vitre, je distinguai des lumières éparses, douces et floues comme des étincelles, qui se rapprochèrent graduellement pour prendre la forme d'une ville. Quelques minutes plus tard, une chaîne de collines arrondies apparut à l'est, noire contre une longue traînée de lumière sur l'horizon. Quand nous touchâmes le sol dans l'aube africaine, je vis de hauts nuages minces strier le ciel, leur ventre teinté d'une touche de rouge.

L'aéroport international de Kenyatta était presque vide. Les fonctionnaires vérifièrent nos passeports tout en buvant leur thé matinal à petites gorgées. Dans la zone de récupération des bagages, un tapis roulant grinçant déversait lentement sa cargaison. Auma n'était nulle part, aussi m'assis-je sur mon sac et allumai-je une cigarette. Au bout de quelques minutes, un garde armé d'une matraque en bois se dirigea vers moi. Je cherchai un cendrier des yeux, inquiet à l'idée de me trouver dans une zone non-fumeurs, mais au lieu de m'adresser une semonce le garde sourit et me demanda si je n'avais pas une cigarette pour lui.

– C'est la première fois que vous venez au Kenya, non ? me demanda-t-il pendant que je lui donnais du feu.

– C'est vrai.

– Je vois…

Il s'assit à côté de moi.

– Vous venez d'Amérique, poursuivit-il. Vous connaissez peut-être le fils de mon frère, Samson Otieno. Il fait des études d'ingénieur au Texas.

Je lui répondis que je n'étais jamais allé au Texas et que je n'avais donc pas eu l'occasion de rencontrer son neveu. Il sembla déçu, aspira successivement plusieurs bouffées rapides de sa cigarette. A présent, les derniers passagers de mon vol avaient quitté le terminal. Je lui demandai si d'autres bagages allaient arriver. Il secoua la tête d'un air de doute.

– Je ne crois pas, dit-il, mais attendez-moi ici, je vais vous trouver quelqu'un qui pourra vous renseigner.

Il disparut au bout d'un long couloir, et je me levai pour m'étirer. L'excitation et la joie anticipée avaient disparu, et je réussis à sourire au souvenir du retour au pays tel que me l'avait dépeint un jour mon imagination : les nuages qui s'évaporaient, les vieux démons qui s'enfuyaient, la terre qui tremblait, tandis que les ancêtres se levaient pour célébrer l'instant. Au lieu de cela, j'étais fatigué, seul et abandonné.

Je m'apprêtais à partir à la recherche d'un téléphone lorsque le garde réapparut, accompagné d'une femme d'une beauté saisissante, très noire, élancée, mesurant près d'un mètre quatre-vingts, vêtue d'un uniforme de la British Airways.

Elle se présenta sous le nom de Mlle Omoro et m'expliqua que mes bagages avaient sans doute été envoyés par erreur à Johannesburg.

– Je suis absolument désolée de cette erreur, me dit-elle. Si vous voulez bien remplir ce formulaire, nous pourrons appeler Johannesburg et nous les récupérerons par le prochain vol.

Je remplis le formulaire et Mlle Omoro y jeta un coup d'œil, puis leva la tête.

– Seriez-vous un parent de M. Obama, l'homme politique, par hasard ? me demanda-t-elle.

– Oui... c'était mon père.

Mlle Omoro eut un sourire de sympathie.

– Je suis vraiment triste de son décès, dit-elle, c'était un ami proche de ma famille. Il venait souvent chez nous quand j'étais enfant.

Nous nous mîmes à parler de l'objet de mon séjour, et elle me confia qu'elle avait fait ses études à Londres. Elle souhaitait aussi faire un voyage aux Etats-Unis. Je me surpris à essayer de prolonger l'entretien, moins à cause de la beauté de Mlle Omoro – elle avait évoqué l'existence d'un fiancé – que parce qu'elle avait reconnu mon nom. C'était la première fois que cela m'arrivait. Cela ne s'était jamais passé, ni à Hawaii ni à Los Angeles, New York ou Chicago. Pour la première fois de ma vie, je ressentis l'aisance, la stabilité identitaire que pouvait procurer un nom, la capacité que possédait ce nom à transporter une histoire entière dans les souvenirs de quelqu'un d'autre, de sorte que votre interlocuteur hochait la tête et disait d'un air entendu : « Ah, vous être le fils d'Untel ! » Personne, au Kenya, ne me demanderait d'épeler mon nom, ni ne l'écorcherait. Mon nom était d'ici, et donc j'étais d'ici, pris dans un réseau de relations, d'alliances, et de rancunes que je ne comprenais pas encore.

– Barack !

Je me retournai, et je vis Auma bondir derrière un autre garde, qui n'avait pas voulu la laisser passer dans la zone des bagages.

J'expliquai en deux mots ce qu'il en était à Mlle Omoro et me précipitai vers elle, et nous rîmes et nous nous embrassâmes, aussi déchaînés que lors de notre première rencontre. Une grande femme à la peau brune souriait à côté de nous. Auma se tourna vers elle en me disant :

– Barack, voici notre tante Zeituni. La sœur de notre père.

– Bienvenue à la maison, dit Zeituni en m'embrassant sur les deux joues.

Je leur parlai de mes bagages et leur dis que j'avais fait la connaissance de quelqu'un qui avait connu le Vieil Homme. Mais quand je me retournai Mlle Omoro avait disparu. A ma question, l'agent de sécurité répondit en haussant les épaules qu'elle était sans doute partie pour la journée.

Auma conduisait une vieille Coccinelle Volkswagen couleur bleu layette. Cette voiture était pour elle une sorte d'investissement : les Kényans vivant à l'étranger pouvaient faire entrer une voiture au pays sans payer de forte taxe d'importation ; elle avait donc pensé l'utiliser pendant son année d'enseignement à l'université de Nairobi, puis la revendre pour le prix du transport et peut-être faire un petit bénéfice. Malheureusement, le moteur toussait et le silencieux avait rendu l'âme sur la route de l'aéroport. Quand Auma, cramponnée à deux mains au volant, engagea la voiture pétaradante sur l'autoroute à quatre voies, je ne pus m'empêcher de rire.

– Tu veux que je sorte pour pousser ? proposai-je.

Zeituni fronça les sourcils.

– Eh, Barry, ne dis pas de mal de cette voiture. Elle est magnifique. Elle a juste besoin d'un petit coup de peinture, c'est tout. Tu sais, Auma m'a déjà promis que je l'aurais quand elle repartirait.

Ma sœur eut un geste de dénégation.

– Ta tante est en train d'essayer de m'avoir. J'ai simplement promis qu'on en discuterait, c'est tout.

– Je ne vois pas ce qu'il y a à discuter, répliqua notre tante avec un clin d'œil dans ma direction, je t'assure que je te la paierai au meilleur prix.

Elles se mirent à parler toutes les deux en même temps, me demandant si j'avais fait bon voyage, m'exposant tous les projets qu'elles avaient échafaudés, énumérant tous les gens que j'avais à voir.

De vastes plaines s'étendaient de part et d'autre de la route. C'était principalement de la savane, on voyait çà et là un épineux se dresser à l'horizon, dans un paysage qui semblait à la fois antique et brut. La circulation augmenta graduellement, et une foule de gens se mit à sortir de la campagne, des hommes dont certains encore en train de boutonner leurs chemises légères, des femmes très droites, un foulard aux couleurs vives sur la tête, qui se rendaient à leur travail. Les voitures serpentaient entre les voies et les ronds-points, évitant les trous, les bicyclettes et les piétons, pendant que les minibus branlants – des *matatus*, m'apprit-on – s'arrêtaient sans prévenir pour ramasser des passagers. Tout cela me semblait étrangement familier, comme si je m'étais déjà trouvé sur cette même route. Et je me rappelai d'autres matins, en Indonésie, avec ma mère et Lolo qui bavardaient à l'avant, la même odeur de bois brûlé et de diesel, le même calme qui persistait au milieu de la ruée matinale, la même expression sur les visages des gens qui s'acheminaient vers une nouvelle journée, avec peu d'aspirations hormis celle de tenir jusqu'au soir, et peut-être un léger espoir de voir la chance tourner, ou au moins durer.

Nous déposâmes Zeituni aux Brasseries du Kenya, un grand complexe triste où elle travaillait comme programmeuse informatique. En sortant de la voiture, elle se pencha à nouveau pour m'embrasser sur la joue, puis pointa un doigt vers Auma.

– Tu t'occupes bien de Barry maintenant, dit-elle. Veille à ce qu'il ne se perde plus.

Quand nous eûmes regagné l'autoroute, je demandai à Auma ce que notre tante avait voulu dire par « Veille à ce qu'il ne se perde plus ». Elle haussa les épaules.

– C'est une expression commune ici, répondit-elle. En général, ça veut dire que la personne ne t'a pas vu depuis longtemps. On dit : « Tu t'es perdu. » Ou : « Ne te perds pas. » Mais parfois, c'est plus sérieux. Par exemple, quand un mari ou un fils va s'installer en ville, ou à l'occident, comme notre oncle Omar, à Boston. Ils promettent de revenir après leurs études. Ils disent qu'ils feront venir la famille quand ils seront installés. Au début, ils écrivent une fois par semaine. Après, une fois par mois. Et après, ils arrêtent complètement. Et on ne les revoit plus. Ils ont été perdus, tu comprends. Même quand on sait où ils sont.

La Coccinelle s'évertuait vaillamment à escalader une côte. La route était ombragée par d'épais bosquets d'eucalyptus et de lianes. D'élégantes vieilles demeures se cachaient derrière les haies et les plates-bandes. Ces demeures appartenaient autrefois exclusivement aux Britanniques, me dit Auma, mais à présent elles abritaient surtout des officiels étrangers et des ambassades. Au sommet de la colline, après un virage serré à droite, nous empruntâmes une allée gravillonnée à l'extrémité de laquelle nous nous garâmes à côté d'un immeuble de deux étages que l'université louait à ses professeurs. Une immense pelouse descendait en pente, terminée par des bosquets de bananiers et une forêt, avec, en contrebas, un étroit cours d'eau glauque qui coulait à travers un large ravin grêlé de cailloux.

L'appartement d'Auma, une surface petite mais confortable, dont les portes vitrées laissaient le soleil entrer dans les pièces, se trouvait au rez-de-chaussée. Il était encombré de piles de livres. Au mur, Auma avait accroché un pêle-mêle de photos, un patchwork de la famille qu'elle avait assemblé elle-même, composé de portraits de studio et de photos polaroïd. Au-dessus de son lit, je remarquai un grand poster représentant une femme noire, le visage levé vers une fleur en train de s'épanouir, avec la légende « J'ai un rêve » imprimée en dessous.

– Quel est ton rêve, à toi, Auma ? lui demandai-je en posant mes sacs.

Auma rit.

– Ah, ça, c'est mon plus gros problème, Barack. J'en ai trop. Une femme qui a des rêves a toujours des problèmes.

J'étais épuisé par le voyage, et cela devait se voir, car Auma me proposa d'aller me reposer pendant qu'elle irait travailler à l'université. Je m'allongeai sur le lit de camp qu'elle avait préparé et m'endormis au son des insectes qui bourdonnaient derrière la vitre.

Quand je me réveillai, c'était le crépuscule, et Auma n'était toujours pas rentrée. De la cuisine, je remarquai une troupe de singes à tête noire sous un banian. Les plus âgés, assis prudemment à la base de l'arbre, surveillaient en fronçant les sourcils les petits en train de galoper sur les longues racines sinueuses.

Je me rafraîchis le visage dans l'évier et je mis de l'eau à chauffer pour le thé, puis ouvris la porte qui donnait sur le jardin. Les singes s'immobilisèrent aussitôt, tournant leurs yeux vers moi avec ensemble. A quelques mètres de là, une paire d'immenses ailes vertes fendit les airs dans un battement sonore, puis ce fut la lente ascension d'un oiseau à long cou, qui disparut vers des canopées lointaines en lançant une série de cris venus du fond de sa gorge.

Nous préférâmes rester à la maison ce premier soir, et dînâmes d'un ragoût en échangeant des nouvelles. Le lendemain matin, nous allâmes nous promener en ville sans autre but que de profiter du spectacle. Le centre-ville était plus petit que je ne l'imaginais, et l'architecture coloniale était restée en grande partie intacte : des rangées de maisons en stuc blanchi à la chaux datant de l'époque où Nairobi n'était guère qu'un avant-poste au service de la construction du chemin de fer britannique. A côté de ces bâtiments, une autre ville apparaissait, une ville de tours de bureaux et d'élégantes boutiques, d'hôtels pourvus de halls semblables à ceux de leurs homologues de Singapour ou d'Atlanta. Le mélange était grisant, insaisissable, dans un contraste qui se répétait partout où nous allions : devant le concessionnaire Mercedes passait une file de femmes massaïs se rendant au marché, sveltes, drapées dans des *shukas* rouges, la tête soigneusement rasée, leurs oreilles aux lobes étirés ornées de perles aux couleurs vives ; devant l'entrée d'une mosquée en plein air, quelques employés de banque retiraient soigneusement leurs chaussures et baignaient leurs pieds avant de se joindre aux paysans et aux terrassiers pour la prière de l'après-midi. C'était comme si l'histoire de Nairobi refusait d'être disposée en couches bien ordonnées, comme si ce qui fut et ce qui était entraient constamment, bruyamment, en collision.

Le hasard de notre promenade nous amena sur la vieille place du marché, une bâtisse caverneuse qui sentait le fruit pourri et la boucherie voisine. Un passage débouchant sur l'arrière du bâtiment menait à un dédale d'échoppes où les marchands proposaient des tissus, des paniers, des bijoux en cuivre et d'autres curiosités. Je m'arrêtai devant l'une d'elles, où étaient exposées des petites sculptures en bois. C'étaient des objets identiques à ceux que m'avait offerts mon père autrefois : des éléphants, des lions, des joueurs de tam-tam en coiffe tribale. Ce ne sont que des petites choses, m'avait dit le Vieil Homme...

– Venez, monsieur, m'invita le jeune homme qui tenait l'échoppe. Un beau collier pour votre femme.

– C'est ma sœur.

– C'est une très jolie sœur. Venez voir, c'est très beau, pour elle !

– Combien ?

– Seulement cinq cents shillings. Magnifique !

Auma lui dit quelques mots en swahili.

– Il te donne le prix pour le *wazungu*, expliqua-t-elle, le prix pour l'homme blanc.

Le jeune homme sourit.

– Je suis désolé, ma sœur, dit-il. Pour un Kényan, le prix est seulement trois cents.

A l'intérieur de l'échoppe, une vieille femme qui enfilait des perles de verre me désigna en disant quelques mots qui firent sourire Auma.

– Qu'est-ce qu'elle dit ?

– Elle dit que tu as l'air d'un Américain.

– Dis-lui que je suis un Luo, répliquai-je en me frappant la poitrine.

La vieille femme rit et demanda mon nom à Auma. La réponse la fit rire encore plus fort, et elle m'appela pour que je vienne me mettre à côté d'elle. Elle me prit la main.

– Elle dit que tu n'as pas vraiment l'air d'un Luo, traduisit Auma, mais que tu as un visage gentil. Elle dit qu'elle a une fille à te présenter et que si tu lui offres un soda tu peux avoir deux sculptures et le collier qu'elle est en train de faire pour cinq cents shillings.

Le jeune homme alla acheter des sodas pour tout le monde, et nous prîmes place sur les tabourets de bois que la vieille femme avait extraits d'une grande armoire. Elle nous parla de son commerce, du loyer qu'elle devait payer au gouvernement pour son échoppe, de son autre fils qui avait dû entrer dans l'armée parce qu'il n'y avait plus de terres à cultiver dans leur village. En face de nous, une autre femme tressait des paniers en paille ; à côté d'elle, un homme découpait une peau en longues lanières qui seraient utilisées comme brides de sac.

Je regardais ces mains habiles broder, couper, tresser, en écoutant la voix de la vieille femme recouvrir le vacarme du travail et du troc, et, l'espace d'un moment, mon esprit s'évada. J'imaginai des jours vécus selon un rythme immuable, sur un sol ferme où l'on se réveillait chaque matin en sachant ce qui s'était passé la veille, où l'on savait comment avaient été fabriqués les objets que l'on utilisait et où l'on pouvait décliner les vies de ceux qui les avaient créés, où on pouvait être assuré que le tout perdurerait sans terminaux d'ordinateur et sans fax. Et pendant ce temps, une procession ininterrompue de visages noirs passait devant mes yeux, les visages ronds des bébés et les visages marqués, usés, des vieux ; de beaux visages, qui me permettaient de comprendre la transformation qu'Asante et d'autres Américains noirs affirmaient avoir subie après leur premier séjour en Afrique. Le temps de quelques semaines ou de quelques mois, on pouvait jouir de la liberté de ne pas se sentir observé, la liberté de croire que les cheveux poussaient comme ils devaient pousser et que la croupe bougeait comme elle devait bouger. On pouvait voir quelqu'un parler tout seul et se dire simplement qu'il était toqué, ou lire un article relatant les méfaits d'un criminel en première page et méditer sur la corruption de l'âme humaine sans avoir à se demander si le criminel, ou le toqué, ce n'était pas un peu soi-même. Ici, le monde était noir, et on n'était que soi-même ; on pouvait découvrir toutes ces choses qui étaient uniques pour soi sans vivre un mensonge ou commettre une trahison.

Qu'il était tentant de repartir en gardant ce moment intact ! J'avais envie de m'envelopper dans ce sentiment de bien-être avec autant de soin que celui que le jeune homme mettait à envelopper le collier d'Auma, et de l'emporter avec moi en Amérique pour le revêtir quand j'aurais une baisse de moral.

Mais ce n'était évidemment pas possible… Nous bûmes nos sodas. L'argent passa d'une main à l'autre. Nous quittâmes le marché. Le moment s'évanouit.

Nous prîmes Kimathi Street, nommée ainsi en l'honneur de l'un des chefs de la rébellion des Mau-Mau. J'avais lu un livre sur lui avant de quitter Chicago et je me souvenais d'une photo où, prototype parfait du guérillero, on le voyait au milieu d'un groupe de fidèles aux cheveux tressés qui vivaient dans la forêt et se faisaient secrètement prêter serment par la population indigène. C'était un costume intelligent qu'il s'était choisi là (Kimathi et les autres chefs des Mau-Mau avaient servi dans des régiments britanniques dans leurs vies antérieures), une image qui jouait sur toutes les peurs de l'Occident colonialiste, la sorte de peur que Nat Turner personnifiait autrefois dans le Sud avant la guerre de Sécession, et que les accros à la cocaïne qui les agressaient personnifiaient à présent dans l'esprit des Blancs de Chicago.

Certes, les Mau-Mau étaient désormais relégués dans le passé au Kenya. Kimathi avait été capturé et exécuté. Kenyatta avait été libéré de prison et était devenu le premier président du Kenya. Il avait aussitôt rassuré les Blancs qui étaient pressés de faire leurs bagages en leur affirmant que les entreprises ne seraient pas nationalisées, que les terres ne seraient pas redistribuées, dès lors que l'homme noir contrôlerait l'appareil gouvernemental. Le Kenya devint le meilleur élève de l'Afrique, un modèle de stabilité, formant un contraste bienvenu avec le chaos de l'Ouganda, le socialisme raté de la Tanzanie. Les anciens combattants de la liberté retournèrent dans leurs villages, entrèrent dans la haute fonction publique ou cherchèrent à se faire élire au Parlement. Kimathi devint un nom sur une plaque de rue, soigneusement domestiqué pour les touristes.

Nous nous installâmes pour déjeuner à la terrasse du New Stanley Hotel, et j'en profitai pour observer ces mêmes touristes. Il y en avait partout – Allemands, Japonais, Américains –, prenant des photos, hélant les taxis, repoussant les camelots, souvent vêtus de tenues de safari comme des figurants dans un film. Quand j'étais enfant, à Hawaii, je me moquais avec mes copains de ce genre de touristes, avec leurs coups de soleil et leurs jambes pâles et maigres. Ici, en Afrique, les touristes me semblaient moins drôles. Je ressentais leur présence comme une sorte d'intrusion ; je trouvais leur innocence vaguement insultante. Je m'aperçus qu'avec leur absence absolue de gêne ils exprimaient une liberté que ni Auma ni moi n'avions jamais connue, une confiance solide comme le roc dans leur esprit de clocher, une assurance réservée à ceux qui sont nés dans des cultures impériales.

C'est alors que je remarquai une famille américaine qui venait de s'installer à quelques tables de nous. Deux serveurs africains se mirent aussitôt en action, le visage fendu d'un sourire qui allait d'une oreille à l'autre. Or, Auma et moi n'avions toujours pas été servis. En conséquence, je me mis à agiter la main pour faire signe aux deux serveurs restés à la cuisine, pensant qu'ils ne nous avaient peut-être pas vus. Ils réussirent à éviter mon regard pendant quelque temps, puis un homme plus âgé aux yeux ensommeillés consentit à nous apporter deux menus. Mais son attitude était réticente, et il nous ignora encore pendant un long moment, visiblement peu enclin à revenir vers notre table. Je vis la colère envahir peu à peu les traits d'Auma. A nouveau, j'agitai la main pour faire revenir notre homme, qui finit par se déplacer pour venir prendre notre commande, muré dans le silence.

Les Américains étaient déjà servis, et nous n'avions toujours pas de couverts. J'entendis une petite fille à queue de cheval blonde se plaindre de l'absence de ketchup.

Auma se leva.

– On y va.

Elle se dirigea vers la sortie, puis pivota sur elle-même et fondit sur le serveur qui nous dévisageait, le visage impassible.

– Vous devriez avoir honte de vous, lui dit-elle d'une voix tremblante. Vous devriez avoir honte !

L'homme lui répondit d'un ton brusque en swahili.

– Je me fous de savoir combien de bouches vous avez à nourrir, tout ce que je sais, c'est que vous n'avez pas à traiter les gens de votre propre pays comme des chiens. Voilà, tenez !

Auma ouvrit son sac et en sortit un billet froissé de cent shillings.

– Vous voyez, cria-t-elle, j'ai de quoi me la payer, ma bouffe !

Elle jeta le billet par terre, puis se dirigea à grands pas vers la rue. Pendant quelques minutes, nous marchâmes au hasard, puis je lui proposai de nous asseoir sur un banc à côté de la poste.

– Ça va mieux ? lui demandai-je.

Elle hocha la tête en disant :

– C'est idiot de jeter l'argent par les fenêtres comme ça.

Elle posa son sac à côté d'elle et nous passâmes quelques instants, assis sur le banc, les yeux rivés sur le mouvement de la circulation.

– Tu comprends, je ne peux pas passer une soirée dans les boîtes de ces hôtels avec une autre Africaine, finit-elle par dire. Les *askaris* ne nous laissent pas entrer, parce qu'ils nous prennent pour des prostituées. Et c'est la même chose dans les grands immeubles de bureaux. Quand on n'y travaille pas et qu'on est africaine, ils nous arrêtent pour nous demander ce qu'on veut. Mais quand on est avec un ami allemand, ils sont tout sourire. « Bonsoir, mademoiselle, comment ça va ? »... Tu vois, voilà pourquoi le Kenya, c'est la risée du reste de l'Afrique, malgré son PIB, malgré tout ce qu'on trouve à acheter ici. Le Kenya, c'est la putain de l'Afrique, Barack. Le Kenya ouvre ses jambes à tous ceux qui ont les moyens de payer.

Je lui répondis qu'elle était trop dure avec les Kényans, que c'était la même chose à Djakarta ou à Mexico, que c'était malheureusement une question d'économie. Mais je savais bien que mes mots ne parviendraient pas à apaiser son ressentiment.

Elle avait sans doute raison, hélas. Les touristes ne venaient pas tous pour la vie sauvage. Certains venaient parce que le Kenya offrait sans honte la possibilité de revivre une époque où les Blancs vivaient grassement à l'étranger sur le dos des races plus foncées ; l'époque de l'innocence, celle d'avant Kimathi, d'avant ces jeunes gens en colère, à Soweto, à Detroit ou dans le delta du Mékong, qui se déchaînaient, répandant la délinquance et la révolution.

Au Kenya, un Blanc pouvait encore se promener dans la maison d'Isak Dinesen en imaginant une histoire d'amour avec une jeune baronne mystérieuse, ou savourer du gin sous les ventilateurs accrochés au plafond du Lord Delamare Hotel en admirant des photos de Hemingway, souriant après une chasse réussie, entouré de coolies au visage sinistre. Il pouvait se faire servir par un Noir sans crainte ni culpabilité, s'émerveiller du taux de change et laisser un généreux pourboire. Et si son cœur se soulevait un peu à la vue des mendiants lépreux aux abords de l'hôtel, il pouvait s'administrer un remontant toujours à portée de main : ce sont les Noirs qui gouvernent maintenant, après tout. C'est leur pays. Nous ne sommes que des visiteurs.

Notre serveur savait-il que les Noirs étaient au gouvernement ? Cela signifiait-il quelque chose pour lui ? Peut-être autrefois, me disje. Il a l'âge de se souvenir du moment de l'indépendance, des cris de « *Uhuru !* », « Liberté ! », de l'époque où avaient été hissés les nouveaux drapeaux. Mais ces souvenirs doivent lui sembler quasi imaginaires maintenant, lointains et naïfs. Il a appris que les gens qui contrôlaient le pays avant l'indépendance le contrôlent toujours, qu'il ne peut toujours pas manger dans les restaurants ou loger dans les hôtels que l'homme blanc a construits. Il voit l'argent de la ville tourbillonner au-dessus de sa tête, la technologie cracher des marchandises par la bouche de ses robots. S'il est ambitieux, il fera de son mieux pour apprendre la langue de l'homme blanc et utiliser ses machines, en essayant de joindre les deux bouts comme le technicien informatique de Newark ou le conducteur de bus de Chicago, avec des accès, alternativement, d'enthousiasme et de frustration, mais surtout de résignation. Et si on lui dit qu'il sert les intérêts du néocolonialisme ou autre chose du même genre, il répondra que, oui, il les servira, si c'est ce qu'on demande. Ceux qui servent, ce sont ceux qui ont de la chance ; les autres, les malchanceux, tombent dans les eaux troubles de l'escroquerie et des petits boulots ; beaucoup s'y noieront.

Et pourtant, ce n'est peut-être pas du tout cela que ressent le serveur. Peut-être qu'au fond de lui il vibre toujours à l'histoire des Mau-Mau, qu'il se rappelle le bruissement de la nuit au village, ou le bruit du pilon de pierre qui écrase le blé qu'est en train de moudre sa mère. Quelque chose en lui continue à lui dire que les coutumes de l'homme blanc ne sont pas les siennes, que les objets qu'il utilise quotidiennement ne sont pas de sa fabrication. Cette époque dont il se souvient, son être propre, il sait qu'il ne les abandonne qu'à ses risques et périls. Il ne peut pas échapper à l'emprise de ses souvenirs. Aussi enjambe-t-il deux mondes, mal assuré dans chacun d'eux, toujours en déséquilibre, jouant le jeu qui lui permettra d'échapper à une insondable pauvreté, en prenant soin de ne déverser sa colère que sur ceux qui partagent sa condition.

Une voix lui dit : oui, les temps ont changé, on a tordu le cou aux anciennes coutumes, et tu dois trouver le plus vite possible un moyen de te remplir le ventre et de faire en sorte que l'homme blanc arrête de se moquer de toi.

Une voix lui dit : non, tu préférerais te faire couper en morceaux.

Ce soir-là, nous nous rendîmes dans l'est, à Kariako, un complexe d'appartements tentaculaire entouré de terrains vagues. La lune s'était cachée derrière d'épais nuages, et une légère bruine avait commencé à tomber. Pendant que nous gravissions l'escalier plongé dans le noir, nous croisâmes un jeune homme qui bondit sur le trottoir défoncé et disparut dans la nuit. Au sommet de trois séries de marches, Auma poussa une porte légèrement entrebâillée.

– Barry ! Enfin, tu es venu !

Une petite femme trapue, au visage joyeux et à la peau brune, me serra contre elle. Derrière elle, une quinzaine de personnes affichaient un large sourire et agitaient la main, comme une foule assistant à la parade. La femme me regarda en fronçant les sourcils.

– Tu ne me reconnais pas, hein ?

– Je…

– Je suis ta tante Jane. C'est moi qui t'ai appelé, quand ton père est mort.

En souriant, elle me prit par la main.

– Viens, il faut que je te présente tout le monde. Zeituni, tu as déjà fait sa connaissance. Ici, dit-elle en m'emmenant auprès d'une belle femme plus âgée qu'elle, vêtue d'une robe verte à motifs, c'est ma sœur, Kezia. C'est la maman d'Auma et Roy Obama.

Kezia prit ma main et prononça mon nom ainsi que quelques mots en swahili.

– Elle dit que son autre fils est enfin venu à la maison, dit Jane.

– Mon fils, répéta Kezia en anglais, en hochant la tête et en me prenant dans ses bras. Mon fils est venu à la maison.

Nous continuâmes ainsi, et je serrai la main de tantes, de cousins, de neveux, de nièces. Tout le monde me salua avec une curiosité joyeuse mais avec le plus grand naturel, comme si faire la connaissance d'un parent était un événement banal.

J'avais apporté des chocolats pour les enfants, qui m'entouraient en me dévisageant poliment, pendant que les adultes essayaient de leur expliquer qui j'étais. Je remarquai un garçon de seize ou dix-sept ans, appuyé contre le mur, qui me regardait avec attention.

– C'est l'un de nos frères, dit Auma. Bernard.

Je m'avançai vers l'adolescent et nous nous serrâmes la main en nous étudiant mutuellement du regard. Je me trouvai à court de mots, mais je parvins à lui demander comment il allait.

– Bien, je pense, répondit-il doucement, déclenchant les rires alentour.

Après les présentations, Jane me poussa vers une petite table chargée de bols de curry de chèvre, de poisson frit, de collard, de riz. Pendant le repas, on me pressa de questions sur ma famille à Hawaii, et je tentai de décrire ma vie à Chicago ainsi que mon travail d'organisateur. Tous hochaient poliment la tête mais semblaient un peu perplexes, aussi mentionnai-je que j'entrerais à Harvard à l'automne pour y étudier le droit.

– Ah, c'est bien, Barry, commenta Jane tout en suçant un os. Ton père aussi a étudié dans cette école, Harvard. Tu vas nous rendre tous fiers, comme lui. Tu vois, Bernard, il faut que tu étudies en travaillant dur, comme ton frère.

– Bernard croit qu'il va devenir une star du foot, dit Zeituni.

Je me tournai vers l'adolescent.

– C'est vrai, Bernard ?

– Non, répondit-il, gêné d'avoir attiré l'attention sur lui, je jouais, avant, c'est tout.

– Ah bon... on pourra peut-être faire une partie de foot ensemble, un jour.

Il secoua la tête.

– Maintenant, je préfère jouer au basket, répondit-il avec le plus grand sérieux. Comme Magic Johnson.

Avec le repas, l'excitation du début s'apaisa un peu, et les enfants se tournèrent vers un grand écran de télévision en noir et blanc qui passait une émission à la gloire du président : le président inaugure une école ; le président dénonce des journalistes étrangers et divers éléments communistes ; le président encourage la nation à suivre le chemin du *nyayo*, « la marche vers le progrès »...

Accompagné d'Auma, je visitai le reste de l'appartement, qui était constitué de deux chambres, bourrées d'un bout à l'autre de vieux matelas.

– Combien de personnes habitent ici ? m'enquis-je.

– Je ne sais pas exactement, répondit Auma, ça change tout le temps. Jane ne sait pas dire non, alors tous les parents qui viennent en ville ou qui perdent leur boulot atterrissent ici. Parfois, ils restent longtemps. Ou alors, ils laissent leurs enfants ici. Le Vieil Homme et ma mère ont souvent laissé Bernard ici. Jane l'a pratiquement élevé.

– Elle arrive à faire face financièrement ?

– Non, pas vraiment. Elle travaille comme opératrice téléphonique, ça ne paie pas très bien. Mais elle ne se plaint pas. Elle ne peut pas avoir d'enfants, alors elle s'occupe de ceux des autres.

Nous retournâmes au salon, et je me laissai tomber sur un vieux canapé. A la cuisine, Zeituni dirigeait les jeunes femmes qui faisaient la vaisselle. Les enfants se chamaillaient entre eux à propos des chocolats que j'avais apportés. Je laissai mes yeux errer sur le décor – les meubles usés, le calendrier vieux de deux ans, les photos pâlies, les chérubins de céramique bleue posés sur des napperons de lin. C'était exactement comme dans les logements d'Altgeld. La même chaîne de mères, de filles et d'enfants. Le même bruit, fait de bavardages et de télé. Le mouvement perpétuel de la cuisine, du ménage et des soins pour les blessures petites et grandes. La même absence d'hommes.

Nous fîmes nos adieux vers dix heures, en promettant de rendre visite aux parents à tour de rôle. Alors que nous nous dirigions vers la porte, Jane nous prit à part.

– Il faut que tu emmènes Barry voir votre tante Sarah, chuchota-t-elle à Auma.

Puis, s'adressant à moi :

– Sarah est la sœur aînée de votre père. L'aînée de tous. Elle a très envie de te voir.

– Bien sûr, répondis-je. Mais pourquoi n'est-elle pas ici ce soir ? Elle habite loin ?

Jane regarda Auma, et il se fit entre elles un échange muet.

– Viens, Barack, dit finalement ma sœur, je t'expliquerai dans la voiture.

Les routes étaient vides et rendues glissantes par la pluie.

– Jane a raison, Barack, me dit Auma. Tu devrais aller voir Sarah, mais je ne viendrai pas avec toi.

– Pourquoi ?

– C'est à cause de cette affaire de l'héritage du Vieil Homme. Sarah fait partie des gens qui ont contesté le testament. Elle a raconté partout que Roy, Bernard et moi, nous n'étions pas les enfants du Vieux... Je sais pas... D'un côté, je ne lui en veux pas. Elle a eu une vie très dure. Elle n'a jamais eu la chance qu'a eue son frère, faire des études, ou partir à l'étranger. Ça l'a rendue très amère. Elle pense que d'une certaine façon ma mère et moi, nous sommes responsables de sa situation.

– Mais l'héritage du Vieil Homme est important ?

– Non, pas très. Peut-être une petite pension du gouvernement. Un lopin de terre sans valeur. Moi, j'essaie de rester en dehors. De toute façon, le montant de cet héritage a sans doute déjà été dépensé en frais d'avocats. Mais tu comprends, tout le monde attendait tellement du Vieil Homme. Il leur a fait croire qu'il avait tout, même quand il n'avait rien. Donc maintenant, au lieu de continuer à vivre normalement, ils attendent et se disputent en s'imaginant que le Vieil Homme va les sauver du fond de sa tombe. Bernard a adopté la même attitude d'attente. Tu sais, il est très intelligent, mais il ne fiche rien de la journée. Il a quitté l'école et n'a pas beaucoup de perspectives de travail. Je lui ai dit que je l'aiderais à entrer dans une école de commerce, ou n'importe quoi, pour qu'il fasse quelque chose. Il dit toujours oui, mais quand je lui demande s'il a posé sa candidature quelque part ou eu des entretiens avec les directeurs d'école, il n'a rien fait. Parfois, j'ai l'impression qu'il ne se passera rien tant que je ne ferai pas tout avec lui.

– Peut-être que je peux faire quelque chose…

– Oui. Peut-être que tu peux lui parler. Mais maintenant que tu es là, venu tout droit d'Amérique, tu fais partie de l'héritage, tu comprends. C'est pourquoi Sarah est si impatiente de te voir. Elle s'imagine que je te cache à elle parce que c'est toi qui as tout.

La pluie avait recommencé à tomber. Sur le parking, une unique lampe qui brillait devant une façade de l'immeuble envoyait des filets d'ombres liquides sur le visage d'Auma.

– Tout ça, ça me fatigue, Barack, murmura-t-elle. Tu n'imagines pas à quel point le Kenya me manquait quand j'étais en Allemagne. Je ne pensais qu'à une chose, c'était rentrer à la maison. Je me disais que jamais je ne m'étais sentie seule, ici, que j'ai de la famille partout, que personne n'envoie ses parents dans une maison pour vieillards ou ne laisse ses enfants à des étrangers. Et maintenant que je suis ici, ils me demandent tous de les aider, et j'ai l'impression qu'ils sont tous là à s'agripper à moi, et que moi je vais sombrer. Et je culpabilise parce que j'ai eu plus de chance qu'eux. J'ai pu faire des études. Je peux trouver du travail. Mais qu'est-ce que tu veux que je fasse ? Je ne peux pas me couper en six.

Je pris sa main et nous restâmes encore un peu dans la voiture, à écouter tomber la pluie.

– Tu m'as demandé quel était mon rêve, dit-elle au bout d'un moment. Parfois, je rêve que je vais faire construire une belle maison sur le terrain de notre grand-père. Une grande maison où on pourra tous venir avec nos familles, tu vois. On pourrait planter des arbres fruitiers comme notre grand-père, et nos enfants connaîtraient vraiment le pays et parleraient le luo et les personnes âgées leur apprendraient nos coutumes. Elle leur appartiendrait.

– On peut très bien le faire, Auma.

Elle me contredit d'un signe de tête.

– Attends, je vais te dire ce que je pense après. Je me dis : qui est-ce qui va s'occuper de la maison quand je ne serai pas là ? Je me dis : sur qui est-ce que je peux compter pour réparer une fuite d'eau ou la clôture si elle est abîmée ? C'est très égoïste, je le sais. Mais quand je pense à tout ça, je ne peux pas m'empêcher d'être en rogne après le Vieil Homme parce qu'il n'a pas construit cette maison pour nous. C'est nous qui sommes les enfants, Barack. Pourquoi est-ce que ce serait à nous de nous occuper de tout le monde ? On marche sur la tête. Moi, il a fallu que je m'occupe de moi toute seule, exactement comme Bernard. Maintenant, j'ai pris l'habitude de vivre ma vie, comme une Allemande. Tout est organisé. Quand quelque chose se casse, je le répare. Quand quelque chose foire, c'est de ma faute. Quand j'ai de l'argent, j'en envoie à la famille, et ils peuvent en faire ce qu'ils veulent, et moi, je ne dépends pas d'eux, et réciproquement.

– Tu as l'air de te sentir bien seule.

– Oh, je sais, Barack. C'est pour ça que je continue à rentrer à la maison. C'est pour ça que je continue à rêver.

Au bout de deux jours, je n'avais toujours pas récupéré mes bagages. Le représentant de la compagnie aérienne en ville nous dit d'appeler l'aéroport, mais les lignes étaient toujours occupées. Finalement, je me rendis sur place avec Auma.

Au comptoir de la British Airways, nous tombâmes sur deux jeunes femmes qui discutaient du nouveau night-club qui venait d'ouvrir. Je me permis de les interrompre, et l'une d'elles entreprit sans enthousiasme de compulser une pile de papiers.

– Nous n'avons pas trace de votre réclamation, finit-elle par déclarer.

– Vous ne pouvez pas vérifier encore ?

La jeune femme haussa les épaules.

– Vous pouvez revenir ce soir à minuit, si vous voulez. Il y a un vol qui arrive de Johannesburg à cette heure-là.

– On m'a dit qu'on me livrerait mes bagages.

– Je regrette, mais nous n'avons aucune trace de votre réclamation ici. Si vous voulez, vous pouvez remplir un autre formulaire.

– Est-ce que Mlle Omoro est là ? Elle...

– Omoro est en vacances.

Auma me poussa de côté et intervint :

– A qui d'autre pouvons-nous nous adresser, puisque vous avez l'air de n'être au courant de rien ?

– Allez en ville si vous voulez voir quelqu'un d'autre, répliqua l'employée d'un ton sec, avant de retourner à sa conversation.

Auma maugréait encore à voix basse quand nous pénétrâmes dans le bureau de la British Airways en ville. C'était une tour dans laquelle les ascenseurs annonçaient chaque étage d'une voix électronique dotée d'un impeccable accent victorien. Une réceptionniste était installée sous des photos représentant des lionceaux et des enfants en train de danser. Elle répéta que nous devions voir avec l'aéroport.

– Je voudrais parler au directeur, dis-je en essayant de ne pas hurler.

– Je suis désolée, mais M. Maduri est en réunion.

– Ecoutez, mademoiselle, nous revenons de l'aéroport. Ils nous ont dit de nous adresser à vous. Il y a deux jours, on m'a dit qu'on me livrerait mes bagages. Maintenant, on me dit qu'on n'est même pas au courant du problème. Je...

Je m'arrêtai net. La réceptionniste s'était retirée derrière un masque de pierre, un endroit où aucune plainte, aucune récrimination d'aucune sorte ne pourrait l'atteindre. Apparemment, ma sœur s'en était rendu compte elle aussi, à en juger par son expression suffoquée.

Découragés, nous nous laissâmes tomber dans des fauteuils. Soudain, une main se posa sur l'épaule d'Auma, qui se retourna d'un geste vif. La main appartenait à un homme sec, à la peau sombre, vêtu d'un blazer bleu.

– Oh ! Mon oncle ! Qu'est-ce que tu fais ici ?

Ma sœur me présenta dûment au personnage, un membre de notre famille, dont je ne saisis pas entièrement le lien de parenté qui l'unissait à nous. Il nous demanda si nous projetions de partir en voyage. Auma lui raconta ce qui se passait.

– Ne t'inquiète pas, déclara notre oncle, Maduri, c'est un de mes bons amis. D'ailleurs, je viens déjeuner avec lui.

Notre oncle se tourna, courroucé, vers la réceptionniste, qui suivait notre conversation avec grand intérêt.

– Monsieur Maduri est déjà prévenu de votre arrivée, annonça-t-elle en souriant.

Le directeur se révéla être un homme corpulent doté d'un gros nez et d'une voix rauque. Après que nous eûmes répété notre histoire, il saisit immédiatement son téléphone.

– Allô ? Maduri. Qui est à l'appareil ?... Ecoutez, j'ai ici M. Obama, qui attend ses bagages... Oui, Obama. Il attend ses bagages depuis un certain temps... Quoi ? !... Oui, vérifiez tout de suite, s'il vous plaît.

Au bout de quelques minutes, le téléphone sonna.

– Oui... OK, envoyez-le à...

Il donna l'adresse du bureau d'Auma, puis raccrocha en nous informant que mes bagages seraient livrés dans l'après-midi.

– Appelez-moi si vous avez encore des problèmes, me dit-il.

Nous remerciâmes abondamment nos deux sauveurs et nous nous éclipsâmes aussitôt, de crainte que notre chance ne tourne. En bas, je m'arrêtai devant une immense photo de Kenyatta fixée sur la vitre d'un bureau. Les yeux de l'ancien président brillaient d'assurance et d'astuce ; sa main puissante et couverte de bijoux tenait une canne sculptée de chef kikuyu. Auma vint se mettre à côté de moi.

– C'est par là que tout commence, dit-elle. Par le Grand Homme. Et après, il y a son adjoint, ou sa famille, ou son ami, ou sa tribu. C'est la même chose quand on veut avoir le téléphone, ou un visa, ou un boulot. Qui sont vos parents ? Qui connaissez-vous ? Si vous ne connaissez personne, c'est râpé. C'est ce que le Vieux n'a jamais compris. Il est rentré au pays en s'imaginant que parce qu'il avait fait de bonnes études et qu'il parlait un anglais châtié, et qu'il était intelligent, il lui suffirait d'apparaître pour avoir un poste. Il oubliait ce qui fait la loi ici.

– Il était perdu, murmurai-je.

En retournant à la voiture, je me rappelai un épisode que m'avait raconté Auma à propos du Vieil Homme, datant de l'époque où il était tombé en disgrâce. Un soir, il lui avait demandé d'aller lui acheter des cigarettes. Auma lui avait objecté qu'ils n'avaient pas d'argent, mais le Vieux avait secoué la tête avec impatience : « Ne sois pas bête, lui avait-il dit. Dis au marchand que tu es la fille de M. Obama et que je paierai plus tard. »

Auma était allée à la boutique et avait répété les paroles du Vieil Homme. Le boutiquier avait éclaté de rire et l'avait renvoyée. Tremblant à l'idée de rentrer les mains vides, elle avait alors appelé un cousin que le Vieil Homme avait aidé autrefois à obtenir du travail, et celui-ci lui avait prêté les quelques shillings dont elle avait besoin. Quand elle était rentrée à la maison, le Vieil Homme avait pris les cigarettes en la grondant pour avoir mis si longtemps à revenir.

« Tu vois, lui avait-il dit en ouvrant le paquet, je t'avais bien dit que tu n'aurais pas de problèmes. Tout le monde connaît M. Obama. »

Je marche dans les rues animées aux côtés d'Auma, et je sens la présence de mon père. Je le vois dans ces petits écoliers qui nous dépassent en courant, actionnant leurs jambes minces et noires comme des tiges de piston, entre un short bleu et des chaussures trop grandes. Je l'entends dans les rires des deux étudiants qui boivent du thé sucré à la crème en mangeant des samousas dans une maison de thé plongée dans une lumière tamisée. Je le sens dans la fumée de cigarette de l'homme d'affaires qui est en train de téléphoner en criant dans un taxiphone, une main sur son oreille ; dans la sueur de l'ouvrier au visage et à la poitrine couverts de poussière qui charge du gravier dans une brouette.

Le Vieil Homme est là, me dis-je, même s'il ne me dit rien. Il est là, qui me demande de comprendre.

16

Bernard sonna à la porte à dix heures tapantes. Il portait un short bleu passé et un tee-shirt trop petit de plusieurs tailles. Dans ses mains, un ballon de basket orange, qu'il me tendit comme une offrande.

– T'es prêt ? interrogea-t-il.

– Presque. Donne-moi une seconde, le temps de mettre mes chaussures…

Il me suivit à l'intérieur et s'avança jusqu'au bureau où je travaillais.

– Tu es encore en train de lire, Barry, observa-t-il en secouant la tête. Ta nana va en avoir marre de te voir tout le temps dans les bouquins.

Je m'assis pour lacer mes tennis.

– C'est ce qu'on m'a dit.

Il lança le ballon en l'air.

– Moi, les bouquins, ça ne m'intéresse pas trop. Moi, je préfère l'action, comme Rambo.

Je souris.

– OK, Rambo, dis-je, on va voir si tu tiens la distance au pas de course jusqu'au terrain de basket !

Bernard me lança un regard incrédule.

– Le terrain, il est loin ! On n'y va pas en voiture ?

– C'est Auma qui l'a prise pour aller travailler.

Je sortis sur la véranda, où je me livrai à quelques exercices d'étirement.

– D'ailleurs, elle m'a dit que c'était à deux kilomètres à peine. Ça fera un bon échauffement pour tes jeunes jambes.

Imitant mon exemple, il exécuta quelques étirements sans trop d'enthousiasme, puis nous entamâmes notre jogging. La journée était magnifique, une petite brise tempérait la chaleur du soleil, et la route était vide à l'exception d'une femme, au loin, qui marchait avec un panier de petit bois sur la tête. Au bout de moins de cinq cents mètres, Bernard s'arrêta net. Des perles de sueur ornaient son front haut et lisse.

– Ça y est, je suis échauffé, me dit-il, hors d'haleine. Je crois qu'on devrait marcher, maintenant.

Le campus de l'université de Nairobi s'étendait sur un hectare près du centre-ville. Les terrains de basket se trouvaient au-dessus du terrain de sport, légèrement en hauteur, le revêtement asphalté était transpercé par des touffes d'herbe.

Pendant que nous faisions des paniers à tour de rôle, j'observais Bernard en me faisant la réflexion qu'il s'était révélé un compagnon très disponible, très agréable, ces jours derniers. Auma étant occupée à faire passer des examens, il avait pris le relais pour me servir de guide. D'un geste protecteur, il me prenait la main dans les rues encombrées, faisait montre d'une infinie patience lorsque je m'arrêtais pour contempler un bâtiment ou lire un panneau devant lequel il passait tous les jours, amusé par mes bizarreries, mais sans jamais émettre le moindre signe d'ennui ou de réticence, toutes choses que je n'aurais pas manqué de manifester au même âge.

Avec sa gentillesse, sa candeur, il ne paraissait pas ses dix-sept ans. Mais il les a bel et bien, me rappelai-je, et à cet âge, un peu plus d'indépendance, un peu plus de caractère ne lui feraient pas de mal. De plus, s'il me consacrait tout ce temps, c'était en partie parce qu'il n'avait rien de mieux à faire. Il était patient parce qu'il n'avait aucune envie d'aller quelque part en particulier. Oui, il fallait que je lui en parle, de tout cela, comme je l'avais promis à Auma... que nous ayons une conversation d'homme à homme.

– Tu as vu jouer Magic Johnson ? me demanda Bernard, tout en s'apprêtant à tirer.

Le ballon traversa le cercle sans filet, et je le lui renvoyai.

– Seulement à la télé.

Bernard poursuivit :

– Tout le monde a une voiture en Amérique. Et un téléphone.

C'étaient plus des affirmations que des questions.

– La plupart des gens. Pas tous.

Il lança le ballon, qui rebondit à grand bruit sur le cercle.

– Moi, je trouve que c'est mieux là-bas, dit-il. Peut-être que je vais venir en Amérique. Je pourrais t'aider dans ta boîte…

– Je n'ai pas de boîte, pour l'instant. Peut-être que quand j'aurai terminé mes études de droit…

– Ça doit pas être difficile de trouver du travail.

– Ça dépend pour qui. Tu sais, il y a des tas de gens qui rament aux Etats-Unis. Surtout les Noirs.

– Pas autant qu'ici.

Nous échangeâmes un regard, et je vis en pensée les terrains de basket aux Etats-Unis. Le bruit des coups de feu pas très loin, les dealers vendant leur came dans l'escalier : ça, c'était l'un des tableaux. Les rires des gamins en train de jouer dans la cour, en banlieue, leur mère qui les appelait pour le dîner. C'était vrai aussi. Ces deux tableaux s'entrechoquèrent, m'empêchèrent de répondre.

Mon silence suffit à Bernard, qui retourna à ses dribbles.

Quand le soleil commença à taper trop fort, nous allâmes prendre une glace à quelques pâtés de maisons de l'université. Bernard commanda un sundae au chocolat et se mit à le déguster méthodiquement, demi-cuillerée par demi-cuillerée. J'allumai une cigarette et me reculai dans ma chaise.

– Auma m'a dit que tu envisageais une école professionnelle, commençai-je.

Il approuva de la tête sans trop de conviction.

– Qu'est-ce qui t'intéresserait comme cours ?

– Je sais pas.

Il plongea sa cuillère dans sa glace et réfléchit.

– Peut-être la mécanique auto. Oui… je crois que ça serait pas mal.

– Tu as essayé de suivre une formation, ou quelque chose de ce genre ?

– Non, pas vraiment.

Il se tut, le temps de prendre une nouvelle bouchée.

– Parce que c'est payant, précisa-t-il.

– Tu as quel âge, maintenant, Bernard ?

– Dix-sept ans, répondit-il en hésitant.

– Dix-sept ans, répétai-je en soufflant la fumée au plafond. Tu sais ce que ça signifie, hein ? Ça veut dire que tu es presque un homme. Quelqu'un qui a des responsabilités, envers sa famille, envers lui-même. Ce que je veux te dire, c'est qu'il est temps que tu te décides pour quelque chose qui t'intéresse. Ça peut être la mécanique auto, et ça peut être autre chose. Mais peu importe ce que c'est, ce qu'il faut, c'est te fixer des buts et t'accrocher. Auma et moi, nous pouvons t'aider à payer ta formation, mais nous ne pouvons pas vivre à ta place. Il faut que tu fasses des efforts. Tu comprends ?

Bernard acquiesça d'un hochement de tête :

– Je comprends.

Nous restâmes silencieux pendant quelque temps, les yeux rivés sur le mouvement circulaire de la cuillère de Bernard dans la glace devenue liquide. Je me dis que mes mots avaient dû sonner creux aux oreilles de mon frère, dont la seule faute avait été de naître du mauvais côté du monde compartimenté de notre père. Mais il ne semblait pas m'en vouloir. Pas encore. Seulement, il avait dû se demander pourquoi je faisais semblant de croire que mes règles pouvaient s'appliquer à lui. Tout ce qu'il voulait, c'étaient quelques petites marques d'attention de ma part – des cassettes de Bob Marley, peut-être mes chaussures de basket après mon départ. Ce n'était pas grand-chose, et pourtant, tout ce que je pouvais lui offrir d'autre – les conseils, les remontrances, mes ambitions pour lui – aurait moins de valeur à ses yeux.

J'écrasai ma cigarette et proposai de rentrer. Dans la rue, Bernard passa son bras autour de mes épaules.

– C'est chouette d'avoir un grand frère, dit-il, avant de me faire un signe d'au revoir et de disparaître dans la foule.

Qu'est-ce qu'une famille ? N'est-ce qu'une chaîne génétique, des parents et une progéniture, des gens comme moi ? Ou est-ce une construction sociale, une entité économique, la solution optimale pour l'éducation des enfants et la répartition des tâches ? Ou est-ce quelque chose d'entièrement différent, comme, par exemple, un fonds de souvenirs communs ? Une sphère d'amour ? Une passerelle au-dessus du vide ?

Je pouvais faire une liste complète de variantes possibles. Mais je n'étais jamais parvenu à une réponse précise, sachant d'avance, dans mes circonstances particulières, que mes efforts étaient voués à l'échec. Je dessinais donc une série de cercles autour de moi, avec des limites qui bougeaient au fil du temps, et des visages qui changeaient mais n'en offraient pas moins l'illusion que je les contrôlais. Un premier cercle, où l'amour était constant et sans réserve. Puis un deuxième cercle, un domaine où l'amour était négocié, les engagements choisis librement. Puis un cercle de collègues, de connaissances, où je pouvais inclure la gentille dame aux cheveux gris, toujours gaie, chez qui je faisais mes courses à Chicago. Enfin, le cercle s'élargissait pour embrasser une nation ou une race, ou un parcours moral particulier, et les engagements n'étaient plus liés à un visage, ou à un nom, mais étaient des engagements que j'avais pris vis-à-vis de moi-même.

En Afrique, cette astronomie que j'avais adoptée s'écroula presque immédiatement. Car la famille semblait être partout : dans les magasins, à la poste, dans les rues et dans les parcs, tous s'agitant autour du fils d'Obama, perdu pendant si longtemps. Quand j'annonçais en passant qu'il me fallait un cahier ou de la crème à raser, invariablement, l'une de mes tantes insistait pour m'emmener dans quelque coin reculé de Nairobi où on me ferait les meilleurs prix, quelles que soient la longueur du trajet ou la gêne que cela lui occasionnerait.

– Ah, Barry… qu'est-ce qu'il y a de plus important que de rendre service au fils de mon frère ?

Si un cousin découvrait, à son grand dam, qu'Auma m'avait laissé seul, il n'hésitait pas à parcourir quatre kilomètres à pied pour venir me tenir compagnie au cas où j'en aurais besoin.

– Ah, Barry, pourquoi tu ne m'as pas appelé ? Viens, je vais t'emmener voir des amis.

Et le soir, nous baissions tout bonnement les bras, Auma et moi. Nous finissions par accepter les innombrables invitations provenant d'oncles, neveux, petits-cousins ou cousins au deuxième degré, qui exigeaient tous, sous peine de se sentir offensés, que nous prenions un repas chez eux quels que soient l'heure ou le nombre de repas déjà pris.

– Ah, Barry… il n'y a peut-être pas grand-chose au Kenya, mais tant que tu seras là, tu auras toujours quelque chose à manger !

Au début, j'accueillais toutes ces attentions comme l'enfant accepte le sein de sa mère, avec une innocente gratitude. Cela ne faisait que me conforter dans mon idée de l'Afrique et des Africains, en contraste évident avec l'isolement croissant induit par le mode de vie américain, un contraste que j'évaluais non en termes raciaux mais culturels. Cela donnait la mesure de ce que nous sacrifiions à la technologie et à la mobilité et dont, ici, de même que dans les *kampongs*, les faubourgs de Djakarta, ou dans les villages d'Irlande ou de Grèce, l'essence restait intacte : le plaisir durable de la compagnie des autres, le bonheur de la chaleur humaine.

Puis, les jours passant, mon bonheur se teinta de tension et de doute, en partie en raison de ce qu'Auma m'avait confié l'autre soir dans la voiture : j'avais acquis une conscience très vive de ma chance relative, et je me posais des questions troublantes sur ce qu'impliquait une telle chance. Notre parenté n'était pas exactement dans le besoin. Jane et Zeituni avaient des emplois stables. Kezia vendait du tissu sur les marchés. Quand l'argent venait à manquer, les enfants pouvaient être envoyés à la campagne pendant un certain temps. C'était là que se trouvait un autre frère, Abo, m'apprit-on, qui vivait avec un oncle à Kendu Bay, où il y avait toujours des travaux à faire, de quoi manger et un toit.

Il n'empêchait que la situation à Nairobi était difficile et ne faisait qu'empirer. Les vêtements étaient pour la plupart achetés d'occasion, les visites chez le médecin réservées aux cas d'extrême urgence. Presque tous les plus jeunes membres de la famille étaient sans emploi, y compris les deux ou trois qui avaient réussi, au prix d'une âpre compétition, à obtenir des diplômes universitaires au Kenya. Si Jane ou Zeituni tombaient malades, si leurs sociétés fermaient ou les licenciaient, il n'existait aucun filet de sécurité gouvernemental. Il n'y avait que la famille la plus proche, des gens soumis à des difficultés similaires.

Maintenant, je faisais partie de la famille, moi aussi ; maintenant, j'avais des responsabilités. Mais qu'impliquaient exactement ces responsabilités ? Aux Etats-Unis, je pouvais les traduire par l'engagement politique, par le travail social, par un certain déni de moi-même. Au Kenya, ces stratégies étaient complètement abstraites, voire confinaient à la bonne conscience. Militer contre la pauvreté des Noirs n'aiderait pas Bernard à trouver du travail. La foi en la démocratie participative ne paierait pas une paire de draps neufs à Jane. Pour la première fois de ma vie, je me trouvais réellement confronté au problème de l'argent : mon propre manque d'argent, la poursuite de l'argent, la paix, toute simple, mais indéniable, qu'il pouvait apporter. Je regrettais vaguement de ne pas m'être élevé jusqu'aux sommets où me voyait ma nouvelle parenté : avocat d'entreprise, homme d'affaires américain, la main posée sur le robinet, prêt à faire pleuvoir la manne des largesses du monde occidental.

Hélas, je ne possédais pas un tel pouvoir. Même aux Etats-Unis, la richesse exigeait des compromis de la part de ceux qui n'y étaient pas nés, le même genre de compromis que faisait Auma en ce moment pour essayer, à sa manière, de répondre aux attentes de sa famille. Elle occupait deux emplois cet été-là, enseignant l'allemand à des hommes d'affaires kényans tout en donnant ses cours à l'université. Avec l'argent qu'elle mettait de côté, elle envisageait non seulement de réparer la maison de grand-maman à Alego, mais également d'acheter un morceau de terrain près de Nairobi, quelque chose qui prendrait de la valeur, une base à partir de laquelle elle pourrait construire. Elle avait des projets, des programmes, des budgets et des dates butoir… toutes choses dont elle avait appris qu'elles étaient nécessaires pour affronter le monde moderne. Le problème était que ses projets voulaient dire ne pas s'occuper des affaires familiales ; ses budgets signifiaient dire non aux incessantes demandes d'argent. Et quand elle se montrait ferme – quand elle tenait à rentrer chez elle avant le repas parce que Jane le servait avec deux heures de retard, ou quand elle refusait d'entasser huit personnes dans sa petite voiture parce qu'elle était prévue pour quatre et que cela abîmerait les sièges –, les regards blessés, voire de ressentiment, fusaient à travers la pièce. Son activité débordante, son indépendance, sa volonté constante de se projeter dans l'avenir, tout cela paraissait incompréhensible pour la famille et vaguement contre nature. Contre nature… et non africain.

C'était ce même dilemme que le vieux Frank m'avait posé l'année où j'avais quitté Hawaii, ces mêmes tensions qui tiraillaient certains enfants d'Altgeld lorsqu'ils prenaient trop de plaisir à faire leurs devoirs, cette même culpabilité perverse de rescapé à laquelle je m'attendais si j'essayais un jour de gagner de l'argent et si je devais passer devant les bandes de jeunes Noirs désœuvrés en me rendant à mon bureau en ville. Quand ils ne donnaient pas de pouvoir au groupe, un groupe dépassant la famille, même élargie, nos succès représentaient toujours une menace d'abandon pour d'autres. Et peut-être était-ce ce fait qui me rendait si instable, le fait que même ici, en Afrique, ces schémas exaspérants étaient encore dominants ; que personne, ici, ne pouvait me dire ce qu'exigeaient mes liens du sang ou comment ces exigences pouvaient être conciliées avec une idée plus large des liens entre les hommes. C'était comme si nous, c'est-à-dire Auma, Roy, Bernard et moi, inventions tout au fur et à mesure. Comme si le plan qui avait indiqué un jour la direction que nous devions donner à notre amour, et sa force, le code qui nous permettrait de délivrer nos bienfaits, avait été perdu depuis longtemps, enterré avec les ancêtres sous une terre muette.

Vers la fin de ma première semaine à Nairobi, Zeituni m'emmena rendre visite à notre autre tante, Sarah. Auma refusait toujours de la voir, mais comme il apparut que son mécanicien demeurait dans les environs, elle nous proposa de nous emmener jusqu'à l'atelier. De là, nous pourrions continuer à pied.

Un dimanche matin, après être allés chercher Zeituni, nous prîmes la direction de l'est. Après avoir longé des constructions en parpaings et des terrains vagues arides et couverts d'immondices, nous parvînmes à la lisière d'une large vallée connue sous le nom de Mathare. Auma se gara sur le bas-côté pour me permettre de voir le bidonville qui s'étendait sur des kilomètres au fond de la vallée, formant une plaine infinie de toits de tôle ondulants qui étincelaient sous le soleil et semblaient posés là comme autant de feuilles de nénuphars brillantes et humides.

– Il y a combien de personnes qui vivent ici ? m'enquis-je.

Auma hésita et se tourna vers sa tante.

– Qu'est-ce que tu dirais, toi, tantine ? Cinq cent mille, peut-être ?

Zeituni fit la grimace.

– Ça, c'était la semaine dernière. Cette semaine, c'est au moins un million.

Auma redémarra.

– On ne sait pas vraiment, Barack, reprit-elle. Ça augmente tous les jours. Les gens viennent de la campagne pour chercher du travail et finissent par y rester définitivement. Pendant un temps, les autorités ont voulu démolir ces baraques sous prétexte qu'elles étaient insalubres, que c'était un affront pour l'image du Kenya, tu comprends. Ils ont envoyé des bulldozers, et les gens ont perdu le peu qu'ils avaient. Mais comme ils n'avaient nulle part où aller, dès que les bulldozers sont partis, ils ont reconstruit comme avant.

Nous nous arrêtâmes devant un cabanon en tôle planté de guingois, d'où émergèrent un mécanicien et plusieurs apprentis. Flanqué de ma tante, je quittai Auma en lui promettant d'être de retour une heure plus tard, et nous entreprîmes la descente d'une large route non pavée. Il faisait déjà chaud, et il n'y avait pas d'ombre. De part et d'autre de la route s'élevaient des rangées de petits taudis aux murs constitués d'un assemblage de clayonnages, de plaques de torchis, de morceaux de carton et de contreplaqué de récupération. Ils étaient propres, pourtant, et le pas de chaque porte était balayé avec soin. Partout, les tailleurs, les cordonniers et les fabricants de meubles exerçaient leur métier dehors, sur des étals en bord de route. Des femmes et des enfants vendaient des légumes posés sur des tables de bois branlantes.

Enfin, nous atteignîmes l'orée de Mathare, où une rangée de bâtiments en béton se dressait le long d'une rue pavée. Huit immeubles de douze étages environ, restés curieusement inachevés, exposaient leurs poutres de bois et leur ciment brut aux regards, comme s'ils venaient de subir un bombardement aérien.

Nous pénétrâmes dans l'un d'entre eux, gravîmes des marches étroites et nous retrouvâmes à l'extrémité d'un long couloir plongé dans l'obscurité, à l'autre bout duquel nous vîmes une adolescente occupée à suspendre du linge sur une petite terrasse en ciment.

Zeituni alla dire quelques mots à la jeune fille, qui nous conduisit sans une parole devant une porte basse en mauvais état. Nous frappâmes, et une femme trapue à la peau très noire, d'âge mûr, aux yeux durs et vitreux plantés dans un visage large et décharné, apparut sur le seuil. Elle prit ma main et prononça quelque chose en luo.

– Elle dit qu'elle a honte d'accueillir le fils de son frère dans un endroit aussi misérable, traduisit Zeituni.

Nous fûmes introduits dans une petite pièce de trois mètres sur cinq, juste assez grande pour contenir un lit, une commode, deux chaises et une machine à coudre. Nous prîmes place sur les chaises, et la jeune fille qui nous avait emmenés chez Sarah revint avec deux sodas tièdes.

Sarah s'assit sur le lit et se pencha pour scruter mon visage. Auma m'avait dit que Sarah connaissait un peu l'anglais, mais elle parlait surtout en luo. Même sans l'aide de la traduction de Zeituni, je sentais qu'elle n'était pas contente.

– Elle veut savoir pourquoi tu as mis tout ce temps pour venir la voir, expliqua mon interprète. Elle dit qu'elle est l'aînée des enfants de ton grand-père, Hussein Onyango, et que c'est elle que tu aurais dû venir voir en premier.

– Dis-lui que je n'ai pas voulu lui manquer de respect, fis-je en regardant Sarah mais sans savoir si elle comprenait. Tout est allé si vite depuis mon arrivée… c'était difficile de venir avant.

Le ton de Sarah se fit coupant.

– Elle dit que les gens chez qui tu habites te racontent certainement des mensonges.

– Dis-lui que je n'ai rien entendu de désagréable sur elle. Dis-lui qu'à cause de la querelle à propos de l'héritage du Vieil Homme, Auma ne se sentait pas à l'aise pour venir.

Sarah poussa un grognement après la traduction et repartit de plus belle, d'une voix dont l'étroitesse de la pièce renforçait encore le grondement. Quand elle se tut, mon interprète ne traduisit rien.

– Qu'est-ce qu'elle a dit, Zeituni ?

Cette dernière me répondit, sans quitter Sarah des yeux :

– Elle dit que le procès, ce n'est pas de sa faute. Elle dit que c'est à cause de Kezia, la mère d'Auma. Elle dit que les enfants qui prétendent être des Obama ne sont pas des Obama. Elle dit qu'ils ont tout pris et laissé sa vraie famille vivre comme des mendiants.

Sarah approuva de la tête et dans ses yeux s'alluma une lueur ardente.

– Oui, Barry, dit-elle, en anglais tout à coup. C'est moi qui m'occupe de ton père quand il est un petit garçon. Ma mère, Akumu, est aussi la mère de ton père. Akumu est ta vraie grand-mère, pas celle que tu appelles grand-maman. Akumu, la femme qui a donné la vie à ton père… elle, tu dois l'aider. Et moi, la sœur de ton père. Regarde comment je vis. Pourquoi tu nous aides pas, nous, au lieu des autres ?

Avant que je puisse répondre, Zeituni et Sarah se mirent à se disputer en luo. Finalement, Zeituni se leva.

– Il faudrait qu'on y aille, maintenant, Barry.

Je me levai, mais Sarah prit ma main entre les deux siennes et me demanda d'une voix plus douce :

– Tu vas me donner quelque chose ? Pour ta grand-mère ?

Je plongeai la main dans mon portefeuille en sentant les regards de mes deux tantes posés sur moi pendant que je comptais l'argent en ma possession – peut-être la valeur en shillings de trente dollars. Je les mis dans les mains sèches, usées, de Sarah, qui glissa promptement l'argent dans son chemisier avant de se saisir derechef de ma main.

– Reste ici, Barry, dit Sarah, il faut que tu voies...

– Tu pourras revenir plus tard, Barry, la coupa Zeituni. On y va.

Dehors, la rue baignait dans une lumière jaune et brumeuse ; la chaleur collait mes vêtements contre ma peau. Zeituni ne parlait plus, à présent, visiblement fâchée. C'était une femme fière, ma tante. La scène avec Sarah l'avait gênée. Sans compter ces trente dollars... Dieu sait qu'elle en aurait eu besoin, elle aussi...

Nous marchâmes pendant une dizaine de minutes avant que je me risque à demander quel avait été l'objet de leur dispute.

– Ah, c'est rien, Barry. Voilà ce qui arrive quand deux vieilles femmes qui n'ont pas de mari se rencontrent...

Zeituni essaya de sourire, mais sans grand succès.

– Allez, tantine, dis-moi la vérité, insistai-je.

Zeituni secoua la tête.

– La vérité, je ne la connais pas. En tout cas pas tout. Je sais que même en grandissant Sarah a toujours été plus proche de sa vraie mère, Akumu. Pour Barack, il n'y avait que ma mère, grand-maman, qui comptait, celle qui les a élevés quand Akumu est partie.

– Pourquoi Akumu est-elle partie ?

– Je ne sais pas exactement. Il faudra demander à grand-maman.

Nous traversâmes la rue, et ma tante reprit :

– Tu sais, ton père et Sarah se ressemblaient beaucoup, même s'ils ne se sont pas toujours bien entendus. Elle était aussi intelligente que lui. Et indépendante. Quand on était petits, elle me disait qu'elle voulait faire des études pour ne pas être obligée de dépendre d'un homme. Voilà pourquoi elle a fini par avoir quatre maris différents. Elle n'en a pas gardé un. Le premier est mort, mais les autres, elle les a quittés, parce qu'ils étaient paresseux ou qu'ils la maltraitaient. Je l'admire pour ça. La plupart des femmes, au Kenya, supportent tout. Moi aussi, pendant longtemps. Mais Sarah a aussi payé le prix de son indépendance.

Zeituni essuya la sueur de son front avec le dos de sa main.

– Quand son premier mari est mort, Sarah a décrété que puisque c'était lui qui avait fait des études, c'était à ton père de subvenir à ses besoins et à ceux de son enfant. C'est pour ça qu'elle n'aimait pas Kezia et ses enfants. Elle pensait que Kezia n'était qu'une jolie fille qui voulait tout prendre. Il faut comprendre, Barry, que dans la culture luo c'est l'enfant mâle qui hérite de tout. Sarah avait peur qu'après la mort de ton grand-père tout revienne à Barack et à ses femmes, et qu'elle n'ait rien.

– D'accord, mais ce n'est pas une excuse pour raconter des mensonges à propos des enfants du Vieil Homme, objectai-je.

– Tu as raison, mais…

– Mais quoi ?

Zeituni s'arrêta de marcher et se tourna vers moi.

– Ton père, quand il vivait avec sa femme américaine, Ruth… eh bien… il retournait voir Kezia parfois. Il faut que tu comprennes que d'après la tradition elle était toujours sa femme. C'est pendant une de ces visites que Kezia est tombée enceinte d'Abo, le frère que tu n'as pas vu. Le problème, c'est que Kezia vivait aussi avec un autre homme à cette époque. Alors quand elle est de nouveau tombée enceinte, de Bernard cette fois, personne n'était sûr de…

Zeituni se tut, laissant sa phrase en suspens.

– Et Bernard, il est au courant ?

– Oui, il le sait maintenant. Mais tu sais, pour ton père, cela ne faisait aucune différence. Il disait qu'ils étaient tous ses enfants. Il a chassé l'autre homme et donnait de l'argent à Kezia quand il le pouvait. Mais quand il est mort, il n'y avait rien pour prouver qu'il les avait acceptés comme ça.

Nous nous trouvions sur une route plus fréquentée, à présent. Devant nous, une chèvre pleine se précipita en bêlant sur le côté pour éviter un *matatu* qui arrivait sur elle. De l'autre côté, deux petites filles en uniforme rouge couvert de poussière, leur tête ronde presque entièrement rasée, sautèrent par-dessus le caniveau main dans la main, en chantant. Une vieille femme à la tête recouverte d'un châle fané nous fit signe de regarder ses marchandises : deux boîtes à margarine de haricots secs, des tomates soigneusement entassées, du poisson séché suspendu à un fil, formant comme une chaîne de pièces d'argent. Je regardai le visage de cette vieille femme qui se dessinait à l'ombre de son châle. Qui était-elle ? me demandai-je. Ma grand-mère ? Une étrangère ? Et Bernard... devrais-je le considérer différemment maintenant ?

Un bus déversa une cargaison de jeunes hommes, tous grands, noirs et élancés, la chemise collée sur les côtes. Je vis soudain le visage de Bernard dans chacun des leurs, multiplié à travers le paysage, à travers les continents. Des hommes affamés, luttant, désespérés, tous mes frères...

— Maintenant, tu vois ce qu'a subi ton père, comme il a souffert.

— Comment ça ?

Je me frottai les yeux et vis ma tante qui me dévisageait.

— Oui, Barry, ton père a souffert, répéta-t-elle. Je te le dis, son problème, c'était que son cœur était trop grand. Quand il était vivant, il donnait à tous ceux qui le lui demandaient. Et tout le monde le lui demandait. Tu sais, il a été le premier de tout le district à partir étudier à l'étranger. Personne autour de nous n'avait jamais pris l'avion. Alors ils attendaient tout de lui. « Ah, Barack, tu es un grand ponte maintenant. Tu devrais me donner quelque chose. Tu devrais m'aider. » Toujours ces pressions de la part de la famille. Et il ne pouvait pas dire non, il était si généreux ! Tu sais, même moi, il a dû me prendre en charge quand j'ai été enceinte, je l'ai beaucoup déçu. Il voulait que j'entre à l'université. Mais moi, je ne l'ai pas écouté, et je suis partie avec mon mari. Et malgré tout, quand mon mari a commencé à me maltraiter et que je l'ai quitté, sans argent, sans travail, qui m'a prise chez lui, à ton avis ? Oui, lui. C'est pourquoi, peu importe ce que disent les autres parfois, je lui serai toujours reconnaissante.

Nous étions en vue du garage. De loin, nous voyions Auma discuter avec le mécanicien et entendions gémir le moteur de la vieille Volkswagen. A côté de nous, un petit garçon tout nu, de trois ans environ, s'extirpa d'une rangée de tonneaux d'huile, les pieds maculés d'une substance qui ressemblait à du goudron.

Zeituni s'arrêta une nouvelle fois, comme si elle était souffrante, tout à coup, et cracha dans la poussière.

– Quand la chance de ton père a tourné, reprit-elle, ces gens, ceux qu'il avait aidés, ils l'ont oublié. Ils se sont moqués de lui. Y compris la famille. Ils ont refusé de l'accueillir chez eux. Oui, Barry, refusé ! Ils lui disaient que c'était trop dangereux. Je savais que ça lui faisait mal, mais il ne le leur a jamais reproché. Ton père n'a jamais été rancunier. D'ailleurs, quand il a été réhabilité et que tout est redevenu comme avant, j'ai découvert qu'il aidait ces mêmes personnes qui l'avaient trahi. Ah, moi, je n'arrivais pas à comprendre ça. Je lui disais : « Barack, tu devrais t'occuper seulement de toi et de tes enfants ! Les autres, ils t'ont très mal traité. Ils sont simplement trop paresseux pour travailler. » Et tu sais ce qu'il me répondait ? « Moi, je peux me passer de cette petite chose. Comment peux-tu savoir que cet homme n'en a pas un plus grand besoin ? »

Ma tante se détourna et, en se forçant à sourire, fit signe à Auma. Et elle ajouta à mon adresse :

– Je te raconte ça pour que tu saches à quelle pression ton père était soumis ici. Alors, ne le juge pas trop sévèrement. Et il faut que sa vie te serve de leçon. Il suffit que tu possèdes quelque chose pour que tout le monde en veuille un petit bout. Il faut mettre la limite quelque part. Si tout le monde est de la famille, personne n'est de la famille. Ton père n'a jamais compris ça, je crois.

Je me souviens d'une conversation que j'avais eue à Chicago quand j'était toujours organisateur. C'était avec une femme qui avait grandi dans une grande famille paysanne en Géorgie. Cinq frères et trois sœurs, m'avait-elle raconté, tous entassés sous le même toit. Elle m'avait parlé des vains efforts déployés par son père pour cultiver son petit lopin de terre, du potager de sa mère, des deux cochons qu'ils gardaient enfermés dans un enclos, des trajets qu'elle faisait avec ses frères et sœurs pour aller pêcher dans les eaux glauques d'une rivière des environs. En l'écoutant, je compris que deux des trois sœurs dont elle avait parlé étaient en réalité mortes à la naissance, mais que dans l'esprit de cette femme elles étaient toujours restées présentes, avec des noms, des âges et des caractères.

C'étaient deux sœurs qui l'accompagnaient sur le chemin de l'école, ou quand elle était de corvée, qui séchaient ses larmes et chassaient ses peurs. Pour cette femme, la famille n'avait jamais été un simple instrument servant à assurer sa subsistance. Les morts, eux aussi, avaient leurs revendications, et leurs voix modelaient le cours de ses rêves.

Il en allait de même pour moi en ce moment. Quelques jours après ma visite à Sarah, je tombai avec Auma sur une connaissance du Vieil Homme, devant la Barclay's Bank. Je vis qu'Auma ne se rappelait pas son nom, aussi me présentai-je. L'ami de mon père sourit et dit :

– Mon Dieu, mon Dieu, tu as tellement grandi ! Comment va ta mère ? Et ton frère Mark, il a fini ses études, maintenant ?

Je n'y comprenais rien. Connaissais-je cette personne ? Puis Auma lui expliqua à voix basse que, non, j'étais un autre frère, Barack, qui avait grandi en Amérique, le fils d'une autre mère. Puis l'embarras de tous côtés – lui hochant la tête (« Excusez-moi, je ne savais pas »), mais me regardant de nouveau, comme pour s'assurer que ce qu'il entendait était vrai ; Auma essayant d'agir comme si la situation, bien que triste, appartenait au registre normal de la tragédie ; moi, sur le côté, me demandant comment je devais prendre le fait d'avoir été confondu avec un fantôme.

Plus tard, à la maison, je demandai à Auma quand elle avait vu Mark et Ruth pour la dernière fois. Elle posa sa tête contre mon épaule et leva les yeux au plafond.

– A l'enterrement de David, répondit-elle. Mais à cette époque, ils ne nous adressaient plus la parole depuis longtemps.

– Pourquoi ?

– Je t'ai dit que le divorce entre Ruth et le Vieil Homme avait été très difficile. Après la séparation, elle a épousé un Tanzanien et elle a fait prendre son nom à Mark et David. Elle les a envoyés dans une école internationale, ils ont été élevés comme des étrangers. Elle leur a interdit d'avoir des rapports avec notre côté de leur famille.

Auma soupira.

– Je ne sais pas... Peut-être parce qu'il était plus âgé, Mark a adopté l'attitude de Ruth et n'a plus eu de contacts avec nous après. Mais David, à l'adolescence, a commencé à se révolter contre sa mère et à se proclamer africain. A partir de là, il a recommencé à se faire appeler Obama. Parfois, il s'échappait de l'école pour venir voir le Vieil Homme et le reste de la famille, et c'est pour ça qu'on l'a bien connu. Il est devenu le chouchou de tout le monde. Il était si mignon, si drôle, même s'il était parfois turbulent...

« Ruth a essayé de l'envoyer en pension, en espérant que ça le calmerait. Mais il s'est échappé, et il a disparu pendant des mois. Jusqu'au jour où Roy l'a rencontré par hasard à la sortie d'un match de rugby. Il était sale, maigre, et mendiait auprès des étrangers. Quand il a vu Roy, il s'est mis à rire et à fanfaronner en se vantant de soutirer de l'argent aux *bhang* avec ses copains. Roy lui a conseillé de rentrer à la maison, mais il refusait, et donc Roy l'a emmené chez lui. Il a écrit à Ruth que son fils était en bonne santé et l'a informée qu'il logeait chez lui. Ruth en a été à la fois soulagée et furieuse. Elle a supplié David de rentrer, mais il n'y a rien eu à faire. Alors elle a laissé tomber en acceptant tacitement qu'il reste chez Roy tout en espérant que son fils change d'avis.

Auma prit une gorgée de thé.

– C'est à ce moment que David est mort, poursuivit-elle. A l'époque où il vivait avec Roy. Sa mort a été terrible pour tout le monde... particulièrement pour Roy. Ils étaient très proches, tous les deux. Mais Ruth n'a jamais compris ça. Elle nous accusait d'avoir corrompu David. De lui avoir volé son enfant. Et je ne crois pas qu'elle nous pardonne un jour.

Je décidai de ne plus parler de David après cette conversation, comprenant que ces souvenirs étaient trop douloureux pour Auma. Mais quelques jours plus tard, en rentrant à l'appartement, nous tombâmes sur une voiture qui nous attendait. Le chauffeur, un homme à la peau brune doté d'une pomme d'Adam proéminente, tendit un mot à Auma.

– Qu'est-ce que c'est ? m'enquis-je.

– C'est une invitation de la part de Ruth. Mark est rentré d'Amérique pour l'été. Elle veut qu'on aille déjeuner chez elle.

– Tu as envie d'y aller ?

Auma secoua la tête avec une expression de dégoût.

– Ruth sait très bien que je suis ici depuis six mois. Elle s'en fiche, de moi. Si elle nous invite, c'est uniquement parce qu'elle est curieuse de te voir. Elle veut te comparer à Mark.

– Je pense que je devrais peut-être y aller, dis-je calmement.

Auma relut le mot, puis le rendit au chauffeur en lui disant quelques mots en swahili.

– On va y aller ensemble, déclara-t-elle, avant de s'engouffrer à l'intérieur.

Ruth vivait à Westlands, une résidence de luxe aménagée avec de vastes pelouses, fermée par des haies, des vigiles gardant chacune des entrées. Nous roulâmes vers la maison sous la pluie, une pluie légère et douce qui arrosait les grands arbres feuillus. La fraîcheur du lieu me rappela les rues des environs de Punahou, Manoa, Tantalus, les rues où vivaient certains de mes riches copains de classe à Hawaii. Je me rappelai l'envie que je ressentais vis-à-vis de ces copains quand ils m'invitaient à venir jouer avec eux dans ces grands jardins, ou à nager dans leurs piscines. Mais en même temps que cette envie, je ressentais autre chose. Je percevais le désespoir muet qui se cachait à l'intérieur de ces grandes maisons si jolies. Le bruit émis par une sœur qui pleurait doucement derrière la porte. La vue d'une mère en train d'avaler un verre de gin en plein aprèsmidi. L'expression inscrite sur le visage d'un père assis seul dans sa tanière, pendant qu'il zappait entre les retransmissions de matches de football américain, les traits crispés. Une impression de solitude qui, peut-être, n'était pas vraie, qui n'était peut-être qu'une projection de mon propre sentiment, mais qui ne m'en donnait pas moins l'envie de fuir, exactement comme David, de l'autre côté de l'océan, avait fui en retournant vers les marchés et les rues bruyantes, vers le désordre, vers les rires produits par ce désordre, vers le genre de douleur qu'un jeune garçon pouvait comprendre.

Nous arrivâmes à la hauteur d'une des maisons les plus modestes et nous garâmes la voiture dans une allée en courbe. Une femme blanche à longue mâchoire et cheveux grisonnants sortit de la maison pour venir à notre rencontre. Elle était suivie d'un Noir de ma taille, à la couleur de peau semblable à la mienne, coiffé à l'afro et portant des lunettes à bordure d'écaille.

– Entrez, entrez, nous invita Ruth.

Nous nous serrâmes la main tous les quatre avec raideur et pénétrâmes dans un grand salon, où un homme d'un certain âge un peu dégarni, vêtu d'une veste de safari, étais assis avec un petit garçon qu'il faisait sauter sur ses genoux.

– Voici mon mari, dit Ruth, et voici le petit frère de Mark, Joey.

– Salut, Joey, dis-je en me penchant pour lui serrer la main.

C'était un bel enfant, à la peau couleur de miel, auquel il manquait deux dents de devant. Ruth joua avec ses boucles épaisses, puis regarda son mari.

– Vous ne deviez pas aller au club, vous deux ? demanda-t-elle.

– Si, si, répondit l'interpellé en se levant. Viens, Joey… content d'avoir fait votre connaissance.

Le petit garçon se leva d'un bond et nous considéra avec un large sourire curieux, puis son père le prit dans ses bras et l'emporta hors de la pièce.

– Bien, dit Ruth en nous conduisant vers le canapé, où elle nous servit de la limonade. Je dois dire que ça a été une surprise pour moi d'apprendre que vous étiez ici, Barry. J'ai dit à Mark qu'il fallait absolument que nous voyions ce qu'était devenu cet autre fils d'Obama. Votre nom est bien Obama, n'est-ce pas ? Mais votre mère s'est remariée. Je me demande pourquoi elle vous a fait garder votre nom ?

Je souris comme si je n'avais pas compris la question.

– Alors, Mark, dis-je en me tournant vers mon frère, j'ai appris que tu étais à Berkeley…

– A Stanford, rectifia-t-il.

Sa voix était profonde, son accent parfaitement américain.

– Je suis en dernière année de physique.

– Ça doit être dur, émit Auma.

– Non, pas vraiment, répondit Mark.

– Ne sois pas si modeste, mon chéri, intervint Ruth. Les matières qu'étudie Mark sont si compliquées qu'il n'y a pas beaucoup de gens pour les comprendre.

Elle tapota la main de son fils, puis se tourna vers moi.

– Barry, j'ai appris que vous alliez bientôt entrer à Harvard. Comme Obama. Vous avez sûrement hérité de son cerveau. Mais pas du reste, j'espère. Obama était complètement fou, vous le savez ? La boisson n'a pas arrangé les choses. Vous l'avez connu, Obama ?

– Je l'ai vu une fois seulement. Quand j'avais dix ans.

– Bon, vous avez eu de la chance alors. Ça explique sans doute pourquoi vous vous débrouillez si bien.

L'heure suivante passa ainsi, Ruth alternant le catalogue des défaillances de mon père avec celui des performances de Mark. Toutes les questions m'étaient exclusivement adressées, ignorant Auma qui chipotait dans son assiette de lasagnes. Je voulus partir dès la fin du repas, mais Ruth proposa que Mark nous montre l'album de famille pendant qu'elle apportait le dessert.

– Je suis sûr que ça ne les intéresse pas, mère, dit Mark.

– Mais bien sûr que si ! protesta Ruth.

Puis, d'une voix bizarrement distante, elle ajouta :

– Il y a des photos d'Obama. Quand il était jeune...

Nous suivîmes Mark à la bibliothèque, d'où il sortit un grand album de photos. Nous nous assîmes ensemble sur le canapé et feuilletâmes lentement les pages plastifiées. Auma et Roy, la peau sombre, maigres et poussés en graine, tout en jambes et grands yeux, portant les deux petits frères dans leurs bras protecteurs. Le Vieil Homme et Ruth se prélassant sur une plage. La famille au complet sur son trente et un, s'apprêtant à aller passer une soirée en ville. C'étaient des scènes heureuses, toutes, et toutes étrangement familières, comme si j'avais là une vision fugitive de quelque univers de rechange qui existait sans que je le sache. Je m'aperçus qu'elles reflétaient les rêves que j'avais longtemps nourris au fond de moi en les gardant secrets, y compris de moi-même. J'avais rêvé que le Vieil Homme nous emmènerait avec lui au Kenya, ma mère et moi. J'avais souhaité vivre sous le même toit avec ma mère et mon père, mes sœurs et mes frères. Et maintenant, j'avais sous les yeux ce qui aurait pu être. Et la suite, ce qui était advenu, la dure réalité de la vie telle qu'elle avait été vécue, me rendit si triste qu'au bout de quelques minutes je me vis contraint de détourner les yeux.

Sur le chemin du retour, je dis à Auma que je m'en voulais de lui avoir infligé cette épreuve. Elle balaya mes excuses d'un revers de main.

– Ç'aurait pu être pire. Mais je suis triste pour Mark. Il a l'air tellement seul. Tu sais, ce n'est pas facile d'être un enfant de couple mixte, au Kenya.

Je regardai par la vitre en pensant à ma mère, à Toot, à Gramps, avec un grand sentiment de reconnaissance... pour ce qu'ils étaient, et pour les histoires qu'ils m'avaient racontées. Je me tournai vers Auma en lui disant :

– Elle n'a pas encore réussi à se remettre du Vieil Homme.

– Qui ?

– Ruth. Elle ne s'est pas remise du Vieil Homme.

Auma réfléchit un instant, puis répondit :

– Non, Barack, sans doute que non. Exactement comme nous tous.

La semaine suivante, j'appelai Mark pour lui proposer d'aller déjeuner ensemble. Il parut un peu hésitant, mais accepta finalement de me rejoindre en ville dans un restaurant indien. Il était plus détendu que lors de notre première rencontre, maniant par instants l'autodérision et me faisant part de ses observations sur la Californie et les conflits internes à l'université. Puis je lui demandai si ses vacances au pays se passaient bien.

– Oui, très bien, répondit-il. Je suis content de retrouver mes parents, bien sûr. Et Joey, il est vraiment super.

Mark prit une bouchée de samousa et poursuivit :

– Mais pour le reste, le Kenya, je n'y suis pas très attaché. C'est un pays pauvre d'Afrique comme un autre.

– Tu ne songes pas à t'installer ici ?

Il prit une gorgée de Coca.

– Non, répondit-il. Il n'y a pas beaucoup de perspectives de travail pour un physicien, tu ne crois pas, dans un pays où les gens n'ont même pas le téléphone ?

J'aurais dû arrêter là, mais quelque chose – son ton assuré, peut-être, ou notre air de ressemblance qui me donnait l'impression de me voir dans un miroir embué – me poussa à creuser davantage.

Je lui demandai :

– Tu n'as jamais l'impression que tu perds quelque chose ?

Mon frère posa ses couverts, et pour la première fois, cet après-midi-là, il plongea ses yeux dans les miens.

– Je comprends où tu veux en venir, dit-il tranquillement, tu penses que quelque part je suis coupé de mes racines, ce genre de trucs…

Il s'essuya la bouche et posa la serviette près de son assiette.

– Oui, tu as raison, poursuivit-il. A un certain moment, j'ai pris la décision de ne plus considérer mon vrai père comme mon père. Il était déjà mort pour moi quand il était encore vivant. Je savais que c'était un ivrogne et qu'il ne s'occupait pas de sa femme ni de ses enfants. Ça me suffisait.

– Ça t'a rendu furieux.

– Non, pas furieux, juste insensible.

– Et ça ne te fait rien, d'être insensible ?

– Vis-à-vis de lui, non. Il y a d'autres choses qui me touchent. Les symphonies de Beethoven, les sonnets de Shakespeare. Je sais, ce n'est pas ce qui est censé intéresser un Africain. Mais qui a le droit de me dire ce qui peut m'intéresser ou non ? Comprends-moi, je n'ai pas honte d'être à moitié africain, simplement, je ne me pose pas de questions sur ce que ça signifie. Sur qui je suis *vraiment*. Je ne sais pas… peut-être que je devrais. Je reconnais que, peut-être, si je me regardais plus attentivement, je…

Pendant un court instant, je sentis Mark hésiter, chercher une prise, comme un alpiniste. Puis, presque aussitôt, il se ressaisit et fit un signe au serveur pour demander l'addition.

– Qui sait ? dit-il. Ce qui est certain, c'est que je n'ai pas besoin de ce stress-là. La vie est déjà assez dure sans cet excédent de bagages.

Nous nous levâmes, et j'insistai pour payer. Dehors, nous échangeâmes nos adresses en nous promettant de nous écrire, avec un manque de sincérité qui me fit mal.

En rentrant, je racontai à Auma comment s'était déroulé le repas. Elle détourna les yeux un instant, puis éclata d'un rire bref, amer.

– Qu'est-ce qu'il y a de drôle ?

– Je me disais que la vie était étrange. Tu sais, tout de suite après la mort du Vieil Homme, les avocats ont contacté tous ceux qui avaient un droit sur l'héritage. A la différence de ma mère, Ruth a les papiers qui prouvent que Mark était son fils. Donc, parmi tous les enfants du Vieil Homme, la revendication de Mark est la seule qui soit recevable.

Elle rit de nouveau, et je regardai la photo accrochée au mur, celle qui était aussi dans l'album de Ruth, celle où trois frères et une sœur souriaient gentiment pour la photo.

17

Vers la fin de ma deuxième semaine au Kenya, nous partîmes en safari.

Auma n'était pas vraiment chaude à cette idée. Quand je lui montrai la brochure, elle fit la grimace et secoua la tête. Comme pour la plupart des Kényans, le lien entre les parcs naturels et le colonialisme était évident.

– A ton avis, ils sont nombreux, les Kényans qui peuvent se payer un safari ? me demanda-t-elle. Pourquoi toutes ces terres doivent-elles être gardées pour le tourisme au lieu d'être cultivées ? Pour les *wazungu*, la mort d'un seul éléphant est plus triste que celle de cent enfants noirs.

Nous discutâmes ferme pendant plusieurs jours. Je lui disais qu'en se laissant influencer par l'attitude d'autres personnes elle se privait d'aller visiter son propre pays. Elle me répondait qu'elle avait mieux à faire de son argent. Finalement, elle céda, non pas à cause de mon pouvoir de persuasion, mais par pitié pour moi.

– Si jamais tu te faisais dévorer par un animal sauvage, je ne me le pardonnerais pas ! déclara-t-elle.

Et c'est ainsi qu'un mardi matin, à sept heures, nous grimpâmes à bord d'un minivan blanc, sur le toit duquel un solide chauffeur kikuyu prénommé Francis chargeait nos sacs.

Un cuisinier longiligne, Rafaël, un Italien très brun, Mauro, et un couple d'Anglais au début de la quarantaine, les Wilkerson, étaient nos compagnons de voyage.

Nous roulâmes lentement pour sortir de Nairobi et nous nous retrouvâmes bientôt hors de la ville, dans un décor de vertes collines, de chemins de terre rouge et de petits *shambas*, des pâturages entourés de parcelles de blé en train de se dessécher. Nul ne soufflait mot à l'intérieur de l'habitacle. Ce silence embarrassant me rappelait des moments similaires, aux Etats-Unis, la pause dans les conversations qui accompagnait parfois mon apparition dans un bar ou un hôtel. Cela me fit réfléchir à Auma et à Mark, à mes grands-parents à Hawaii, à ma mère qui se trouvait toujours en Indonésie, à ce que m'avait dit Zeituni :

« Si tout le monde est de la famille, alors personne n'est de la famille. »

Zeituni avait-elle raison ? J'étais venu au Kenya dans l'idée de parvenir à réunir tant bien que mal mes nombreux mondes pour en faire un seul tout harmonieux. Au contraire, les divisions semblaient se multiplier encore, surgir au milieu des activités les plus simples. Je repensai à ce qui s'était passé la veille, quand nous étions allés acheter nos billets, Auma et moi.

L'agence de voyages appartenait à des Asiatiques, comme la plupart des petites entreprises à Nairobi. Immédiatement, Auma s'était tendue.

« Tu as vu comme ils sont arrogants ? m'avait-elle chuchoté en regardant une jeune Indienne lancer des ordres à ses employés noirs. Ils se disent kényans, mais ils ne veulent rien avoir de commun avec nous. Dès qu'ils ont amassé leur fric, ils l'envoient à Londres ou à Bombay… »

Son attitude m'avait titillé.

« Comment peux-tu reprocher aux Asiatiques d'envoyer leur argent à l'étranger, après ce qui s'est passé en Ouganda ? » avais-je protesté.

Je lui avais alors raconté que j'avais aux Etats-Unis des amis indiens et pakistanais, des amis proches qui avaient soutenu la cause des Noirs, qui m'avaient prêté de l'argent quand j'en avais besoin et recueilli chez eux quand je n'avais nulle part où aller. Mais cela avait laissé Auma de marbre.

« Ah, Barack, m'avait-elle dit, parfois, tu es si naïf ! »

Qu'avais-je cherché, avec le petit sermon que je lui avais administré ? Mes formules toutes faites sur la solidarité avec le tiers-monde avaient peu de chances de s'appliquer au Kenya. Ici, les personnes d'origine indienne étaient, comme les Chinois en Indonésie, les Coréens du South Side de Chicago, des outsiders qui avaient le sens du commerce et restaient entre eux, se situant à la marge d'un système raciste de castes, plus visibles et donc plus exposés au ressentiment. Ce n'était la faute de personne en particulier. C'était juste une conséquence, un déplorable état de fait.

Mais les divisions, au Kenya, ne s'arrêtaient pas là ; il y avait toujours des lignes de séparation plus fines à tracer. Entre les quarante tribus noires du pays, par exemple. Là encore, c'était un état de fait. Le tribalisme n'était pas vraiment perceptible chez les amis d'Auma, des Kényans qui avaient fait des études supérieures, éduqués dans l'idée de la nation et de la race. La tribu entrait en considération uniquement quand ils choisissaient un partenaire, ou quand, en prenant de l'âge, ils s'apercevaient que cela les aidait ou les gênait dans leur carrière. Mais ils étaient des exceptions. La plupart des Kényans fonctionnaient avec des schémas d'identité, de loyauté, plus anciens. Même Jane ou Zeituni pouvaient prononcer des paroles qui me surprenaient. « Les Luos sont intelligents mais paresseux », disaient-elles. Ou : « Les Kikuyus sont grippe-sous mais travailleurs. » Ou : « Les Kalenjins... on voit ce qu'est devenu le pays depuis qu'ils ont pris le pouvoir ! »

Quand j'entendais mes tantes jongler avec ce genre de stéréotypes, j'essayais de leur expliquer qu'elles se fourvoyaient.

– Ce sont des idées de ce genre qui nous empêchent d'avancer, leur disais-je. Nous faisons tous partie d'une seule tribu, la tribu noire. La tribu humaine. Regardez ce que le tribalisme a fait de pays comme le Nigeria ou le Liberia...

Et Jane répondait :

– Ah, ces Africains de l'Ouest, ils sont fous, de toute façon. Tu sais que c'étaient des cannibales, hein ?

Et Zeituni rétorquait pour sa part :

– Tu es exactement comme ton père, Barry. Lui aussi, il se faisait des idées pareilles sur les gens.

Ce qui voulait dire que lui aussi était un grand naïf ; que lui aussi se disputait avec l'Histoire. Mais regarde ce qui lui est arrivé...

La voiture s'arrêta brusquement, m'extirpant de ma rêverie. Francis, notre chauffeur, nous demanda de l'attendre quelques instants. Quelques minutes plus tard, il ressortit d'une maison en compagnie d'une jeune Africaine de douze ou treize ans, en jean et chemisier soigneusement repassé, portant un petit sac marin. Francis l'aida à grimper à l'arrière en lui indiquant le siège voisin de celui d'Auma.

– C'est votre fille ? s'enquit Auma en se poussant pour lui faire de la place.

– Non, répondit Francis, la fille de ma sœur. Elle aime bien voir les animaux et elle n'arrête pas de m'embêter pour que je l'emmène. J'espère que ça ne gêne personne.

Chacun fit non de la tête et sourit à la petite, qui affrontait bravement les regards.

– Tu t'appelles comment ? demanda Mme Wilkerson.

– Elizabeth.

– Eh bien, Elizabeth, tu peux partager ma tente si tu veux, proposa alors Auma. Mon frère, je crois qu'il ronfle.

Je fis la grimace.

– Ne l'écoute pas, dis-je en lui tendant un paquet de biscuits.

Notre nouvelle compagne prit un biscuit et croqua dedans en commençant soigneusement par les bords.

Auma présenta le paquet à Mauro.

– Vous en voulez un ?

L'Italien se servit en souriant, et Auma le fit passer à la ronde.

Nous roulions maintenant dans une région de collines plus fraîches. Nous croisâmes des femmes qui marchaient pieds nus, chargées de bois de chauffage, et des petits garçons juchés sur des charrettes branlantes tirées par des ânes auxquels ils donnaient des coups de bâton. Les *shambas* se firent progressivement plus rares, remplacés par des broussailles enchevêtrées et de la forêt. Puis les arbres disparurent soudain sur notre gauche et nous n'aperçûmes plus que le vaste ciel ouvert devant nous.

– La grande vallée du Rift, annonça Francis.

Nous sautâmes à bas du van et allâmes nous planter au bord de l'escarpement en nous tournant du côté de l'ouest. Quelques centaines de mètres plus bas, une plaine de cailloux et de savane s'étirait à l'infini en se fondant dans le ciel, entraînant le regard très haut, jusqu'à une rangée de nuages blancs. Sur notre droite, une montagne solitaire se dressait telle une île au milieu d'une mer silencieuse ; derrière, une rangée de crêtes érodées était plongée dans l'ombre. Seuls deux signes révélaient la présence de l'homme : une étroite route qui courait vers l'ouest, et une station satellite qui tournait sa massive parabole blanche vers le ciel.

Quelques kilomètres plus au nord, nous quittâmes la route principale pour emprunter une voie faite de gravier pulvérisé. Nous avancions lentement : les ornières creusaient la chaussée sur toute la largeur par endroits et, régulièrement, nous croisions des camions, ce qui obligeait Francis à monter sur les bas-côtés. Enfin, nous rejoignîmes la route que nous avions vue d'en haut et entamâmes notre périple au fond de la vallée.

Le paysage était aride, composé principalement de brousse et d'épineux décharnés, de gravier et de zones recouvertes d'une roche sombre et dure. Nous commençâmes à apercevoir des animaux : des troupeaux de gazelles, un gnou solitaire en train de brouter au pied d'un arbre, des zèbres et une girafe, à peine visibles au loin. Pendant près d'une heure, nous ne vîmes pas âme qui vive, hormis un berger massaï qui apparut au loin, silhouette aussi mince et droite que le bâton qu'il portait, guidant un troupeau de bétail à longues cornes à travers un espace désert.

Je n'avais pas vu beaucoup de Massaïs à Nairobi, mais j'avais lu un certain nombre de choses à leur sujet. Je savais que leur société pastorale et leur acharnement au combat avaient forcé le respect des Britanniques. Même si les traités avaient été rompus et si les Massaïs avaient été parqués dans des réserves, cette tribu était devenue mythique malgré sa défaite, à la manière des Cherokees ou des Apaches, et personnifiait le fier sauvage sur les cartes postales et les beaux livres. Je savais également que cet engouement occidental pour les Massaïs rendait furieux les autres Kényans, qui trouvaient leurs coutumes gênantes et lorgnaient sur leur territoire. Le gouvernement avait tenté d'imposer l'instruction obligatoire pour leurs enfants et un système de titre de propriété aux adultes. C'est le devoir de l'homme noir, expliquaient les officiels, nous devons civiliser nos frères les moins bien lotis.

Je me demandai combien de temps les Massaïs pourraient tenir. A Narok, une petite ville commerçante où nous nous arrêtâmes pour faire le plein et déjeuner, des enfants vêtus de shorts kakis et de vieux tee-shirts vinrent entourer notre van avec l'enthousiasme agressif de leurs homologues de Nairobi pour nous vendre des bijoux de pacotille et des casse-croûte. Deux heures plus tard, en arrivant à la porte en pisé qui menait à la réserve, nous fûmes accueillis par un grand Massaï au chef recouvert d'une casquette des Yankees, qui se pencha sur la vitre de notre véhicule en exhalant une odeur de bière et nous proposa la visite d'un village massaï traditionnel, un *boma.*

– Seulement quarante shillings, nous dit l'homme avec un sourire. Les photos, extra !

Pendant que Francis allait régler quelques affaires dans le bureau des gardes, nous suivîmes le Massaï jusqu'à un grand terrain circulaire entouré d'épineux. Sur tout le périmètre s'élevaient des petites huttes de terre et de bouse ; au centre, plusieurs vaches et quelques bambins nus se côtoyaient dans la saleté. Un groupe de femmes nous firent signe d'approcher en nous désignant leurs gourdes ornées de perles et l'une d'elles, une mignonne jeune maman qui portait son bébé attaché dans le dos, me montra une pièce de vingt-cinq cents que j'acceptai d'échanger contre des shillings kényans. En contrepartie, elle m'invita dans sa hutte. C'était un espace exigu, où il faisait noir comme dans un four, haut d'un mètre cinquante. La jeune femme m'apprit que sa famille y faisait la cuisine, y dormait et y gardait les veaux nouveau-nés. La fumée était aveuglante, et au bout d'une minute je fus obligé de sortir, en réprimant mon envie de chasser les mouches qui formaient deux cercles solides autour des yeux bouffis du bébé.

Francis nous attendait devant le van.

Après avoir franchi la porte de la réserve, nous gravîmes la pente d'une petite hauteur aride. Et là, de l'autre côté, j'eus sous les yeux le paysage le plus beau du monde. A perte de vue, c'était une succession de plaines ondulantes et de collines couleur gris-brun doucement arrondies, parcourues de longues forêts-galeries et parsemées d'épineux. Sur notre gauche, un immense troupeau de zèbres, aux zébrures tellement symétriques que c'en était risible, broutait l'herbe couleur de blé. Sur notre droite, une troupe de gazelles bondissantes se dirigeait vers les broussailles. Et au centre paissaient des milliers de gnous, aux têtes tristes et aux épaules tombantes, dont le poids semblait trop lourd pour leurs pattes fines.

Francis s'engagea centimètre par centimètre au milieu du troupeau de gnous, qui se sépara devant nous, puis se reforma dans notre sillage comme un banc de poissons, dans un claquement de sabots qui frappaient la terre comme la vague frappe le rivage.

Je regardai Auma. Elle avait passé son bras autour d'Elizabeth, et toutes deux arboraient le même sourire silencieux.

Nous dressâmes le camp au-dessus des rives d'un ruisseau sinueux charriant des eaux brunes, sous un gros figuier rempli d'étourneaux bleus extrêmement bruyants. Il se faisait tard, mais quand nous eûmes monté nos tentes et ramassé le bois pour le feu, il nous resta encore du temps pour aller faire un saut jusqu'à un point d'eau voisin, où de grandes antilopes appelées *topis* et des gazelles s'étaient rassemblées pour se désaltérer.

A notre retour au camp, un feu brûlait et le repas était prêt. Pendant que nous dégustions la cuisine préparée par Rafaël, Francis nous raconta sa vie. Il avait une femme et six enfants qui vivaient dans sa ferme à Kikuyuland et cultivaient un demi-hectare de café et de maïs. Pendant ses jours de congé, il se chargeait des travaux les plus pénibles, passait la houe, plantait. Il aimait son travail à l'agence de voyages, mais la séparation avec sa famille lui pesait.

– Si je pouvais, je préférerais rester à la ferme à plein temps, dit-il, mais avec la KCU, ce n'est pas possible.

– Qu'est-ce que la KCU ? m'enquis-je.

– C'est la Kenyan Coffee Union. Des voleurs. C'est eux qui fixent les règles, ce qu'on peut planter et quand on peut planter. Je ne peux vendre mon café qu'à eux, et ils l'exportent. Ils nous disent que les prix chutent, mais je sais qu'ils touchent cent fois plus que ce qu'ils me paient. Il va où, le reste ?

Francis secoua la tête avec une expression de dégoût.

– C'est affreux, un gouvernement qui vole son propre peuple, ajouta-t-il.

– Vous parlez vraiment ouvertement, observa Auma.

Francis haussa les épaules.

– S'il y avait plus de gens pour dire ce qu'ils pensent, peut-être que les choses changeraient. Regardez la route qu'on a prise ce matin pour venir dans la vallée… Cette route, il paraît qu'elle a été refaite l'année dernière. Mais ils ont utilisé du gravier en vrac, alors il a été emporté à la première pluie. Avec l'argent qu'ils ont économisé, ils ont sans doute construit la maison d'un gros bonnet quelconque…

Francis se lissa pensivement la moustache du bout des doigts, les yeux fixés sur les flammes.

– Je suppose que ce n'est pas seulement la faute du gouvernement, reprit-il au bout d'un moment. Même quand les choses sont bien faites, nous autres, les Kényans, on aime pas trop payer les impôts. On aime pas donner notre argent à des gens qu'on ne connaît pas, on a pas confiance. Les pauvres gens, ils ont de bonnes raisons de se méfier. Mais les riches, ceux à qui appartiennent les camions qui utilisent les routes, ils refusent de payer aussi. Ils préfèrent que leurs équipements cassent à tout bout de champ plutôt que de perdre un petit peu de leurs profits. C'est comme ça qu'on voit les choses, vous comprenez... C'est pas notre problème, c'est celui des autres...

– Vous savez, ce n'est pas tellement différent en Amérique, fis-je remarquer à Francis.

– Vous avez sans doute raison, répondit-il, mais un pays riche comme l'Amérique peut peut-être se permettre d'être stupide.

A ce moment, nous vîmes deux Massaïs s'approcher du feu. Francis leur souhaita la bienvenue, et ils prirent place sur un banc. Notre chauffeur nous expliqua alors qu'ils assureraient notre sécurité pendant la nuit.

C'étaient deux hommes silencieux, très beaux avec leurs hautes pommettes accentuées par le feu, leurs membres minces, saillant de leurs *shukas* rouge sang. Les lances qu'ils avaient plantées dans le sol devant eux jetaient de longues ombres vers les arbres. L'un d'eux, qui dit s'appeler Wilson, parlait le swahili, et il nous apprit qu'il vivait dans un *boma* à quelques kilomètres plus à l'est.

Son compagnon, qui ne disait rien, se mit à fouiller l'obscurité à la lumière de sa lampe électrique. Auma demanda si le camp avait déjà été attaqué par des animaux.

Wilson sourit.

– Rien de sérieux, répondit-il. Mais si vous avez besoin d'aller aux toilettes pendant la nuit, mieux vaut demander à l'un de nous deux de vous accompagner.

Pendant que Francis s'entretenait avec nos deux anges gardiens, je m'éloignai du feu pour regarder les étoiles. Il y avait des années que je ne les avais pas vues ainsi. Loin des lumières de la ville, elles étaient grosses, rondes, brillantes comme des bijoux. Je remarquai une tache de brume qui s'étirait dans le ciel très clair et m'éloignai un peu plus du feu, convaincu qu'il s'agissait d'une traînée de fumée. Puis je me ravisai : sans doute était-ce un nuage. Pourtant, ce nuage restait statique… J'étais en train de me demander pourquoi lorsque j'entendis un bruit de pas derrière moi.

– Je crois que c'est la Voie lactée, dit M. Wilkerson, la tête levée.

– Pas possible !

Il leva la main pour me faire suivre du doigt le tracé des constellations, les points brillants de la Croix du Sud.

C'était un homme mince, blond, à la voix douce, qui portait des lunettes rondes. Au début, je l'avais pris pour un citadin, un comptable ou un professeur. Puis je remarquai, au fil des heures, qu'il possédait toutes sortes de connaissances pratiques, le genre de choses auxquelles je n'avais pas eu le temps de m'intéresser, à mon grand regret. Il était capable de parler en détail des moteurs de Land Rover avec Francis, il avait fini de monter sa tente avant que j'aie planté mon premier piquet, et il semblait connaître le nom du moindre oiseau et du moindre arbre rencontrés sur la route.

Je ne fus donc pas surpris d'apprendre qu'il avait passé son enfance au Kenya, dans une plantation de thé des White Highlands. Il semblait peu désireux de parler du passé. Il me dit simplement que sa famille avait vendu sa plantation après l'indépendance pour rentrer en Angleterre, dans une banlieue calme de Londres. Il avait fait des études de médecine, puis était devenu médecin des hôpitaux à Liverpool, où il avait rencontré sa femme, une psychiatre. Au bout de quelques années, il l'avait convaincue de retourner en Afrique avec lui. Ils avaient choisi de ne pas vivre au Kenya, où le nombre de médecins était important comparativement au reste de l'Afrique, et s'étaient fixés au Malawi, où ils travaillaient tous deux sous contrat gouvernemental depuis cinq ans.

– Je chapeaute huit médecins pour une région où la population est d'un demi-million d'habitants, me confia-t-il. Nous n'avons jamais assez de matériel. La moitié au moins de ce qu'achète le gouvernement finit au marché noir. Nous ne pouvons donc nous concentrer que sur le basique, ce qui, de toute façon, est ce dont on a réellement besoin en Afrique. Les gens meurent de toutes sortes de maladies évitables, la dysenterie, la varicelle… Et maintenant le sida. La contamination atteint les cinquante pour cent dans certains villages. Il y a de quoi devenir fou.

Ce qu'il me racontait était terrible, mais ce fut sans cynisme ni sentimentalité qu'il me décrivit ce qu'il faisait au jour le jour : creuser des puits, former des bénévoles pour vacciner les enfants, distribuer des préservatifs. Je lui demandai ce qui l'avait poussé à retourner en Afrique, et il répondit dans la foulée, comme si on lui avait déjà posé cette question bien souvent :

– C'est parce que c'est chez moi, je suppose. Les gens, le pays...

Il enleva ses lunettes pour les essuyer avec un mouchoir.

– C'est drôle, vous savez, poursuivit-il. Quand on a vécu ici, la vie en Angleterre semble terriblement étriquée. Les Anglais possèdent tellement plus, mais ils semblent moins profiter de la vie. Je me sentais étranger là-bas.

Il remit ses lunettes avant de reprendre :

– Bien sûr, je sais qu'à terme il faudra me trouver un remplaçant. Cela fait partie de mon boulot, me rendre non indispensable. Les médecins malawis avec qui je travaille sont excellents, vraiment. Très compétents, très dévoués. Si nous pouvions simplement construire un hôpital pour les former, des installations correctes, nous pourrions tripler leur nombre en un rien de temps. Et alors...

– Et alors ?

Il se tourna vers le feu de camp, et j'eus l'impression que sa voix tremblait un peu.

– Peut-être que je ne pourrai jamais dire que je suis chez moi ici, dit-il. Les péchés du père, vous comprenez. J'ai appris à l'accepter.

Il se tut un instant, puis me regarda.

– Et pourtant, oui, je l'aime, ce pays, dit-il avant de retourner à sa tente.

L'aube. A l'est, le ciel s'éclaire, bleu profond, puis orange, puis jaune crémeux, au-dessus d'un bosquet noir. Les nuages perdent lentement leur teinte violette et finissent par se dissiper, laissant derrière eux une unique étoile.

En quittant le camp, nous apercevons une caravane de girafes qui marchent en inclinant leur long cou à l'unisson, noires contre le rouge du soleil levant, taches étranges posées sur un ciel antique.

Ce fut ainsi pendant toute la journée. Comme si, redevenu enfant, j'avais sous les yeux un livre d'images en trois dimensions, une fable, une peinture du Douanier Rousseau. Une horde de lions, bâillant dans l'herbe couchée. Des buffles se prélassant dans les marécages, leurs cornes pareilles à des perruques bon marché, leur dos crotté, surmonté d'oiseaux venus chercher leur pitance. Des hippopotames affleurant de rivières peu profondes, leurs yeux roses, leurs narines qui dansaient sur la surface de l'eau comme des billes. Des éléphants agitant leurs oreilles en feuille de chou.

Et, par-dessus tout, le calme, un silence qui s'accordait aux éléments. Au crépuscule, non loin de notre camp, nous tombâmes sur une tribu de hyènes en train de se partager une carcasse de gnou. Dans la lumière orange du soir, elles ressemblaient à des chiens démoniaques, avec leurs yeux noirs en boulets de charbon, leurs gueules dégoulinantes de sang. A côté d'elles, une rangée de vautours attendaient leur tour avec des regards sévères, patients, se sauvant d'un bond dès qu'une hyène s'approchait trop près.

Nous restâmes un long moment dans ce décor sauvage, à regarder la vie se nourrir d'elle-même, au milieu d'un silence interrompu seulement par le craquement des os ou le souffle de la brise, le lourd battement d'ailes d'un vautour qui cherchait à prendre le vent puis s'élevait dans les airs, avant que le calme retombe alentour.

Et je me disais : Voilà à quoi ressemblait la Création. Le même calme, les mêmes craquements d'os. Là-bas, dans la nuit tombante, par-delà cette colline, marche le premier homme, il est nu, il a la peau rugueuse, il serre un morceau de silex dans sa main maladroite, et il n'a pas encore de mots à mettre sur la peur, l'appréhension, la crainte respectueuse qu'il ressent devant le ciel, le pressentiment qu'il a de sa propre mort. Si seulement nous pouvions nous souvenir de ce premier pas commun, de ce premier mot commun... ce temps d'avant Babel.

Le soir, après le dîner, nous eûmes une nouvelle conversation avec nos gardes massaïs. Wilson nous confia qu'ils étaient depuis peu devenus *moran*, membres de la classe des jeunes guerriers célibataires qui étaient au centre de la légende des Massaïs. Ils avaient tous deux tué un lion pour prouver leur virilité, avaient participé à de nombreuses razzias. A présent, il n'y avait pas de guerre, et même les razzias de bétail étaient devenues compliquées : l'année précédente, l'un de leurs amis avait été tué par un éleveur kikuyu.

Wilson avait finalement décrété qu'être *moran* était une perte de temps. Il s'était rendu à Nairobi pour chercher du travail, mais il était très peu allé à l'école. Il avait tout de même fini par trouver un emploi d'agent de sécurité dans une banque. Mais il avait failli mourir d'ennui. Il était donc retourné dans la vallée pour se marier et vivre en élevant son bétail. Récemment, une vache avait été tuée par un lion, et bien que ce fût devenu illégal, il était parti à la poursuite du fauve dans la réserve avec quatre amis.

– Comment faites-vous pour tuer un lion ? m'enquis-je.

– On entoure le lion à cinq, expliqua Wilson. Les hommes jettent leurs lances sur lui. Le lion choisit un homme pour l'attaquer. L'homme, il se blottit sous son bouclier pendant que les autres finissent le travail.

– Ça paraît dangereux, dis-je stupidement.

– D'habitude, il n'y a que des égratignures. Mais quelquefois on ne rentre qu'à quatre.

Il n'y avait aucune nuance de vantardise dans ses paroles, non, il parlait plutôt comme un mécanicien essayant d'expliquer comment on s'y prend pour venir à bout d'une réparation difficile. Peut-être était-ce cette nonchalance qui poussa Auma à lui demander quel était l'endroit où les hommes allaient après leur mort, selon les Massaïs.

Au début, Wilson sembla ne pas comprendre la question, puis finalement il sourit et secoua la tête.

– Les Massaïs, ils ne croient pas en la vie après la mort, dit-il, presque en riant. Quand vous êtes mort, vous n'êtes rien. Vous retournez dans le sol. C'est tout.

– Et vous, Francis, qu'est-ce que vous en dites ? s'enquit Mauro.

Depuis un certain temps, Francis lisait une petite bible reliée rouge. Il leva la tête et sourit.

– Les Massaïs sont des hommes braves, dit-il.

– Vous avez été élevé en chrétien ? demanda Auma.

Francis opina du chef.

– Mes parents se sont convertis avant ma naissance.

Mauro déclara alors, les yeux fixés sur le feu :

– Moi, je quitte l'Eglise. Trop de règles. Vous ne croyez pas, Francis, que parfois chrétienté pas très bonne ? Pour l'Afrique, le missionnaire change tout, oui ? Il apporte… comment vous dites ?

– Le colonialisme, proposai-je.

– Oui… le colonialisme. Religion blanche, non ?

Francis posa la bible sur ses genoux.

– Ce genre de choses, c'est vrai, ça me troublait quand j'étais jeune. Les missionnaires étaient des hommes, et ils faisaient des erreurs comme des hommes. Maintenant que je suis plus âgé, je comprends que moi aussi je peux me tromper. Ce n'est pas Dieu qui s'est trompé. Je me souviens aussi qu'il y avait des missionnaires qui donnaient à manger aux gens pendant la sécheresse. Il y en avait qui apprenaient à lire aux enfants. En faisant ça, je crois qu'ils faisaient l'œuvre de Dieu. Tout ce que nous pouvons faire, c'est aspirer à vivre comme Dieu, même si nous ne serons jamais à la hauteur.

Mauro rentra dans sa tente et Francis retourna à sa bible. A côté de lui, Auma commença à lire une histoire avec Elizabeth. Le docteur Wilkerson était assis, les genoux rapprochés, en train de raccommoder son pantalon, pendant que sa femme contemplait le feu à côté de lui.

Je regardai les Massaïs qui montaient la garde, silencieux et attentifs, et je me demandai ce qu'ils pensaient de nous. Je me dis que nous devions les amuser. Leur courage, leur solidité, me faisait m'interroger sur moi-même et mon tumulte intérieur. Et pourtant, en regardant les personnages regroupés autour du feu, je me dis que je voyais un courage non moins admirable chez Francis, et chez Auma, et chez les Wilkerson. Peut-être était-ce de ce courage que l'Afrique avait désespérément besoin. D'hommes et de femmes comme eux, des gens bien, portés par des ambitions accessibles et déterminés à les réaliser.

Le feu mourait peu à peu, et les uns et les autres gagnèrent leur tente. Je restai seul avec Francis et les Massaïs. Au moment où je me levai, Francis entonna d'une voix profonde un hymne en kikuyu, dont je reconnus vaguement la mélodie. J'écoutai un moment, perdu dans mes pensées. Puis je me dirigeai vers ma tente en ayant l'impression de comprendre le chant plaintif de Francis, qui traversait la nuit claire pour monter droit vers Dieu.

Le jour de notre retour, nous fûmes avertis que Roy était arrivé des Etats-Unis, une semaine plus tôt que prévu. Il s'était présenté soudain à Kariakor avec sa valise, en expliquant qu'il en avait eu assez de patienter à Washington en tournant en rond jusqu'au départ et qu'il avait réussi à prendre un vol plus tôt. La famille était enchantée et avait attendu notre retour pour fêter l'événement. Bernard, qui était venu nous délivrer le message, nous dit qu'on nous demandait de venir tout de suite. Il ne tenait pas en place, comme si chaque minute passée loin de notre frère aîné était un manquement à nos devoirs. Mais Auma, courbatue par ses deux nuits passées sous la tente, voulait prendre le temps d'un bon bain.

– Du calme, dit-elle à notre jeune frère. Roy aime beaucoup dramatiser les choses.

Chez Jane, c'était l'effervescence. A la cuisine, les femmes nettoyaient le collard et les ignames, découpaient le poulet et remuaient l'*ugali*. Dans le séjour, les enfants mettaient la table ou servaient du soda aux adultes. Au centre de tout ce bouillonnement, Roy, installé sur le canapé, les bras écartés sur le dossier, ses longues jambes allongées devant lui, trônait en hochant la tête avec satisfaction.

Il nous fit signe d'approcher et nous serra dans ses bras.

Auma, qui ne l'avait pas revu depuis son départ pour les Etats-Unis, recula pour mieux le voir.

– Mais tu es devenu drôlement gros ! constata-t-elle.

– Gros, moi ? rigola Roy. Un homme, ça doit manger comme un homme !

Il se tourna vers la cuisine.

– Au fait, j'y pense... alors, elle arrive, cette deuxième bière ?

Les mots n'étaient pas plus tôt sortis de sa bouche que Kezia se précipitait, une bière à la main, un sourire heureux aux lèvres.

– Barry, dit-elle en anglais, c'est le fils aîné. Chef de famille.

Une autre femme que je n'avais pas encore vue, dodue, à la poitrine opulente, aux lèvres d'un rouge brillant, se glissa à côté de lui et posa un bras autour de ses épaules. Le sourire de Kezia s'envola, et elle disparut dans la cuisine.

– Chéri, dit la femme à Roy, tu as les cigarettes ?

— Ouais, une seconde... fit le chéri en question en tapotant précautionneusement les poches de sa chemise. Tu connais mon frère Barack ? Barack, je te présente Amy. Et tu te souviens d'Auma...

Roy trouva ses cigarettes et en alluma une pour Amy. Cette dernière en aspira une longue bouffée, se pencha sur Auma et lui dit, tout en exhalant des ronds de fumée :

— Bien sûr que je me souviens d'Auma ! Comment ça va ? Vraiment, tu es magnifique ! Et j'aime bien ce que tu as fait à tes cheveux... Vraiment, c'est si... naturel !

Amy attrapa la bouteille de Roy et ce dernier se dirigea vers la table. Il prit une assiette, se pencha pour humer les parfums qui s'échappaient des marmites

— Des *chapos* ! s'extasia-t-il. Du *sukuma-wiki* ! De l'*ugali* !

Chacune de ses découvertes était accompagnée d'une exclamation de joie, et il amoncela trois *chapitis*, une bonne quantité de collard et deux gros morceaux de gâteau à la farine de maïs sur son assiette.

Bernard et les enfants le suivaient pas à pas, en répétant ses paroles, mais d'une voix un peu plus timide. Autour de la table, nos tantes et Kezia rayonnaient de plaisir. C'était la première fois que j'assistais à une scène aussi joyeuse depuis mon arrivée.

Après le repas, pendant qu'Amy aidait les tantes à faire la vaisselle, Roy s'assit entre ma sœur et moi et nous annonça qu'il avait deux grands projets. Il allait créer une société d'import-export pour vendre des objets kényans aux Etats-Unis.

— Des *chondos*, des tissus, des sculptures en bois. Ces choses-là, ça marche à fond là-bas ! On les vend dans les festivals, les expositions, les magasins exotiques. J'en ai déjà acheté quelques échantillons pour les emporter en rentrant.

— C'est une super idée, ça ! s'enthousiasma Auma. Montre-nous ce que tu as.

Roy demanda à Bernard d'aller chercher dans l'une des chambres des sacs en plastique rose, dont il extirpa plusieurs objets en bois sculpté. C'était le genre d'objets produits en masse et vendus à la chaîne aux touristes en ville. Auma les tourna et les retourna dans sa main, une expression de doute inscrite sur son visage.

— Combien tu les as payés ?

— Seulement quatre cents shillings pièce.

— Tant que ça ! Mon frère, tu t'es fait avoir. Bernard, pourquoi tu l'as laissé payer si cher ?

Bernard haussa les épaules sans répondre. Roy avait l'air un peu vexé.

— Je te l'ai dit, ce sont simplement des échantillons, dit-il en remettant les objets dans leur emballage. Un investissement, pour que je voie ce que demande le marché. On ne peut pas gagner d'argent sans dépenser d'argent, pas vrai, Barack ?

— C'est ce qu'on dit.

Roy recouvra bien vite son enthousiasme :

— Vous voyez ? Dès que je connaîtrai le marché, je passerai les commandes à Zeituni. On montera l'affaire lentement. Len-te-ment. Ensuite, quand la machine tournera, Bernard et Abo pourront travailler pour la société. Tu entends, Bernard ? Tu pourras travailler pour moi.

Bernard opina du chef d'un air vague. Auma scruta le visage de son jeune frère, puis revint à Roy.

— Et c'est quoi, l'autre grand projet ?

Roy sourit.

— Amy, dit-il.

— Amy ?

— Oui. Je vais l'épouser.

— Quoi ! ? Ça fait combien de temps que tu ne l'avais pas revue ?

— Deux ans, trois ans. Qu'est-ce que ça peut faire ?

— Vous n'avez pas eu beaucoup de temps pour y réfléchir…

— C'est une Africaine. *Ça,* je le sais ! Elle me *comprend,* elle. Pas comme ces Européennes qui sont toujours en train de se disputer avec leurs mecs.

Roy hocha la tête pour souligner ses paroles, puis, comme mû par un ressort, il sauta de son siège et se rendit à la cuisine. Prenant Amy par les épaules, il leva sa bouteille de bière.

— Ecoutez, tout le monde ! Puisque nous voilà tous réunis, il faut porter un toast ! A ceux qui ne sont pas là avec nous ! Et au happy end !

D'un geste lent et solennel, il entreprit de vider sa bouteille par terre. La moitié du liquide vint asperger les pieds d'Auma.

– Aaah ! cria cette dernière en sautant en arrière. Qu'est-ce que tu fais ?

– C'est pour donner à boire aux ancêtres, répondit Roy, c'est la coutume africaine.

Auma prit une serviette pour se nettoyer les jambes.

– On fait ça dehors, Roy, pas chez les gens ! Je te jure, il y a des fois où tu es vraiment sans gêne ! Qui est-ce qui va nettoyer tout ça, maintenant ? Toi ?

Roy s'apprêtait à répondre lorsque Jane accourut, un chiffon à la main.

– Pas de problème, pas de problème ! dit-elle en essuyant le sol. On est très contents qu'il soit rentré à la maison, celui-là !

Il avait été décidé qu'après le dîner nous irions tous danser dans une boîte des environs.

Alors que je descendais les escaliers en tête avec Auma, je l'entendis grommeler dans le noir :

– Ah, vous, les Obama mâles, vous vous en sortez toujours ! rouspéta-t-elle à mon adresse. Tu as vu comment elles le gâtent ? Avec elles, tout ce qu'il fait, c'est bien. C'est comme cette histoire avec Amy. Ça lui est venu comme ça, d'un seul coup, uniquement parce qu'il est seul. Je n'ai rien contre Amy, mais elle est aussi irresponsable que lui. Quand ils sont ensemble, c'est à qui aura la plus mauvaise influence sur l'autre. Ma mère, Jane, Zeituni... elles le savent bien. Mais tu crois qu'elles lui diraient ce qu'elles pensent ? Non ! Tout simplement parce qu'elles ont trop peur de l'offenser, même si c'est pour son bien !

Auma ouvrit la portière de la voiture et regarda arriver le reste de la famille qui émergeait de l'ombre de l'immeuble. La silhouette de Roy surplombait celle des autres comme un arbre, avec ses bras écartés comme des branches autour des épaules de ses tantes. A sa vue, Auma se radoucit un peu.

– Ouais... ce n'est pas vraiment de sa faute, je suppose, dit-elle en démarrant. Tu vois bien comment il est avec elles. Il a toujours été plus famille que moi. Elles ne se sentent pas jugées, avec lui.

Le night-club, le Garden Square, était un endroit bas de plafond et faiblement éclairé. Il était déjà bourré à craquer quand nous entrâmes, l'air, enfumé, y était difficilement respirable. La clientèle était presque entièrement africaine, composée d'employés, de secrétaires, de fonctionnaires d'âge mûr assis autour de tables en formica branlantes. Nous rapprochâmes deux tables vides en retrait de la petite piste de danse, et le garçon vint prendre nos commandes. Auma s'assit à côté d'Amy.

– Alors, Amy, Roy m'a dit que vous envisagiez de vous marier ?

– Oui, c'est formidable, non ? Il est tellement drôle ! Il a dit que je pourrais venir le rejoindre en Amérique, quand il sera installé.

– Tu n'as pas peur de la séparation ? Enfin…

– Peur des autres femmes ?

Amy éclata de rire et adressa un clin d'œil à son fiancé.

– Je vais te le dire franchement : je m'en fiche.

Elle mit son bras charnu sur l'épaule de Roy.

– Tant qu'il me traite bien, il peut faire ce qu'il veut. Pas vrai, chéri ?

« Chéri » garda un visage de marbre, comme si la conversation ne le concernait pas.

Le couple était visiblement sous l'effet des nombreuses bières qu'il avait ingurgitées, et je vis Jane lancer un regard inquiet à Kezia. Je décidai de changer de sujet et demandai à Zeituni si elle était déjà venue au Garden Square.

– Moi ? jeta ma tante en haussant les sourcils devant tant d'impertinence. Je vais te dire, Barry, partout où tu verras un endroit où on danse, j'y aurai déjà été. Tu n'as qu'à leur demander, à eux, ils te diront que je suis la championne. Qu'est-ce que tu en dis, Auma ?

– Zeituni, c'est la meilleure.

Zeituni redressa fièrement la tête.

– Tu vois ? C'est vrai, Barry, ta tante, la danse, ça la connaît ! Et tu veux savoir qui a toujours été mon meilleur partenaire ? Ton père. Ah, qu'est-ce qu'il aimait danser, ce garçon ! On a souvent participé à des concours ensemble quand on était jeunes. Je vais te raconter une histoire à ce sujet. Un jour, il est allé à Alego voir ton grand-père. Il lui avait promis qu'il lui ferait un travail quelconque, ce soir-là, je ne sais plus ce que c'était. Mais au lieu de rentrer il avait donné rendez-vous à Kezia et l'avait emmenée danser. Tu t'en souviens, Kezia ? C'était avant qu'ils se marient. J'avais voulu les accompagner, mais Barack m'avait dit que j'étais trop jeune.

« Bon, ils sont rentrés tard dans la nuit, et Barack avait bu un peu trop de bière. Il a essayé d'emmener Kezia dans sa hutte sans faire de bruit, mais son père était encore réveillé et il les a entendus marcher dehors. Il avait beau être vieux, ton grand-père avait encore une bonne ouïe. Alors il crie à Barack de venir le voir. Quand Barack arrive, le vieux ne dit pas un mot. Il se contente de le regarder et de grogner comme un taureau en colère. Hummmmmph ! Hummmmmph ! Et pendant tout ce temps, moi, je regarde par la fenêtre, parce que je suis sûre que le vieux, il va fiche des coups de bâton à Barack ; et moi, je n'attends que ça, je suis toujours fâchée après lui parce qu'il n'a pas voulu m'emmener danser.

« Mais ce qui s'est passé après, je n'en ai pas cru mes yeux. Au lieu de s'excuser de rentrer si tard, Barack s'est avancé vers le phonographe de son père, et il a mis un disque ! Et il s'est retourné et a crié à Kezia, qui se cachait dehors : "Femme ! Viens par ici !" Kezia avait trop peur pour refuser, alors elle l'a écouté, et ton père l'a prise dans ses bras et s'est mis à danser avec elle, à tourner et à tourner dans la hutte du grand-père, comme s'ils étaient dans la salle de bal d'un palace.

Zeituni secoua la tête en riant.

– Enfin... personne ne traitait ton grand-père comme ça, même pas Barack. J'étais sûre qu'après ça Barack allait prendre une bonne volée. Pendant longtemps, ton grand-père n'a rien dit, il est resté assis à regarder son fils. Et ensuite, il s'est mis à crier encore plus fort que Barack, on aurait cru un barrissement d'éléphant : « Femme ! Viens par ici ! » Ma mère, celle que vous appelez grand-maman, elle était dans sa hutte en train de raccommoder des vêtements. Alors elle sort tout de suite de sa hutte et elle accourt. Elle demande ce qu'ils ont tous à crier, et voilà que ton grand-père se lève et lui tend la main. Ma mère secoue la tête et accuse ton grand-père de vouloir se moquer d'elle, mais lui, il insiste, et les voilà tous les quatre à danser dans la hutte. Les deux hommes faisaient une tête très sérieuse, mais les deux femmes se regardaient comme si leurs hommes avaient perdu la boule.

Nous rîmes de bon cœur à ce récit, et Roy commanda une autre tournée générale. Au moment où je demandais à Zeituni de m'en dire plus long sur mon grand-père, l'orchestre s'installa. Le groupe avait l'air un peu miteux au premier coup d'œil, mais à peine la première note eut-elle retenti que la salle se transforma. Aussitôt, les gens se déversèrent sur la piste en se déhanchant au rythme du *soukous*. Zeituni attrapa ma main, Roy celle d'Auma, Amy celle de Bernard, et nous nous retrouvâmes bientôt tous à remuer les bras, les hanches et la croupe. Les grands Luos noirs de jais et les petits Kikuyus au teint marron, les Kambas et les Merus et les Kalenjins, tous, ils souriaient, criaient, étaient heureux. Roy lançait les bras en l'air en tournant lentement autour d'Auma, qui riait en le regardant faire l'idiot, et je vis alors, sur le visage de mon frère, l'expression que j'avais vue des années auparavant, à Hawaii, chez Toot et Gramps, le jour où le Vieil Homme m'avait appris à danser, ce regard de liberté totale.

Au bout de trois ou quatre morceaux, abandonnant nos partenaires, Roy et moi sortîmes dans la cour en emportant nos bières.

La fraîcheur de l'air me chatouillait les narines et je me sentais un peu éméché.

– C'est bon d'être ici, dis-je.

– Oui. Tu vois ça en poète.

Roy rit, but une gorgée de bière.

– Non, c'est vrai, je suis sincère, protestai-je. C'est bon d'être ici, avec toi, avec Auma, avec tout le monde. C'est comme si nous...

Je ne pus finir ma phrase, car à ce moment-là une bouteille vint s'écraser au sol derrière nous. Je pivotai sur moi-même pour voir ce qui se passait. De l'autre côté de la cour, deux hommes étaient en train d'en jeter à terre un troisième, plus petit. L'homme projeté à terre avait porté une main à sa tête, comme s'il avait été blessé. De son bras libre, il essayait de se protéger des coups de matraque de ses agresseurs. Je voulus me précipiter, mais Roy me tira en arrière.

– T'occupe pas de ça, mon frère, chuchota-t-il.

– Mais...

– C'est peut-être des policiers. Je t'assure, Barack, tu ne sais pas ce que c'est que de passer une nuit dans une prison de Nairobi...

A présent, l'homme à terre s'était complètement roulé en boule. Puis, tel un animal pris au piège qui sent une échappatoire, il se releva d'un bond et sauta sur une table pour aller escalader la clôture de bois. Ses assaillants firent mine de le prendre en chasse, puis se ravisèrent, estimant visiblement que cela n'en valait pas la peine.

L'un d'eux remarqua notre présence mais ne dit rien et suivit son compagnon à l'intérieur. J'étais soudain totalement dégrisé.

– C'était horrible, dis-je.

– Ouais… mais tu ne sais pas ce qu'il a fait, l'autre mec.

Je me frottai la nuque.

– Au fait, quand est-ce que tu t'es retrouvé en prison ?

Roy prit une nouvelle lampée de bière et se laissa tomber sur l'une des chaises métalliques.

– La nuit où David est mort.

Je m'assis à côté de lui et il me raconta toute l'histoire.

Ils étaient sortis pour aller boire un coup, dit-il, pour s'amuser. Ils s'étaient rendus en moto dans une boîte, où Roy avait fait la connaissance d'une femme. Elle lui avait plu, il lui avait offert une bière. Mais un autre gars s'était approché et avait commencé à le provoquer en disant qu'il était le mari de cette femme. Il avait attrapé cette dernière par le bras, elle s'était défendue et était tombée. Roy était intervenu et les deux hommes avaient commencé à se battre. La police était arrivée. Roy n'avait pas ses papiers sur lui et avait été embarqué. Il avait été jeté en cellule et avait passé là plusieurs heures, avant que David réussisse à entrer pour le voir. « Donne-moi les clés de la moto, avait dit David, pour que j'aille te chercher tes papiers. – Non, rentre à la maison. – Tu ne peux pas rester là-dedans toute la nuit, mon frère. Donne-moi les clés… »

Roy se tut. Nous restâmes assis côte à côte en silence, les yeux fixés sur les ombres surdimensionnées jetées par les lattes de la clôture.

– C'était un accident, Roy, dis-je enfin. Ce n'était pas de ta faute. Il faut que tu te libères de ça.

Je n'eus pas le temps d'ajouter autre chose, car la voix d'Amy nous parvint, surmontant la musique :

– Eh, vous deux ! On vous cherche partout !

Je voulus lui faire signe de nous laisser, mais Roy se leva d'un bond, si brutalement qu'il renversa sa chaise.

– Viens, femme, dit-il en prenant Amy par la taille, on va danser !

18

A cinq heures et demie de l'après-midi, notre train s'ébranla, quittant la vieille gare de Nairobi pour partir vers l'ouest, vers Kisumu. Jane n'avait pas voulu venir, mais le reste de la famille était à bord : Kezia, Zeituni et Auma dans un compartiment, Roy, Bernard et moi dans un autre. Pendant que tout le monde était occupé à caser ses bagages, je parvins à ouvrir une fenêtre malgré sa résistance et je passai la tête dehors, regardant s'éloigner la voie en courbe derrière nous, cette voie qui avait aidé à forger l'histoire coloniale du Kenya.

A l'époque de sa construction, ce chemin de fer représentait la plus grande réalisation technique de l'histoire de l'empire britannique. Il était long de mille deux cents kilomètres, partant de Mombasa, sur l'océan Indien, pour aboutir aux rives orientales du lac Victoria. Les travaux avaient pris cinq ans et coûté la vie à plusieurs centaines d'ouvriers indiens importés. Quand ils furent achevés, les Anglais s'aperçurent qu'il manquait les passagers nécessaires pour les faire rentrer dans leurs frais. Aussi favorisèrent-ils l'installation de colons blancs, en regroupant des terres susceptibles d'attirer de nouveaux arrivants, en développant des cultures commerciales telles que le café et le thé, en installant un appareil administratif qui, tout le long de la voie, plongerait au cœur d'un continent inconnu. Et en implantant des missions et des églises pour vaincre la peur engendrée par cette terre inconnue.

Cela semblait de l'histoire ancienne. Pourtant, l'année 1895, l'année de la pose de la première traverse, était aussi l'année de la naissance de mon grand-père. C'était à travers les terres de ce même homme, Hussein Onyango, que nous roulions à présent. A cette idée, je sentis s'animer dans ma tête l'histoire de ce train et j'essayai d'imaginer les sensations qu'avait pu ressentir durant le voyage inaugural quelque officier britannique anonyme, assis dans son compartiment éclairé au gaz et regardant défiler par la fenêtre des kilomètres de brousse. Etait-il en proie à un sentiment de triomphe, assuré que le flambeau de la civilisation occidentale avait enfin transpercé l'obscurité africaine ? Ou à un sentiment prémonitoire, devinant que ce pays et son peuple survivraient aux rêves de domination impériale ?

J'essayai d'imaginer l'Africain, de l'autre côté de la vitre, qui, pour la première fois, voyait passer dans son village ce serpent de fer et de fumée noire. Avait-il regardé le train avec envie, s'imaginant assis un jour à la place de l'Anglais, soulagé en quelque sorte de son fardeau quotidien ? Ou avait-il frissonné devant des visions de ravages et de guerre ?

A court d'imagination, je retournai au présent. La brousse avait été remplacée par les toits de Mathare qui s'étirait au pied des collines. En passant devant l'un des marchés à ciel ouvert du bidonville, je vis une rangée de petits garçons agiter les mains à notre passage. Je leur répondis, mais j'entendis Kezia parler en luo, derrière moi, et Bernard me tira par la chemise.

– Elle dit que tu devrais rentrer la tête, parce que ces enfants vont te lancer des pierres.

Un employé vint prendre nos réservations de couchettes et nous informer que le service du dîner avait commencé, aussi nous rendîmes-nous au wagon-restaurant.

Le décor était d'une élégance fanée. Les lambris de bois étaient toujours intacts mais passés, l'argenterie véritable, mais les pièces n'étaient pas entièrement assorties. En revanche, les mets étaient excellents et la bière nous fut servie fraîche. A la fin du repas, je baignais dans un doux bien-être.

– Dans combien de temps serons-nous à Home Square ? m'enquis-je en essuyant un reste de sauce dans mon assiette.

– Nous en avons pour la nuit avant d'arriver à Kisumu, répondit Auma, et ensuite nous prendrons un bus ou un *matatu*, et nous en aurons encore pour cinq heures.

– Soit dit en passant, compléta Roy en allumant une cigarette, ce n'est pas Home Square, c'est Home *Squared*.

– Qu'est-ce que ça veut dire ?

– C'est comme ça que disaient les enfants de Nairobi, expliqua Auma. Il y a la maison où on vit à Nairobi, et il y a la maison à la campagne d'où vient la famille. La maison ancestrale. Tout le monde raisonne comme ça, même le plus grand ministre ou le plus grand homme d'affaires. Il peut très bien avoir une grande propriété à Nairobi et n'avoir qu'une petite hutte sur sa terre à la campagne. Il peut n'y aller qu'une ou deux fois par an. Mais si on lui demande d'où il vient, il dira toujours que cette hutte est sa vraie maison. Donc, quand on était à l'école et qu'on disait qu'on allait à Alego, c'était la maison puissance deux, tu comprends. *Home Squared,* la Maison au Carré.

Roy prit une gorgée de bière et plaisanta :

– Pour toi, Barack, on peut l'appeler *Home Cubed,* la Maison au Cube !

Auma sourit et se cala au fond de son siège pour mieux apprécier la musique que faisaient les roues en tournant sur les rails en cadence.

– Ce train nous rappelle tellement de souvenirs ! Tu se souviens, Roy, comme on se réjouissait de rentrer à la maison ? C'est tellement beau, Barack ! Pas du tout comme Nairobi. Et grand-maman… elle est tellement drôle ! Oh, tu vas l'aimer, Barack. Elle a un grand sens de l'humour !

– Il lui en fallait, de l'humour, pour vivre si longtemps avec la Terreur ! lança Roy.

– Ah bon ? Qui est la Terreur ?

– C'est comme ça qu'on appelait notre grand-père, dit Auma, parce qu'il était très méchant.

Roy secoua la tête en riant.

– Ah ça oui, pour être méchant il était méchant ! On était obligés de s'asseoir à table pour dîner et il faisait servir le repas dans de la vaisselle en porcelaine, comme un Anglais. Quand on disait quelque chose qu'il ne fallait pas, ou qu'on n'utilisait pas la bonne fourchette… paf ! Un coup de bâton. Parfois, quand il nous tapait, on ne savait même pas pourquoi avant le lendemain.

Zeituni balaya sa remarque d'un geste de la main.

– Ah, vous, les enfants, vous ne l'avez connu que quand il était vieux et faible. Quand il était plus jeune, oh là là !… J'étais sa préférée, vous savez. Son chouchou. Mais n'empêche que quand je faisais une bêtise, je me cachais pendant toute la journée, tellement j'avais peur ! Il était strict même avec ses invités. Quand ils venaient le voir, il tuait des tas de poulets en leur honneur. Mais si eux ils n'observaient pas les coutumes, par exemple s'ils se lavaient les mains avant un aîné, il n'hésitait pas à les frapper, même les adultes.

– Il ne devait pas être vraiment populaire, commentai-je.

Zeituni eut un geste de dénégation.

– Si, il était très respecté, parce que c'était un très bon cultivateur. Sa propriété, à Alego, était l'une des plus grandes de la région. Il avait la main verte, il faisait pousser n'importe quoi. Il avait appris ces techniques chez les Britanniques, vous comprenez. Quand il travaillait chez eux comme cuisinier.

– Je ne savais pas qu'il était cuisinier...

– Il avait sa terre, mais pendant longtemps il a été cuisinier chez les *wazungu*, à Nairobi. Il travaillait chez des gens très importants. Pendant la Grande Guerre, il a été au service d'un capitaine de l'armée britannique.

Roy commanda une autre bière.

– C'est peut-être pour ça qu'il est devenu si méchant.

– Je ne sais pas, rétorqua Zeituni, je crois que mon père a toujours été comme ça. Très sévère. Mais juste. Je vais vous raconter une anecdote dont je me souviens. Ça s'est passé quand j'étais petite. Un jour, un homme s'est présenté devant chez nous avec une chèvre en laisse. Il demandait s'il pouvait traverser notre terrain, parce qu'il habitait de l'autre côté et voulait éviter de faire le tour. Votre grand-père lui a répondu : « Quand tu es seul, tu peux traverser tant que tu veux, mais pas aujourd'hui, parce que ta chèvre va me brouter mes plantes. » Mais le bonhomme a discuté pendant je ne sais pas combien de temps, en disant qu'il aurait sa chèvre à l'œil et qu'il n'y aurait aucun dégât. Et il a tellement discuté que votre grand-père a fini par m'appeler en me demandant d'apporter Alego. C'était comme ça qu'il appelait sa *panga*.

– Sa machette...

– Oui, sa machette. Il en avait deux qui étaient toujours très, très aiguisées. Il les frottait contre une pierre tous les jours. Il y en avait une qu'il appelait Alego, et l'autre, c'était Kogelo. Donc, j'ai couru dans sa hutte et je lui ai apporté celle qu'il appelait Alego. Et votre grand-père a alors dit au bonhomme : « Regarde. Je t'ai dit que tu ne pouvais pas passer, mais tu es trop têtu pour écouter. Donc nous allons conclure un marché. Tu peux passer avec ta chèvre. Mais si jamais elle coupe une feuille, même la moitié d'une feuille, ta chèvre, je lui coupe le cou. »

« J'étais petite à l'époque, mais j'ai compris que ce type était sûrement très bête, parce qu'il a accepté la proposition de mon père. On s'est mis à marcher, l'homme et sa chèvre devant, et mon père juste derrière. On avait fait à peu près vingt pas, quand la chèvre a tendu le cou et a commencé à brouter une feuille. Et alors là... vvouf ! Mon père lui a coupé proprement la tête en deux. Le pauvre propriétaire en a été tout retourné et s'est mis à crier : "Aïe aïe aïe ! Qu'est-ce que tu as fait, Hussein Onyango !" Mais votre grand-père a tranquillement essuyé sa *panga* en disant : "Quand je dis quelque chose, je le fais. Autrement, comment les gens pourraient-ils croire en ma parole ?" Plus tard, le propriétaire de la chèvre a porté l'affaire devant le conseil des anciens. Les anciens l'ont plaint, parce que la perte d'une chèvre, ce n'était pas rien. Mais quand ils ont entendu son histoire, ils l'ont renvoyé. Ils savaient que votre grand-père avait raison, parce qu'il avait prévenu le bonhomme.

Auma secoua la tête.

– Tu te rends compte, Barack ? Je te jure, parfois, je me demande si tous les problèmes de cette famille n'ont pas commencé avec lui. Il est la seule personne, à mon avis, dont l'opinion était importante pour le Vieil Homme. La seule personne qu'il craignait.

La voiture-restaurant s'était vidée entre-temps et le serveur faisait les cent pas avec impatience. Nous rejoignîmes donc nos couchettes. Elles étaient étroites, mais les draps étaient frais et accueillants. Je restai longtemps éveillé, bercé par le rythme du train et la respiration régulière de mes frères. Je repensai à tout ce que j'avais entendu sur mon grand-père. Tout avait commencé avec lui, avait dit Auma. C'était sans doute vrai. Si je pouvais seulement rassembler les morceaux de son histoire, me dis-je, peut-être tout se mettrait-il en place.

Je finis par m'endormir, rêvai que je marchais sur une route qui traversait un village. Des enfants, vêtus seulement de colliers de perles, jouaient devant les huttes rondes, et plusieurs hommes âgés me firent signe sur mon passage. En continuant ma route, je m'aperçus bientôt que les gens jetaient derrière moi des regards terrorisés et couraient se réfugier à l'intérieur de leurs huttes. C'est alors que j'entendis le rugissement d'un léopard. Aussitôt, je pris mes jambes à mon cou pour aller me réfugier dans la forêt, trébuchant sur les racines, les souches et les lianes, jusqu'à ce que je tombe à genoux d'épuisement au milieu d'une clairière lumineuse. Je me retournai, hors d'haleine, et constatai que dans la nuit tombante un gigantesque personnage, aussi haut que les arbres, me guettait, uniquement vêtu d'un pagne et d'un masque de fantôme. Ses yeux morts me transpercèrent, et j'entendis une voix caverneuse me dire que c'était l'heure. Au son de cette voix, je me mis à trembler de tout mon corps, avec tant de violence que j'avais l'impression de me désintégrer...

Je sursautai violemment dans ma couchette, trempé de sueur, et ma tête alla taper contre la lampe installée au-dessus. Dans le noir, les battements de mon cœur s'atténuèrent lentement, mais je ne pus retrouver le sommeil.

Nous arrivâmes à Kisumu au lever du jour et parcourûmes à pied le kilomètre qui nous séparait du dépôt encombré d'autobus et de *matatus*. Les véhicules, qui arboraient des noms peints en lettres rutilantes sur les côtés, « Love Bandit », « Bush Baby », klaxonnaient à qui mieux mieux pour se faire une place dans l'espace poussiéreux. Pour notre part, en guise de « Bandit d'Amour » ou de « Chéri de la Brousse », nous dénichâmes un bus tristounet, aux pneus lisses et craquelés.

Auma grimpa la première, puis recula, l'air morose.

– Y a pas de sièges, annonça-t-elle.

– T'inquiète, dit Roy tandis que nos bagages étaient fixées sur le toit par une ribambelle de mains. On est en Afrique, Auma... pas en Europe.

Il se retourna et sourit au jeune homme qui prenait les tickets.

– Tu peux nous trouver quelques sièges, hein, mon frère ?

Le « frère » opina du chef.

– Pas de problème. Ce bus, c'est la première classe.

Une heure plus tard, Auma était assise sur mes genoux, ainsi qu'un panier d'ignames et un bébé qui ne m'avait pas été présenté.

— Je me demande à quoi ressemble la troisième classe, dis-je en essuyant une traînée de bave sur ma main.

Auma repoussa un coude importun venu s'appuyer contre sa figure.

— Tu plaisanteras moins quand on sera tombés dans le premier trou.

Par bonheur, la route était bien pavée. Le paysage était principalement constitué de broussailles sèches et de collines basses, et les rares maisons de parpaing furent bientôt remplacées par des huttes de boue aux toits coniques recouverts de chaume. Nous descendîmes à Ndori et passâmes les deux heures suivantes à boire du soda tiède et à regarder les chiens errants qui s'aboyaient dessus dans la poussière, avant qu'un *matatu* apparaisse enfin pour nous emmener sur la route de terre qui partait vers le nord. Nous gravîmes une pente rocheuse, salués par quelques enfants aux pieds nus qui agitèrent la main mais sans sourire, précédés par un troupeau de chèvres apparemment pressées d'aller se désaltérer dans un ruisseau. Puis la route s'élargit et nous nous arrêtâmes dans une clairière. Deux hommes jeunes étaient assis là, à l'ombre d'un arbre. Leurs visages se fendirent d'un sourire lorsqu'ils nous aperçurent. Roy sauta à bas de notre véhicule pour prendre les deux hommes dans ses bras.

— Barack, dit-il d'un ton joyeux, voilà nos oncles !

Désignant un moustachu, le plus mince des deux, il me le présenta sous le nom de Yousouf. L'autre, plus grand, imberbe, était le plus jeune frère de notre père, Saïd.

— Ah, on a beaucoup entendu parler de ce garçon-là, dit Saïd en me souriant. Bienvenue, Barry, bienvenue. Allez, donne-moi tes bagages.

Nous suivîmes Yousouf et Saïd le long d'un chemin perpendiculaire à la grand-route, puis nous franchîmes un mur de hautes haies et pénétrâmes dans une vaste propriété. Au milieu du terrain se trouvait une maison basse, rectangulaire, dotée d'un toit de tôle ondulée et de murs de béton, dont l'un d'eux s'était effrité, exposant aux regards la base de boue brune. Des bougainvilliers rouges, roses et jaunes fleurissaient du côté où se trouvait un grand réservoir à eau en béton. En face se trouvait une petite hutte devant laquelle étaient rangés des pots de terre où quelques poulets venaient picorer alternativement. Deux autres huttes s'élevaient sur le vaste terrain recouvert d'herbe qui s'étendait derrière la maison.

Sous un haut manguier, deux maigres vaches rousses levèrent la tête vers nous, avant de se remettre à paître.

Home Squared.

– Eh, Obama !

Une grande femme portant un foulard jaillit de la maison en s'essuyant les mains sur son tablier à fleurs. Elle avait le même genre de visage que Saïd, doux et osseux, avec des yeux pétillants, rieurs. Elle serra Auma et Roy à les étouffer, puis se tourna vers moi et me donna une cordiale poignée de main.

– Bijour, risqua-t-elle.

– *Musawa,* dis-je en luo.

Elle rit et dit quelque chose à Auma.

– Elle dit qu'elle a rêvé de ce jour où elle rencontrerait enfin ce fils de son fils. Elle dit que tu lui apportes un grand bonheur. Elle dit que maintenant tu es enfin à la maison.

Grand-maman acquiesça de la tête et me prit dans ses bras avant de nous faire entrer. Les petites fenêtres laissaient filtrer peu de lumière, et la maison était meublée de façon spartiate : quelques chaises de bois, une table de salon, un canapé élimé. Les murs étaient ornés d'objets variés : le diplôme de Harvard du Vieil Homme ; des photos de lui et d'Omar, l'oncle qui était parti en Amérique vingt-cinq ans plus tôt pour n'en jamais revenir. A côté, deux photos plus anciennes, jaunies, l'une représentant une grande jeune femme aux yeux ardents, tenant un enfant joufflu sur les genoux, une fillette à ses côtés, l'autre, un homme âgé assis dans un fauteuil à haut dossier. L'homme était vêtu d'une chemise empesée et d'un *kanga* ; ses jambes étaient croisées comme celles d'un Anglais, mais sur ses genoux, posée en travers, se trouvait une sorte de massue, dont la lourde tête était enveloppée dans une peau d'animal. Les hautes pommettes et les yeux rapprochés de l'homme donnaient à son visage une touche quasi orientale. Auma vint se mettre à côté de moi.

– C'est lui. Notre grand-père. La femme de la photo est notre autre grand-mère, Akumu. La petite fille, c'est Sarah. Et le bébé... c'est le Vieil Homme.

J'examinai les photos pendant quelque temps, avant de remarquer un dernier cadre sur le mur, une reproduction à l'ancienne, du genre des photos qui ornent les publicités Coca-Cola, sur laquelle figurait une femme blanche aux épais cheveux noirs et aux yeux légèrement rêveurs. Je demandai ce qu'elle faisait là, et Auma répercuta ma question à grand-maman, qui répondit en luo :

– Elle dit que c'est une photo de l'une des femmes de notre grand-père. Il disait aux gens qu'il l'avait épousée en Birmanie quand il y était pendant la guerre.

Roy éclata de rire.

– Elle n'a pas l'air très birmane, hein, Barack ?

Non. Elle ressemblait à ma mère.

Nous nous assîmes dans le séjour et grand-maman nous fit du thé. Elle déclara que tout allait bien mais qu'elle avait donné une partie de la terre à des parents, puisqu'elle et Yousouf ne pouvaient pas tout faire par eux-mêmes. Elle récupérait les revenus perdus en vendant des repas aux enfants de l'école voisine et en revendant au marché des marchandises qu'elle allait acheter à Kisumu quand elle avait un peu d'argent de côté. Ses seuls problèmes étaient le toit de la maison – elle désigna les rais de lumière qui tombaient du plafond – et le fait qu'elle n'avait pas eu de nouvelles de son fils Omar depuis plus d'un an. Elle me demanda si je l'avais vu, et, après ma réponse négative, elle marmonna quelque chose en luo tout en commençant à ramasser nos tasses.

– Elle dit que quand tu le verras, il faudra lui dire qu'elle ne veut rien de lui, traduisit Auma en chuchotant. Seulement qu'il devrait venir voir sa mère.

Je regardai grand-maman et, pour la première fois, depuis notre arrivée, son visage révéla son âge.

Après que nous eûmes défait nos valises, Roy me demanda par gestes de le suivre dans la cour. Au bord d'un champ de blé voisin, au pied d'un manguier, je vis deux longs rectangles de ciment émerger du sol comme deux cercueils exhumés. Il y avait une plaque sur l'une des tombes : *HUSSEIN ONYANGO OBAMA 1895-1979.* L'autre était recouverte de carreaux de salle de bains jaunes, avec un espace nu à l'endroit où la plaque aurait dû se trouver.

Roy se pencha et balaya de la main une procession de fourmis qui marchaient le long de la tombe.

– Six ans, dit Roy. Six ans, et il n'y a toujours rien pour dire qui est enterré ici. Je te le dis maintenant, Barack, quand je mourrai, fais le nécessaire pour que mon nom soit inscrit sur ma tombe.

Il secoua lentement la tête avant de rentrer dans la maison.

Comment expliquer toutes les émotions de cette journée ? Elles sont restées gravées à jamais dans ma mémoire. Je me revois avec Auma. Nous rejoignons grand-maman au marché de l'après-midi, dans la clairière où le *matatu* s'était arrêté, remplie à présent de femmes assises sur des matelas de paille, étendant devant elles leurs jambes brunes et lisses, dépassant du bas de leurs larges jupes ; il y avait leurs rires quand elles me regardaient aider grand-maman à enlever les tiges des feuilles de collard qu'elle avait apportées de Kisumu, et le goût de noisette sucrée d'un bâton de canne à sucre que l'une d'elles me mit dans la main. Je me souviens du bruissement des feuilles de blé, de la concentration inscrite sur le visage de mes oncles, de l'odeur de notre sueur tandis que nous travaillions à combler un trou dans la clôture de la propriété. Je me souviens d'un garçon appelé Godfrey, que je vis arriver dans l'après-midi, et dont Auma m'expliqua qu'il habitait avec grand-maman parce que sa famille vivait dans un village où il n'y avait pas d'école. Je revois Godfrey courir frénétiquement après un coq au milieu des bananiers et des papayers, ses sourcils froncés parce qu'il ne parvenait pas à attraper le volatile, son regard lorsque, finalement, grand-maman saisit le coq par-derrière, d'une seule main, et lui trancha le cou sans cérémonie... un regard que j'avais déjà eu moi-même.

Ce que je ressentis, à chacun de ces instants, n'était pas simplement de la joie. C'était plutôt le sentiment que tous mes gestes, le moindre contact, la moindre respiration, le moindre mot, portaient le poids entier de ma vie ; qu'un cercle commençait à se fermer, me permettant d'enfin me reconnaître pour ce que j'étais, ici, maintenant, en ce lieu. Ce sentiment ne m'abandonna qu'une seule fois au cours de cet après-midi-là. Ce fut sur le chemin du retour, lorsque Auma courut devant pour prendre une photo, en nous laissant seuls, grand-maman et moi, au milieu de la rue. Après un long moment de silence, grand-maman me regarda et sourit.

– Bijour ! dit-elle.

– *Musawa* ! dis-je.

Notre vocabulaire mutuel épuisé, nous baissâmes la tête, contrits. Grand-maman se tourna ensuite vers Auma en lui disant, d'un ton qui ne m'échappa pas, que cela lui faisait de la peine de ne pas pouvoir parler avec le fils de son fils.

— Dis-lui que j'aimerais apprendre le luo, mais que je n'ai pas beaucoup de temps à ma disposition aux Etats-Unis, lui dis-je.

— Elle comprend ça, répondit Auma, mais elle dit aussi qu'un homme ne peut jamais être trop occupé pour connaître sa propre famille.

Je regardai grand-maman, qui me fit un signe de tête, et je sus alors que la joie que je ressentais finirait par passer et que cela aussi faisait partie du cercle : ma vie n'était ni bien rangée ni statique, et même après ce voyage je resterais confronté à des choix difficiles.

La nuit tomba vite, et le vent fit quelques rapides incursions, trouant l'obscurité. Flanqué de Bernard et de Roy, je fis ma toilette en plein air, au réservoir d'eau, à la lueur d'une lune presque pleine qui faisait luire nos corps savonneux. Quand nous rentrâmes, le repas était servi, et nous mangeâmes résolument, sans échanger un mot.

Après le dîner, Roy sortit en marmonnant qu'il avait des gens à voir. Yousouf alla chercher un vieux transistor dans sa hutte, un appareil dont il dit qu'il avait appartenu à notre grand-père. En tournant le bouton, il tomba sur une station crachotante de la BBC, dont les voix captées par à-coups étaient comme les fragments hallucinatoires d'un autre monde.

Un peu plus tard, nous entendîmes une étrange plainte sourdre au loin.

— Les génies de la nuit sont de sortie, ce soir, déclara Auma.

— Qu'est-ce que c'est que ça ?

— Des espèces de sorciers, répondit-elle. Des esprits. Quand on était petits, ces deux-là (elle montra grand-maman et Zeituni) nous racontaient des histoires de visiteurs de la nuit pour qu'on soit sages. Elles nous disaient que dans la journée c'étaient des hommes ordinaires. On peut les rencontrer au marché, ou même les inviter à manger chez soi, sans connaître leur vraie nature. Mais la nuit, ils prennent la forme d'un léopard et parlent à tous les animaux. Ceux qui ont le plus de pouvoirs sont capables de sortir de leurs corps et de s'envoler vers des contrées lointaines. Ou alors, de vous ensorceler d'un regard. Si tu demandais à tes voisins, ils te diraient qu'il y a encore beaucoup de génies de la nuit dans les environs.

— Auma, tu fais comme si ce n'était pas vrai ! lança Zeituni.

A la lueur tremblotante de la lampe à kérosène, je ne pouvais voir si elle plaisantait ou non.

– Je vais te dire, Barry, poursuivit-elle. Quand j'étais jeune, les génies de la nuit causaient des tas de problèmes. Ils volaient nos chèvres. Parfois, ils prenaient même notre bétail. Tout le monde avait peur d'eux, sauf votre grand-père. Je me souviens d'une fois où il a entendu les chèvres bêler dans leur enclos. Quand il est sorti pour aller voir, il a vu quelque chose qui ressemblait à un énorme léopard qui se tenait debout comme un homme sur ses pattes arrière. L'être tenait un chevreau entre ses mâchoires, et quand il a vu votre grand-père, il a crié quelque chose en luo avant de s'enfuir dans la forêt. Votre grand-père l'a poursuivi jusque dans les collines, mais au moment où il allait le frapper avec sa *panga*, le génie de la nuit s'est envolé dans les arbres. Heureusement, il a lâché la chèvre en sautant, et la bête n'a eu qu'une patte cassée. Votre grand-père l'a rapportée à la maison et m'a montré comment on faisait une attelle. C'est moi qui me suis occupée d'elle jusqu'à ce qu'elle soit guérie.

Puis la conversation s'arrêta. La lueur de la lampe faiblit et tout le monde se prépara à aller se coucher. Grand-maman apporta des couvertures et un lit de camp à deux places pour Bernard et moi, et nous nous glissâmes dans l'étroite couche avant d'éteindre la lumière.

J'étais rompu de fatigue. Le murmure de la voix de grand-maman, à laquelle répondait celle d'Auma, filtrait de la chambre où elles étaient couchées. Je me demandai où Roy avait disparu. Bientôt, mes pensées allèrent aux carreaux jaunes de la tombe du Vieil Homme.

– Barry, chuchota Bernard. Tu ne dors pas ?

– Non.

– Tu y as cru, à ce qu'elle a raconté, Zeituni ? A propos des génies de la nuit ?

– Je ne sais pas.

– Moi, je crois pas que ça existe, les génies de la nuit. C'est sûrement des voleurs qui se servent de ce genre d'histoires pour faire peur aux gens.

– Tu as peut-être raison.

Il y eut un long silence, puis :

– Barry ?

– Oui ?

– Qu'est-ce qui t'a poussé à venir enfin à la maison ?

– Je ne sais pas vraiment, Bernard. Quelque chose me disait qu'il était temps.

Bernard se tourna de son côté sans répondre. Un peu plus tard, je l'entendis ronfler légèrement, et je gardai les yeux ouverts dans l'obscurité, attendant le retour de Roy.

Au matin, Saïd et Yousouf me proposèrent d'aller faire le tour du propriétaire avec Auma. Après avoir traversé la cour, nous empruntâmes à leur suite un chemin de terre qui courait à travers les champs de maïs et de millet. Yousouf se tourna vers moi et dit :

– Ça doit te sembler très primitif, comparé aux fermes en Amérique.

Je lui répondis que je ne connaissais pas grand-chose à l'agriculture mais que, pour autant que je pouvais en juger, la terre semblait fertile.

– Oui, oui, approuva Yousouf, la terre est bonne. Le problème, c'est que les gens d'ici ne sont pas formés. Ils ne comprennent pas grand-chose au développement. Aux techniques d'agriculture adaptées et ainsi de suite. J'essaie de leur expliquer comment faire pour améliorer le rendement et l'irrigation, mais ils ne veulent pas m'écouter. Les Luos sont très têtus pour ça.

Je remarquai que Saïd regardait son frère en fronçant les sourcils, mais il ne dit rien. Au bout de quelques minutes, nous arrivâmes au bord d'un petit ruisseau brunâtre. Saïd cria un avertissement, et deux jeunes femmes surgirent de la rive opposée, drapées dans leurs *kangas*, les cheveux encore luisants de l'eau de leur bain matinal. Elles sourirent timidement et se réfugièrent derrière une île de joncs. Saïd désigna les haies bordant le cours d'eau.

– C'est là que s'arrête notre terre, expliqua-t-il. Avant, quand mon père vivait encore, les champs étaient beaucoup plus grands. Mais comme l'a dit ma mère, une grande partie de la terre a été cédée.

Yousouf fit demi-tour, mais Saïd nous emmena le long du ruisseau, puis jusqu'à d'autres champs. Nous vîmes des femmes devant leurs huttes, occupées à trier le millet répandu sur des morceaux de tissu carrés, et nous nous arrêtâmes pour parler à l'une d'elles. C'était une femme d'un certain âge vêtue d'une robe rouge passé et chaussée de tennis rouges sans lacets. Elle abandonna sa tâche pour venir nous serrer la main et nous dit qu'elle se souvenait de notre père : ils gardaient les chèvres ensemble quand ils étaient petits. A la question d'Auma qui lui demandait comment ça allait, elle bougea lentement la tête.

– Les choses ont changé, dit-elle d'une voix morne. Les jeunes partent pour la ville. Il ne reste que les vieux, hommes et femmes, et les enfants. Toute la richesse est partie.

Entre-temps, un vieil homme juché sur une antique bicyclette s'était arrêté à côté de nous, rejoint par un homme frêle à l'haleine chargée d'alcool. Bientôt, ils firent chorus avec la femme, se plaignant de la difficulté de la vie à Alego, des enfants qui les avaient abandonnés. Ils nous demandèrent si nous pouvions leur donner quelque chose pour les dépanner, et Auma leur déposa quelques shillings dans la main. Puis nous les quittâmes et reprîmes le chemin de la maison.

– Qu'est-ce que c'est que ça, Saïd ? s'inquiéta ma sœur quand nous fûmes un peu plus loin. Avant, personne ne mendiait ici !

Saïd se pencha pour ramasser quelques branches tombées entre les rangées de maïs.

– Tu as raison, dit-il. Je crois que ce sont ceux de la ville qui leur ont appris ça. Ils reviennent de Nairobi ou de Kisumu en leur disant : « Vous êtes pauvres. » Alors maintenant, on a la notion de la pauvreté. Avant, on ne le savait pas. Regarde ma mère : jamais elle ne demandera quoi que ce soit à personne. Elle se débrouille toujours pour faire quelque chose. Rien de ce qu'elle fait ne lui rapporte beaucoup, mais c'est quelque chose. Ça la rend fière. Tout le monde pourrait faire comme elle, mais les gens, ici, il y en a beaucoup qui préfèrent baisser les bras.

– Et Yousouf ? s'enquit Auma. Il ne pourrait pas en faire plus ?

– Mon frère, il parle comme un livre, dit Saïd en dodelinant du chef, mais malheureusement il n'aime pas agir en donnant l'exemple.

Auma se tourna vers moi.

– Tu sais, Yousouf marchait très bien pendant un moment. Il travaillait bien à l'école, hein, Saïd ? Il a eu plusieurs propositions pour de bons postes. Et après, je ne sais pas ce qui s'est passé. Il a tout lâché. Maintenant, il se contente de rester ici avec grand-maman et de faire des petits boulots pour elle. C'est comme s'il avait peur d'essayer de réussir.

Saïd approuva de la tête.

– Moi, je crois que l'instruction ça ne fait pas toujours du bien, si elle n'est pas mélangée à la sueur.

Je songeai aux paroles de Saïd pendant la suite de notre promenade. Peut-être avait-il raison ; peut-être la notion de pauvreté avait-elle été importée en ce lieu, avec une nouvelle échelle de besoins et de désirs apportée comme la rougeole, par moi, par Auma, par la radio archaïque de Yousouf. Dire que la pauvreté était juste une notion ne voulait pas dire qu'elle n'était pas réelle. Les gens que nous venions de rencontrer ne pouvaient ignorer le fait que certains avaient les toilettes à l'intérieur ou mangeaient de la viande tous les jours, pas plus que les enfants d'Altgeld ne pouvaient ignorer l'existence des voitures rapides et des maisons somptueuses qui emplissaient les écrans de leurs télévisions.

Mais peut-être arriveront-ils à combattre l'idée qu'ils sont totalement impuissants devant cet état de fait, me dis-je en entendant Saïd nous parler de lui.

Il nous fit part de sa déception de ne pas être allé à l'université, comme ses frères aînés, par manque de moyens, évoqua son travail au Département de la Jeunesse, où il se consacrait à différents projets de développement, au titre d'un contrat de trois ans qui arrivait maintenant à son terme. Il avait passé ses deux dernières périodes de vacances à frapper aux portes des entreprises de Nairobi, mais sans succès jusqu'alors. Il ne semblait pas ébranlé pour autant, certain que sa persévérance finirait par payer.

– Pour obtenir un poste, de nos jours, même comme simple employé, il faut connaître quelqu'un, dit-il alors que nous approchions de la propriété de grand-maman. Ou copieusement graisser la patte de certaines personnes. Voilà pourquoi je voudrais créer ma propre affaire. Quelque chose de petit, mais qui soit à moi. C'est l'erreur qu'a commise votre père, je pense. Malgré toute son intelligence, il n'a jamais rien possédé à lui.

Il réfléchit un instant.

– Bien sûr, ça ne sert à rien de perdre du temps à pleurer sur les erreurs du passé, vous n'êtes pas d'accord ? Comme cette dispute à propos de l'héritage de votre père. Dès le début, j'ai dit à mes sœurs d'oublier tout ça. Il faut qu'on continue à vivre comme avant. Mais elles ne m'écoutent pas. Et en attendant, il passe où, l'argent pour lequel elles se battent ? Dans la poche des avocats. Je crois qu'ils s'engraissent bien sur le dos de cette affaire. Comment dit le proverbe, déjà ? Quand les sauterelles se battent, ce sont toujours les corbeaux qui se régalent.

– C'est une expression luo ? m'enquis-je.

Saïd eut un sourire timide.

– Il y a des expressions similaires chez les Luos, dit-il, mais je dois avouer que j'ai lu celle-là dans un livre de Chinua Achebe, l'écrivain nigérian. J'aime beaucoup ce livre. Il dit la vérité sur la situation difficile de l'Afrique. Les Nigérians, les Kényans... c'est pareil. Il y a plus de choses qui nous rapprochent que de choses qui nous séparent.

Grand-maman et Roy étaient assis devant la maison, en train de parler avec un homme en costume. Il se révéla être le directeur de l'école voisine. Il s'était arrêté pour échanger des nouvelles de la ville et déguster par la même occasion la blanquette de poulet qui restait de la veille. Je remarquai que Roy avait fait ses bagages, et je lui demandai où il allait.

– A Kendu Bay, répondit-il. C'est sur la route du directeur, et je vais donc profiter de sa voiture avec Bernard et ma mère, pour ramener Abo ici. Tu devrais nous accompagner et présenter tes respects à la famille qui est là-bas.

Auma décida de rester avec grand-maman, mais Saïd voulut se joindre à l'expédition.

Nous nous entassâmes tous dans la vieille guimbarde du directeur.

Kendu se trouvait à plusieurs heures de route. Par intermittence, nous voyions apparaître à l'ouest les eaux calmes et argentées du lac Victoria, qui finirent par se réduire peu à peu à des marais verts et plats. En fin d'après-midi, nous arrivâmes dans la rue principale de Kendu Bay, une large route poussiéreuse bordée de boutiques couleur sable. Après avoir remercié notre aimable chauffeur, nous empruntâmes un *matatu* qui nous transporta à travers un dédale de rues latérales, jusqu'à la disparition totale du moindre signe de vie citadine. Une fois de plus, le paysage fut constitué de pâturages et de champs de maïs. Puis la route se sépara en deux et nous descendîmes du véhicule. Nous nous mîmes à marcher le long d'un ravin couleur de craie au fond duquel coulait une large rivière aux eaux chocolat. Sur la rive, des femmes faisaient la lessive en tapant des vêtements mouillés contre les rochers. Au-dessus, sur le terrain en terrasse, un troupeau de chèvres broutait l'herbe jaune. Les taches noires, blanches et fauves qu'elles formaient ressortaient sur la terre comme du lichen.

Nous empruntâmes un étroit sentier qui nous amena devant l'entrée d'une propriété ceinte de haies. Kezia s'arrêta et désigna ce qui ressemblait à un tas de pierres et de bâtons empilés au hasard en disant quelques mots à Roy en luo.

– C'est la tombe d'Obama, expliqua Roy. Notre arrière-grand-père. Tout autour, par ici, la terre s'appelle *K'Obama,* la terre des Obama. Nous, nous sommes *Jok'Obama,* « les gens d'Obama ». Notre arrière-arrière-grand-père a été élevé à Alego, mais il est venu s'installer ici quand il était encore un jeune homme. C'est ici qu'Obama s'est fixé, et que tous ses enfants sont nés.

– Pourquoi notre grand-père est-il retourné à Alego ?

Roy se tourna vers Kezia, qui fit un signe d'ignorance.

– Il faut demander à grand-maman, répondit mon frère. Ma mère pense que c'est peut-être parce qu'il ne s'entendait pas avec ses frères. D'ailleurs, l'un de ses frères vit toujours ici. Il est vieux maintenant, mais on pourra peut-être le voir.

Nous avançâmes jusqu'à une petite maison de bois. Une grande et belle femme balayait la cour. Derrière elle, un jeune homme était assis, torse nu, sur la galerie. La femme se protégea les yeux de l'avant-bras, puis se mit à agiter la main, ce qui amena le jeune homme à se tourner lentement vers nous. Roy alla serrer la main à la femme, dont le nom était Salina, et le jeune homme se leva pour venir nous saluer.

– Ah, enfin, vous êtes venus me chercher ! dit Abo en nous étreignant à tour de rôle, avant d'attraper sa chemise pour la passer. Depuis le temps qu'on m'a dit que vous viendriez avec Barry !

– Ouais, tu sais comment c'est, répondit Roy, le temps qu'on s'organise et tout...

— Je suis content que vous soyez venus, je vous dis pas. Il faut absolument que je retourne à Nairobi.

— Tu ne te plais pas ici, hein ?

— On s'ennuie tellement, mec, t'as pas idée ! Pas de télé. Pas de boîtes. Ces gens de la campagne, ils sont un peu en retard… Si Billy s'était pas pointé, je crois que je serais devenu fou.

— Billy est ici ?

— Ouais, il est par là, quelque part…

Abo agita vaguement la main, puis se tourna vers moi en souriant.

— Alors, Barry, qu'est-ce que tu m'as apporté d'Amérique ?

Je fouillai dans mon sac et en sortis un lecteur de cassettes semblable à celui que j'avais offert à Bernard. Il le retourna en tous sens dans sa main avec un air de déception à peine déguisé.

— C'est pas un Sony…

Mais, bien vite, il releva la tête et m'administra une tape dans le dos.

— C'est très bien, Barry. Merci ! Merci !

Je lui fis un signe de tête en essayant de réprimer l'accès de contrariété qui montait en moi.

Il se tenait à côté de Bernard, et la ressemblance était frappante : la même taille, la même minceur, les mêmes traits lisses et réguliers. Il suffirait de raser sa moustache à Abo, me dis-je, et ils pourraient passer pour des jumeaux. Sauf… quoi ? Le regard d'Abo. Oui, c'était ça. Pas seulement la rougeur qui trahissait la prise d'une substance quelconque, mais quelque chose de plus profond, quelque chose qui me rappelait les jeunes de Chicago. Un soupçon de circonspection, peut-être, et de calcul. Le regard de quelqu'un qui avait compris très tôt qu'il était victime d'une injustice.

Nous suivîmes Salina à l'intérieur, et elle nous apporta un plateau de sodas et de biscuits. Alors qu'elle posait le plateau, un jeune homme costaud, moustachu, aussi bien de sa personne que Salina et aussi grand que Roy, entra en poussant un cri.

— Roy ! Qu'est-ce que tu fais ici ?

Roy se leva et les deux hommes s'étreignirent.

— Tu me connais, je me suis invité à manger. Je devrais te poser la même question.

— Moi, je viens seulement rendre visite à ma mère. Quand elle trouve que je ne viens pas assez souvent, elle me fait des reproches.

Il embrassa Salina sur la joue et me serra la main à la broyer.

— Donc, tu m'as amené mon cousin d'Amérique ! J'ai tellement entendu parler de toi, Barry, je n'arrive pas à croire que tu es là pour de vrai !

Il se tourna vers sa mère.

— Tu lui as apporté à manger ?

— Minute, Billy, minute.

Salina prit Kezia par la main et se tourna vers Roy.

— Tu vois à quoi sont soumises les mères ? Dis-moi, comment va ta grand-mère ?

— Pareil.

Elle hocha la tête d'un air pensif :

— C'est déjà ça, dit-elle.

Elle sortit de la pièce avec Kezia, et Billy se laissa tomber sur le canapé à côté de Roy.

— Alors, t'es toujours aussi fou, *bwana* ? Ben dis donc, t'es bien nourri, t'es aussi gras qu'un taureau de concours ! Tu dois bien te marrer, aux Etats-Unis !

— Ça va, répondit Roy. Et toi, tu te plais à Mombasa ? On m'a dit que tu travaillais à la poste.

Billy haussa les épaules.

— Ça paie pas trop mal. On se fatigue pas le cerveau, mais c'est un boulot sûr.

Il se tourna vers moi.

— Tu sais, Barry, ton frangin, là, c'était un joyeux luron ! Tu peux me croire, on a fait les quatre cents coups, à l'époque. On passait notre temps à chasser la chair fraîche, hein, Roy ?

Il gratifia son cousin d'une grande claque sur la cuisse et éclata de rire.

— Alors, raconte, elles sont comment, les Américaines ?

Roy joignit son rire au sien, mais parut soulagé à l'apparition de Salina et Kezia qui apportaient les plats.

— Tu vois, Barry, dit Billy en posant son assiette devant lui sur la table basse, votre père et le mien étaient du même âge. Très proches. On a le même âge, Roy et moi, et donc, quand on était petits, on était très proches aussi. Tu sais, votre père, c'était vraiment quelqu'un de bien. J'étais plus proche de lui que de mon propre père. Quand j'avais des problèmes, c'était mon oncle Barack que j'allais voir en premier. Et toi, Roy, c'était mon père que tu allais voir, je crois.

– Les hommes de notre famille étaient vraiment chouettes pour les enfants des autres, commenta Roy à voix basse. Avec les leurs, ils avaient peur de paraître faibles.

Billy approuva de la tête en se léchant les doigts.

– Tu sais, Roy, je crois qu'il y a du vrai dans ce que tu dis. Moi, je veux pas commettre les mêmes erreurs. Je veux pas maltraiter ma famille.

Billy sortit son portefeuille de sa poche et me montra une photo de sa femme et de leurs deux petits enfants.

– Je te jure, *bwana*, le mariage, ça te transforme ! Tu devrais me voir maintenant, Roy ! Je me suis drôlement calmé. Un vrai père de famille. Bien sûr, y a des limites à ne pas franchir. Ma femme, elle sait qu'il faut pas pousser le bouchon trop loin. Qu'est-ce que t'en penses, toi, Saïd ?

Je m'aperçus que Saïd n'avait pas beaucoup parlé depuis notre arrivée. Il prit le temps de la réflexion avant de répondre à Billy :

– Je ne suis pas encore marié, alors je ne devrais peut-être rien dire. Mais je reconnais que j'ai un peu réfléchi à la question. J'en ai conclu que le problème le plus sérieux de l'Afrique, c'est quoi ?

Il fit une pause et ses yeux firent le tour de la pièce.

– C'est ce qui se passe entre les hommes et les femmes, poursuivit-il. Nous, les hommes, on essaie d'être forts, mais notre force, on la place souvent mal. Comme cette histoire d'avoir plus d'une femme… Nos pères avaient plusieurs femmes, alors nous aussi, il faut qu'on en ait plusieurs. Mais nous ne prenons pas cinq minutes pour regarder les conséquences. Qu'est-ce qui se passe avec toutes ces femmes ? Elles deviennent jalouses. Les enfants, ils ne sont pas proches de leurs pères. C'est…

Saïd se reprit soudain et sourit :

– Bien sûr, moi, je n'en ai même pas une, de femme, alors je ne devrais pas continuer. Quand il n'a pas d'expérience, l'homme avisé se tait.

– Achebe ? interrogeai-je.

Saïd rit et serra ma main.

– Non, Barry, celle-là, elle n'est que de moi.

Il faisait nuit quand le dîner se termina, et, après avoir remercié Salina et Kezia, nous suivîmes Billy dehors, sur un étroit sentier. Nous marchâmes à la lueur de la pleine lune et nous arrivâmes bientôt à la hauteur d'une petite maison où les ombres des papillons de nuit dansaient contre une fenêtre jaune. Billy frappa à la porte, et un homme petit au front balafré d'une cicatrice vint nous ouvrir. Ses lèvres souriaient mais ses yeux méfiants bougeaient comme s'il s'attendait à recevoir un coup. Derrière lui était assis un autre homme, grand et très mince, vêtu de blanc et doté d'un filet de barbiche blanche et d'une fine moustache qui lui donnaient l'air d'un *sadhu* indien. Ensemble, ils nous serrèrent fébrilement la main, en s'adressant à moi dans un anglais approximatif.

– Ton neveu ! se présenta l'homme aux cheveux blancs, en se désignant du doigt.

Le petit homme éclata de rire.

– Il a les cheveux blancs mais il dit que tu es son oncle ! Ha ha ha ! Il parle bien l'anglais, hein ? Entrez.

Ils nous conduisirent jusqu'à une table de bois garnie d'une bouteille sans étiquette contenant un liquide clair et trois verres. L'homme aux cheveux blancs souleva la bouteille, puis versa précautionneusement ce qui ressemblait à deux doses dans chaque verre.

– C'est mieux que du whisky, Barry, me précisa Billy en levant son verre. Ça rend les hommes très puissants.

Il but cul sec, imité par Roy. Je me jetai à l'eau. Aussitôt, je crus que ma poitrine était en train d'exploser, envoyant une giclée d'éclats d'obus dans mon estomac. Une deuxième tournée fut aussi vite engloutie. Le petit homme brandit alors l'extraordinaire breuvage devant mes yeux, qui eurent du mal à discerner son visage déformé par le verre de la bouteille.

– Encore ?

– Non, pas tout de suite, répondis-je en réprimant une toux. Merci.

– Tu as peut-être quelque chose pour moi ? me demanda l'homme aux cheveux blancs. Tee-shirt ? Chaussures ?

– Je suis désolé… J'ai tout laissé à Alego.

Le petit homme conserva son sourire comme s'il n'avait pas compris et, de nouveau, proposa de me resservir. Cette fois, Billy repoussa sa main.

– Laisse-le tranquille ! On pourra en reprendre tout à l'heure. D'abord, on va aller voir notre grand-père.

Les deux hommes nous introduisirent dans une petite pièce. Là, devant une lampe à kérosène, était assis l'homme le plus vieux qu'il m'eût été donné de voir.

Ses cheveux étaient d'un blanc neigeux, sa peau ridée comme du parchemin. Il était assis immobile, les yeux fermés, ses bras décharnés posés sur les accoudoirs de son fauteuil. Je le crus endormi, mais quand Billy s'avança le vieil homme leva la tête vers nous, et je vis le reflet du visage que j'avais vu la veille à Alego, sur la photo jaunie accrochée au mur, chez grand-maman.

Billy lui expliqua qui était là. Le vieil homme opina du chef et se mit à parler d'une voix basse et croassante qui semblait provenir du sous-sol.

– Il dit qu'il est content que tu sois venu, traduisit Roy. C'est le frère de ton grand-père. Il te souhaite la bienvenue.

Je dis que j'étais heureux de le voir, et le vieillard approuva encore d'un geste de la tête.

– Il dit que beaucoup de jeunes hommes ont été perdus... au pays de l'homme blanc. Il dit que son fils est en Amérique et qu'il n'est pas rentré depuis des années. Ces hommes sont comme des fantômes, dit-il. Quand ils mourront, personne ne sera là pour les pleurer. Il n'y aura pas d'ancêtres pour les accueillir. Alors... il dit que c'est bien que tu sois revenu.

Le vieillard leva la main et je la pris doucement. Quand nous nous levâmes pour partir, il prononça encore quelques mots, et Roy hocha la tête avant de refermer la porte.

– Il dit que si tu as des nouvelles de son fils, m'expliqua-t-il, il faudra que tu lui dises de rentrer à la maison.

L'effet de la lune, peut-être, ou peut-être est-ce parce que les gens alentour parlaient dans une langue que je ne comprenais pas... quand j'essaie de me remémorer le reste de cette soirée, il me semble avancer en plein rêve. La lune est basse dans le ciel, les silhouettes de Roy et des autres se mêlent aux ombres du maïs. Nous entrons dans une autre petite maison et nous y trouvons d'autres hommes, peut-être six, peut-être dix, car leur nombre change constamment à mesure que la nuit avance. Au centre d'une grossière table de bois, il y a trois nouvelles bouteilles, et les hommes se mettent à verser les rayons de lune dans les verres, cérémonieusement tout d'abord, puis plus vite, un peu n'importe comment. Les vilaines bouteilles sans étiquette passent de main en main. J'arrête de boire après avoir pris deux doses de leur contenu, mais personne ne semble s'en offusquer. Les visages, les jeunes, les vieux, brillent comme des citrouilles creusées en lanternes à la lueur tremblante de la lampe, on rit, on crie, on s'effondre dans les coins noirs ou on gesticule pour demander des cigarettes ou à boire, les cris se font aigus pour exprimer la colère ou le plaisir, puis, aussi vite, l'excitation retombe, les mots en luo, en swahili et en anglais s'entremêlent dans un enchevêtrement impossible à reconnaître, des voix enjôleuses demandent de l'argent ou la bouteille, elles rient et sanglotent, les mains sont tendues, ce sont les voix imbibées, hésitantes, furieuses, de ma propre jeunesse, de Harlem et du South Side. Les voix de mon père.

Je ne sais pas combien de temps nous sommes restés là-bas. Je sais qu'à un certain moment Saïd me prit par le bras.

– Barry, on s'en va, dit-il, Bernard ne se sent pas bien.

Je m'apprêtais à les suivre lorsque Abo se pencha sur moi et m'attrapa par les épaules.

– Barry ! Tu vas où ?

– Je vais me coucher, Abo.

– Il faut que tu restes avec nous ! Avec moi ! Et Roy !

Je vis Roy affalé sur le canapé. Nos yeux se rencontrèrent, et, du geste, je lui désignai la porte. Un silence soudain sembla alors s'installer dans la pièce, et ce fut comme si je regardais la scène à la télévision, sans le son. Je vis l'homme à cheveux blancs remplir le verre de Roy. Je songeai à entraîner Roy hors de la pièce. Mais les yeux de Roy quittèrent les miens. Il rit et avala son verre sous les acclamations, les applaudissements et les vivats ; je les entendais encore quand je me retrouvai dehors avec Saïd et Bernard.

– Ils sont trop bourrés, déclara Bernard d'une voix faible.

Saïd acquiesça et se tourna vers moi.

– J'ai peur que Roy ne soit comme mon frère aîné. Tu sais, ton père avait la cote ici. A Alego aussi. Quand il rentrait, il payait à boire à tout le monde et se couchait très tard. Les gens d'ici aiment ça. Ils lui disaient : « Tu es un type important, mais tu ne nous as pas oubliés. » Ces paroles lui faisaient plaisir, je crois. Je me souviens d'un jour où il m'a emmené à Kisumu dans sa Mercedes. En route, il voit un *matatu* qui prend des passagers, et il me dit : « Saïd, ce soir, on va faire les chauffeurs de *matatu* ! » A l'arrêt de *matatu* suivant, il fait monter les gens qui attendent et me demande de ramasser le prix du billet régulier. Je crois qu'on avait entassé huit personnes dans la voiture. Non seulement il les a emmenées à Kisumu, mais il les a conduites à domicile. Et au fur et à mesure que les gens sortaient, il leur rendait l'argent. Les gens n'y comprenaient rien, et moi non plus d'ailleurs. Après, on est allés dans un bar, et il a raconté tout ça à ses amis. Il a bien ri, ce soir-là.

Saïd se tut, puis reprit, en choisissant soigneusement ses mots :

– Voilà ce qui faisait de mon frère un homme vraiment bon. Mais je crois aussi que quand on est quelque chose, on ne peut pas faire semblant d'être autre chose. Comment pouvait-il être un chauffeur de *matatu*, ou passer toute la nuit dehors à boire, et en même temps rédiger le plan économique du Kenya ? Un homme rend service à son peuple en faisant ce qui est bon pour lui, non ? Pas en faisant ce que les autres pensent qu'il doit faire. Mais mon frère, même s'il se vantait de son indépendance, je crois qu'il avait peur de certaines choses. Il avait peur de ce que diraient les gens s'il quittait le bar trop tôt. Qu'ils disent qu'il n'avait plus sa place parmi ceux avec qui il avait grandi.

– Moi, j'ai pas envie d'être comme ça, déclara Bernard.

Saïd regarda son neveu avec dans les yeux une sorte de regret.

– Je n'aurais pas dû parler aussi ouvertement, Bernard. Tu dois respecter tes aînés. Ce sont eux qui tracent le chemin pour toi, pour que ce soit plus facile pour toi. Mais si tu les vois tomber dans un fossé, qu'est-ce que ça doit t'apprendre ?

– A le contourner, répondit Bernard.

– Tu as raison. Quitte ce chemin et suis ta propre route.

Saïd posa son bras autour des épaules de son jeune neveu. En approchant de la maison de Salina, je tournai la tête. Derrière moi, je distinguais toujours la lumière diffuse des fenêtres de la maison du vieillard, et je sentais ses yeux aveugles qui nous regardaient dans le noir.

19

Roy et Abo se réveillèrent tous deux avec un épouvantable mal de tête et restèrent à Kendu un jour de plus avec Kezia. Moi, j'étais dans une forme légèrement meilleure, aussi décidai-je de retourner en bus à Home Squared, avec Saïd et Bernard. Mais je ne tardai pas à regretter cette décision. Nous dûmes rester debout pendant la quasi-totalité du trajet, la tête coincée contre le toit du véhicule. Pour couronner le tout, j'avais attrapé la diarrhée. A chaque cahot, je sentais mon estomac se soulever et ma tête sur le point d'éclater. Arrivé à bon port, je passai au petit trot devant grand-maman et Auma en leur adressant un bref salut, avant de mettre le cap sur les cabinets au pas de course.

Vingt minutes plus tard, j'émergeai des lieux en clignant des yeux comme un prisonnier à la lumière de midi. Les femmes étaient rassemblées sur des matelas de paille à l'ombre d'un manguier. Grand-maman tressait les cheveux d'Auma, et Zeituni ceux d'une petite voisine.

— Alors, c'était bien ? s'enquit Auma en réprimant un sourire.

— Merveilleux.

Je m'assis à côté d'elles. Une vieille femme très maigre sortit de la maison et prit place près de grand-maman. Elle pouvait avoir dans les soixante-dix ans, mais cela ne l'empêchait pas de porter un pull d'un rose flamboyant. Elle s'assit en pliant ses jambes sur le côté comme une écolière timide. Elle me dévisagea et prononça quelques mots en luo, traduits par Auma :

— Elle dit que tu n'as pas l'air bien.

La vieille femme m'adressa un sourire partiellement édenté.

– C'est la sœur de notre grand-père, Dorsila, poursuivit Auma. La dernière enfant de notre arrière-grand-père Obama. Elle vit dans un autre village, mais quand elle a appris... Aïe ! je t'assure Barack, tu as de la chance de ne pas avoir de tresses... Qu'est-ce que je disais ? Ouais... Dorsila dit que quand elle a appris qu'on était là, elle est venue à pied spécialement pour nous voir. Elle nous salue de la part de tous les gens de son village.

Nous nous serrâmes la main, et j'appris à Dorsila que j'avais fait la connaissance de son frère aîné à Kendu Bay. Elle opina en disant quelques mots à Auma, qui me les transmit :

– Elle dit que son frère est très vieux. Quand il était jeune, il ressemblait énormément à notre grand-père. Parfois, même, elle avait du mal à faire la différence.

Je confirmai d'un mouvement de tête, tout en sortant mon briquet. En voyant la flamme jaillir, notre grand-tante poussa une sorte de sifflement avant de s'adresser à mots rapides à Auma.

– Elle voudrait savoir d'où vient le feu.

Je tendis le briquet à une Dorsila transformée en moulin à paroles et lui montrai comment il fonctionnait.

– Elle dit que les choses changent tellement vite que ça lui donne le tournis. Elle dit que la première fois qu'elle a vu la télévision, elle a cru que les gens à l'intérieur de la boîte pouvaient la voir aussi. Elle les a trouvés très grossiers, parce qu'ils ne lui ont pas répondu quand elle leur a parlé.

La vieille femme gloussa à ce souvenir.

Zeituni se leva alors pour se rendre à la cuisine. Elle en revint en portant une tasse.

– Tiens, me dit-elle en me la tendant, bois.

Je humai le liquide vert et fumant. Il répandait une odeur nauséabonde de marécage.

– Qu'est-ce que c'est ?

– C'est fait avec une plante qui pousse ici. Fais-moi confiance... ça va te retaper en un tournemain.

Je pris une première gorgée prudente. Le goût de ce breuvage était aussi mauvais qu'il y paraissait, mais Zeituni resta plantée au-dessus de moi jusqu'à ce que j'aie avalé la dernière goutte.

– C'est une recette de ton grand-père, expliqua-t-elle. Je t'ai dit qu'il était herboriste.

J'aspirai une bouffée de ma cigarette et je me tournai vers Auma.

– Demande-lui de me parler de lui, dis-je, de notre grand-père. Roy m'a dit qu'il avait grandi à Kendu, et qu'ensuite il est parti vivre seul à Alego.

Grand-maman acquiesça en entendant la traduction d'Auma.

– Sait-elle pourquoi il a quitté Kendu ?

– Elle dit qu'à l'origine sa famille venait de cette terre, dit Auma.

Je demandai à grand-maman de commencer depuis le début. Pourquoi notre arrière-grand-père Obama était-il parti vivre à Kendu ? Où travaillait notre grand-père ? Pourquoi la mère du Vieil Homme était-elle partie ?

Quand elle entama son récit, je sentis le vent se lever, puis retomber. Une procession de nuages élevés passait au-dessus des collines. Et sous l'ombre bienfaisante du manguier, pendant que s'activaient les mains, entrelaçant des boucles noires et les divisant en rangées égales, j'entendais nos voix courir à la rencontre les unes des autres. C'était le son de trois générations qui se recouvraient mutuellement comme le flux lent d'un ruisseau, et mes questions troublaient l'eau comme autant de cailloux, et les brèches dans les souvenirs séparaient les flots, mais les voix, toujours, se réunissaient pour suivre le même cours, reprendre la même histoire…

– D'abord, il y eut Miwiru. On ne sait pas d'où il venait. Miwiru engendra Sigoma, Sigoma engendra Owiny, Owiny engendra Kisodhi, Kisodhi engendra Ogelo, Ogelo engendra Otondi, Otondi engendra Obongo, Obongo engendra Okoth, et Okoth engendra Opiyo. Les femmes qui les mirent au monde, leurs noms sont oubliés, car c'était la coutume de notre peuple.

« Okoth vivait à Alego. Avant cela, on sait seulement que les familles firent un long voyage, venant de la direction de ce qui est aujourd'hui l'Ouganda, et que nous étions comme les Massaïs, que nous migrions pour rechercher de l'eau et des pâturages pour de grands troupeaux de bétail. A Alego, ils se fixèrent et commencèrent à cultiver la terre. D'autres Luos se fixèrent près du lac et apprirent à pêcher. Il y avait d'autres tribus qui parlaient le bantou et qui vivaient déjà à Alego lorsqu'arrivèrent les Luos, et de grandes guerres eurent lieu. Notre ancêtre Owiny était connu comme un grand guerrier et comme le chef de son peuple. Il participa à la défaite des armées bantoues, mais les Bantous furent autorisés à rester et à épouser des Luos, et ils nous apprirent beaucoup de choses sur la culture et l'élevage, et le nouveau pays.

« Quand les gens commencèrent à se sédentariser et à devenir des cultivateurs, la campagne se peupla à Alego. Opiyo, le fils d'Okoth, était l'un des frères les plus jeunes, et c'est peut-être ce qui le décida à partir pour Kendu Bay. Quand il alla s'installer là-bas, il n'avait pas de terre, mais, selon la coutume de notre peuple, un homme pouvait défricher toutes les terres non cultivées. Ce qu'un homme ne cultivait pas revenait à la tribu. Ce n'était donc pas une situation honteuse pour Opiyo. Il travaillait sur les propriétés d'autres personnes et déclarait la terre comme étant la sienne. Mais il n'eut pas le temps de prospérer, car il mourut très jeune, en laissant deux femmes et plusieurs enfants. L'une des femmes fut prise par le frère d'Opiyo, selon la coutume de l'époque, elle devint la femme du frère, et ses enfants les enfants du frère. Mais l'autre femme mourut aussi, et son fils aîné, Obama, devint orphelin alors qu'il était encore enfant. Lui aussi vécut avec son oncle, mais les ressources de la famille étaient restreintes, aussi, quand Obama grandit, il alla travailler pour d'autres, comme son père l'avait fait avant lui.

« La famille pour laquelle il travaillait était riche, avec beaucoup de bétail. Mais ils en vinrent à admirer Obama, parce qu'il était entreprenant et très bon cultivateur. Quand il leur demanda la permission d'épouser leur fille aînée, ils acceptèrent, et les oncles de la famille lui fournirent la dot nécessaire. Et quand cette fille aînée mourut, ils acceptèrent qu'Obama épouse la plus jeune fille, qui s'appelait Nyaoke. A la fin, Obama eut quatre épouses, qui lui donnèrent beaucoup d'enfants. Il eut sa propre terre et devint prospère, avec une vaste propriété et un bétail nombreux, ainsi que des chèvres. Et grâce à sa politesse et son sens des responsabilités, il accéda au statut d'ancien à Kendu, et on vint en nombre lui demander des conseils.

« Ton grand-père, Onyango, était le cinquième fils de Nyaoke. Dorsila, qui est ici, était la dernière enfant de la dernière femme d'Obama.

« Cela date de l'époque où l'homme blanc n'était pas encore arrivé. Chaque famille avait sa propre propriété, mais elles étaient toutes soumises aux lois des anciens. Les hommes avaient leurs propres huttes, et ils étaient responsables de l'entretien et de l'exploitation de leur terre, et de la protection du bétail contre les animaux sauvages et les attaques des autres tribus. Chaque femme avait sa propre parcelle de légumes qu'elle était seule à cultiver avec ses filles. Elle faisait la cuisine pour l'homme, puisait l'eau et entretenait la hutte. Les anciens régissaient les plantations et les récoltes. Ils organisaient la rotation du travail entre les familles, de sorte que les familles s'aidaient mutuellement. Les anciens distribuaient la nourriture aux veuves ou à ceux qui vivaient des temps difficiles, fournissaient du bétail pour la dot des hommes qui n'en avaient pas eux-mêmes, et réglaient tous les conflits. La parole des aînés faisait la loi et était strictement observée. Ceux qui désobéissaient étaient obligés de partir et de recommencer à zéro dans un autre village.

« Les enfants n'allaient pas à l'école, mais ils apprenaient avec leurs parents. Les filles accompagnaient leurs mères et apprenaient à piler le millet pour faire du porridge, à cultiver les légumes et à tasser la terre pour faire les huttes. Les garçons apprenaient auprès de leurs pères à s'occuper des troupeaux ; à manier la *panga* et à se servir d'une lance. Quand une mère mourait, une autre mère prenait l'enfant et s'en occupait comme du sien. Le soir, les filles mangeaient avec leurs mères, pendant que les fils rejoignaient le père dans sa hutte, écoutaient les histoires et apprenaient nos coutumes. Parfois, un harpiste venait, et le village tout entier écoutait ses chansons. Les harpistes chantaient les grands exploits du passé, les grands guerriers et les sages anciens. Ils louaient les hommes qui étaient de bons cultivateurs, ou les femmes qui étaient belles, et jetaient l'opprobre sur ceux qui étaient paresseux ou cruels. Chacun était reconnu dans ces chants pour sa contribution au village, les bons et les méchants, et ainsi, les traditions des anciens restaient vivantes pour tous ceux qui entendaient. Quand les femmes et les enfants étaient partis, les hommes se réunissaient et décidaient des affaires du village.

« Déjà, à cette époque où il n'était qu'un petit garçon, votre grand-père Onyango était étrange. On disait de lui qu'il avait des fourmis au derrière, parce qu'il était incapable de rester tranquillement assis. Il partait tout seul pendant plusieurs jours, et quand il revenait il ne disait pas où il était allé. Il était toujours très sérieux –

jamais il ne riait ni ne jouait avec les autres enfants, et il ne plaisantait jamais. Il était toujours curieux de ce que faisaient les autres, c'est de cette façon qu'il a appris les herbes. Il faut que tu saches qu'un herboriste n'est pas un chaman, ce que l'homme blanc appelle un sorcier. Un chaman jette des sorts et parle au monde des esprits. L'herboriste sait comment préparer une boue spéciale pour guérir une blessure. Petit garçon, ton grand-père restait assis dans la hutte de l'herboriste du village, il observait et écoutait pendant que les autres petits garçons jouaient, et c'est comme ça qu'il a acquis ses connaissances.

« Ton grand-père était encore un petit garçon quand nous avons entendu dire que l'homme blanc était venu à Kisumu. On disait que ces hommes blancs avaient la peau douce comme celle des enfants, mais qu'ils voyageaient sur un bateau qui grondait comme le tonnerre et avaient des bâtons qui crachaient le feu. Avant cette époque, personne dans notre village n'avait jamais vu d'homme blanc, sauf des commerçants arabes qui venaient quelquefois nous vendre du sucre et des tissus. Mais même ça, c'était rare, parce que notre peuple n'utilisait pas beaucoup de sucre, et nous ne portions pas de vêtements, seulement une peau de chèvre qui couvrait nos parties génitales. Quand les anciens ont entendu ces histoires, ils ont discuté entre eux et ont conseillé aux hommes de ne pas s'approcher de Kisumu avant qu'on puisse mieux comprendre cet homme blanc.

« En dépit de cet avertissement, la curiosité d'Onyango fut éveillée et il décida qu'il devait aller voir les hommes blancs par lui-même. Un jour il disparut, et personne ne sut où il était allé. Puis, plusieurs mois plus tard, pendant que les autres fils d'Obama travaillaient la terre, Onyango revint au village. Il portait un pantalon d'homme blanc, une chemise d'homme blanc et des chaussures qui couvraient ses pieds. Les petits enfants prirent peur, et ses frères ne surent que penser de ce changement. Ils appelèrent Obama, qui sortit de sa hutte, et la famille se rassembla autour d'Onyango pour le dévorer des yeux dans son étrange accoutrement. "Qu'est-ce qui t'est arrivé ? demanda Obama. Pourquoi portes-tu ces étranges peaux ?" Onyango ne répondit rien, et Obama décréta qu'Onyango portait sûrement un pantalon pour cacher le fait qu'il était circoncis, ce qui était contraire aux coutumes des Luos. Il pensa que la chemise que portait son fils couvrait des rougeurs, ou des plaies. Obama se tourna vers ses autres fils et dit : "N'approchez pas ce frère. Il est impur." Puis il retourna dans sa hutte, et les autres rirent et se moquèrent d'Onyango. A cause de cela, Onyango retourna à Kisumu, et resta brouillé avec son père pendant le restant de ses jours.

« Personne n'avait compris alors que l'homme blanc avait l'intention de rester dans le pays. Nous pensions qu'il était venu seulement pour vendre ses marchandises. Nous prîmes goût à certaines de ses coutumes, comme boire du thé. Avec le thé, nous trouvâmes qu'il nous fallait du sucre, et des bouilloires à thé, et des tasses. Toutes ces choses, nous les achetâmes avec des peaux, de la viande et des légumes. Plus tard, nous apprîmes à accepter les pièces de l'homme blanc. Mais ces choses ne nous affectaient pas profondément. Comme les Arabes, les hommes blancs restaient en petit nombre, et nous pensions qu'ils retourneraient finalement dans leur pays. A Kisumu, quelques hommes blancs restèrent et bâtirent une mission. Ces hommes parlaient de leur dieu, qui était tout-puissant, disaient-ils. Mais la plupart des gens les ignoraient et trouvaient leurs discours stupides. Même quand des hommes blancs apparurent avec des fusils, personne ne résista parce que nos vies n'étaient pas encore touchées par la mort que ces armes pouvaient apporter. Beaucoup pensaient que les armes étaient juste des drôles de bâtons pour remuer l'*ugali*.

« Les choses changèrent avec la première des guerres de l'homme blanc. Les armes apparurent en plus grand nombre, en même temps que homme blanc qui se faisait appeler "commissaire du district". Nous appelâmes cet homme *Bwana Ogalo*, ce qui signifiait "l'Oppresseur". Il imposa un impôt sur les huttes, qui devait être payé dans la monnaie de l'homme blanc. Cela obligea beaucoup d'hommes à travailler pour des salaires. Il enrôla de force beaucoup de nos hommes dans son armée pour porter les provisions et construire une route qui permettrait aux automobiles de passer. Il s'entoura de Luos qui portaient des habits comme ceux de l'homme blanc pour lui servir d'agents et de collecteurs d'impôts. On nous dit que nous avions des chefs maintenant, des hommes qui n'étaient même pas dans le conseil des anciens. A toutes ces choses, on résistait, et beaucoup de nos hommes commencèrent à les combattre. Mais ceux qui faisaient cela étaient battus ou tués. Ceux qui ne payaient pas les impôts voyaient leurs huttes brûlées, rasées. Quelques familles s'enfuirent plus loin à la campagne pour bâtir de nouveaux villages. Mais la plupart restèrent et apprirent à vivre dans cette nouvelle situation, même si nous comprenions tous à présent que nous avions été idiots de ne pas tenir compte de l'arrivée de l'homme blanc.

« A cette époque, ton grand-père travaillait pour l'homme blanc. Peu de gens savaient parler l'anglais ou le swahili, car les hommes n'aimaient pas envoyer leurs fils à l'école de l'homme blanc, ils préféraient les voir travailler la terre avec eux. Mais Onyango avait appris à lire et à écrire, et il comprenait le système de papiers et de titres de propriété de l'homme blanc. Cela le rendit utile à l'homme blanc, et pendant la guerre il eut la charge des équipes de construction des routes. Finalement, il fut envoyé au Tanganyika, où il passa plusieurs années. Quand il revint, il défricha une terre à Kendu, mais loin de la propriété de son père, et il parla rarement à ses frères. Il ne construisit pas une vraie hutte pour lui-même, mais vécut dans une tente. Les gens n'avaient jamais vu une chose pareille, et ils pensaient qu'il était devenu fou. Après avoir revendiqué son droit à la propriété, il partit pour Nairobi, où un homme blanc lui avait proposé du travail.

« En ces jours-là, peu d'Africains pouvaient prendre le train, aussi Onyango se rendit-il à pied à Nairobi. Son voyage dura plus de deux semaines. Plus tard, il nous raconta les aventures qu'il avait eues pendant son périple. Plusieurs fois, il dut chasser des léopards avec sa *panga*. Une fois, il dut grimper sur un arbre pour échapper à un buffle en colère, et il dut passer deux nuits dans cet arbre. Un jour, dans la forêt, il trouva un tambour au milieu du sentier et quand il l'ouvrit il en vit sortir un serpent qui se glissa entre ses pieds pour gagner les broussailles. Mais il ne lui arriva rien de mal, et il finit par arriver sain et sauf à Nairobi pour prendre son travail dans la maison de l'homme blanc.

« Il ne fut pas le seul à partir pour la ville. Après la guerre, de nombreux Africains commencèrent à travailler pour un salaire, surtout ceux qui avaient été enrôlés ou qui vivaient près des villes, ou avaient rejoint les missions des Blancs. Beaucoup avaient été déplacés pendant la guerre et la période qui avait suivi. La guerre avait apporté la famine et les maladies, et elle apporta aussi un grand nombre de colons blancs, qui furent autorisés à confisquer les meilleures terres.

« Les Kikuyus furent ceux qui ressentirent le plus ces changements, car ils vivaient dans les collines autour de Nairobi, où la colonie blanche était la plus importante. Mais les Luos durent subir eux aussi la loi de l'homme blanc. Toutes les personnes durent aller s'enregistrer auprès de l'administration coloniale et les impôts sur les huttes augmentèrent régulièrement. Cela poussa de plus en plus d'hommes à aller travailler comme ouvriers dans les grandes fermes des Blancs. Dans notre village, il y avait maintenant plus de familles qui portaient les habits de l'homme blanc, et plus de pères qui acceptaient d'envoyer leurs enfants dans les écoles des missions. Bien sûr, même ceux qui allaient à l'école ne pouvaient pas faire ce que faisait l'homme blanc. Seuls les Blancs étaient autorisés à acheter certaines terres ou à tenir certains commerces. D'autres entreprises étaient réservées par la loi aux hindous et aux Arabes.

« Certains hommes commencèrent à s'organiser contre cette politique, à faire des pétitions et des manifestations. Mais ils étaient peu nombreux, et beaucoup de gens se contentaient de se battre pour survivre. Les Africains qui ne travaillaient pas comme ouvriers restaient dans leurs villages et essayaient de maintenir les anciennes coutumes. Mais même dans les villages, les attitudes changèrent. Les terres étaient surpeuplées, car avec le nouveau système de propriété, il n'y avait plus de place pour permettre aux fils de cultiver leurs propres parcelles, tout appartenait à une seule personne. Le respect des traditions faiblit, car les jeunes voyaient que les anciens n'avaient plus de pouvoir réel. La bière, qui était autrefois faite de miel et que les hommes buvaient avec parcimonie, arrivait maintenant en bouteilles, et beaucoup devinrent des ivrognes. Beaucoup d'entre nous se mirent à apprécier la vie de l'homme blanc, et nous trouvâmes que, comparés à lui, nous étions pauvres.

« Ces circonstances permirent à ton grand-père de prospérer. Par son travail à Nairobi, il apprit à cuisiner les plats de l'homme blanc et à organiser sa maison. Grâce à cela, il était populaire chez les employeurs et il travailla dans les domaines de certains hommes blancs parmi les plus importants, même Lord Delamere. Il mit son salaire de côté et acheta de la terre et du bétail à Kendu. Là, il finit par se construire une hutte. Mais il n'entretenait pas sa hutte comme les autres gens. Elle était d'une propreté incroyable, et il insistait pour qu'on se rince les pieds ou qu'on enlève ses chaussures avant d'entrer. Dans sa hutte, il prenait tous ses repas assis sur une chaise près d'une table, sous une moustiquaire, avec un couteau et une fourchette. Il ne touchait à aucun aliment qui n'avait pas été soigneusement lavé et couvert dès qu'il avait été cuit. Il se baignait sans arrêt, et il lavait ses vêtements chaque soir. Jusqu'à la fin de sa vie, il a été comme ça, très soigné, faisant très attention à l'hygiène, et il se mettait en colère si on ne rangeait pas les choses à leur place ou si on ne nettoyait pas bien quelque chose.

« Et il était très strict au sujet de ce qui lui appartenait. Quand on le lui demandait, il donnait toujours quelque chose – à manger, son argent, même ses vêtements. Mais si on touchait à ses affaires sans demander, il se mettait très en colère. Même plus tard, après la naissance de ses enfants, il leur disait toujours qu'il ne fallait pas toucher à ce qui appartenait aux autres.

« Les gens de Kendu trouvaient ses manières étranges. Ils venaient le voir parce qu'il partageait généreusement sa nourriture et qu'il y avait toujours quelque chose à manger. Mais, entre eux, ils riaient parce qu'il n'avait ni épouses ni enfants. Peut-être qu'Onyango entendit ces commérages, parce que bientôt il se dit qu'il lui fallait une épouse. Son problème, c'était qu'aucune épouse ne serait capable d'entretenir son ménage comme il le voulait. Il paya sa dot à plusieurs jeunes filles, mais soit elles étaient trop paresseuses, soit elles cassaient un plat, et ton grand-père les battait sévèrement. C'était normal chez les Luos que les hommes battent leurs femmes quand elles agissaient mal, mais, même chez les Luos, le comportement d'Onyango était considéré comme dur, et finalement les femmes qu'il prenait pour lui s'enfuyaient et retournaient chez leur père. Ton grand-père a perdu beaucoup de bétail comme ça, car il était trop fier pour leur demander de lui rendre sa dot.

« Il finit tout de même par trouver une femme qui pouvait vivre avec lui. Son nom était Helima. On ne sait pas ce qu'elle ressentait envers ton grand-père, mais elle était silencieuse et polie, et, ce qui était le plus important, elle était capable de tenir le ménage de ton grand-père comme il l'exigeait. Il lui construisit une hutte à Kendu, où elle passait le plus clair de son temps. Parfois, il l'emmenait à

Nairobi faire des séjours dans la maison où il travaillait. Au bout de quelques années, on découvrit qu'Helima ne pouvait pas avoir d'enfants. Parmi les Luos, c'était normalement une cause reconnue de divorce : un homme pouvait renvoyer une femme stérile à ses beaux-parents et réclamer le remboursement de la dot. Mais ton grand-père choisit de garder Helima, et, dans cette mesure, il la traita bien.

« Mais Helima devait se sentir seule, car ton grand-père travaillait tout le temps et n'avait pas le temps d'avoir des amis ou de se distraire. Il ne buvait pas comme les autres hommes, et il ne fumait pas de tabac. Son seul plaisir était d'aller au bal à Nairobi une fois par mois, car il aimait danser. Mais il n'était pas non plus très bon danseur, il était brutal, et il rentrait dans les gens et leur marchait sur les pieds. Les gens en général ne disaient rien car ils connaissaient Onyango et son caractère violent. Mais, un soir, un homme ivre lui reprocha sa maladresse. L'homme devint grossier et dit à ton grand-père : "Onyango, tu commences déjà à prendre de l'âge. Tu as beaucoup de bétail, et tu as une femme, mais tu n'as pas d'enfants. Dis-moi, est-ce que tu as quelque chose entre les jambes ?"

« Les gens qui l'entendirent se mirent à rire, et Onyango lui administra une bonne correction. Mais les paroles de l'homme ivre avaient dû travailler ton grand-père, parce que, le même mois, il se mit à la recherche d'une autre femme. Il retourna à Kendu et prit des renseignements sur toutes les femmes du village. Finalement, il se décida pour une jeune fille appelée Akumu, appréciée pour sa beauté. Elle était déjà promise à un autre, qui avait payé une dot de six têtes de bétail à son père et promis de lui en donner six autres plus tard. Mais Onyango connaissait le père de la fille et le convainquit de renvoyer ces six têtes de bétail. En retour, Onyango lui donna sur-le-champ quinze têtes de bétail. Le lendemain, des amis de ton grand-père enlevèrent Akumu pendant qu'elle se promenait dans la forêt et l'entraînèrent jusqu'à la hutte d'Onyango...

Le jeune garçon, Godfrey, apparut avec une bassine, et nous nous lavâmes les mains pour le déjeuner. Auma se leva, s'étira, les cheveux à moitié tressés, avec une expression troublée dans le regard. Elle posa une question à Dorsila et grand-mère, et obtint une longue réponse de la part des deux femmes.

– Je leur ai demandé si notre grand-père avait pris Akumu de force, me révéla-t-elle tout en se servant dans son assiette.

– Qu'est-ce qu'elles ont répondu ?

– Elles disent que le fait de se saisir de la femme faisait partie des coutumes des Luos. Traditionnellement, quand l'homme paie la dot, la femme ne doit pas paraître trop pressée d'être avec lui. Elle fait semblant de se refuser à lui et donc les amis de l'homme doivent la capturer et l'emmener dans sa hutte. Ce n'est qu'après ce rituel qu'ils font la véritable cérémonie de mariage. Je leur ai dit qu'avec une coutume pareille il y avait sans doute pas mal de femmes qui ne faisaient pas semblant.

Zeituni trempa son *ugali* dans la sauce.

– Ah, Auma, ce n'était pas si mal que ça. Quand les maris se conduisaient mal, les filles pouvaient toujours partir.

– Mais à quoi ça servait si son père se contentait simplement de lui choisir quelqu'un d'autre ? Dis-moi, qu'est-ce qui se passait quand une femme refusait le prétendant choisi par son père ?

– Elle mettait la honte sur elle et sa famille.

– Tu vois !

Auma se tourna pour poser une question à grand-maman, et, en entendant sa réponse, elle lui donna une petite tape sur le bras.

– Je lui ai demandé si l'homme forçait la fille à coucher avec lui la nuit de sa capture, m'expliqua ma sœur, et elle m'a répondu que personne ne savait ce qui se passait dans la hutte d'un homme. Mais elle m'a dit aussi : comment un homme peut-il avoir envie de finir le bol de soupe s'il n'y a pas goûté d'abord ?

Je demandai à grand-maman à quel âge elle avait épousé notre grand-père. Cette question l'amusa tant qu'elle la répéta à Dorsila, qui gloussa et lui donna une tape sur la jambe.

– Elle a dit à Dorsila que tu voulais savoir quand Onyango l'avait séduite, traduisit Auma.

Grand-maman me fit un clin d'œil et nous confia qu'elle avait tout juste seize ans quand elle s'était mariée. Notre grand-père était un ami de son père. Je lui demandai si cela l'avait gênée, et elle fit non de la tête.

– Elle dit que c'était fréquent d'épouser un homme plus âgé, m'expliqua mon interprète. Elle dit qu'à cette époque le mariage concernait plus que deux personnes. Il unissait des familles et avait des répercussions sur tout le village. On ne se plaignait pas, et on ne se préoccupait pas de l'amour. Quand on n'apprenait pas à aimer son mari, on apprenait à lui obéir.

Auma et grand-maman se lancèrent alors dans une grande conversation. Notre grand-mère prononça à nouveau des paroles qui, à nouveau, déclenchèrent l'hilarité chez les autres. Les autres, à l'exception d'Auma, qui se leva et se mit à ramasser les assiettes.

— Je renonce, déclara-t-elle sur un ton exaspéré.

— Qu'est-ce qu'elle a dit, grand-maman ?

— Je lui ai demandé pourquoi nos femmes supportent les mariages arrangés. Supportent que les hommes prennent toutes les décisions. Qu'ils battent leurs femmes. Tu sais ce qu'elle m'a répondu ? Que souvent les femmes méritent d'être battues, parce que c'est le seul moyen de leur faire faire tout ce qu'on attend d'elles. Tu as vu comment nous sommes ? Nous nous plaignons, mais nous continuons à encourager les hommes à nous traiter comme ça. Regarde Godfrey, là. Tu ne crois pas qu'en entendant dire des choses pareilles cela l'influencera plus tard ?

Grand-maman ne pouvait comprendre la signification précise des paroles d'Auma, mais elle avait dû saisir son ton, car sa voix se fit soudain sérieuse.

— Il y a beaucoup de vrai dans ce que tu dis, dit-elle en luo. Nos femmes ont porté un très lourd fardeau. Quand on est un poisson, on n'essaie pas de voler, on nage avec les autres poissons. On ne sait faire que ce qu'on connaît. Peut-être que si j'étais jeune aujourd'hui, je n'aurais pas accepté ces choses. Peut-être que j'aurais seulement écouté mes sentiments, et que je serais tombée amoureuse. Mais ce n'est pas le monde dans lequel j'ai été élevée. Je ne connais que ce que j'ai vu. Ce que je n'ai pas vu n'alourdit pas mon cœur.

Je m'allongeai sur le matelas en pensant aux paroles de grand-maman. Elles étaient empreintes d'une certaine sagesse, sans doute. Elle parlait d'une époque différente, d'un autre lieu. Mais je comprenais également la contrariété d'Auma. Moi aussi, en écoutant le récit de la jeunesse de notre grand-père, je m'étais senti trahi. L'image que j'avais d'Onyango, même pâle, avait toujours été celle d'un homme autoritaire, voire d'un homme cruel. Mais je l'imaginais également comme une personne indépendante, un homme de son peuple, opposé à la domination des Blancs. Cette image que j'avais de lui ne reposait sur aucun fondement réel, je m'en rendais compte à présent... uniquement sur la lettre qu'il avait écrite à Gramps pour lui dire qu'il ne voulait pas que son fils épouse une Blanche. Cela, et sa foi musulmane, que j'avais reliée dans mon esprit à la Nation de l'Islam. Ce que venait de nous raconter grand-maman chamboulait complètement cette image, et des mots affreux me traversaient à présent l'esprit. Oncle Tom. Collaborateur. Nègre domestique.

J'essayai d'expliquer une partie de tout cela à grand-maman et lui demandai si notre grand-père avait exprimé ses sentiments envers l'homme blanc.

C'est à ce moment que Saïd et Bernard émergèrent de la maison, l'œil atone. Zeituni leur apporta les assiettes qui avaient été mises de côté pour eux. Ce ne fut que lorsqu'ils se furent assis pour manger, et qu'Auma et la petite voisine eurent repris leur position devant les aînées, que grand-maman reprit son récit :

– Moi non plus, je ne comprenais pas toujours ce que ton grand-père pensait. C'était difficile, parce qu'il ne voulait pas que les gens le connaissent bien. Même lorsqu'il leur parlait, il détournait le regard de peur qu'ils ne connaissent ses pensées. Il avait la même attitude vis-à-vis de l'homme blanc. Un jour, il disait une chose, et le lendemain c'était comme s'il disait autre chose. Je sais qu'il respectait l'homme blanc pour son pouvoir, pour ses machines, ses armes, et la manière dont il organisait sa vie. Il disait que l'homme blanc s'améliorait sans cesse, alors que l'Africain se méfiait toujours de la nouveauté. « L'Africain est borné, me disait-il parfois. Il faut le battre pour arriver à lui faire faire quelque chose. »

« Mais malgré ces paroles, il n'avait jamais pensé, je crois, que l'homme blanc était né supérieur à l'Africain. En réalité, nombreuses étaient les habitudes ou les coutumes de l'homme blanc qu'il ne respectait pas. Il jugeait beaucoup de choses idiotes ou injustes. Lui-même n'a jamais permis à un homme blanc de le battre. C'est pour cela qu'il a perdu beaucoup d'emplois. Quand l'homme blanc pour lequel il travaillait allait trop loin, il l'envoyait au diable et partait à la recherche d'un autre emploi. Un jour, l'un de ses employeurs voulut lui donner un coup de canne, mais votre grand-père saisit la canne et le frappa violemment avec. On l'arrêta, mais quand il expliqua ce qui s'était passé, les autorités le relâchèrent avec une amende et un avertissement.

« Ce que ton grand-père respectait, c'était la force. La discipline. Voilà pourquoi, même s'il avait pris beaucoup d'habitudes chez les Blancs, il était toujours resté strict à propos des traditions des Luos. Le respect des anciens. Le respect de l'autorité. L'ordre et la coutume dans toutes ses affaires. C'est aussi pourquoi il a rejeté la religion chrétienne, je pense. Pendant une brève période, il s'était converti, et il avait même changé son nom en Johnson. Mais il ne comprenait pas des idées telles que la pitié pour les ennemis, ou comment cet homme, Jésus, pouvait laver les péchés de quelqu'un. Pour ton grand-père, c'était idiot, c'était fait pour réconforter les femmes. Et il s'était donc converti à l'islam, car il pensait que ses pratiques étaient plus conformes à ses idées.

« En fait, c'est cette dureté qui causa tant de problèmes entre lui et Akumu. A l'époque où je vins vivre avec lui, elle avait déjà donné deux enfants à Onyango. La première était Sarah. Trois ans plus tard arriva votre père, Barack. Je ne connaissais pas bien Akumu, parce qu'elle et ses enfants vivaient avec Helima dans la propriété de votre grand-père à Kendu, alors que moi, je vivais avec lui à Nairobi, pour l'aider dans son travail. Mais quand j'accompagnais ton grand-père à Kendu, je voyais qu'Akumu n'était pas heureuse. Son esprit était rebelle, et elle trouvait Onyango trop exigeant. Il lui reprochait toujours de ne pas bien tenir sa maison. Même pour les soins aux enfants, il était strict avec elle. Il lui disait de mettre les bébés dans des lits et de les habiller avec des jolis vêtements qu'il rapportait de Nairobi. Tout ce que touchaient les bébés devait être propre, encore plus qu'avant. Helima essayait d'aider Akumu et s'occupait des enfants comme si c'étaient les siens, mais rien n'y faisait. Akumu n'avait que quelques années de plus que moi, et la pression était grande pour elle. Et peut-être qu'Auma a raison… peut-être qu'elle aimait toujours l'homme auquel elle était promise avant son enlèvement.

« Quoi qu'il en soit, elle a essayé plus d'une fois de quitter Onyango. Une fois après la naissance de Sarah, et de nouveau après Barack. Malgré sa fierté, Onyango la suivit les deux fois, car il pensait que les enfants avaient besoin de leur mère. Les deux fois, la famille d'Akumu a été de son côté à lui, et elle n'avait donc d'autre choix que de retourner auprès de lui. Elle finit par apprendre ce qu'on attendait d'elle. Mais, en silence, elle continuait à remâcher son amertume.

« La vie devint plus facile pour elle quand arriva la Seconde Guerre mondiale. Ton grand-père partit outre-mer comme cuisinier du capitaine anglais, et je vins vivre avec Akumu et Helima. Je les aidais à s'occuper des enfants et des légumes. Nous ne vîmes pas Onyango pendant un certain temps. Il voyagea au loin avec les régiments anglais, en Birmanie, à Ceylan, en Arabie, et aussi quelque part en Europe. Quand il revint, trois ans plus tard, il rapportait un gramophone et cette photo de la femme qu'il prétendait avoir épousée en Birmanie. Les photos que tu as vues sur mes murs, elles ont toutes été prises à cette époque.

« Onyango avait presque cinquante ans alors. De plus en plus, il songeait à quitter son travail au service de l'homme blanc et à retourner cultiver sa terre. Mais il voyait aussi que la terre, tout autour de Kendu, était très peuplée et qu'il y avait trop de pâturages. C'est pourquoi il repensa à Alego, la terre que son grand-père avait abandonnée. Un jour, il vint rendre visite à ses femmes et nous annonça que nous devions nous préparer à partir pour Alego. J'étais jeune et je pouvais m'adapter, mais cette nouvelle causa un choc à Helima et Akumu. Leurs familles à toutes deux vivaient à Kendu, et elles étaient habituées à vivre là. Helima particulièrement avait peur de se sentir seule dans cet endroit nouveau, car elle avait presque le même âge qu'Onyango et n'avait pas d'enfants. Alors elle refusa de partir. Akumu refusa aussi tout d'abord, mais, de nouveau, sa famille la convainquit de suivre son mari et de s'occuper de ses enfants.

« Quand nous arrivâmes à Alego, presque toute la terre que tu vois aujourd'hui était de la brousse, et la vie était dure pour nous tous. Mais ton grand-père avait étudié les techniques modernes d'exploitation de la terre à Nairobi et il mit ses idées en pratique. Il était capable de faire pousser n'importe quoi, et en moins d'un an il avait fait pousser assez de légumes pour les vendre au marché. Il aplanit la terre pour faire cette grande pelouse, et défricha les champs, où ses cultures poussèrent à profusion et très haut. Il planta le manguier, les bananiers et les papayers que vous voyez aujourd'hui.

« Il vendit même la plupart de son bétail parce qu'il disait qu'en broutant il appauvrissait le sol. Avec son argent, il construisit de grandes huttes pour Akumu et moi, et une hutte pour lui. Il avait rapporté d'Angleterre un service en cristal qu'il exposa sur une étagère, et un gramophone qui jouait une étrange musique jusque tard dans la nuit. Quand mes premiers enfants, Omar et Zeituni, vinrent au monde, il leur acheta des lits et des robes, et des moustiquaires séparées, comme il l'avait fait pour Barack et Sarah. Dans la hutte à cuisiner, il construisit un four dans lequel il faisait cuire du pain et des gâteaux comme ceux qu'on achète dans un magasin.

« Ses voisins, à Alego, n'avaient jamais rien vu de pareil. Au début, ils se méfièrent de lui et pensèrent qu'il était idiot – surtout quand il vendit son bétail. Mais bientôt ils en vinrent à respecter sa générosité, et il leur apprit aussi à exploiter leur ferme et leur fit connaître les herbes médicinales. Ils en vinrent même à apprécier son mauvais caractère, car ils découvrirent qu'il pouvait les protéger de la sorcellerie. A cette époque, les chamans étaient souvent consultés et étaient très craints. On disait qu'ils pouvaient donner une potion d'amour pour la personne que vous désiriez et d'autres potions qui provoquaient la mort instantanée de vos ennemis. Mais votre grand-père, parce qu'il avait voyagé loin et lu des livres, ne croyait pas à ces choses. Il pensait que c'étaient des charlatans qui volaient leur argent aux gens.

« Encore aujourd'hui, beaucoup de gens d'Alego pourraient vous parler du jour où un chaman arriva d'une autre province pour tuer l'un de nos voisins. Ce voisin avait courtisé une fille des environs, et les familles étaient d'accord pour le mariage. Mais un autre homme convoitait cette fille, et le prétendant jaloux avait donc engagé un chaman pour tuer son rival. Quand notre voisin apprit cela, il eut très peur et vint trouver Onyango pour lui demander son avis. Votre grand-père écouta le récit de l'homme, puis attrapa sa *panga* et une cravache en cuir d'hippopotame, et alla attendre le chaman au bout de la route.

« Onyango n'attendit pas longtemps avant de voir l'homme qui se rapprochait avec une petite valise de potions à la main. Quand il fut assez près pour l'entendre, votre grand-père se planta au milieu de la route et dit : "Retourne d'où tu viens." Le chaman ne savait pas qui était Onyango, et il fit mine de passer, mais Onyango lui barra la route en disant : "Si tu as autant de pouvoirs que tu le prétends, tu vas me terrasser en un éclair. Si ce n'est pas vrai, tu ferais bien de déguerpir, parce que si tu ne pars pas immédiatement, je vais devoir te frapper." Le chaman fit un nouveau pas en avant, mais avant de lui laisser le temps d'en faire un autre, Onyango l'avait jeté au sol, avait pris sa valise et s'en retournait chez lui avec.

« Cette affaire prit un tour très sérieux, surtout quand votre grand-père refusa de rendre les potions au chaman. Le lendemain, le conseil des anciens se réunit sous un arbre pour résoudre le conflit, et Onyango et le chaman furent appelés tous les deux pour exposer leur version. Le chaman parla le premier et dit aux anciens que si Onyango ne rendait pas immédiatement la valise, une malédiction frapperait le village tout entier. Puis ce fut au tour d'Onyango, qui répéta ce qu'il avait déjà dit : "Si cet homme possède une vraie magie, dites-lui de me maudire maintenant et de me faire mourir sur-le-champ." Les anciens reculèrent pour s'éloigner d'Onyango, de peur que les esprits ne manquent leur cible. Mais ils s'aperçurent vite que les esprits ne bougeaient pas. Aussi Onyango se tourna-t-il vers l'homme qui avait engagé le chaman et lui dit : "Va te trouver une nouvelle femme, et laisse l'autre femme rejoindre l'homme auquel elle est promise." Et au chaman, Onyango dit : "Retourne d'où tu viens, parce qu'il n'y aura pas de meurtres dans ce village."

« Tous les anciens furent d'accord. Mais ils insistèrent pour qu'Onyango rende sa valise au chaman, car ils ne voulaient prendre aucun risque. Onyango accepta aussi, et à la fin de la séance, il emmena le chaman dans sa hutte. Il me dit d'aller tuer un poulet pour donner à manger au chaman, et lui donna même de l'argent pour qu'il ne soit pas venu pour rien à Alego. Mais avant de le laisser partir, votre grand-père lui demanda de lui montrer le contenu de la valise et de lui expliquer les propriétés de chaque potion, afin de pouvoir se servir à son tour de tous ses trucs.

« Même si Onyango avait utilisé l'une de ces potions sur Akumu, je ne crois pas qu'il aurait réussi à la rendre heureuse. Il avait beau la battre, elle lui tenait tête. Elle était aussi fière et méprisante envers moi, et refusait souvent de participer aux tâches ménagères. Elle eut un troisième enfant – appelé Auma comme celle-ci – et tout en s'occupant de ce nouveau bébé elle ourdissait un plan secret pour s'échapper. Une nuit, alors que Sarah avait douze ans et Barack neuf, elle partit. Elle réveilla Sarah et la prévint qu'elle s'enfuyait à Kendu. Elle lui dit que le voyage était trop difficile de nuit pour des enfants, mais qu'ils pourraient la rejoindre dès qu'ils seraient plus âgés. Puis elle disparut dans l'obscurité avec son bébé.

« Sa fuite rendit Onyango furieux. Au début, il pensa la laisser partir, mais il se dit que Barack et Sarah étaient encore jeunes, et que même moi, malgré mes deux enfants, j'étais encore presque une enfant moi-même. Il se rendit donc à Kendu dans la famille d'Akumu et exigea qu'elle revienne. Cette fois, les parents refusèrent. En fait, ils avaient déjà accepté la dot d'un autre prétendant, et Akumu s'était remariée et était partie au Tanganyika avec son nouveau mari. Onyango ne pouvait rien faire, aussi retourna-t-il à Alego. Il se dit : Ça ne fait rien, et à moi, il dit que j'étais maintenant la mère de tous ses enfants.

« Sarah ne nous avait pas parlé de la dernière visite de sa mère. Mais elle se souvenait de ses paroles, et, quelques semaines plus tard à peine, elle réveilla Barack au milieu de la nuit, comme sa mère l'avait fait pour elle. Elle lui dit de ne pas parler, elle l'aida à s'habiller et, ensemble, ils prirent la route de Kendu. Je me demande toujours comment ils ont fait pour survivre. Ils sont restés partis pendant presque deux semaines, en parcourant de nombreux kilomètres tous les jours, en se cachant de ceux qu'ils croisaient sur la route, en dormant dans les champs et en mendiant la nourriture. Non loin de Kendu, ils se perdirent, et une femme les vit et eut pitié d'eux, car ils étaient sales et à moitié morts de faim. La femme les prit chez elle et leur donna à manger, et leur demanda leurs noms. Quand elle comprit qui ils étaient, elle envoya chercher ton grand-père. Et quand Onyango vint les reprendre, et qu'il vit dans quel état ils étaient, ce fut la seule et unique fois où on le vit pleurer.

« Les enfants n'essayèrent plus jamais de s'enfuir. Mais je ne crois pas qu'ils aient jamais oublié ce périple. Sarah gardait une distance prudente vis-à-vis d'Onyango, et resta loyale dans son cœur à Akumu, car elle était plus âgée, et peut-être avait-elle vu comment son père avait traité sa mère. Je crois aussi qu'elle m'en voulait d'avoir pris la place de sa mère. Barack réagit différemment. Il ne pouvait pas lui pardonner de l'avoir abandonné, et il agit comme si

Akumu n'existait pas. Il disait à tout le monde que j'étais sa mère, et même s'il a envoyé de l'argent à Akumu quand il a été adulte, il est resté froid envers elle jusqu'à la fin de sa vie.

« Le plus étrange était que la personnalité de Sarah ressemblait beaucoup à celle de son père. Stricte, dure à la tâche, prompte à se mettre en colère. Alors que Barack était turbulent et entêté comme Akumu. Mais, bien sûr, ce genre de choses, on n'en a pas conscience soi-même.

« Comme tu t'en doutes, Onyango était très strict avec ses enfants. Il les faisait travailler dur, et ne leur permettait pas d'aller jouer hors de la propriété, car, disait-il, les autres enfants étaient crasseux et mal élevés. Dès qu'Onyango partait, je ne tenais plus compte de ces instructions, parce que les enfants ont besoin de jouer avec les autres, exactement comme ils ont besoin de manger et de dormir. Mais je n'en avais jamais rien dit à ton grand-père, et je frottais les enfants des pieds à la tête avant son retour.

« Ce n'était pas facile, surtout avec Barack. Ce garçon était tellement malicieux ! En présence d'Onyango, il était bien élevé et obéissant, et ne répliquait jamais à son père. Mais, derrière son dos, il faisait ce qui lui plaisait. Quand Onyango partait, Barack enlevait ses beaux habits pour aller rejoindre les autres gamins, et se battre, nager dans la rivière, voler les fruits des voisins ou monter sur le dos de leurs vaches. Les voisins n'osaient pas aller se plaindre directement à Onyango, et c'est donc moi qu'ils venaient trouver. Mais je n'arrivais pas à me mettre en colère contre Barack, et je cachais toujours ses bêtises, parce que je l'aimais comme mon propre fils.

« Même s'il ne le montrait pas, ton grand-père aimait beaucoup Barack lui aussi, parce qu'il était très intelligent. Quand il n'était encore qu'un bébé, Onyango lui apprenait l'alphabet et les chiffres, et il ne fallut pas attendre longtemps pour que le fils dépasse son père. Cela faisait plaisir à Onyango, car pour lui la connaissance était la source de tout le pouvoir de l'homme blanc, et il voulait faire en sorte que son fils soit aussi bien éduqué qu'un homme blanc. Il s'occupait moins de l'instruction de Sarah, même si elle était aussi vive que Barack. La plupart des hommes pensaient que donner de l'instruction à une femme, c'était jeter l'argent par les fenêtres. Quand Sarah eut fini sa scolarité à l'école primaire, elle vint trouver Onyango pour le supplier de l'envoyer à l'école secondaire. Il lui dit : "Pourquoi est-ce que je devrais payer une école secondaire si c'est pour que tu ailles vivre dans la maison d'un autre homme ? Va aider ta mère et apprends à devenir une bonne épouse."

« Cela créa des frictions supplémentaires entre Sarah et son jeune frère, surtout parce qu'elle savait que Barack n'était pas toujours très sérieux dans ses études. Tout venait trop facilement pour lui. Au début, il alla à l'école de la mission voisine, mais il rentra le premier jour en disant à son père qu'il ne pouvait pas rester là-bas parce que l'institutrice était une femme et qu'il savait déjà tout ce qu'elle apprenait à sa classe. C'était son père qui lui avait appris ce genre de comportement, aussi Onyango ne put-il rien dire. Il y avait une autre école à dix kilomètres de là, et je l'accompagnais là-bas à pied tous les matins. Son instituteur était un homme, mais Barack découvrit que cela ne changeait rien au problème. Il connaissait toujours les réponses, et parfois il corrigeait même les erreurs du maître devant toute la classe. L'instituteur grondait Barack pour son insolence, mais ton père refusait de plier. Cela lui valut de nombreux coups de canne de la part du directeur. En même temps, cela lui apprit sans doute quelque chose, car l'année suivante, quand il passa dans une classe tenue par une femme, je remarquai qu'il ne se plaignait pas.

« Il n'empêche qu'il s'ennuyait à l'école, et quand il grandit, il arrêta d'y aller pendant des semaines entières. Quelques jours avant les examens, il allait trouver un camarade de classe et lisait les leçons. Il était capable de tout apprendre tout seul en l'espace de quelques jours et, quand les notes arrivaient, il était toujours premier. Les rares fois où il n'était pas premier, il venait me trouver en larmes, parce qu'il était habitué à être toujours le meilleur. Mais cela n'arriva qu'une ou deux fois... d'habitude, il rentrait en riant et en se vantant de son intelligence.

« Barack ne se vantait pas méchamment – il était toujours gentil envers ses camarades de classe, et il les aidait quand ils le lui demandaient. Il se vantait comme un enfant qui s'aperçoit qu'il est capable de courir vite ou qu'il est bon à la chasse. Il ne comprenait donc pas que d'autres lui en veuillent de ses facilités. Même adulte, il avait du mal à comprendre. Dans un bar ou un restaurant, quand il rencontrait des camarades de classe qui étaient devenus ministres ou hommes d'affaires, il leur disait devant tout le monde que leurs idées étaient stupides. Il leur disait : "Eh, je me souviens que j'étais obligé de t'apprendre à compter, alors je me demande comment tu peux être un homme si important maintenant ?" Et il riait et leur payait des bières, parce qu'il les aimait beaucoup. Mais eux, ils se souvenaient de l'école, et savaient que ce que disait Barack était vrai, et même s'ils ne le montraient pas, ses paroles les mettaient en colère.

« Quand ton père atteignit l'âge de l'adolescence, les choses étaient en train de changer au Kenya. Cela allait très vite. Beaucoup d'Africains s'étaient battus pendant la Seconde Guerre mondiale. Ils avaient porté les armes et s'étaient distingués comme de grands guerriers en Birmanie et en Palestine. Ils avaient vu l'homme blanc faire la guerre à son propre peuple, ils étaient morts aux côtés des hommes blancs, et avaient tué beaucoup d'hommes blancs eux-mêmes. Ils avaient appris qu'un Africain pouvait faire fonctionner les machines de l'homme blanc et avaient rencontré des Noirs d'Amérique qui pilotaient des avions et étaient chirurgiens. Quand ils revinrent au Kenya, ils voulurent faire partager ces nouvelles connaissances et ne voulaient plus accepter la domination de l'homme blanc.

« Les gens commencèrent à parler d'indépendance. On tint des réunions et on organisa des manifestations, on présenta des pétitions à l'administration pour se plaindre de la confiscation de la terre et du pouvoir qu'avaient les chefs de réquisitionner des ouvriers pour les projets gouvernementaux. Même des Africains formés dans les missions se rebellaient désormais contre leurs églises et accusaient les Blancs de détourner le christianisme pour rabaisser tout ce qui était africain. Comme avant, le gros de cet activisme était concentré au pays des Kikuyus, car c'était sur cette tribu plus que sur toute autre que pesait le joug de l'homme blanc. Mais les Luos, eux aussi, étaient opprimés et constituaient une source importante de travail forcé. Les gens de notre région se mirent à rejoindre les Kikuyus dans leurs manifestations. Et plus tard, quand les Anglais déclarèrent leur état d'urgence, beaucoup d'hommes furent mis en prison, et certains ne réapparurent jamais.

« Comme d'autres garçons, ton père fut influencé très tôt par ceux qui réclamaient l'indépendance, et il rentrait de l'école en parlant des rassemblements qu'il avait vus. Ton grand-père était d'accord avec les exigences des premiers partis tels que le KANU, mais il restait sceptique sur les chances d'aboutir du mouvement pour l'indépendance, car il pensait que les Africains ne pourraient jamais vaincre l'armée de l'homme blanc. "Comment l'Africain pourrait-il défaire l'homme blanc, disait-il à Barack, s'il n'est même pas capable de fabriquer ses propres bicyclettes ?" Et il disait que l'Africain ne pourrait jamais gagner contre l'homme blanc parce que l'homme noir ne voulait travailler qu'avec sa famille ou son clan, alors que tous les hommes blancs travaillaient pour augmenter leur pouvoir. "L'homme blanc tout seul est comme une fourmi, disait Onyango, il peut facilement être écrasé. Mais comme une fourmi, l'homme blanc travaille avec les autres. Sa nation, ses affaires, ces choses ont plus d'importance à ses yeux que lui-même. Il va suivre ses chefs sans poser de questions. Les hommes noirs ne sont pas comme cela. Même le plus idiot des hommes noirs croit qu'il en sait plus que l'homme sage. Voilà pourquoi l'homme noir perdra toujours."

« Malgré cette attitude, ton grand-père s'est un jour retrouvé en prison. Un Africain qui travaillait pour le commissaire du district était jaloux de ses terres. Cet homme avait été critiqué par ton grand-père parce qu'il collectait trop d'impôts et mettait l'argent dans sa poche. Pendant l'état d'urgence, il mit Onyango sur une liste de personnes qui soutenaient le KANU et dit à l'homme blanc qu'il était subversif. Un jour, l'*askaris* de l'homme blanc vint emmener Onyango, qui fut placé dans un camp de détention. Il a ensuite été entendu, et il a été déclaré innocent. Mais il avait passé plus de six mois dans ce camp, et quand il revint à Alego, il était très maigre et très sale. Il avait du mal à marcher, et sa tête était pleine de poux. Il avait tellement honte qu'il refusa d'entrer dans sa maison ou de nous dire ce qui s'était passé. Il m'appela pour me dire de lui faire bouillir de l'eau et de lui apporter un rasoir. Il se rasa la tête et je dus l'aider à se baigner très longtemps, ici, juste à l'endroit où tu es assis. Et à partir de ce jour, je vis qu'il était devenu un vieil homme.

« Barack était parti, à cette époque, et il n'apprit que plus tard que son père avait été détenu. Il avait passé l'examen du district et avait été admis à la Maseno Mission School, à environ cent kilomètres au sud, près de l'équateur. Cela aurait dû être un grand honneur pour lui, parce que peu d'Africains avaient le droit d'entrer à l'école secondaire, et seuls les meilleurs élèves entraient à Maseno, mais la nature rebelle de ton père causa beaucoup de soucis à l'école. Il faisait entrer des filles dans son dortoir, parce qu'il a toujours su bien parler aux filles et leur promettre tout ce qu'elles voulaient. Avec des amis, il faisait des incursions dans les fermes voisines pour voler des poulets et des ignames, parce qu'ils n'aimaient pas ce qu'on leur donnait à manger à la pension. Les professeurs fermaient souvent les yeux devant ces infractions parce qu'ils voyaient bien qu'il était très intelligent. Mais à la fin Barack alla trop loin, et il fut renvoyé.

« Onyango en fut tellement furieux qu'il battit Barack jusqu'au sang. Mais Barack ne cria pas, n'essaya pas de lui échapper. Il ne s'expliqua même pas devant son père. Onyango finit par lui dire : "Si tu n'es pas capable de te comporter correctement chez moi, je n'ai pas besoin de toi !" La semaine suivante, il lui annonça qu'il s'était arrangé pour l'envoyer sur la côte, où il pourrait travailler comme employé. "Tu vas apprendre la valeur des études, lui dit-il. On va voir, tu vas bien t'amuser à gagner ton pain toi-même."

« Barack n'eut d'autre choix que d'obéir à son père. Il alla à Mombasa et commença à travailler dans les bureaux d'un marchand arabe. Mais au bout de peu de temps, il se disputa avec l'Arabe et partit sans prendre sa paie. Il trouva une autre place d'employé, mais beaucoup moins bien payée. Il était trop fier pour demander de l'aide à son père ou reconnaître qu'il avait mal fait. Quoi qu'il en soit, cela revint aux oreilles d'Onyango, et quand Barack rentra à la maison pour une visite, son père l'accueillit par des remontrances et lui cria qu'il n'arriverait jamais à rien. Barack essaya de lui dire que sa nouvelle place était meilleure que celle que son père lui avait trouvée. Il dit qu'il gagnait cent cinquante shillings par mois. Onyango lui demanda alors : "Fais donc voir ton livre de paie, puisque tu es si riche !" Barack ne répondit rien, et Onyango sut que son fils avait menti. Il rentra dans sa hutte en disant à Barack de partir, parce qu'il avait apporté la honte sur son père.

« Barack alla s'installer à Nairobi et devint employé des chemins de fer. Mais il s'ennuyait, et il fut distrait par la politique. Les

Kikuyus avaient commencé leur guérilla dans les forêts. Partout, il y avait des rassemblements pour appeler à la libération de Kenyatta, qui était emprisonné. Barack se mit à assister aux réunions politiques après son travail et fit la connaissance de quelques leaders du mouvement KANU. A l'une de ces réunions, la police arriva et Barack fut arrêté pour violation de la loi sur les réunions. Il fut mis en prison, et il fit savoir à son père qu'il avait besoin d'argent pour sa caution. Mais Onyango refusa de lui donner cet argent. Il me dit que son fils avait besoin d'une bonne leçon.

« Comme il n'était pas un leader du mouvement KANU, Barack fut relâché au bout de quelques jours. Mais quand il se retrouva dehors, il se dit que ce n'était pas la joie, que peut-être son père avait raison… qu'il n'arriverait à rien. Il avait vingt ans déjà, et qu'avait-il ? Il avait été renvoyé des chemins de fer. Il était fâché avec son père, sans argent ni perspectives. Et maintenant, il avait une femme et un enfant. Il avait rencontré Kezia quand il n'avait que dix-huit ans. Elle vivait à Kendu avec sa famille à l'époque. Frappé par sa beauté, il avait décidé très vite de l'épouser. Il savait que son père devrait l'aider à payer la dot, aussi m'avait-il demandé d'intercéder pour lui. Au début, Onyango avait résisté, et Sarah, qui était revenue à Alego après la mort de son premier mari, désapprouvait elle aussi, en disant à votre grand-père que tout ce que voulait Kezia, c'était profiter de la richesse de la famille. Mais moi, je dis à Onyango que ce ne serait pas convenable que Barack en soit réduit à mendier sa dot auprès des autres membres de la famille alors que tout le monde savait qu'il était le fils d'un homme riche. Onyango comprit que je disais la vérité, et il céda. Roy naquit un an après le mariage de Barack et Kezia. Deux ans après, ce fut la naissance d'Auma.

« Pour nourrir sa famille, Barack dut prendre tous les emplois qui se présentaient, et il convainquit finalement un autre Arabe du nom de Suleiman de le prendre pour garçon de bureau. Mais il resta profondément déprimé, presque désespéré. Beaucoup de ses camarades de Maseno, moins doués que lui, étaient déjà partis étudier à l'université Makarere en Ouganda. Certains étaient même partis étudier à Londres. Ils pouvaient espérer avoir de bons postes quand ils retourneraient au Kenya libéré. Barack vit qu'il pourrait finir par travailler pour eux comme employé pendant le restant de ses jours.

« Puis la chance vint frapper à la porte sous la forme de deux Américaines. Elles étaient toutes les deux professeurs à Nairobi et travaillaient avec une organisation religieuse quelconque, je crois. Un jour, elles entrèrent dans le bureau où travaillait Barack. Ton père engagea la conversation avec elles, et bientôt ils devinrent amis. Elles lui prêtèrent des livres et l'invitèrent chez elles, et quand elles s'aperçurent de son niveau d'intelligence, elles lui conseillèrent d'entrer à l'université. Il leur expliqua qu'il n'avait pas d'argent, et pas de diplôme de fin d'études secondaires, mais elles lui dirent qu'elles pourraient l'aider à s'inscrire à un cours par correspondance qui lui permettrait d'obtenir le diplôme qu'il lui fallait. S'il réussissait, elles l'aideraient à entrer dans une université américaine.

« Barack fut très excité par cette idée et s'inscrivit aussitôt à ce cours par correspondance. Pour la première fois de sa vie, il travailla avec application. Tous les soirs et pendant son heure de déjeuner, il apprenait ses leçons et faisait ses devoirs. Quelques mois plus tard, il passa l'examen à l'ambassade des Etats-Unis. Il dut attendre plusieurs mois avant d'avoir le résultat, et pendant cette période il était tellement nerveux qu'il en perdait l'appétit. Il maigrit tellement que nous avions peur de le voir mourir. Un jour, la lettre arriva. Je n'étais pas là pour le voir ouvrir le courrier. Je sais qu'en m'annonçant la nouvelle il hurlait encore de joie. Et moi, je riais avec lui, parce que c'était comme des années avant, quand il rentrait de l'école en claironnant ses notes avec vantardise.

« Mais il n'avait toujours pas d'argent, et aucune université ne l'avait encore accepté. Onyango s'était radouci envers son fils quand il avait vu qu'il devenait plus responsable, mais même lui ne pouvait réunir assez d'argent pour payer les frais d'université et de voyage à l'étranger. Quelques personnes, au village, voulurent bien l'aider, mais beaucoup avaient peur de donner cet argent à Barack, de crainte qu'il ne parte sans plus jamais revenir. Aussi votre père écrivit-il à quelques universités en Amérique. Il écrivit et écrivit. Finalement, une université de Hawaii lui répondit et lui dit qu'il aurait une bourse. Personne ne savait où était cet endroit, mais Barack s'en moquait. Il prit sa femme enceinte et son fils et les déposa chez moi. Moins d'un mois après, il était parti.

« Ce qui se passa en Amérique, je ne peux pas le dire. Je sais qu'après moins de deux mois nous recevions une lettre de Barack disant qu'il avait rencontré une Américaine, Ann, et qu'il voulait l'épouser. Barry, tu as su que ton grand-père désapprouvait ce mariage. C'est vrai, mais ce n'est pas pour la raison que tu dis. Tu comprends, Onyango pensait que ton père n'agissait pas de manière responsable. Il répondit à Barack en lui disant : "Comment peux-tu épouser cette femme blanche alors que tu as des responsabilités chez toi ? Est-ce que cette femme viendra avec toi pour vivre comme une Luo ? Est-ce qu'elle acceptera que tu aies déjà une femme et des enfants ? Je n'ai jamais entendu dire que les Blancs comprenaient ce genre de choses. Leurs femmes sont jalouses et ont l'habitude d'être choyées. Mais si je me trompe, dis au père de la jeune fille de venir dans ma hutte pour que nous discutions ensemble de la situation. Parce que c'est l'affaire des anciens, pas des enfants." Il écrivit aussi à ton grand-père Stanley en lui disant en gros les mêmes choses.

« Comme tu le sais, ton père s'est marié tout de même. Il ne l'a dit à Onyango qu'après ta naissance. Nous sommes tous contents que ce mariage ait eu lieu, parce que sans cela tu ne serais pas ici avec nous. Mais ton grand-père était très fâché à l'époque, et il a menacé de faire annuler le visa de Barack. Et parce qu'il avait vécu avec des Blancs, peut-être Onyango comprenait-il mieux leurs coutumes que Barack. Car quand Barack revint au Kenya, nous découvrîmes que toi et ta mère, vous ne reveniez pas avec lui, comme Onyango l'avait prévenu.

« Peu après le retour de Barack, une femme blanche qui le cherchait arriva à Kisumu. Au début, nous crûmes que c'était ta mère, Ann. Barack nous expliqua que c'était une autre femme, Ruth. Il dit qu'il l'avait rencontrée à Harvard et qu'elle l'avait suivi au Kenya sans qu'il le sache. Ton grand-père ne crut pas à cette histoire et pensa qu'une fois de plus Barack lui avait désobéi. Mais moi, je n'en étais pas si sûre, car, en réalité, Barack semblait rechigner à épouser Ruth. Je ne sais pas ce qui l'a décidé, finalement. Peut-être qu'il s'était dit que Ruth serait mieux adaptée à sa nouvelle vie. Ou peut-être avait-il entendu les ragots disant que Kezia s'amusait trop pendant son absence, même si je lui disais que ces ragots étaient faux. Ou peut-être aimait-il Ruth plus qu'il ne se l'avouait.

« Quelle qu'en soit la raison, je sais que quand Barack eut accepté de l'épouser, Ruth ne put se faire à l'idée qu'il ait Kezia pour seconde épouse. C'est pourquoi les enfants allèrent vivre avec leur père et sa nouvelle femme à Nairobi. Quand Barack amenait Auma et Roy en visite, Ruth refusait de l'accompagner et ne voulait pas laisser Barack amener David ou Mark. Onyango n'en discutait pas directement avec Barack. Mais il disait à ses amis, de sorte que Barack l'entende : "Mon fils est un homme important, mais quand il rentre à la maison, c'est sa mère qui doit lui faire la cuisine au lieu de sa femme."

« Les autres t'ont raconté ce qui est arrivé à ton père à Nairobi. Nous le voyions rarement, et il ne restait que peu de temps en général. Quand il venait, il nous apportait des cadeaux très chers, de l'argent, et il impressionnait tout le monde avec sa grosse voiture et ses beaux habits. Mais ton grand-père continuait à lui parler durement, comme s'il était un petit garçon. Onyango était devenu très vieux entre-temps. Il marchait avec une canne et était presque aveugle. Il ne pouvait même pas se baigner sans mon aide, ce qui lui faisait honte, je crois. Mais l'âge ne le radoucissait pas.

« Plus tard, quand Barack perdit sa position, il essaya de cacher ses problèmes au vieil homme. Il continua à apporter des cadeaux qu'il ne pouvait plus payer, même si nous avions bien vu qu'il venait en taxi et plus dans sa propre voiture. J'étais la seule à qui il confiait sa tristesse et sa déception. Je lui disais qu'il était trop entêté quand il traitait avec les gens du gouvernement. Il me parlait de ses principes, et moi, je lui répondais que ses principes pesaient très lourd sur ses enfants. Il me disait que je ne comprenais pas, exactement comme son père me l'avait dit. J'ai donc arrêté de lui donner des conseils et je me suis alors contentée de l'écouter.

« C'était ce dont Barack avait le plus besoin, je pense – quelqu'un qui l'écoute. Même après, quand les choses se sont arrangées pour lui, et qu'il nous eut fait construire cette maison, il garda le cœur lourd. Avec ses enfants, il se conduisait exactement comme Onyango s'était conduit envers lui. Il voyait bien qu'il les poussait à s'éloigner de lui, mais il n'y pouvait rien. Il aimait toujours se vanter, rire et boire avec ses amis. Mais son rire était vide. Je me rappelle la dernière fois qu'il est venu voir Onyango, avant la mort du vieil homme. Ils étaient assis tous les deux face à face et mangeaient, mais ils ne prononcèrent pas un mot. Quelques mois plus tard, quand Onyango alla finalement rejoindre ses ancêtres, Barack vint à la maison pour prendre toutes les dispositions. Il ne parla pas beaucoup, et c'est seulement au moment où il se mit à trier quelques affaires appartenant à son père que je le vis pleurer.

Grand-maman se leva et brossa sa jupe pour enlever l'herbe. Le silence s'établit dans la cour, traversé seulement par le trille inquiet d'un oiseau.

– Il va pleuvoir, dit-elle.

Nous rassemblâmes les matelas et les tasses pour les porter à l'intérieur.

Je demandai alors à grand-maman si elle avait conservé des objets ayant appartenu au Vieil Homme ou à notre grand-père. Elle se rendit dans sa chambre pour aller farfouiller dans un vieux coffre en cuir. Quelques minutes plus tard, elle en sortit avec un carnet relié couleur de rouille qui se présentait comme un passeport, ainsi que quelques papiers de différentes couleurs, réunis ensemble et rongés sur un côté.

– C'est tout ce que j'ai pu retrouver, dit-elle à Auma. Les rats se sont attaqués aux papiers avant que j'aie eu le temps de les ranger.

Je m'assis avec Auma pour consulter les papiers posés devant nous sur la table basse. La reliure du recueil rouge était tombée en miettes, mais, sur la couverture, on pouvait encore lire : *Registre de poche des domestiques.* En petites lettres figurait cette inscription : *Etabli par Autorité de l'Ordonnance concernant l'Enregistrement des domestiques, 1928, Colonie et Protectorat du Kenya.* Dans la couverture intérieure du carnet, nous trouvâmes un timbre à deux shillings audessus des empreintes digitales des deux pouces d'Onyango. Le dessin des lignes arrondies de sa peau était toujours clairement visible. L'emplacement où se trouvait autrefois la photo était vide.

Le préambule expliquait : *L'objet de cette ordonnance est de munir toute personne employée de maison d'un dossier concernant cet emploi, afin de sauvegarder ses intérêts et de protéger les employeurs contre l'emploi de personnes qui ne satisfont plus aux exigences d'un tel travail.*

Le terme de *serviteur* était ainsi défini : *cuisinier, bonne, domestique, serveur à table, majordome, bonne d'enfants, valet, garçon de bar, valet de pied, ou chauffeur, ou laveur.* Les règles à observer par les porteurs de ces passeports étaient également définies : les serviteurs surpris à travailler sans ces carnets de travail, ou qui les endommageraient d'une manière quelconque, étaient « passibles d'une amende n'excédant pas cent shillings ou d'une peine d'emprisonnement n'excédant pas six mois, ou des deux ». Puis on y trouvait les renseignements concernant ledit serviteur enregistré, complétés par l'élégante écriture d'un employé anonyme :

Nom : *Hussein II Onyango*
N° d'enregistrement du Règlement de l'indigène :
Rwl A NBI 0976717
Race ou Tribu : *Ja'Luo*
Lieu de résidence habituel quand il n'a pas d'emploi : *Kisumu*
Sexe : *M*
Age : *35*
Taille et corpulence : *1,82 m Moyenne*
Peau : *Noire*
Nez : *Plat*
Bouche : *Grande*
Cheveux : *Frisés*
Dents : *Six manquantes*
Cicatrices, marques de tribu ou autres particularités : *Aucune*

A la fin du recueil, nous trouvâmes les observations signées et certifiées par différents employeurs. Le capitaine C. Harford, du Government House de Nairobi, disait qu'Onyango « accomplissait ses tâches de boy personnel avec une admirable diligence ». M. A.G. Dickson trouvait sa cuisine remarquable : « Il sait lire et écrire l'anglais et est capable d'observer n'importe quelle recette... entre autres, ses pâtisseries sont excellentes. » Il n'avait plus besoin des services d'Onyango parce que, écrivait-il : « Je ne suis plus en safari. » Selon le docteur H.H. Sherry : « Onyango est un cuisinier capable mais ce travail n'est pas assez important pour lui. » De son côté, M. Arthur W.H. Cole, de l'East Africa Survey Group, disait avoir constaté, après une semaine de travail, qu'« Onyango ne faisait pas l'affaire et ne valait certainement pas soixante shillings par mois ».

Nous parcourûmes la pile de lettres. C'étaient des lettres adressées par notre père à différentes universités aux Etats-Unis. Il y en avait plus de trente, envoyées aux présidents de Morgan State, du Santa Barbara Junior College, de San Francisco State…

« Monsieur le Président Calhoun, disait l'une de ces lettres, c'est par Mme Helen Roberts de Palo Alto, en Californie, qui se trouve en ce moment à Nairobi, que j'ai entendu parler de votre université. Mme Roberts, sachant combien je suis désireux de poursuivre mes études aux Etats-Unis d'Amérique, m'a demandé de présenter ma candidature à l'admission dans votre université. Je serais donc très heureux si vous pouviez avoir l'amabilité de me faire parvenir votre formulaire d'admission et, si vous en possédez, des informations sur les bourses qu'il est possible d'obtenir. »

Plusieurs lettres étaient assorties de courriers de recommandation écrits par Mlle Elizabeth Mooney, une spécialiste en alphabétisation venue du Maryland. « Il n'est pas possible d'obtenir les duplicata des livrets scolaires de M. O'Bama *[sic]*, écrivait-elle, car il a quitté l'école depuis plusieurs années. » Elle se disait cependant confiante dans les remarquables aptitudes de notre père, car elle l'avait observé pendant qu'il faisait de l'algèbre et de la géométrie. Elle ajoutait qu'il existait un grand besoin d'enseignants capables et dévoués au Kenya et que, compte tenu du désir de M. O'Bama d'être au service de son pays, il méritait qu'on lui donne sa chance.

Le voilà, me dis-je. Mon héritage. Je remis les lettres en ordre et les plaçai sous le carnet. Puis je sortis dans l'arrière-cour. Debout devant les deux tombes, je sentis peu à peu se rapprocher tout ce qui m'entourait, les champs de blé, le manguier, le ciel, avant de céder la place à une série d'images mentales. Les personnages du récit de grand-maman s'animèrent.

Je vois mon grand-père, debout devant la hutte de son père, c'est un garçon sec au visage farouche, presque ridicule avec son pantalon trop grand et sa chemise sans boutons. Je regarde son père se détourner de lui et j'entends rire ses frères. Je sens la chaleur dégouliner de son front, les nœuds qui se forment dans ses membres, son cœur qui se met soudain à bondir. Et, en regardant sa silhouette qui se détourne et s'éloigne sur la route de terre rouge, je sais que sa vie est désormais transformée, irréversiblement, totalement.

Il va devoir se réinventer dans cette région aride, solitaire. A force de volonté, il créera une vie à partir des miettes d'un monde inconnu, et des souvenirs d'un monde devenu obsolète. Et pourtant, quand il est assis seul dans une hutte à la propreté méticuleuse, vieillard aux yeux devenus laiteux, je sais qu'il entend toujours son père et ses frères rire dans son dos. Il entend toujours la voix coupante d'un capitaine britannique lui expliquer pour la troisième et dernière fois quelle est la bonne proportion de tonic par rapport au gin. Les nerfs se contractent dans la nuque du vieil homme, la rage monte – il attrape son bâton pour taper sur quelque chose, sur n'importe quoi. Puis sa main se desserre, car il comprend que, malgré toute la puissance contenue dans ses mains et la force de sa volonté, les rires, les rebuffades perdureront. Son corps s'affaisse dans son fauteuil. Il sait qu'il ne survivra pas à une destinée de moqueries. Il attend sa mort, seul.

Le tableau pâlit, remplacé par l'image d'un garçon de neuf ans... mon père. Il a faim, il est fatigué, il s'accroche à la main de sa sœur, à la recherche de la mère qu'il a perdue. Il a trop faim, sa fatigue est trop grande ; le lien très ténu qui le relie à sa mère finit par lâcher, son image s'éloigne lentement, au loin, dans le vide. Le petit garçon se met à pleurer ; d'une secousse, il rejette la main de sa sœur. Il crie qu'il veut rentrer, retourner chez son père. Il trouvera une nouvelle mère. Il se perdra dans les jeux et fera connaissance avec le pouvoir de son intelligence.

Mais il n'oubliera jamais le désespoir qui l'avait saisi ce jour-là. Douze ans plus tard, assis à son étroit bureau, délaissant sa pile de formulaires, il lèvera les yeux sur le ciel agité et sentira remonter en lui la même panique. Lui aussi devra s'inventer lui-même. Son patron est sorti du bureau ; il repousse les formulaires et, d'une vieille armoire à dossiers, il sort une liste d'adresses. Il approche la machine à écrire et se met à taper, lettre après lettre, il tape l'adresse sur les enveloppes, ferme les lettres comme autant de messages en bouteille, les glissera par la fente d'une boîte à lettres et elles prendront la mer, traverseront un vaste océan et, peut-être, lui permettront de s'échapper loin de l'île de la honte de son père.

Comme il a dû être heureux en voyant son bateau arriver au port ! Il a compris, quand la lettre est arrivée de Hawaii, que oui, finalement, il avait été choisi ; qu'il possédait la grâce dont il portait le nom, la *baracka*, la bénédiction de Dieu.

Avec le diplôme, la cravate, la femme américaine, la voiture, les mots, les dollars, le portefeuille, la bonne proportion de tonic dans le gin, l'éclat, le panache, tout cela sans soubresauts, naturellement et non pas bricolé à la hâte, au petit bonheur la chance, comme avant, à une autre époque... Qu'est-ce qui pourrait lui barrer la route ?

Il avait presque réussi, et cela en dépassant les espoirs les plus fous de son père. Ensuite, après être arrivé aussi loin, s'apercevoir qu'en réalité, non, il ne s'était pas échappé ! Découvrir qu'il restait pris au piège sur l'île de son père, avec ses crevasses de colère, de doute et de défaite, qui livraient des émotions toujours visibles sous la surface, brûlantes, incandescentes et vivantes, pareilles à une bouche méchante et béante... et sa mère qui était partie, partie, loin...

Je me jetai par terre et caressai le carrelage tendre et jaune. Oh, père, dis-je en pleurant, tu n'avais pas à avoir honte de ta confusion, ni ton père avant toi. La seule honte, c'était le silence qu'avait engendré la peur. C'est le silence qui nous a trahis. S'il n'y avait pas eu ce silence, ton grand-père aurait dit à ton père qu'il ne pouvait pas s'échapper de lui-même, ni se recréer tout seul. Ton père t'aurait transmis la même leçon. Et toi, le fils, tu aurais peut-être appris à ton père que ce nouveau monde qui vous faisait signe à tous signifiait plus que des chemins de fer et des toilettes à l'intérieur, des canaux d'irrigation et des gramophones, des instruments inertes qui pouvaient être absorbés par les anciennes coutumes. Tu lui aurais appris que ces instruments étaient porteurs d'un pouvoir dangereux, qu'ils exigeaient que le monde soit regardé d'une manière différente. Que ce pouvoir ne pouvait être absorbé que par une foi née dans les épreuves, une foi qui n'était pas nouvelle, qui n'était ni noire ni blanche, ni chrétienne ni musulmane, mais qui battait dans le cœur du tout premier village africain et dans celui de la toute première terre acquise dans le Kansas : la foi dans les autres.

C'est le silence qui a tué votre foi. Et par manque de foi, vous vous êtes tous deux accrochés à votre passé, à la fois trop et trop peu. Trop à sa rigidité, sa suspicion, à ses cruautés masculines. Trop peu au rire présent dans la voix de grand-maman, au plaisir de la compagnie des autres pendant que vous gardiez les chèvres, au murmure du marché, aux histoires racontées autour du feu. A la loyauté qui pouvait compenser l'absence d'avions ou de fusils. Aux mots d'encouragement. A une étreinte. A un amour fort, sincère.

Malgré tous vos dons – votre vivacité d'esprit, votre pouvoir de concentration, votre charme –, en abandonnant tout cela, vous n'avez jamais réussi à vous forger pour devenir des hommes complets...

Pendant un long moment, je restai assis entre les deux tombes et je pleurai. Quand mes larmes se furent taries, je sentis le calme prendre possession de moi. Je sentis le cercle de famille se refermer enfin. Je compris que ce que j'étais, ce qui m'importait, n'était plus une simple question d'intellect ou de devoir moral, n'était plus une construction verbale. Je vis que ma vie en Amérique – la vie chez les Noirs, la vie chez les Blancs, le sentiment d'abandon que j'avais ressenti quand j'étais enfant, la frustration et l'espoir dont j'avais été témoin à Chicago –, tout cela était relié à ce petit morceau de terre, au-delà de l'océan, mais par une chose plus importante que le hasard qui m'avait donné mon nom ou la couleur de ma peau. La douleur que je ressentais était celle de mon père. Mes questions étaient celles de mes frères. Leur lutte, mon droit acquis à la naissance.

Une pluie légère se mit à tomber, en faisant claquer ses gouttes sur les feuilles. Je m'apprêtais à allumer une cigarette lorsque je sentis une main sur mon bras. C'était Bernard qui venait se faufiler à côté de moi en essayant de nous protéger tous deux sous un vieux parapluie tordu.

– Ils m'ont envoyé voir si ça va, dit-il.

Je souris.

– Ouais, ça va.

Il eut un hochement de tête satisfait et regarda les nuages en clignant des yeux. Puis il se tourna vers moi et me dit :

– Tu me donnerais pas une cigarette ? On pourrait en fumer une ensemble.

Je contemplai son visage lisse et sombre, et je remis la cigarette dans le paquet.

– Non, il faut que j'arrête, annonçai-je. Viens, on va plutôt faire un tour.

Nous nous levâmes et nous dirigeâmes vers l'entrée de la propriété. Le petit garçon, Godfrey, était à côté de la hutte à cuisiner, debout sur une jambe comme une grue, l'autre jambe appuyée contre le mur de terre. Il nous regarda et nous adressa un sourire hésitant.

– Viens, dit Bernard en l'appelant d'un signe. Tu peux venir aussi.

Ce fut donc à trois que nous partîmes nous promener sur la route de terre qui s'élargissait, cueillant des feuilles qui poussaient le long du chemin, regardant la pluie arroser les vallées.

ÉPILOGUE

Je passai encore deux semaines au Kenya. Nous retournâmes tous ensemble à Nairobi et il y eut encore des dîners, des disputes, des récits. Grand-maman séjournait chez Auma, et tous les soirs je m'endormais au son de leurs voix qui chuchotaient. Un jour, nous nous retrouvâmes tous dans un studio de photographie pour faire un portrait de famille. Les femmes portaient de larges robes africaines aux tons vifs, verts, jaunes et bleus, et les hommes étaient tous grands, bien rasés et impeccablement habillés. Le photographe, un Indien mince aux sourcils broussailleux, trouva que nous offrions un tableau magnifique.

Roy retourna à Washington peu après. Grand-maman retourna à Home Squared. Les journées devinrent subitement très calmes, et nous fûmes pris d'une certaine mélancolie, Auma et moi, comme au sortir d'un rêve. Et peut-être est-ce parce que, nous aussi, nous allions bientôt retourner à nos autres vies, séparés une fois de plus, que nous décidâmes un jour d'aller voir George, le dernier enfant de notre père.

Ce fut un épisode pénible, arrangé à la hâte et en cachette de la mère. Nous nous rendîmes tout simplement avec Zeituni dans son école, un bâtiment bien entretenu d'un étage, où un groupe d'enfants jouaient sur une vaste étendue herbeuse. Après une brève conversation avec l'instituteur qui surveillait la récréation, Zeituni nous amena l'un des enfants. C'était un joli petit garçon à la tête ronde, qui nous dévisagea d'un œil circonspect. Notre tante se pencha et nous désigna du doigt :

– Voilà ta sœur, lui dit-elle, elle t'a tenu sur ses genoux. Et lui, c'est ton frère, il est venu exprès d'Amérique pour te voir.

Le petit garçon nous serra courageusement la main, mais sans cesser de tourner la tête vers les jeux qu'il venait d'abandonner. Je compris alors que nous avions commis une erreur. Car la directrice ne tarda pas à surgir de son bureau pour nous faire savoir que, n'ayant pas la permission de la mère, nous devions quitter les lieux. Zeituni commença à discuter, mais Auma l'arrêta :

– Non, tantine, elle a raison. On va partir.

De la voiture, nous suivîmes George des yeux. Il était retourné auprès de ses camarades, et bientôt il nous fut impossible de le distinguer parmi les têtes rondes et les genoux noueux qui s'agitaient dans l'herbe à la poursuite d'un ballon de foot fatigué. Je me rappelai soudain ma première rencontre avec le Vieil Homme, la peur et l'embarras que m'avait causés sa présence, m'obligeant pour la première fois à réfléchir au mystère de ma vie. Et je me réconfortai à l'idée que peut-être un jour, quand il serait plus grand, George lui aussi voudrait savoir qui était son père, qui étaient ses frères et ses sœurs, et que si un jour il venait vers moi je serais là pour lui, pour lui raconter l'histoire que je connaissais.

Ce soir-là, je demandai à Auma si elle connaissait de bons livres sur les Luos, et elle me proposa d'aller rendre visite à l'un de ses anciens professeurs d'histoire, une grande femme élancée du nom de Rukia Odero, qui avait été une amie du Vieil Homme. Quand nous arrivâmes chez elle, Mme Odero était sur le point de prendre son dîner, et elle insista pour que nous l'accompagnions. Nous bavardâmes autour d'un repas composé de *tilapia* et d'*ugali*. Elle me demanda de l'appeler par son prénom, puis me demanda quelles étaient mes impressions sur le pays. Avais-je été déçu ? Je lui répondis que non, même si je repartais avec autant de questions que de réponses.

– C'est bien, répondit Rukia en remontant ses lunettes sur son nez. C'est comme ça que nous gagnons notre vie, nous autres historiens. Nous passons nos journées à trouver de nouvelles questions. Ce peut être vraiment fatigant. Cela exige qu'on ne craigne pas de semer le trouble. Parce que les jeunes Américains noirs idéalisent tellement l'Afrique ! Quand nous étions jeunes, votre père et moi, c'était juste l'inverse : nous espérions trouver toutes les réponses en Amérique. A Harlem. A Chicago. Chez Langstong Hughes et James Baldwin. C'est là que nous puisions notre inspiration. Et les

Kennedy... ils étaient très populaires. C'était une grande chance de pouvoir aller étudier aux Etats-Unis. Une période pleine d'espérance. Bien sûr, en rentrant, nous nous apercevions que notre formation ne nous rendait pas toujours service, ni aux gens qui nous avaient envoyés là-bas. Il y avait toute cette histoire tourmentée à affronter.

Je lui demandai ce qui l'amenait à penser que les Américains noirs avaient tendance à être déçus quand ils visitaient l'Afrique. Elle sourit :

– C'est parce qu'ils viennent ici en cherchant l'authenticité, répondit-elle. Il y a de quoi être déçu. Regarde ce repas que nous mangeons. Il y a beaucoup de gens qui te diront que les Luos sont des mangeurs de poisson. Mais ce n'est pas vrai pour tous les Luos. Cela ne concerne que ceux qui vivaient au bord des lacs. Et même pour ceux-là, ce n'était pas toujours vrai. Avant de s'établir au bord des lacs, ils étaient pasteurs, comme les Massaïs. Tout à l'heure, si toi et ta sœur vous me faites le plaisir de manger sans chipoter, je vous proposerai du thé. Vous avez remarqué que les Kényans aimaient bien se vanter de la qualité de leur thé. Mais évidemment ce sont les Anglais qui nous ont transmis cette habitude. Nos ancêtres ne buvaient pas de thé. Et puis il y a les épices que nous avons utilisées. Elles sont originaires d'Inde, ou d'Indonésie. Donc, même pour ce simple repas, vous voyez qu'il n'est pas tout à fait authentique... même s'il est absolument africain.

Rukia roula une boule d'*ugali* dans sa main et la trempa dans la sauce.

– Bien sûr, on ne peut pas en vouloir aux Noirs américains de rechercher un passé intact. Après tout ce qu'ils ont souffert, et tout ce qu'ils souffrent encore, d'après ce que je lis dans les journaux... Ils ne sont pas les seuls à avoir ce désir. Les Européens veulent la même chose. Les Allemands, les Anglais... ils réclament tous Athènes et Rome comme leur propriété, alors qu'en réalité leurs ancêtres ont participé à la destruction de la culture classique. Mais cela s'est passé il y a si longtemps que c'est plus facile pour eux. Dans leurs écoles, on entend rarement parler de la misère des paysans européens au cours de presque toute l'histoire connue. La corruption et l'exploitation pendant la révolution industrielle, les guerres tribales dénuées de sens – les Européens traitaient leurs propres populations d'une manière honteuse, sans parler des gens de couleur. Donc, cette idée de l'existence d'un âge d'or en Afrique avant l'arrivée de l'homme blanc semble tout à fait naturelle.

– C'est vu à travers des verres correcteurs, dit Auma.

– La vérité est généralement le meilleur verre correcteur, répondit Rukia avec un sourire. Parfois, je me dis que la pire chose qu'ait commise le colonialisme, c'est d'avoir voilé notre vision du passé. Sans l'homme blanc, nous pourrions faire un meilleur usage de notre histoire. Nous nous arrêterions sur certaines de nos pratiques anciennes et nous déciderions qu'elles valent le coup d'être préservées. Nous en abandonnerions d'autres. Malheureusement, l'homme blanc nous a rendus très défensifs. Ce qui fait que nous nous accrochons à toutes sortes de choses qui ont perduré mais ne sont plus utiles. La polygamie. La propriété collective de la terre. Ces choses-là marchaient bien en leur temps, mais maintenant ce sont le plus souvent des instruments d'abus. Pour les hommes. Pour les gouvernements. Et pourtant, quand on dit ces choses, on est accusé d'être pollué par l'idéologie occidentale.

– Comment devrions-nous nous adapter, selon vous ? demanda Auma.

– Je laisse les réponses aux faiseurs de politique. Moi, je ne suis qu'une historienne. Mais je crains que nous ne puissions pas faire comme si les contradictions de notre situation n'existaient pas. Tout ce que nous pouvons faire, c'est choisir. Par exemple, l'excision est une coutume très importante chez les Kikuyus. Chez les Massaïs aussi. Pour la sensibilité moderne, c'est de la barbarie. Peut-être devrions-nous procéder à ces opérations à l'hôpital, cela réduirait le nombre de décès, avec un minimum d'hémorragies. Mais cela ne satisfait personne. Donc, il faut choisir. C'est la même chose pour la séparation entre la justice et le pouvoir, la notion d'enquête indépendante... cela peut entrer en conflit avec les loyautés tribales. On ne peut pas édicter des lois, et ensuite en exempter certains membres de son clan. Que faire ? Là encore, il faut choisir. Quand on fait le mauvais choix, on tire les leçons de ses erreurs. On voit ce qui marche.

Ce fut à mon tour de demander :

– Mais est-ce qu'il ne reste rien qui soit véritablement africain ?

– Ah, c'est ça qui est curieux, hein ? rétorqua Rukia. Il semble vraiment qu'il y ait quelque chose de différent ici. Je ne sais pas ce que c'est. Peut-être que l'Africain, après avoir voyagé si loin et si vite, a une perception unique du temps. Ou peut-être est-ce parce que nous avons connu plus de souffrances que la plupart des autres. Peut-être que c'est juste la terre, je ne sais pas. Peut-être que moi aussi, je suis romantique. Mais je sais que je ne peux pas rester loin d'ici trop longtemps. Ici, les gens continuent à se parler. Quand je vais aux Etats-Unis, j'ai l'impression qu'on s'y sent très seul...

Soudain, toutes les lumières s'éteignirent. Rukia soupira que les pannes de courant étaient de plus en plus fréquentes. Je lui tendis mon briquet pour lui permettre d'allumer les bougies sur la cheminée. Assis dans le noir, je me rappelai ce que nous avait raconté Zeituni et je dis que les esprits de la nuit étaient sûrement de sortie. Rukia alluma les bougies, et je vis l'expression hilare posée sur ses traits comme un masque à la lueur des flammes.

– Ah, tu es au courant, pour les esprits de la nuit ! Oui, ils ont beaucoup de pouvoir dans le noir. Il y en avait beaucoup par chez nous, autrefois. On disait qu'ils marchaient avec les hippopotames la nuit. Un jour, je me souviens...

Aussi brusquement qu'elles s'étaient éteintes, les lumières se rallumèrent. Rukia souffla les bougies.

– Malheureusement, en ville, les lumières finissent par revenir, déplora-t-elle. Ma fille, elle n'a que faire des esprits de la nuit. Sa langue maternelle n'est pas le luo. Pas même le swahili. C'est l'anglais. Quand je l'entends parler avec ses copines, c'est du charabia pour moi. Elles prennent un peu de tout... de l'anglais, du swahili, de l'allemand, du luo. Il m'arrive d'en avoir marre, et de leur dire : « Apprenez à parler au moins une langue correctement ! »

Rukia eut un petit rire.

– Mais je commence à me résigner... il n'y a rien à faire. Les jeunes vivent dans un monde mélangé. C'est tout aussi bien, je suppose. Finalement, je préfère avoir une fille authentiquement elle-même plutôt qu'authentiquement africaine.

Il se faisait tard. Nous remerciâmes Rukia de son hospitalité et la quittâmes. Mais ses mots restèrent imprimés en moi, et m'amenèrent à me concentrer sur mes propres souvenirs, mes propres questions non résolues.

Pour le dernier week-end de mon séjour, nous prîmes le train de la côte et descendîmes à Mombasa dans un vieil hôtel du bord de mer, l'un des préférés du Vieil Homme. C'était un endroit modeste et propre, rempli en août de touristes allemands et de marins américains au repos. Nous ne fîmes pas grand-chose, nous contentant de lire, de nager et de marcher le long de la plage, d'observer les crabes pâles qui couraient se réfugier dans leurs trous.

Le lendemain, nous visitâmes la vieille ville de Mombasa et gravîmes les escaliers usés de Fort Jesus, construit par des Portugais désireux d'asseoir leur contrôle sur les routes de l'océan Indien, conquis ensuite par les flottes rapides d'Oman et, plus tard, transformé en tête de pont des Anglais quand ils s'enfoncèrent à l'intérieur du pays à la recherche d'ivoire et d'or. Désormais, ce n'était plus qu'une casemate de pierre vide, avec ses murs massifs qui pelaient comme du papier mâché se déchirant en lambeaux orange pâle, verts et roses, et ses canons silencieux pointés vers une mer tranquille où un pêcheur solitaire jetait son filet.

Pour rentrer à Nairobi, nous décidâmes de faire une folie et de prendre un bus qui attribuait un siège par personne. Mais la sensation de luxe fut de courte durée. Je me retrouvai avec les genoux coincés par un passager qui, bien décidé à en avoir pour son argent, avait incliné son siège. Une bourrasque de pluie soudaine nous gratifia d'une douche, par des interstices du toit que nous essayâmes, sans succès, de boucher avec des mouchoirs en papier.

La pluie finit par cesser et nous pûmes distinguer un paysage aride de cailloux et d'arbustes, d'où émergeait de temps à autre le traditionnel baobab qui étirait ses branches nues décorées des boules formées par les nids des tisserands. Je me rappelai avoir lu quelque part que le baobab pouvait rester des années sans fleurir et qu'il se contentait de pluies parcimonieuses. Et en voyant ces arbres à la lumière voilée de l'après-midi, je compris pourquoi certains hommes les croyaient munis de pouvoirs particuliers, affirmant qu'ils abritaient des esprits ancestraux et des démons et que c'est sous un de ces arbres que l'humanité fit son apparition. Ce n'était pas seulement à cause de l'étrangeté de leur forme, des contours quasi préhistoriques qui se détachaient sur le ciel dénudé.

– On a l'impression que chacun d'eux pourrait nous raconter une histoire, fit remarquer Auma.

Et c'était vrai. Chacun de ces arbres semblait posséder un caractère, ni bienveillant ni cruel mais simplement résistant, abritant des secrets d'une profondeur que je ne sonderais jamais, une sagesse que je ne percerais jamais à jour. Ils me perturbaient et me réconfortaient à la fois, ces arbres. Ils avaient l'air capables de se déraciner eux-mêmes pour partir tout bonnement ailleurs, n'eût été leur certitude que, sur cette terre, aucun lieu n'était vraiment différent des autres... la certitude que l'instant présent portait en lui tout ce qui s'était passé avant.

Six ans se sont écoulés depuis ce premier voyage au Kenya, et beaucoup de changements se sont produits dans le monde depuis.

Pour moi, ce fut une période relativement calme, moins de découverte que de consolidation, consacrée à accomplir ces choses dont nous nous disons qu'il faut finir par les faire pour grandir.

J'entrai à la Harvard Law School, où je passai la plus grande partie de mon temps, durant trois années, dans des bibliothèques faiblement éclairées, plongé dans les études de cas et les textes de lois. Les études de droit peuvent être parfois décevantes, car il s'agit d'apprendre à appliquer des règles rigides et des procédures obscures à une réalité qui n'est pas coopérative ; c'est une sorte de comptabilité glorifiée qui sert à régler les affaires de ceux qui possèdent du pouvoir – et qui trop souvent cherche à expliquer, à ceux qui n'en ont pas, la sagesse ultime et la justesse de leur condition.

Mais le droit n'est pas que cela. Le droit est aussi la mémoire ; le droit note aussi le déroulement d'une longue conversation, celle d'une nation qui discute avec sa conscience.

« Nous tenons ces vérités pour évidentes par elles-mêmes[1]... »

Dans ces mots, j'entends l'esprit de Douglass et de Delany, celui de Jefferson et de Lincoln, les luttes de Martin et de Malcolm et de ceux qui manifestèrent pour que ces mots deviennent réalité. J'entends les voix des familles japonaises enfermées derrière des barbelés, des jeunes Juifs russes exploités dans les fabriques de confection du Lower East Side de Chicago, des fermiers anéantis par la

1. Extrait du texte de la Déclaration d'indépendance des Etats-Unis.

sécheresse qui chargent sur leurs camions ce qui reste de leurs vies brisées. J'entends les voix des habitants des Altgeld Gardens, et les voix de ceux qui restent de l'autre côté des frontières de ce pays, les cohortes affaiblies, affamées, qui traversent le Rio Grande. J'entends toutes ces voix réclamer la reconnaissance, et toutes elles posent exactement les questions qui en sont venues à déterminer ma vie, les questions que parfois, tard dans la nuit, je me surprends à poser au Vieil Homme. Quelle est notre communauté, et comment cette communauté peut-elle être conciliée avec notre liberté ? Jusqu'où vont nos obligations ? Comment transformons-nous un pur pouvoir en justice, un simple sentiment en amour ? Les réponses que je trouve dans les ouvrages de droit ne me satisfont pas toujours – car, en dépit de tous les *Brown v. Board of Education,* il s'y trouve aussi toute une série d'affaires où la conscience est sacrifiée à l'opportunisme ou à la cupidité.

Et pourtant, la conversation en soi, les voix qui s'unissent sont autant de modestes encouragements pour moi, car je crois que tant que les questions continueront à être posées, ce qui nous unit finira un jour par prévaloir.

Cette foi, si différente de l'innocence, peut être parfois difficile à conserver. A mon retour à Chicago, je découvris une accélération des signes de détérioration dans tout le South Side : les quartiers étaient devenus plus délabrés, les enfants plus agressifs, les familles moyennes déménageaient de plus en plus dans les banlieues, les prisons étaient remplies à craquer de jeunes à l'œil sombre, mes frères sans perspectives. Parfois, mais bien trop rarement, il arrive que certains se demandent ce que nous avons fait pour que tant d'enfants soient devenus si durs, ou ce que nous pourrions faire collectivement pour remettre leur boussole morale dans la bonne direction – quelles sont les valeurs que *nous* devons leur donner en exemple. Mais je nous vois faire ce que nous avons toujours fait : nous faisons comme si ces enfants ne pouvaient pas être les nôtres.

J'essaie d'apporter ma modeste participation au renversement de cette tendance. Dans mon cabinet d'avocat, je travaille principalement avec des églises et des groupes communautaires, des hommes et des femmes qui construisent tranquillement des épiceries et des cliniques dans les quartiers déshérités, et des logements pour les pauvres. De temps en temps, je travaille sur une affaire de discrimination, pour défendre des clients qui viennent dans mon cabinet avec des histoires dont nous aimons nous dire qu'elles ne devraient plus exister. La plupart de ces clients sont un peu embarrassés de ce qui leur arrive, tout comme les collègues blancs qui acceptent de témoigner en leur faveur ; car personne n'a envie de passer pour quelqu'un qui sème la zizanie. Et pourtant, il arrive un moment où les plaignants aussi bien que les témoins se disent que c'est une question de principe, que malgré tout ce qui s'est passé, ces mots posés sur le papier il y a deux cents ans ont sûrement une importance. Noirs et Blancs, ils se réclament de cette communauté que nous appelons l'Amérique. Ils choisissent la meilleure partie de notre histoire.

Je pense que j'ai appris à être plus patient, ces dernières années, avec les autres et avec moi-même. Si c'est vrai, c'est l'une des améliorations de mon caractère que j'attribue à ma femme. Michelle est une fille du South Side, élevée dans l'une de ces maisons de style bungalow où j'ai passé tellement d'heures en visite pendant ma première année de travail à Chicago. Elle ne sait pas toujours ce qu'elle doit faire de moi ; elle craint que, comme Gramps et comme le Vieil Homme, je ne sois une sorte de doux rêveur. En vérité, par son côté éminemment pratique et son comportement typique du Midwest, elle me rappelle Toot, et pas qu'un peu. La première fois que je l'emmenai à Hawaii, Gramps me donna une bourrade dans les côtes en me disant que Michelle était « canon, dis donc ». Toot, de son côté, décrivit ma future épouse comme « une fille très raisonnable », ce que Michelle prit, venant de ma grand-mère, pour le plus grand des compliments.

Après nos fiançailles, j'emmenai Michelle au Kenya pour lui faire faire la connaissance de l'autre moitié de ma famille. Là-bas aussi, elle remporta un succès immédiat, en partie parce que le nombre de mots luos de son vocabulaire dépassa rapidement le mien. Nous vécûmes de bons moments à Alego, à aider Auma pour un projet de film, à écouter grand-maman nous raconter des histoires, à rencontrer des parents que je n'avais pas vus la première fois.

Cependant, la vie au Kenya me parut être devenue plus dure pour ceux qui ne la passaient pas à la campagne. La baisse du niveau de vie avait empiré, engendrant un accroissement de la corruption et de la délinquance.

Le procès pour l'héritage du Vieil Homme n'était toujours pas terminé et Sarah et Kezia ne s'adressaient toujours pas la parole. Ni Bernard ni Abo ni Saïd n'avaient trouvé de poste stable, mais cela ne les empêchait pas de garder l'espoir – ils parlaient de prendre des leçons de conduite et d'acheter peut-être un *matatu* d'occasion ensemble. Nous refîmes une tentative pour voir George, notre plus jeune frère, qui se solda par un nouvel échec. Et Billy, le cousin robuste, sociable, que j'avais rencontré à Kendu Bay, avait contracté le sida. Il était émacié et s'endormait facilement au beau milieu d'une conversation. Mais il semblait calme et content de me voir, et me demanda de lui envoyer une photo de nous deux prise en des temps plus heureux. Il mourut, dans son sommeil, avant que j'aie eu le temps de la lui envoyer.

Il y eut d'autres décès, cette année-là. Le père de Michelle, le meilleur des hommes, mourut avant de pouvoir me confier sa fille. Gramps le suivit quelques mois plus tard, après s'être longuement battu contre le cancer de la prostate. En tant que vétéran de la Seconde Guerre mondiale, il fut enterré au Punchbowl National Cemetery, sur une colline surplombant Honolulu. Ce fut une petite cérémonie avec quelques-uns de ses partenaires de bridge et de golf, une salve de trois coups et un clairon jouant la sonnerie aux morts.

Malgré notre chagrin, Michelle et moi décidâmes de réaliser notre projet de mariage. Ce fut le révérend Jeremiah A. Wright Jr qui officia, à l'Eglise unie de la Trinité du Christ. Tout le monde était très bien habillé à la réception, au cours de laquelle mes nouvelles tantes admirèrent le gâteau et mes nouveaux oncles s'admirèrent eux-mêmes dans leurs smokings de location. Johnnie était là, riant avec Jeff et Scott, mes vieux copains de Hawaii, et Hasan, mon coloc de l'université. Il y avait aussi Angela, Shirley et Mona, qui complimentèrent ma mère en lui disant qu'elle avait fait du bon boulot en m'élevant (« Et encore, vous n'en savez même pas la moitié ! » leur répliqua-t-elle en riant). Je vis Maya repousser poliment les avances de quelques frères qui se croyaient irrésistibles, mais étaient bien trop âgés pour elle et dont j'estimais qu'ils auraient mieux fait de s'abstenir. Je commençai à ronchonner, mais Michelle me dit : « Du calme, ta petite sœur est capable de se débrouiller toute seule. » Elle avait raison, bien sûr. Je regardai ma petite sœur, mon bébé, et je vis une jeune femme, belle, intelligente, qui avait l'air d'une comtesse méditerranéenne avec son teint mat, ses longs cheveux noirs et sa robe noire de demoiselle d'honneur. Auma était à côté d'elle, tout aussi jolie, bien qu'avec les yeux un peu gonflés – à ma grande surprise, elle fut la seule à pleurer à la cérémonie.

Quand l'orchestre se mit à jouer, elles se mirent toutes deux sous la protection des cousins de Michelle, âgés de cinq et six ans, qui avaient été très impressionnants dans leur rôle officiel de porteurs d'alliances. En regardant les petits garçons mener mes sœurs sur la piste de danse, l'air grave, je leur trouvai un air de jeunes princes africains avec leurs petites toques tissées, leurs nœuds papillons et leurs ceintures assorties.

Mais la personne qui me rendit le plus fier, ce fut Roy. En réalité, nous l'appelons maintenant Abongo, son nom luo, car il y a deux ans il a décidé de réaffirmer son identité africaine. Il s'est converti à l'islam et a fait le serment de renoncer au porc, au tabac et à l'alcool. Il travaille toujours dans sa société d'expertise comptable, mais parle de retourner au Kenya quand il aura assez d'argent. Quand nous nous sommes revus, à Home Squared, il était en train de se construire une hutte, pour lui-même et sa mère, loin de la propriété de notre grand-père, selon la tradition des Luos. Il me dit alors que son affaire d'import-export avait progressé, et qu'il espérait qu'elle rapporterait assez pour employer Bernard et Abo à temps plein. Et quand nous allâmes ensemble auprès de la tombe du Vieil Homme, je vis qu'il y avait une plaque là où se trouvait autrefois du ciment brut.

Le nouveau style de vie d'Abongo lui avait rendu la ligne et éclairci le regard, et au mariage il était si digne, dans sa robe africaine noire bordée de blanc et sa toque assortie, que quelques convives le prirent pour mon père. Ce jour-là, il fut vraiment mon grand frère, me calmant au milieu de l'effervescence des préparatifs du mariage, m'assurant pour la cinquième fois que, oui, il avait toujours l'alliance, m'entraînant vers la porte en me faisant remarquer que si je restais encore un peu devant la glace mon look n'aurait plus d'importance parce que nous arriverions trop tard.

Les changements opérés en lui ne sont pas sans engendrer quelques tensions. Il a tendance à faire de longs discours sur la nécessité pour l'homme noir de se libérer des influences néfastes de la culture européenne, réprimande Auma pour ce qu'il appelle ses manières européennes. Les mots qu'il prononce ne sont pas complètement les siens, et il peut parfois paraître rigide et dogmatique. Mais la magie de son rire est toujours là, et nous pouvons exprimer notre désaccord sans nous attirer sa rancune. Sa conversion lui a donné une assise ferme, une place dans le monde dont il est fier. C'est la base sur laquelle je vois se construire sa confiance en lui ; il se risque à s'aventurer ailleurs et à poser des questions plus difficiles ; il commence à se débarrasser des formules et des slogans, et à décider de ce qui marche le mieux pour lui. C'est un processus inévitable, car son cœur est trop généreux, trop plein de bonne humeur, son attitude envers les gens trop gentille, trop encline au pardon, pour qu'il se contente de solutions simples au casse-tête que constitue le fait d'être un Noir.

Vers la fin de la fête, je le vis présenter un large sourire à la caméra vidéo, ses longs bras entourant les épaules de ma mère et de Toot, dont les têtes atteignaient à peine sa poitrine.

– Eh, mon frère, me dit-il alors que je me dirigeais vers eux, tu vois, j'ai deux nouvelles mères, maintenant.

Toot lui tapota le dos.

– Et nous, nous avons un nouveau fils, dit-elle.

Mais quand elle s'essaya à prononcer « Abongo », ce fut en vain, car sa langue modelée au Kansas s'y refusait.

Le menton de ma mère se mit une fois de plus à trembler, et Abongo leva son verre de punch aux fruits pour porter un toast :

– A ceux qui ne sont pas là avec nous ! dit-il.

– Et au happy end ! ajoutai-je.

Nous renversâmes nos verres sur les damiers du sol carrelé. Et, en cet instant au moins, je fus le plus heureux des hommes.

Composition et mise en pages
Nord Compo à Villeneuve-d'Ascq

FSC
www.fsc.org
MIXTE
Papier issu de
sources responsables
FSC™ C003309

Imprimé en France par EPAC Technologies
N° d'impression : 4550414332220
Dépôt légal : janvier 2018